高齢期最後の生活課題と葬送の生前契約

北川慶子 著

九州大学出版会

はじめに

　人間にとって老化現象と死は，生物学的には自然現象であるが，人の死とは文化的・社会的な現象であるといえよう。それは人の死に際して，残された者がどのように対応し，葬送儀礼を行うかなどは極めて社会的なことであり，それがまた，それぞれの社会において宗教や慣習などによって多様性を持つからである。また死は，法律上の人格を有する個人の生存と生活の終焉を意味し，人としての権利の一切が終結することを意味する。

　老いと死をどう見つめながら生きていくかということは，常に最大の関心事でありながら，直視し，考えることを先延ばしすることが多い。長命化した現代社会にあっては，人の上に老いはゆっくりと訪れ，健康で自立し，生きがいのある高齢期をいかに過すかが重視されるあまり，自分の死を見据えることができにくくなってきている。わが国は第二次大戦後わずか40年足らずで世界一の長寿国になり，生活の量（Quantity of Life）から生活の質（Quality of Life）の維持・向上を目指す社会へと移行した。さらなる平均寿命の伸長は，人を死から遠ざけてしまっているかのようで，誕生の場も死の場も家庭から病院などの施設に移り，生活の場から切り離されて，「見えない生と死」化してきている。死を考えることを先送りさせようとしているかのようである。ところが，1990年代に入って生命倫理の論議が本格化し，脳死による死の判定や臓器移植，尊厳死などの問題が人々の関心を呼び始めたことによって，人々は個人（自分）の死とは何か，どのように死を迎えるかといったことを考えざるを得なくなってきた。また，家族構造の変化や価値観の多様化によって，高齢期における人生設計の中に，いわゆる寝たきりや老人性痴呆症など要介護状態で終末を迎えることになる可能性をもつことや，どこで，どのようにして死を迎えるかという医療と死の場，そして死後行われることになるであろう自分の葬送儀礼などへの備えの必要が生じてきた。本書では，高齢期をいかに自立して生きるかという課題の中で，葬送への準備を高齢期最後の生活課題として位置づけ，高齢期における主体的な葬送準備の方法としてのいわゆる葬送の「生前契約」に着目し，アメリカおよびわが国におけるその成立過程と現状をとらえ，将来の方向性を検討することによって，高齢期の生活課題を解決する選択肢として葬送の「生前契約」が果たす役割を述べるものである。

　なお，本書においてあまり聞き慣れない「葬送の生前契約」という用語は，アメリカにおける自分の葬儀の形式や規模，埋葬プランを立て，費用を確実に準備して葬儀社と契約しておく方法をさし，それがわが国に紹介されたときに初めて使用されたものである。葬送の生前契約は，高齢期の生活問題への備えとして，また高齢期の主体的な生き方として死への準備をしておく上で，自分の意思の表明により，それを死後の葬送にいかす方法である。死後行われる葬送に生前の意思をいかすという葬送の「生前契約」には，まだわが国の法律上の課題はあるし，また用語とし

ても厳密に検討されなければならないだろう。ただ，アメリカにおいてはすでに半世紀にわたり，実際に葬送に関する生前の意思が尊重され葬送の実行に活かされてきているという事実があり，わが国においても1990年代から同様の方法が葬儀に取り入れられ，実施されてきているという社会状況がある。そこで本書では社会現象としての葬送の「生前契約」を高齢期の生活課題との関連で論ずるものである。

　本書は6つの章から構成されている。第1章では，自立した高齢期最後の生活を脅かす生活課題をとらえ，その解決の選択肢として，かつまた積極的な高齢期の生き方としての死と葬送への備えの必要性について考察し，葬送の「生前契約」の背景となる死のとらえ方，死への向かい方，死への不安と恐怖等を内外の代表的な死の過程理論や調査報告をもとに，死に対する準備の現状と問題点を明らかにした。そして，現代における死への対応の仕方や死への意思表示の方法，さらに家族構造の変化や高齢者の自立意識が高齢期の死への準備の背景となることや死亡と葬送の現状をみた。

　第2章においては，葬送についてのわが国とアメリカとの比較およびアメリカにおける「生前契約」の登場とその土壌を明らかにするために，アメリカ人の葬送意識や葬送の実際，死と葬送に関する法制，葬送を執り行う専業者としての葬儀社およびその従事者の専門性の向上と消費者サービスの充実を目指すために，アメリカでは既に19世紀から整備されている葬送従事者の専門教育や免許・資格制度などを紹介した。また，第3章では，アメリカにおける葬送の「生前契約」の意義と機能を明らかにするために，アメリカにおける生前契約の成立とその発展過程をとおして生前契約の全容をとらえ，生前契約に関する法規，生前契約の機能などを検討し，生前契約利用の実際を見ることによって生前契約の将来の方向性について検討した。

　第4章では，わが国における葬送への意識と葬送負担について実態調査を行った結果分析を中心として，個人の死生観や死への準備および社会意識としての死をめぐる法制の検討を行いながら現実の自己の葬送への意識化について述べた。そして第5章ではこれまでに行った調査の結果分析から，わが国における葬儀の「生前契約」の現状をとらえ，わが国において自分の葬送への備えの一方法として生前契約が容認され，定着していくかどうかということについて検討した。最後に，第6章では高齢期の生活問題への主体的なアプローチとしての日米における葬送の「生前契約」の現状を比較しながら，両国における葬送の「生前契約」に関する様々な課題があることを指摘し，わが国における葬送への備えが「生前契約」によって変化していく要素をとらえた。そして高齢期最後の生活課題の解決となるであろう高齢者の主体的意思による生涯最後の自己実現としての葬送に「生前契約」の果たす役割とその有効性について述べた。

　本書をまとめている間にもアメリカにおいてはさらに生前契約が急速な広がりを見せ，またわが国においても進展し，今や「生前契約」は目新しいものではなくなって来つつある。今日，根元的な人間の課題といわれてきた生・老・病・死は，多くの生と死を規定する病を医療技術の進歩によって克服したり，延命が可能になってきたために，老・病・死の期間は長くなり，人の生死は現実の生活から遊離した存在になってきたように見える。しかし，人生は一度限りであり，それを終了させる死は誰にも確実に訪れる。最も死に近い段階である高齢期に，最後の生活課題

となる死に伴う諸般の問題に対して，自立している間に自分で自己完結への備えをしておくということが，これからの超高齢社会を生きる人たちには必要になってくるだろう。

　最後に，本書の出版に際して，貴重なご助言とご配慮を頂いた財団法人九州大学出版会編集長・藤木雅幸氏，藤田祐子氏に心から感謝申し上げる。なお，本書は，2000（平成12）年度科学研究費補助金「研究成果公開促進費」の交付を受けて刊行するものである。

目　次

はじめに ………………………………………………………………………………………… i

第1章　高齢期における死への準備 ……………………………………………………… 1

第1節　高齢期の生活課題と自立 ……………………………………………………… 1
1．高齢期の生活自立と死への備えを考えるための「生活問題3類型」　1
2．高齢期における健康な自立生活　5
3．高齢期の自立と葬送の準備　7

第2節　家族変動と高齢者の死への準備 …………………………………………… 12
1．家族の変化と死の準備　12
2．高齢者福祉サービスの利用と高齢者の葬送　18

第3節　高齢期と死 …………………………………………………………………… 22
1．人の死の背景　22
2．自己の死の意識化　25
3．死のとらえ方　28
4．現代における死への対応　34
5．わが国における死への意思表示　36

第4節　死への向かい方 ……………………………………………………………… 38
1．死の過程　38
2．死への準備と死別者に対する教育　41

第2章　アメリカにおける死と葬送 …………………………………………………… 45

第1節　アメリカ人の葬送意識の変化 ……………………………………………… 45
1．死に関する調査からみる死と葬儀の意義　47
2．外国で死亡の葬送の変化　51
3．アメリカにおける葬儀形式の変化　54
4．アメリカにおける葬儀費用　57
5．アメリカにおける日系人の葬儀の事例　63

第 2 節　アメリカにおける死と葬送に関する法制 ……………………………… 68
　　　　1．アメリカの葬送に関する法の周辺　68
　　　　2．アメリカの葬送に関する法　74
　　第 3 節　アメリカにおける葬送専業者の専門教育 ……………………………… 91
　　　　1．アメリカにおける葬送専業者教育の歴史　91
　　　　2．高等教育機関における葬送教育　94
　　　　3．フューネラル・ディレクター（Funeral Director）とエンバーマー（Embalmer）　95
　　　　4．資格維持のための継続教育　98

第 3 章　アメリカにおける葬儀の生前契約 ………………………………………… 107
　　第 1 節　アメリカにおける死亡の動向 …………………………………………… 107
　　　　1．死に至るまでの疾病と介護　107
　　　　2．高齢者の死亡の動向　111
　　第 2 節　アメリカにおける葬送の生前契約の動向 ……………………………… 113
　　　　1．アメリカにおける自己の葬送準備への意識　113
　　　　2．葬送の生前契約までの過程　114
　　　　3．葬送の生前契約の成立と発展　116
　　　　4．葬送の生前契約の機能　120
　　　　5．葬送の生前契約と社会保障　121
　　第 3 節　アメリカにおける葬送の生前契約の実際 ……………………………… 123
　　　　1．アメリカの葬儀の生前契約の種類　123
　　　　2．葬送の生前契約に関する法規の実際　129
　　　　3．アメリカにおける生前契約の担い手　134
　　　　4．葬送の生前契約を知る方法　138
　　　　5．生前契約の将来性とトラブルへの対応意識　139
　　第 4 節　アメリカにおける葬送の生前契約の将来展望 ………………………… 144
　　　　1．変わるアメリカの葬送　144
　　　　2．高齢期における生前契約の有用性　151
　　　　3．高齢期の生活の変化と生前契約の問題点　154
　　　　4．アメリカにおける生前契約の今後の方向性　156

第 4 章　わが国における葬送への意識と葬送負担 ………………………………… 161
　　第 1 節　現代の死生観と死への準備 ……………………………………………… 161
　　　　1．見えなくなった死と死への準備　161

第2節　葬儀への意識とその負担 …………………………………………165
　　1．葬儀調査からみた葬儀意識　165
　　2．葬儀に関する調査からみた葬儀への準備意識　173
　第3節　人の死をめぐる法制 ………………………………………………179
　　1．死から葬送までの手続き　179
　　2．人の死により利用できる社会保障制度　191
　第4節　自己の葬送への意識 ………………………………………………196
　　1．葬送への意識化　196
　　2．墓取得と祭祀継承にかかわる問題点　198
　　3．「もやいの会」活動に見る個々人の墓への備え　200
　　4．高齢期と葬送への備え　206

第5章　わが国における葬儀生前契約の動向 …………………………………209
　第1節　死亡の動向と死への準備 …………………………………………209
　第2節　わが国の生前契約の現状 …………………………………………215
　　1．生前契約調査結果から見たわが国の生前契約の実態（1996年）　216
　　2．「生前契約」利用者調査の結果　255
　　3．生前契約による葬儀の実行　264
　第3節　わが国における葬儀の生前契約とその課題 ……………………266

第6章　高齢期の生活課題と葬儀の生前契約 …………………………………271
　第1節　日米の生前契約の方向性 …………………………………………271
　　1．高齢期における生前契約　271
　　2．日米の生前契約の方向性　276
　　3．生活課題としての生前契約から自己実現としての生前契約　281
　　4．日米の生前契約の促進要因と阻害要因　285
　　5．高齢期の生活課題としての葬儀の生前契約　299

第1章

高齢期における死への準備

第1節　高齢期の生活課題と自立

1．高齢期の生活自立と死への備えを考えるための「生活問題3類型」

　近時，自立した一生を全うしたいという人たちが増加しはじめた。しかしいかに高齢期の生活が自立していようとも，寿命によって誰もが死に直面することになる。自分がどのような死を迎えるかを具体的に考えている人たちが一体どの位いるのであろうか。特に高齢期においては配偶者など身近な家族の死，近隣や知友人などの死を経験し，自分の死にも寿命からして近いところにある高齢者には多かれ少なかれ死をめぐり何らかの不安や課題があるといえよう。それは死とそれに続く葬送が，いわば人間最後の生活を脅かす生活課題ととらえることができるからである。そこで，死をめぐる諸課題を「生活問題3類型」[1]に基づいて生活課題としての死と葬送を考えてみたい。そして死という高齢期における重要な生活課題を解決するための選択肢として，かつまた積極的な高齢期の生き方として自分の死と葬送に具体的に備えておくことの必要性について考える。

　わが国では，1960年代からの高度経済成長期を経て好況・不況を繰り返しながらも経済発展を遂げてきたが，その経済成長カーブと並行して，少子化と寿命の伸長による人口の高齢化が急速に進展してきた。経済発展は，若年者の生活意識や生活様式，扶養意識を変化させ，高齢者との同居率を低下させた。さらに若年人口の減少と高齢者人口の増加という不均衡な人口構成は，地域の伝統や習慣の中心的な担い手を欠くことになっていくことを意味するかのように，次第に地域における世代間の関係を希薄にし，地域の連帯による伝統的な葬送習慣も衰退させてしまった。近年さらに地域の共同体意識は希薄化していく傾向が顕著であり，互助の精神も薄くなり葬送の質的な変化があらわれている。高齢者世帯の増加は一見高齢者相互の交流が密になるかのようにも思われるが，高齢者間の交流は健康状態によることが大であるために加齢とともに交流どころか孤立化を招くことが危惧されるようになってきた。

　実際に高齢期における生活の場の移動は少なく，多くの高齢者にとっては長年住み慣れた地域内での生活が圧倒的に多い。2000年4月からの介護保険の導入により高齢者の住み慣れた地での生活を重視して，高齢者の生活中心の選択的介護サービスの供給で地域定着が，促進されることになったし，自立した生活の支援をするサービスにおいても同様である。高齢者福祉サービスも

措置から脱皮して自分で選択し，必要なサービスを受けるという自立意思型へと移行しつつある。人生の最後の生活にも意思を表明できる，意思表明をしなければ達成されないという「自立意思」の時代に入ろうとしている。

しかし意思を重視した社会福祉サービスなどを利用するにしても，高齢者自らの自立への努力は必須である。いよいよ生活の自立と意思の表明を高齢期の生活設計の要素に加えなければならない時代が到来するといえよう。

高齢者が利用する社会福祉サービスの受け手のとらえ方がサービスの対象から利用者へと変化し，またサービスそのものも変わってきている。その特徴を1980年代から社会福祉の変革とともにいくつか見いだすことができそれは，①対象者から利用者という概念の定着，②生活概念が社会福祉サービス利用の生活として定着，③自立概念の再構築とその定着[2]とする考え方である。確かに，社会福祉サービスにおけるその考え方として，受け手のニーズを主体とするというとらえ方がありそれによって，サービスの方法も転換させてきた。現在では，地域における社会福祉サービスは利用者の地域での生活を重視した地域福祉サービスとしてとらえるようになり，地域の人々をその利用者として位置づけ，ニーズに適したサービスを供給しようとする利用者主体の生活支援のための福祉サービスとして進めていく方向にある。

ただ，社会福祉サービスが高齢期の生活自立を果たしてどの程度支援することができるか，高齢者やその家族のニーズをどの程度充足させるものとなるかという課題は残されている。

高齢期の生活自立支援の社会福祉サービスは，高齢者の生活状況と社会福祉サービスの必要度をニーズの側面から的確に把握し，十分対応できるサービスの提供が検討されなければならないだろう。実際，福祉サービスを利用する高齢者のニーズとしては，住み慣れた地域における生活を営むうえで何らかの生活上の問題に対して，自助努力だけでは解決し得ない状況を解決し不足を補完することにある。その生活上の問題とは，生活問題の定義によると，「人の全生活のなかで人々の生活者としての生命の維持とその再生産に欠かすことのできない基本的要件の充足を阻害し，その自立的生活と社会への統合を妨げるような一定の困難や障害」[3]であるとし，人はその生命と再生産を機軸とする活動のなかで統合化される主体的な生活を営むことが生活者としての本来のあり方であるとされている。人生は，自分の生命の維持と再生産を行うことによって統合化され安定した生活を維持していくことができるといえるが，それが阻害される要因が「生活危険」，「生活不能」，「生活障害」である[4]。

高齢期の生活問題は高齢期の自立の可否を左右する。したがって高齢期の自立を阻害する要因としてこの「生活問題3類型」によってとらえることができると考えられる。

「生活問題3類型」によって高齢期生活問題をみると，第1に「生活危険」があげられる。「生活危険」とは，年齢（高年化）や健康状態（障害，傷病，機能低下）などにより，自立生活水準の維持が困難となり自立生活を脅かすような場合であり，生活危険は，「それまでの一定の水準を持ちながら，維持されてきた生活が何らかの事情の発生とともに，従前の生活水準を維持していくことが困難になった状況を意味する」と定義されている。生活水準の維持を困難にする生活危険は，その予知が困難であることが多いためアクシデントであるとするとらえ方もある。生活危

険は，失業，老齢，疾病，労働災害，寡婦，育児などによりもたらされる生活水準の維持の困難とされるが，なかでも「失業，疾病，労働災害，寡婦はそうした事情がいつ発生するのか予知することが困難である。……それに対して老齢，育児（出産）はある程度予知することが可能であり，それに備えることもできる」と指摘されている。高齢期という特定の時期や状況に対して備えることのできる側面があり，人の正常な老化過程としての高齢期に発生するイベントはある程度予測され，生活自立のための備えは可能である。約9割が65歳を迎えることができ高齢期は平均的に誰にでも到来する時期となった。高齢期の生活危険への備えは人生の最後の段階の生活自立や必ず来る死に対することであるということができる。しかし高齢期の生活はそれ以前の生活に規定されたり，大きく影響されるために，具体的な準備ができるかどうかは，高齢期を迎えるまでの生活状態によることが多い。高齢期における生活危険の防止機能としての生活水準の安定とその維持のための個人の努力が必要であり，高齢期には生活基盤を支える社会保障の果たす役割は大きい。

高齢期においては，加齢とともに心身の健康度の低下，経済サイズの縮小化，社会活動・生活活動の縮小化などが予測され，高齢期の生活自立は生活水準を維持する生活基盤の弱体化が男性より平均的に長命である女性高齢者において顕著となる可能性が大きい。すなわち女性高齢者は，配偶者の死亡によって経済的な基盤が縮小される場合が多く，加齢とともに健康度も低下していくために，子供の家族への依存あるいは社会的な支援すなわち社会福祉サービスの利用などが顕著となるからである。

高齢期の生活の質を確保するための一定の生活水準の維持は基本的なことであるために，生活基盤の安定化への社会保障の果たす役割の重要性はいうに及ばず，若年期からの生活自立への自助努力は欠かせない。高齢期の生活の質，生活自立を考えるとき，「生活危険」の視点は欠かせないし，その生活危険状態に陥らないための予防としての個々人の備えと生活危険状態となった場合の公的な施策によって死までの安定化が考えられるべきである。

第2の「生活不能」とは，社会制度や文化，生活環境が生活上の困難や障害を生成する場合で，たとえばジェンダーやマイノリティへの差別への対応などによってつくり出されることである。生活不能は「生活危機の長期化とその他の事情によって，生活水準が最低限度の生活の，ひいては生命の維持・再生産が不可能になる水準まで低下した状態，すなわち最低生活水準を維持することすら望めなくなった状態を意味する」として，所得の欠乏のために生活・生命の維持・再生産に必要な最低限度の生活資料に事欠くような状態であると定義されている。生活不能状態は，作られた文化や社会制度に規定された固定的な生活概念が生活状況を不自由なものにすることによって自立生活ができない状態をさすものであり，具体的な生活水準としては，生活保護法による保護基準（貧困線）以下の生活状態を意味する。高齢期には，高齢期前の生活水準の維持はおろか，高齢化に伴う再雇用や雇用継続の困難性がありまた心身の老化によって経済状況は不安定となり個人の努力だけでは解決せず，日常生活の自立の困難の頻度はどの年代層よりも高いといえよう。

高齢期における経済生活の基盤は，年金に頼る比率が圧倒的に高く，1994年には公的年金・恩

給が55.1％，1997年には56.0％を占めている。そして，全世帯の平均所得が664.2万円であるのに対して高齢者世帯は332.2万円で，2分の1の経済サイズに縮小している。このように収入状況は低く，公的年金もその加入期間によって所得が異なるために高齢期の収入状況には格差が大きい。それは生活保護受給者に反映され，高齢者の受給率は1996年には全体の45.3％と最も高い比率を示しているのである。しかも加齢と共に保護率は上昇しており，これは高齢期の経済的な生活自立が不安定化していくことを表している数値である。確かに生活不能は，その時々の文化や社会保障制度など社会的な要因に左右されることが多く，個人の努力だけでは克服できない。しかし高齢期の生活自立のための生活マネジメント力を身につけておき，自立生活維持への備えなどによって，できる限り生活の質の低下防止を図るための努力は必要である。

　第3の「生活障害」は，生活者のもつ諸条件を超えた社会構造という基本的，根元的な要因に規定されて生活が困難となることであり，就業などによる生活維持を図るための基本的な自助努力とそれを十分に受け容れることができない社会構造とに関係するとされている。「生活障害」とは「生活の単位を構成する生活者本人や家族さらには地域社会が，身体的，心理的，社会経済的，政治文化的などの一定の生活阻害要因をかかえ，そのことが生命や生活のよりよいかたちでの維持・再生産を脅かしている状態を意味する」と定義されている。「歴史的には浮浪，不品行，幼弱，高齢などの場合にみられるように，生活不能の直接的・間接的な原因ないしはその結果として捉えられてきた」とされ，従来，このようなことは社会・文化的環境などの諸要因によって生み出されてくる生活上の困難や障害で，過去には生活不能の付随要因であるととらえられてきた。しかし，時代の変化と生活者の多様化により生活障害は独立した生活問題として現われるようになり，現在では，社会福祉のアプローチの主軸が生活障害に対して実施されるようになってきた。「生活障害」は現代社会における重要な生活問題の一つであると指摘されている。そして生活障害を，多様な内容・要因があり，在宅福祉サービスの前提条件となる①生活基盤の障害，心身機能の低下や未成熟などによる生活上の困難や障害，②生活能力の障害，そして家族関係や社会関係などの人間関係によって生じる扶養関係などの障害，③生活関係の障害，最後に自然・地理的環境の劣化・希薄化などと社会文化的環境による偏見・差別など人を取り巻く人的・物理的環境の障害，④生活環境の障害と4分類している[5]。

　こうした生活問題論から高齢期の生活を考えると，高齢期の生活の質の低下や生命の質を左右する生活の基盤が揺らぎかねない生活能力の低下とその不安がいずれの高齢者にも共通した問題である。死までの生活者としての生活全般の質を，疾病や高齢化による心身機能の低下がもたらす生活能力や介護への不安，自立した経済生活への不安，死後の葬送や祭祀への不安などによって脅かされ，自立生活が少しずつ崩れていく危険性が高まっていくことが考えられる。

　さまざまな生活問題が輻輳して生起することが多い高齢期において必要なことは，自立のための自助努力はいうまでもなく相互に高齢者・家族・地域の中での支援しあう共助，そして，社会福祉サービスの利用という公助によって高齢者自身が選択する生き方の時代にさしかかっている。特に高齢期には近い将来生物として迎えなければならない自分の死がある。今日死や死後の葬送に自らで備えておくことも具体的に形にできる状況が整備されつつある。今後，死を他者の死と

してではなく「自分の死」の意識をもち，生活の自立と共に死の迎え方の選択や死への具体的な準備にも目を向けていく必要がある。

　高齢期の生活に関わるさまざまな問題の発生は高齢期特有のものが多く，「生活問題3類型」の視点は，高齢期の生活に共通の課題として，また本書の中心となる高齢期の葬送への備えを考える上で，避けては通れない。それは，高齢期特有の生活変化により生活基盤が脆弱化し，また加齢とともに心身の機能の低下も生活自立度を低下させていくからである。高齢者は「生活危険」状態，「生活不能」状態，「生活障害」状態のどれか一つではなく，複数を有する場合も少なくない。高齢者は生活問題である経済状況，生活状況の問題を有しながら生活自立への自助努力，高齢期における生活問題の発生を回避するための準備をするなかで将来への準備として，自分の葬送への備えの意思は程度の差こそあれもつようである。ただ高齢期最後の生活課題として死は，葬送に対する意思をいつ，どのようにして反映させるためにどのような方法をとるか，どのような形で経済的な確保をしておくか，果たしてそれは意思通りに実現が可能となるか，それは法的に有効か，残される家族の対応はどうかなど自分で考えておかなければならないことは多い。死への準備はまず社会的，文化的につくられてきた伝統的な価値観と多くのタブーを超えなければならない。そして，高齢期の生活問題の発生防止の自助努力をするなかで，社会資源を利用しつつ，高齢期の生活のあり方と死の迎え方を一人ひとりが考え，高齢期最後の生活課題としての死に対する意識を育て準備をするようになっていくだろう。

2．高齢期における健康な自立生活

　人生の最終段階である高齢期には，その生活の安定化を阻害する心身，経済，社会的な様々な生活の安定化を阻害する要因が多々あるが，自ら予防し，克服する努力が必要であり，また自立・安定した生活を全うするための生涯設計をすることが高齢期に求められるようになってきた。高齢期の生活自立と安定は生活の質が一定の水準を維持できることである。人としての自立は，「身体的自立，精神的自立，社会的自立，経済的自立が統合化されている状態をいうが，主体としての人が，自身やまわりとの関係をよりよく維持し，統御する力であり，生活の質は，自立度の維持や向上あるいは回復が第一にあげられるべきである」と，高齢期の生活に着目し，生活者主体としてその全生活をとらえることの重要性が指摘されている[6]。たしかに高齢期の自立は，経済的にある一定の水準を維持できる実質的な生活基盤の安定と身体的健康そして精神・心理的安定，良好な人間関係，個としての役割などが総合的に安定してこそ高齢期の健康な生活ということができる。健康な生活は自立した生活を意味する。自立した生活へ高齢期の全生活にわたり質的状況を向上させるためには，従来からの高齢期の包括的な健康に対する認識が必要である。これまで健康という概念は，常に疾病や異常などに対比して論じられていたが，狭義の健康の概念を脱し，身体と精神とが統合化され，人間関係，社会関係を含む総合的な「生活者としての健康」というとらえ方をすることが求められる[7]。そして高齢期には極めて個人差が大きい「生命や生存を維持し，存続させ生活や人生を高めていこうとする個人や集団などの主体的統御（control）能力の程度や自立（autonomy）の度合い」[8]をとらえ，それぞれの基本的なニーズを充足させるに足る

生活資源の確保と高齢者自身のもつ生きる力を積極的に活かしていくことこそ健康な自立生活である。

このような視点は、高齢期の自立した主体的な生き方として生涯発達論の知見から、バルテスら（Baltes, P., et. al.）がいう「高齢期の生活は、身体的健康、精神的健康、認知能力、社会的能力、生産性を基準とする」[9]として全生活にわたる自立が高齢期の生活安定度を規定するというとらえ方と一致している。さらに高齢期は、加齢とともに心身が老化、衰退するのにただ委ねて老いていくのではなく、加齢を積極的にとらえるべきであり、健康で目標をもって活力ある高齢期を生きていくことであるとする積極的な意義のある高齢期というとらえ方としてのサクセスフル・エイジング（successful aging）の考え方とも共通する。

わが国では、高齢期のあり方を問う場合、生活の張り、生きる意味をどこかに見いだして生きる「生きがい論」に依拠することが定着してきているが、それをさらに積極的にとらえ直し、多様な生き方ができる高齢期に価値を見いだし、自己実現を図るサクセスフル・エイジングや高齢期は創造的であり生産性のある役割や行動をとるプロダクティブ・エイジングの考え方は、高齢期のホリスティックな健康的な生き方であるといえよう。高齢期には、全生活を取り巻くさまざまな生活環境の変化が訪れるが、こうした変化を受容し、それに適応しながら積極的に生きる意義を見いだして死が訪れるまで生を堅持していくというように高齢期の積極的なとらえ方が一般化してきつつある[10]。人が高齢化し死を迎えることは極めて当たり前のことであり、寿命を十分に生きた結果としての死であるといえよう。すなわち、自己実現を果たし、高齢期に達して死を迎えることは健康な死であるということもできるのである。

発達論の見地からハビーガースト（Havigharst）は高齢期には「健康の低下、収入の減少、寡婦（夫）・祖父母・退職者としての役割や活動、自己の反省の受容、死に対する考えへの適応」などの発達課題があるとし、同様にニューマン（Newman）らは1988年に、高齢期における発達課題としては①老化に伴う身体的変化に対する対応、②新しい役割と活動へのエネルギーの再方向づけ、③自己の人生の受容、④死に対する見方の発達があると指摘している[11]。このように高齢期の生活変化への対応に主体的に取り組むべきであると提唱している高齢期の発達課題として、当然の課題である「死」があげられている。「死」について、まだタブーが多いわが国においては同様に「死」を高齢期の発達課題として抵抗なく受け容れられるであろうか。

今日、高齢期の生活基盤である心身の健康と経済的安定の基本的生活ニーズの確保はもちろんのこと、高齢期を主体的に生きるエネルギーを生み出す力となる「生きがい」を見いだし、積極的に高齢期を生きるべきであるという考え方が主流であるといえる。健康な生活基盤をもち積極的に生きるといっても高齢期は、死に最も近い年齢層であるため、その死を考えないわけにはいかない。高齢期の生活の質、死の質を規定する生活基盤の安定への努力とともに、生活充足感をもって死までの期間を積極的に生きることがホリスティックな高齢期の生き方であるといえよう。

すでに世界保健機構（WHO）は、健康を1946年に、「より積極的な精神的、社会的な広がりや関わりをもったもの」と定義し、健康で自立した高齢期の生活機能の維持・向上については、1984年に「高齢期の健康は、生死や疾病の有無ではなく、生活機能の自立の程度で判断すべきである」

と提唱している[12]。高齢期における健康な生活は，心身の健康のみならず，経済的，社会的要素を含む日常生活の質が維持される全人的な健康すなわちホリスティックな健康である。このとらえ方は健康が心身状態の健康だけではないという1946年の定義をもとにその質を問うものである。高齢期以前からの生活や，経済基盤，心身の健康度，社会参加活動状況などによって高齢期の生活の健康度は変化するため，それらが統合化されてこそ高齢期の健康な生活となる。しかし自立生活が維持されている高齢者であっても，その自立は変化し易く，現状の自立だけでは十分とはいえない。将来の死などへの事前の備えがあってこそ質の高い自立であるといえよう。高齢期の全生活が安定し，持続されている段階から，将来予測される死や葬送への準備をしておくということは，高齢期の重要な生活問題の回避になる。経済的基盤，心身の健康度の基盤が揺らいだ状態で生活している高齢者は，健康で自立生活を維持している高齢者以上に不安は大きい。高齢期にあって生活基盤の安定度，生活環境や心身の健康度の如何に関わらず，必然である死に対して無防備であるということは，決して積極的な生き方をしているとはいえない。おそらく高齢期最後の生活課題となるであろう死や葬送への備えは，人生の最終段階における生活危険，生活不能，生活障害状態に移行する危険性が高くなるため必須のことである。全生活の健康が保たれている段階で，生きている間だけの自立ではなく自分の死に備えることは自身の価値観の表明でもあり，自立した死ということにもなる。死や葬送に自らが備え，積極的に死まで生きることが健康な高齢期であるといえよう。

3．高齢期の自立と葬送の準備

　これまで述べたように，高齢期において自己の死と葬送に備えておくことは，高齢期の自立生活状況を葬送に反映させることであるし，また高齢期の全生活を主体的に生きる価値観の反映でもあり，選択意思の表われであるともいえる。それは，高齢期に最もリスクの高い「生活問題3類型」のどの状態に直面しても，自立している生涯のある時期に，死後の葬送に何らかの備えをしておけば，少なからず精神心理的安心感は得られるし，ある程度望む葬送は確保されよう。準備をするということは，積極的な生き方の表れであり，高齢期の発達課題の一つである死への対応を具体的に行うことで達成感を満たすということにもなる。

　従来，高齢期のとらえ方は，高齢者福祉の系譜から見ても常に援助を必要とする存在として経済的・人的支援の対象であったり，社会の第一線から引退した生産性の低い存在としてであった。実際に援助を必要とする確率は加齢と共に高くはなっていくが，自立した生活を送る高齢者もまた多い。その自立した生活を維持するための直接・間接的な社会的支援としての福祉サービスはなくてはならない。1960年代からの本格的な高齢者福祉の進展は，社会福祉諸法の成立と改正により行われてきた中央省庁による社会福祉諸事業とともに，自治体独自の事業や民間レベルでの先駆的な活動によって援助の視点と方法が大きく転換し進展してきた。例えば，1950年に兵庫県の民間からの声による「としよりの日」の提唱によって全国社会福祉協議会の呼びかけによる全国的な「としよりの日」が開始され，高齢者の社会的な認知と高齢者の自立意識の涵養を促進したり，1952年にはわが国初の「老人クラブ」が東京都立新宿生活館につくられるなど高齢者に対

する社会的な意識の啓発と高齢者のネットワークを目指す組織的な活動が行われるようになった。これらの活動は，高齢期という人生最後の段階の特有の生活を意義づけ，高齢者自身が自らの生活を管理し，自己実現の完成期としての主体的な生き方の促進を支援する取り組みであった。今日においても「敬老の日」としてまた全国規模の「全国老人クラブ連合会」へと拡大し，すべての人に対する高齢期の覚醒と高齢者がこうした高齢者の組織への所属と活動的な生活自立への選択肢として高齢者自身の相互交流によって社会的関係を支えようという重要な機能を有している。

わが国における自立支援としての社会福祉は，1979年の「新経済社会7ヵ年計画」が「日本型福祉社会」構想というわが国独自の福祉社会を創造する計画を提唱したことにみられる。1981年に第二次臨時行政調査会（臨調）は真に必要な福祉の水準は堅持しつつ，自立・自助の活動，自己責任の気風を尊重すると提言した。その後の行財政改革で，福祉水準の切り下げになるという批判が相次いだという経緯はあるが高齢者に対する自立支援のための主な施策は，高齢化社会に入った1970年頃から急速に進展してきた。そして施設ケアより在宅福祉サービスの重視の方向へと向かい，多様化した福祉ニーズに対応するための見直しが始まり，1982年に老人保健法を制定し医療と保健，福祉の連携を強めることとなった。1989年には高齢者保健福祉十ヵ年戦略（ゴールドプラン）が策定され，高齢社会の社会的介護の充実を図るため，また自立高齢者がそれを維持し，生きがいのある生活を送るための基本的戦略構想となった。5年後にはその見直し，1999年にはゴールドプラン21により強化され，2000年からは介護保険が開始されて高齢期に必要なサービスを自己選択と自己決定により受けるという措置から個人のニーズと意思による利用へと移行してきた。このように1980年代以降は，社会的，家族的依存から社会福祉サービスの利用による自立生活の支援という利用者主体の福祉へと転換されてきた。そして自立した生活の確保という概念も，社会福祉援助を必要としないことを自立としてきた考え方から，個々のニーズにより社会福祉サービスを選択利用することによって身体的，精神的，社会的に自立した生活を確保するというとらえ方になってきた。社会保障と社会福祉サービスの利用によって個々の心身・社会生活状態に応じた自立生活の質の確保による健康生活という考え方である。

年齢と社会的活動の変化を伴う壮年期から高齢期の生活への移行は，高齢期特有の生活問題3類型のいずれもが現れる頻度が高い時期である。とりわけ，戦後の社会システムの変化と高度経済成長を経てきた現代の高齢者にとって，従来の高齢者の生活をモデルとすることができなくなった程，生活にも生き方にも大きな変化がもたらされた。特に高度経済成長期からの産業・就業構造の変化が都市への人口集中と地方の過疎化によって家族構成が核家族化し，家族の規模の縮小化への変化は，高齢期の生活に大きな影響を及ぼした。高齢者の子どもの家族との同居率は1980年の52.5％から1997年には32.8％にまで減少し，逆に高齢者世帯は，1980年には28.1％（うちひとり暮らしは8.5％），1997年には44.3％（うちひとり暮らしは12.7％）と増加傾向を示している[13]。このような家族構成の変化は，家族世代間相互のコミュニケーションはもとより家族による世代間扶養も不安定なものにした。それは高齢者世帯の増加にあらわれている。高齢者世帯増加の数値が示すように高齢期の生活は子どもの家族との同居による介護支援などはますます困難になる一方であり，高齢者の自助自立が求められ，必要な支援は，社会福祉サービスを利

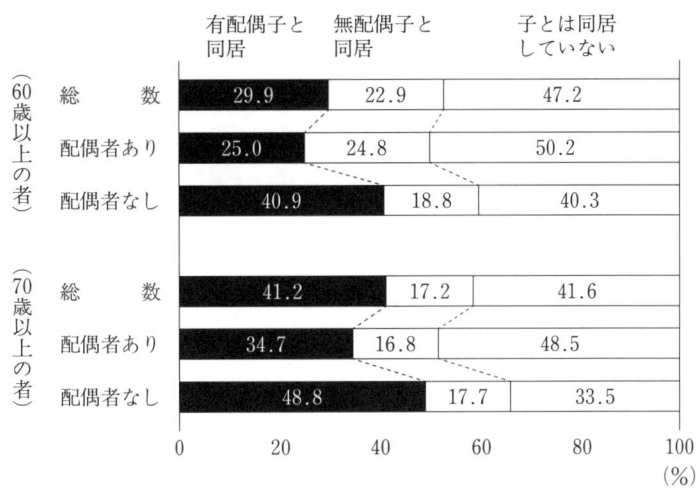

注：数値は兵庫県を除いたもの。
資料：厚生省「国民生活基礎調査報告」平成7年より作成。
出典：三浦文夫編『図説高齢者白書 1997』全国社会福祉協議会，1997年．

図1-1 配偶者の有無別にみた高齢者の子との居住形態

用しながら終生にわたる自助努力を余儀なくされることになってきつつある。恐らく現代の高齢者のなかには，自立という予期せぬ事態が訪れたという思いをもつ者も多いだろう。

　子ども世代にとっては，直接的な老親扶養から離れることができ，自分の家族生活を自立・充実させることができるようになったともいえるし，高齢者側にとっても同様に，子供の家族との窮屈な共同生活から解放されることにもなるという。一方では，日常生活における生活空間の隔たりが精神的，心理的な相互作用を遠ざけることにもなり，高齢者に年々高齢化し孤独化する将来の生活，死後の葬送や先祖の祭祀などを担う役割を誰が果たすのかという不安をもたらすことにもなった（図1-1）。

　このような社会状況，家族状況は，高齢期に「生活危険」への直面の可能性を高くさせ，経済生活サイズの縮小化と加齢に伴う疾病による医療費支出の増加，介護費用の新たな負担といったことが経済基盤を揺るがしかねない。これからは高齢期の経済生活の変化が高齢者の生活水準を低下させる「生活危険」の現実に直面する前に，生活防衛として将来の介護や医療さらに葬送および祭祀継承の備えをし，不安を解消しておくという選択肢が高齢期の生活に組み込まれることになってくるだろう。

　高齢期における自立生活と必然としての死とそれに伴う葬送への備えは，高度経済成長を期にわが国の社会・経済状況の大きな変化による家族構造が質的に変わってきた時代を生きた現代の高齢者にも必要となってきつつある。現代の高齢者は，戦後の社会制度の改革にも大きな影響を受けている。それは，民法の改正による家制度の廃止が最も大きいといえる。明治期に制定された旧民法によってわが国の家族システムは，家長を軸に家族間において強固な縦の人間関係による扶養関係が法的に築かれた。確固とした家制度による扶養や相続のシステムは，家長の絶対的

な権限のもとに家族員を家長に従属させることになったが，一方では，家長による扶養の責任が家族員の扶養不安を排除させた。特に高齢期の介護や看取り，葬送などについては，すべてが家長の責任において執り行われたために，高齢者は最終的な自己の葬送と先祖の祭祀不安からは解放され，自分の葬送など考えなくてもよかったのである。戦後の民法改正による家制度の廃止は個人としての家族員の尊重・平等を勝ち得たが，一方では老親との同居や老親の扶養意識を減退させた。そして高齢者の介護・看取りの不安と葬送不安を引き起こすことにもなり，これが現代社会における高齢期最後の生活問題の一つとして大きな位置を占めることになったのである。

このように，現代の高齢者は終末期と死後の不安をもつ。寿命の伸長により長寿を保つことは望ましいことであるが，死に方や葬送に対する自分なりの考えや備えがなければ，漠然と考えているだけでは葬送ができるかどうかは分からないという新たな課題が生まれたといってもよいだろう。そしてそれは今後さらに深刻化していくだろう。高齢期において，子どもなど近親者に死に至るまでのケアを受けることの困難性が予想されるところから，自分の問題として死や葬送を覚知することは高齢期の無防備な生活を防止する第一歩となるといえよう。

高齢期の生活不能状態と葬送を考えてみよう。高齢期の「生活不能」状態というのは，自助努力によって当面の日常生活の最低限度の水準を維持できないということである。高齢期に生活不能状態になった場合は，社会保障制度を利用し終末まで公的扶助を受けることによって，経済生活を維持するということになろう。生活保護には資産に関する規定があり，誰にでも起こることである自己の死や葬送のために経済的に備えておけばそれは資産を有することと見做され生活保護の対象とはならなくなってしまう。それでは生活保護世帯では葬送に備える可能性がなくなってしまう。ただし生活保護には，葬祭扶助があり，基本的な葬送は可能である。ただし，生活保護による葬送であるために，自己の望む葬送が実現するとは限らない。法による葬祭扶助では①検案，②死体の運搬，③火葬又は埋葬，④納骨その他葬祭のために必要なもの，という範囲であり，すなわち葬儀は含まれず，遺体処理だけということになる。「生活不能」状態になったとしても，生活保護により葬送（遺体処理）はできるため，世帯を異にする子どもなど家族への負担は回避できよう。しかし家族への精神的，心理的負担や祭祀の継承権，継承負担への配慮を考えなければならないだろう。自分の死と葬送に備えるのは何も葬儀費用や葬儀形式，相続といったことばかりではなく金銭的なこと以外にも用意しておくべきこと，考えておくべきことはいろいろある。

高齢期になると経済状態がどうであれ，葬送儀礼を継承する者に対して，なにがしかの用意をしておかなければならないだろうという思いやりの心があり，それを継承者に対する最低限の計らいとするようである。しかしわが国の現行制度では，生活保護受給者はそのような人の思いや気持ちを実現することはできず，生活保護法や健康保険制度の規定にある範囲内で葬送を行うという極めて限定された葬送しかできない。ところがアメリカの場合は，たとえ「生活不能」状態にあり，社会保障費を受給している場合であってもある一定の方法，すなわち葬送の事前準備として生前に葬儀社と本人の間で葬儀の契約をし，その支払いを事前に済ませておくことが認められているのである。個人的な葬送への準備は資産とはみなされないという規定がほとんどの州に

ある。万人に共通の人生最後の課題に対する個人の気持ちを具体的に準備する方法としての葬送への経済的備えが認められているのである。こうしたアメリカにおける葬送への準備の発想は，わが国における生活保護による高齢期の最低生活の保障としての生活の質を考える上で，示唆に富むことではないだろうか。

　人の死に関することとしては，社会保障上のケアはあるが，それは遺体処理に関する保障であり，措置としての生活保護には人間的なアプローチとしての死にかかわる援助は重視されてこなかった。また高齢期の「生活障害」を考える場合，今後死に関するケアは重要な意味をもつ。高齢期においては，心身の健康状態の低下や家族関係の変化などにより日常生活を阻害する要件が増えてくるのに加え，死や葬送に対するタブーなど歴史的文化的な阻害要件が加わり準備ができにくい。死や葬送に関するタブーの壁は厚く，その準備を阻害する。高齢期の生活障害で顕著なのが，アクシデントとして心身の疾病や障害などからくる生活の阻害であるが，その疾病や障害により高齢期に医療と介護を必要になったとき，見過ごされるのが，死や葬送に対する怖れや不安など精神，心理面に対する支援である。目前の具体的な医療や介護が重視されるために，形としては見えにくい高齢者のこうした内面への援助が看過されがちである。高齢者が医療や介護を受けつつ死に向かうときには，終末の心身の苦痛と死への怖れや不安，その後の葬送への準備不安など多くの苦痛と不安を併せもつ。本来，高齢期の介護には，身体的のみならず精神面への支援が生きる意欲にも繋がる大きな比重を占めていると指摘されているにもかかわらず，これまで必ずしも十分に行われていたとはいい難い。それは死のタブー視と生命や生活の維持が脅かされることになる「生活障害」に対する支援方法，死に対するタブーへの対応が見逃されていたからだといってもよいだろう。

　高齢者に対する援助には死にかかわる問題を回避することはできない。ともすれば軽視されがちであった高齢者の尊厳を配慮した精神・心理的な面へのケアは身体的な介護とあわせ，怖れや不安を緩和することは欠かせない。高齢者の残された生命力，能力を十分に活かして充実した人生を最後まで送ることができるように図ることが，終末期への支援の重要な課題である。また高齢者自身には，死の恐怖や不安，死の迎え方などについて，心を開放して話すことができたり，学ぶことができるような機会が日常の場にあることが求められる。高齢者はケアを受ける立場にあるだけではなく積極的な死への向い方，日常の生き方が，他者を刺激し支えとなることも多い。残される家族に対する支援も大切である。高齢者と家族の相互支援や両者に対する社会的な何らかの支援があれば精神的，心理的な生活障害を解消していくことができるだろう。

参考文献

1）古川孝順『社会福祉改革——そのスタンスと理論——』誠信書房，1995 年．
2）前掲書，『社会福祉改革——そのスタンスと理論——』．
3）古川孝順・庄司洋子・定藤丈弘著『社会福祉論』有斐閣，1993 年．
4）前掲書，『社会福祉論』．
5）前掲書，『社会福祉論』．
6）園田恭一『健康の理論と保健社会学』東京大学出版会，1993 年．
7）園田恭一「地域保健福祉医療計画と地方保健福祉計画」，山下袈裟男編『転換期の福祉政策』ミネルヴァ書

房，1994 年，pp.38-39.
8) 園田恭一『ホリスティックな健康とライフ——生命・生活・人生——』日本保健福祉学会誌第 2 巻第 2 号，1996 年.
9) Baltes, P., "Developmental Psychology" *The Encyclopedia of Aging,* Springer Publishing Company, 1987.
10) 東京都老人総合研究所編『サクセスフルエイジング』ワールドプランニング，1998 年，pp.42-52.
11) 前掲書，『サクセスフルエイジング』.
12) 園田恭一『健康の理論と保健社会学』東京大学出版会，1993 年.
13) 厚生省編『平成 10 年版　厚生白書』ぎょうせい，1998 年.

第 2 節　家族変動と高齢者の死への準備

1．家族の変化と死の準備

　高齢期に，死とその後の葬送に関する備えをしておくべきではないかという場合，現在の旧民法世代の高齢者にとっては，自分の葬送は祭祀の継承者にすべてを託しておくということが一般的である。たとえ子ども世帯とは別居し，自立して生活している高齢者であっても，多くは家制度が生活習慣として残っており，したがって死後の葬送に関する備えに対しては，積極的かつ具体的に取り組みをするという意識がなかったり，自分で備えるという考え方そのものが受け容れられないという人たちも少なくない。戦後生まれ世代の人たちに高齢期が迫ってきつつある現在，家族構造や家族関係，生活文化も多様化していく中で，個人の尊重が重視されるようになってきた。今後終末の医療や葬送についても積極的な論議が拡がっていくであろう。人の生き方としての死への備えは，ベビーブーマーが高齢期を迎える 21 世紀前半には多くなり，高齢期の生き方としての死に対する準備が一つの高齢者文化として定着し，高齢期に当たりまえの備えとなっていくのではないかと考えられる。
　また，これからは死や葬送は，個人的なレベルで考えることばかりではなくなってくるであろう。それは生涯の最終段階で平均的に約 6 年余の不健康な期間があるがその間，在宅介護を受ける場合であっても家族介護だけではなく社会的介護を受けることが多くなってくることが予想されるからである。施設介護であれ，在宅でホームヘルパーなどの介護であれ，急変し救急医療を受ける事態が起きないとも限らない。そのような時，終末医療や葬送について意思がわかっていればそれに添った医療を受けることができるし，死を迎えた際にも意思どおりの葬送が実現する。終末医療や葬送の意思は，単に個人の思いとして備えておくレベルではなく，アメリカでみられるように家族や関係者が知っておいてこそそれが実現するものであるため，社会的なものとなる必要がある。社会的なケアが主流となるこれからの本格的な高齢社会においては，こうしたことを考えざるを得なくなっていくかもしれない。これまで実際的な高齢者福祉のなかでは考えられてこなかった末期医療や葬送の意思に対して，高齢者自身および高齢者を扶養・介護する側の関心の高まりがあることから，今後何らかの取り組みが迫られよう。

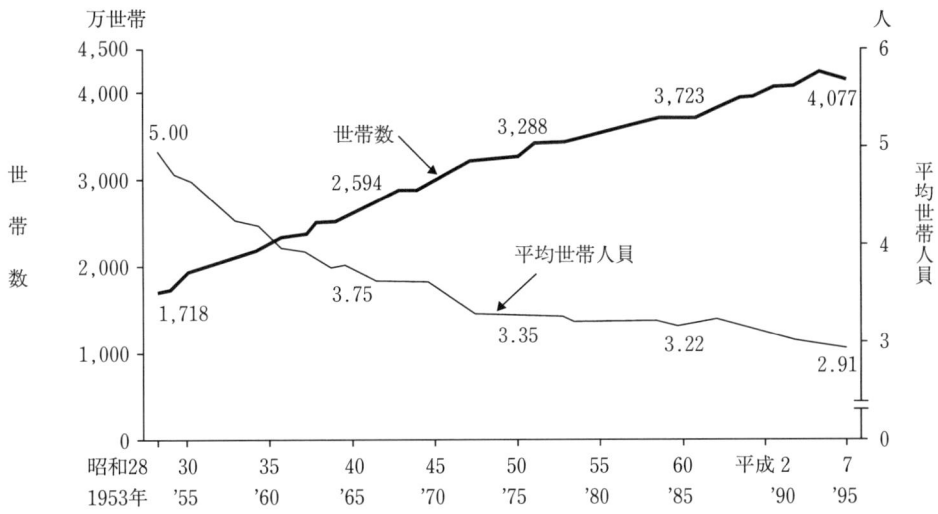

図1-2　世帯数および平均世帯人員の年次推移

　さてわが国の世帯構成の推移を見ると，高齢者と子世代の生活分離が進んでいることがわかるが，このことは，将来の死と葬送に関する高齢者の関心の高さと無関係ではないといえる。
　核家族化が年々一段と進行し，1995年の平均世帯人員は，2.91人で，1955年から40年間に4.97人から2.91人へと，平均で2.06人も減少し，アメリカ（2.9人），フランス（2.9人）に並ぶ小世帯規模になっている[1]（図1-2）。そして高齢者世帯は，1995年では，全世帯数4,077万世帯のうち，561.1万世帯で13.8％を占める。世帯規模では縮小してきているが，65歳以上の高齢者の生活状況としては，子との同居率が依然として高率で，1994年には，55.3％と過半数が同居である。しかし，1975年の68.0％から比較すると20年間に12.7％低下してきており，確実に子との同居率は低下してきている（表1-1）。
　わが国と比べ，もともと高齢者と子との別居率の高い欧米諸国においても高齢者の子との同居率の低下は進行している。ただし欧米では，高齢者と子との同居率が1950年代には3〜5割程度であったものが，1990年頃までに1〜2割程度にまで低下してきているという違いはある。この傾向は，1970年代から目立ちはじめ，同居率が1〜2割程度ということは，ほとんどの高齢者が子とは同居をしていないということを意味する。
　特にアメリカでは，緩やかに同居率が下降してきており，同居率は2割にも満たない。これらと比較すると，わが国は，依然として同居率は高水準で推移しているということになるが，同居率は確実に低下し，子との同居率の低下が高齢世帯の増加を著しくし，高齢夫婦世帯および高齢単独世帯の数は，1995年現在，夫婦のみは293.6万世帯，単独世帯は220.2万世帯であり，合計

表1-1 世帯構造別にみた世帯数の推移

年次	総数(A)	単独世帯	核家族世帯				三世代世帯	その他の世帯	高齢者世帯(B)
			総数	夫婦のみの世帯	夫婦と未婚の子のみの世帯	片親と未婚の子のみの世帯			
	推計表（千世帯）								推計表（千世帯）
昭和50年	32,877	5,991	19,304	3,877	14,043	1,385	5,548	2,034	1,619
55	35,338	6,402	21,318	4,619	15,220	1,480	5,714	1,904	2,424
60	37,226	6,850	22,744	5,423	15,604	1,718	5,672	1,959	3,110
平成2	40,273	8,446	24,154	6,695	15,398	2,060	5,428	2,245	4,195
3	40,506	8,597	24,150	6,715	15,333	2,102	5,541	2,218	4,711
4	41,210	8,974	24,317	7,071	15,247	1,998	5,390	2,529	4,881
5	41,826	9,320	24,836	7,393	15,291	2,152	5,342	2,328	5,185
6	42,069	9,201	25,103	7,784	15,194	2,125	5,361	2,404	5,535
7	40,770	9,213	23,997	7,488	14,398	2,112	5,082	2,478	5,616
	構成割合（％）								(B)/(A)×100
昭和50年	100.0	18.2	58.7	11.8	42.7	4.2	16.9	6.2	4.9
55	100.0	18.1	60.3	13.1	43.1	4.2	16.2	5.4	6.9
60	100.0	18.4	61.1	14.6	41.9	4.6	15.2	5.3	8.4
平成2	100.0	21.0	60.0	16.6	38.2	5.1	13.5	5.6	10.4
3	100.0	21.2	59.6	16.6	37.9	5.2	13.7	5.5	11.6
4	100.0	21.8	59.0	17.2	37.0	4.8	13.1	6.1	11.8
5	100.0	22.3	59.4	17.7	36.6	5.1	12.8	5.6	12.4
6	100.0	21.9	59.7	18.5	36.1	5.1	12.7	5.7	13.2
7	100.0	22.6	58.9	18.4	35.3	5.2	12.5	6.1	13.8

注：1．高齢者世帯とは，男65歳以上，女60歳以上の者のみで構成するか，またはこれらに18歳未満の未婚の者が加わった世帯をいう。
　　2．平成7年の数値は兵庫県を除いたものである。
資料：昭和60年以前は厚生省大臣官房統計情報部「厚生行政基礎調査」，平成2年以降は同「国民生活基礎調査」。
出典：厚生省編『平成8年度版　厚生白書』ぎょうせい，1996年．

513.8万世帯となって，高齢者全世帯866.8万世帯の59.3％を占めている（表1-2）。この比率は，今後さらに進行するものと見込まれており，2000年には，高齢者夫婦と単独世帯が678.6万世帯（63.0％），2010年には，992.9万世帯（67.1％）になるものと推計されている（図1-3）。

このように高齢世帯の急速な増加は，核家族化による家族構造の変化で，高齢者に最も大きな影響を及ぼした。1970年の高齢者世帯280万世帯に対し，1995年には，867万世帯と25年で，3.1倍となり，2010年には，1970年の3.5倍に増加するものと推測されている[2]。

高齢社会における家族構造は，高齢者の自立が促される高齢夫婦世帯と，高齢者単独世帯からなる高齢世帯が圧倒的多数を占める社会になるということができよう。したがって，高齢世帯は，家族の生活支援機能を期待できなくなることが予想され，そのなかで病気や介護不安とともに死後に行われる葬送不安，先祖供養の継承不安などの問題を顕在化させることになることが見込まれる。

表1-2 高齢者のみの世帯の割合（1995年）

都道府県	世帯人員 (1,000人)		65歳以上人口に占める世帯人員の割合(%)		都道府県	世帯人員 (1,000人)		65歳以上人口に占める世帯人員の割合(%)	
	高齢者のみの世帯	高齢単身世帯	高齢者のみの世帯	高齢単身世帯		高齢者のみの世帯	高齢単身世帯	高齢者のみの世帯	高齢単身世帯
全国	6,587	2,202	36.1	12.1	三重県	100	32	33.8	10.7
北海道	384	121	45.5	14.4	滋賀県	47	15	26.0	8.1
青森県	65	24	27.5	10.0	京都府	161	56	41.6	14.6
岩手県	65	21	25.4	8.3	大阪府	471	183	44.9	17.5
宮城県	88	27	25.9	7.9	兵庫県	307	106	40.2	13.8
秋田県	60	19	25.3	7.9	奈良県	66	21	33.5	10.4
山形県	51	15	20.4	5.9	和歌山県	80	29	40.9	14.7
福島県	95	29	25.7	7.8	鳥取県	35	12	29.8	9.8
茨城県	105	31	25.0	7.3	島根県	55	17	33.1	10.3
栃木県	73	22	24.8	7.6	岡山県	128	39	37.7	11.6
群馬県	96	28	30.7	8.8	広島県	199	66	43.7	14.4
埼玉県	202	61	29.7	8.9	山口県	129	44	43.5	14.9
千葉県	205	63	31.4	9.6	徳島県	54	18	34.1	11.4
東京都	713	265	46.6	17.3	香川県	68	22	36.6	11.6
神奈川県	356	110	39.2	12.2	愛媛県	124	41	44.4	14.8
新潟県	109	31	23.9	6.8	高知県	77	29	45.9	17.2
富山県	46	14	23.0	7.2	福岡県	292	104	40.1	14.3
石川県	54	18	28.4	9.3	佐賀県	46	15	29.0	9.8
福井県	36	12	24.2	7.9	長崎県	111	40	40.6	14.7
山梨県	49	15	32.6	9.7	熊本県	121	40	35.4	11.9
長野県	129	35	31.0	8.4	大分県	95	32	41.5	13.8
岐阜県	85	25	26.3	7.8	宮崎県	95	32	46.6	15.5
静岡県	143	44	25.9	7.9	鹿児島県	205	76	57.9	21.5
愛知県	260	85	31.7	10.4	沖縄県	52	21	35.1	14.1

資料：国勢調査．
出典：総務庁．

　高齢者が高齢者のみで生活する環境が拡大化され，高齢世帯での生活時間が長くなればなるほど葬送の準備は独自でしておかなければならなくなってくるだろう。家族構造の変化は高齢者の生活環境を変化させるばかりでなく，高齢者の将来不安を増幅させる要因と考えることができよう。高齢者のそのような危機感が，死や葬送に対する関心を高め，ひいては具体的な行動へと移っていくことになる。

　さらに，高齢者が高齢期の生活の中で，日常生活の自立を自覚し，その努力が必要であることは，若年者が高齢者（親）の扶養や介護に対して必ずしも実際的な負担をしようとは考えていな

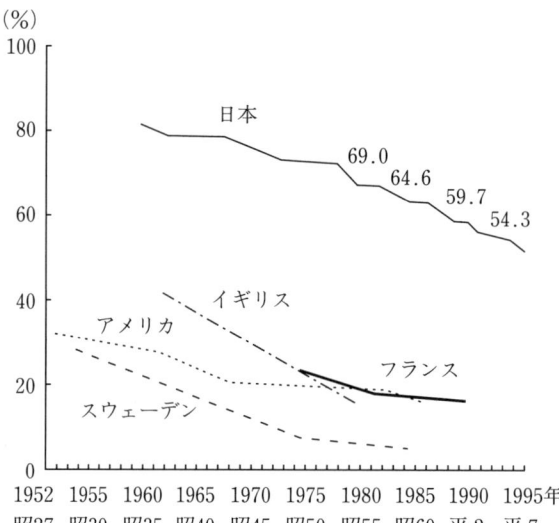

注：日本の比率と1995年については，「国民生活基礎調査」（平成7年）より
　　筆者が加筆した。
資料："Care by families: An Overview of Trends," *Caring for Frail Elderly People,* Social Policy Studies No.14, OECD, Paris.
出典：三浦文夫編『図説高齢者白書　1997』全国社会福祉協議会，1997年.

図1-3　65歳以上の者の子どもらとの同居形態

いという扶養意識の低下がみられることから，自立は必至ということになるだろう。将来的には高齢者が自ら死と葬送への備えをし，また死後の生活整理や自己が行ってきている先祖の祭祀についても子世代に依存しなくてもよいような何らかの方法を講じておく必要性に迫られるのではないかと考えられる。

　1972年から5年ごとに実施されている世界青年意識調査の第5回世界青年意識調査報告書（1993年実施）によると，年老いた親の扶養に関する調査項目で，「どんなことをしても親を養う」と回答したものが，わが国では22.6％であり，調査が実施されたどの国よりも低い（図1-4）。積極的な親の扶養意識は，わが国では減少傾向にあり，第2回には34.5％，第3回は35.0％，第4回は25.4％と調査の度毎に低下傾向を示している。そして逆に「自分の生活力に応じて親を養う」とする消極的扶養が第2回には52.5％であったものが，第3回53.9％，第4回58.5％，そして第5回では65.6％と増加傾向を示している。第5回の調査によってアメリカとわが国を比較すると，積極的扶養と消極的扶養が逆で，アメリカでは，積極的扶養が62.7％，消極的扶養が28.0％である[3]。わが国の青年の意識から「どんなことをしてでも親を養う」という積極的な扶養意識が徐々に薄れてきていることがうかがわれることから，現在の高齢者以上に今後高齢期を迎える世代はさらに自立の必要が迫られることになろう。

　前述のように，かつて旧民法下にあっては，家制度により，家族扶養とすべての祭祀を長男が執り行ってきたためにそれに関する実際的な不安はなく，従って誰が継承するかの葛藤も準備も

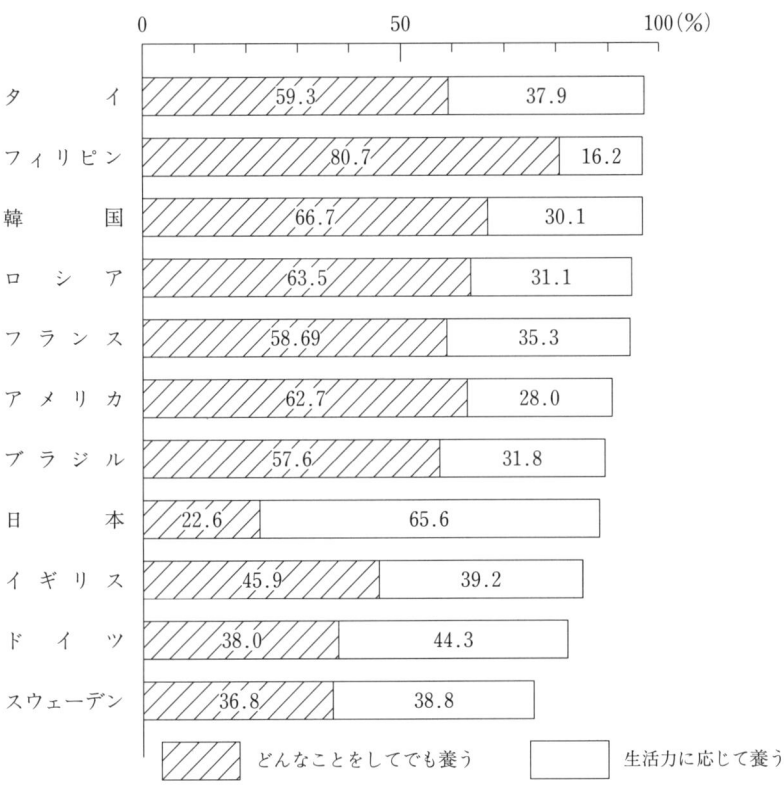

出典：総務庁青少年対策本部編『日本の青年』大蔵省印刷局，1994年．

図1-4　年老いた親の扶養

必要とせず，それでもなにがしかの蓄えをそのために残しておこうという備えだけで十分であった。しかし，家族状況や家族関係に大きく左右される葬送は，今後の高齢者の生活状況を考えると，誰がどのように執り行うのか，先祖の祭祀はどうすべきかなどの不安や葛藤を持つことが多くなってきつつある。現在，家制度は廃止され，祭祀の継承は長男とは限定されなくなったものの，依然として，長子特に長男が行うという慣行が存続しているが，これから個人の意思が尊重される考え方が定着すれば，それも揺らいでいくであろう。高齢者の子ども世代との同居率が低下し，生活距離も離れることによって，祭祀の継承は長男とは限定せず，自分にとって誰が最も継承するにふさわしいかを高齢者は考えるようになるであろうし，そうなると，死までの介護も死後の葬送も誰に頼むべきかの選択が家族関係や慣行とのはざまで高齢者の葛藤を招くことにもなってくる。扶養や介護も高齢期の大きな課題であるが，系譜・祭具・墳墓などの継承に伴う祭祀は，他の財産の相続とが分離されているため，その継承には生前の人間関係や介護関係が影響することが考えられるからである。今後こうした問題が多発するかもしれない。

　高齢期における生活形態の変化が，生活自立，社会的介護，施設死の方向へ向かわせたことによって，終末の時，安心して委ねる近親者が必ずしも身近にいるとはいえなくなった。このこと

は高齢者の死が，子の家族に及ぼす重みが低下したということにもなるという一面があり，高齢者を自己の葬送への準備へ向かわせる引き金になったともいえよう。

また，高齢者が子どもの家族に全面的な依存をせずに生活できる基盤が経済の発展と共に社会保障の充実によって形成され，高齢者福祉施策で高齢者が自立し，生涯を通して充実した生活を過ごすためのサービスも多様化してきた。

また家族間介護の中心となっている女性による介護は，核家族化と女性の積極的な社会参加を阻むことになり，女性に固定的な役割を求めることでもあるため，必要な介護は社会的サービスを活用することができるようになってきた。2000年4月から開始された介護保険は自らが選び，決定し，サービスを受けるという契約の概念に基づいたもので介護意識を変革しつつある。

さらなる高齢化率の進行とともに，高齢者および家族の多様なニーズに対応する介護システムが整備されていくことによって虚弱化した高齢期の生活を安定化させ，自立した高齢者はできるだけ自分の能力を発揮し，生きがいのある高齢期を生きるために，社会的な役割を果たし，快適な生活ができるような環境の整備が図られなければならない。できる限り自立した生活が送れるように支援しできる限り高齢者の意思を尊重し，高齢者の望む生活スタイルを持続させ生活の質を低下させることなく生活できるような，社会的支援策が必要である。また高齢期の生活の基底をなす「生活の質」が十分に保たれ，高齢期の生命と健康を支える環境としての家族関係も見逃すことはできない。ただ高齢者の子供世代との同居率の低下で子供世代との相互理解と交流が低下しないかどうかということが懸念される。高齢者にとって青年期の扶養意識の低下は将来の私的な高齢者扶養に対する不安を暗示させることかもしれない。

こうした社会の趨勢から，人生の最終的な段階に予想される医療や介護はもとより，死後の葬送そして死後の生活の整理，祭祀の継承を誰がどのように担うかについても考え，用意しておかなければならなくなっていくことになるだろうことが予想される。

2．高齢者福祉サービスの利用と高齢者の葬送

わが国における社会福祉は，生活保護法，児童福祉法，母子および寡婦福祉，老人福祉法，身体障害者福祉法，精神薄弱者福祉法の「社会福祉6法」の主要な法とその他の関連法により，具体的な社会福祉サービスが，第1種社会福祉事業と第2種社会福祉事業と規定されて実施されてきた。1990年の社会福祉事業法の改正で，従来の社会福祉の領域に限定することなく，広く保健医療などの関連施策との連携を行うことが加えられ，高齢者福祉サービスにも新たな展開が期待されることとなった。

高齢者に関する福祉サービスおよび医療は，老人福祉法および老人保健法を中心として具体的な対策が講じられているが，福祉サービスを利用できるのは生きている間だけである。人が死を迎えることになり，葬送ということになれば，生活保護法に明示されている葬祭扶助（同法第18条）の規定が，端的に死にかかわる葬送援助として社会保障の一環としてある。但し，これが利用できるのは生活保護受給世帯のみであり，葬祭扶助は，それだけが単独で支給されるものではなく，同法の目的にあるように，生活に困窮する人々（世帯）に対する生活保障であるため，被

保護者の必要に応じて支給されるものである。生活保護受給者は，1997年の生活保護全国一斉調査の結果からみると，63万1千世帯であるが，高齢者世帯の占める比率が最も高く44.0％を占め，その比率は年々増加している[4]。高齢世帯の受給率が高いこの数値からすると，高齢者の死亡発生により支給される葬祭扶助が高齢者の葬送に大きな意味を持っているということができる。高齢者の死に対して，社会保障の面から経済的生活の自立が困難な場合に受給できる生活保護によって，葬送が実行できるが，経済的に自立している高齢者の死への具体的な支援策はみられず，個人の意思と能力に頼るのみである。確かに，高齢者に対する福祉施策の理念が，老人福祉法にあるように，「老人に対し，その心身の健康の保持および生活の安定のために必要な措置を講じ，もって老人の福祉を図る」ことを目的として，高齢者が生きている間をその適用範囲として高齢期の生活基盤の充実を図るためのサービスである。しかし，高齢者世帯の増加が進行する社会にあっても現在のところ自立した高齢者が死を考えたり，死の準備をしようとすることまた配偶者を亡くした高齢者に対しては何の支援も考えられていない。高齢期の最も大きな死という課題に対する社会資源の整備や支援サービスもこれから必要となってくるだろう。

　高齢者福祉を，人口の高齢化が進行するなかで策定された1986年の長寿社会大綱でみると，既存の諸制度や諸慣行を見直して，人生80年代に相応しい経済社会システムを構築することを目的とし，特に高齢者に対しては，就業・社会参加の促進を図るための条件整備，高齢者の自立と地域の連帯を重視した環境整備，生涯のどの段階においても健やかで充実した生活ができる体制の整備などを基本方針として，①雇用・所得保障システム，②健康・福祉システム，③学習・社会参加システム，④住宅・生活環境システムを総合的に推進するとされている。それによって，確かに高齢期の経済的確保のための就業や公的年金制度の充実を図る一方で，高齢期には特に重要性を増し高度化する保健医療サービス，介護サービスなどの供給と負担，安全で住みよい生活環境の確保が推進されてきた。今後は高齢期の生活を支える健康・保健，医療，福祉サービスの利用により，高齢期の生活基盤が確保されたうえで，延長線上にある死についても何らかの支援が考えられるべきであろう。福祉サービスは死に至るまでの支援であり，死後のサービスは設けられていない。高齢者に対する福祉サービスが選択して利用できることになったことでこれからは現行では福祉サービスの中にない死と葬送への備えや家族ケアへと人々の目は向いていくのではないかと考えられる。実際，老人福祉法（1994年改正）による高齢者福祉施設と在宅福祉施策および高齢期の生きがい対策をはじめとして，高齢者保健福祉推進10ヵ年戦略の策定（1989年策定，1994年見直し）による生活自立と介護支援の充実・強化，老人保健法（1996年改正）による高齢者保健医療の充実，さらに介護保険法によって新たな枠組みで実施される介護支援サービスなど，高齢者福祉施策が次々と策定されて，高齢期の生活をほぼ最終ゴールまでに支援する援助体系が整備されることになった。

　高齢者はこうしたサービスを必要に応じて受けることができるとはいえ，それだけで必ずしも安心して生活できるとはいえない。それは，将来確実に自分にも起こる死に対する不安やそれに伴う具体的な終末医療や葬送への心配と残される家族に対する負担感を解消することができないからである。実際的な介護や終末医療とともに，それに対する相談支援が強化されようとしてい

るが，高齢者の将来不安などに対応できる相談体制や情報提供が早急に望まれる。高齢者の不安の最も大きい部分である終末医療や死・葬送について，いかに支援していくか，そのあり方がこれからの大きな課題である。

　社会的支援の可否にかかわらず高齢者は死に対する精神的な備えはもとより，具体的に何らかの備えをしておかなければという思いとともに，従来から個人差はあるものの多かれ少なかれ葬儀費用としての貯えや身辺の整理を行っている。

　身辺の整理などは現実に見える部分であり取り組みやすいということもあり，葬送への現実的な準備を容易にする。それは，自分自身のためのみならず，自分を葬る労を執る他者（家族など）への配慮として用意することにもなるからである。特に高齢者が葬送費用をまず準備しておこうとするのは，かつて生活のなかで身近にした他者の死の体験を通して，具体的に葬送にどれだけの費用と人手を要するかを経験的に知っているからであり，家族の負担をできるだけ軽減するための遺族ケアの現実的な方法として第一義的に考えられることだからといえよう。

　現在でも自分の葬送に備えるための方法として，まず費用の準備が考えられるのは，死や葬送にタブーがあり，葬送は遺族の手に委ねるものであり，本人の意思を離れたところにあるものだとする考えが依然として支配的であるために，費用の準備が最も有効な手段であると考えられているからである。また，葬送費用を準備しておこうとする人が多いのは，ひとつには葬送に要する費用が高額になってきたからという理由もある。

　1992年に実施した「葬儀に関するアンケート調査」においても約9割（89.4％）が自身の葬儀費用を用意しておくことは必要であると思っているという結果が得られた。この結果は，調査対象者が喪主またはそれに準ずる立場で家族の葬儀を経験して1年以内であるという人たちであるだけに準備の必要性を強く感じているのであろう[5]。また，東京都生活文化局による「都民の生活意識と生活費用等実態調査　葬儀にかかわる費用等調査報告書」によると，年代層が20歳以上と広範であるので全体的にみると，準備をしている人は25.6％であり決して比率は高くはないが，しかし高齢になるほど準備をしている人たちが高率を占めている。男性の70歳以上では55.0％が準備をしていると回答しており，女性の60代では58.3％，70歳以上でも58.0％を占め女性が，準備開始の年齢はやや早いものの，高齢期を迎えると着実に葬送の準備をしようとしていることがうかがえる[6]。

　費用準備の方法としては，1992年の上記の調査では，約5割（49.1％）が銀行預金，生命保険が約4割（44.4％）で全体の9割以上（93.5％）を占め，確実な方法で準備しておこうとしている様子がうかがえる。また，東京都生活文化局の同報告書でみても，5割（50.1％）が生命保険，預貯金が約4割（36.7％），互助会が3割（31.5％）となっており，いずれも葬儀費用の準備としては同様の傾向を示している。このように費用の備えは，葬送費用に高額を要することと葬送に付随する，習慣や儀礼に基づくさまざまな要事を託すことになる残される者に負担をかけたくないという家族や親族などへの配慮に他ならない。葬送の費用の負担のみならず，多くの時間と人を要して行われる自分の葬送を託す人たちへの負担軽減の気持ちの表明であるといえよう。

　わが国では，葬儀は宗教儀礼で行う場合が圧倒的に多いため，葬送費用とともに宗教儀礼に伴

う費用も要し，それへの具体的な費用の準備をするということもある。宗教儀礼で葬儀を行った場合お布施や戒名料など寺院への支払いに関して，東京都生活文化局の調査報告では，寺院への支払額は，最高クラス，最多クラス，最低クラスと3区分されており，最高クラスの平均が151万3千円（50万円～150万円未満が50.0％），最多クラスが50万1千円（50万円未満が57.7％），最低クラスが18万9千円（20万円未満が52.5％）であり，そのうち戒名料は，最高クラスが平均99.2万円，最多クラスが33.1万円，最低クラスが11.1万円であると報告されている。戒名料は，各クラスともに寺院への支払額の3分の2に相当する。寺院への支払額もまた総葬儀費用も20万円未満の最低クラスから600万円以上の最高クラスまで，非常に費用の格差がある。高齢者にとっては，費用の全額あるいは一部でも準備しておきたいとする根拠はこのように費用がかさむからである。死に至るまでの医療や介護にも費用を要するためそれにも備えておかなければならないし，葬儀に対しても準備しておかなければならず，高齢期には，死を迎えるための準備は容易ではないととらえることもできる[7]。

　このように，葬送費用には大きな格差があるとはいえ，葬儀には高額の経費を要している現実をみれば，高齢者が家族への配慮として，できる限りの費用の準備をしておこうとすることは理解できよう。その高額を費やすことになるかもしれない自分の葬送に，予めどのような葬送を行うかの意思を残しておけば不要な出費を遺族に負担させることを免れるし，遺族にとっても故人の意思を尊重して葬ることができることになる。葬送に対する具体的な意思の表明は，費用確保と共に有用であり主体的な死への準備である。高齢者は，長い人生経験と知見から自分で葬送に対する準備を始めようとする。人が本来持つ「積極的に生きる」，「現在および未来に有意義となる」，「人と連帯して生きる」という基本的な生への欲求を，高齢期の充実した生活の場で生かすべきであるということを考えると，生きる意味を実感して将来に向けた計画を立てて生きることは必然でもある。その視野の中には当然死とそれに伴う葬送が含まれるはずである。タブーや不安を超えて，より具体的な死への準備をして，清々として生きていく高齢期こそ生活の質の高さの一面を表すことになるといえよう。

参考文献

1) 厚生省編『平成9年度版　厚生白書』ぎょうせい，1997年．
2) 三浦文夫編『図説高齢者白書　1997』全国社会福祉協議会，1997年．
3) 総務庁青少年対策本部編『日本の青年』大蔵省印刷局，1994年．
4) 前掲書，『平成9年度版　厚生白書』．
5) 大橋（北川）慶子『葬儀に関するアンケート調査』報告書，1992年．
6) 東京都生活文化局編『都民の生活意識と生活費用等実態調査』東京都生活文化局，1996年．
7) 前掲書，『都民の生活意識と生活費用等実態調査』．

第3節　高齢期と死

1．人の死の背景

　わが国の平均寿命は年々伸長を続け，今日では誰もが平均80年の人生を生きることができるようになった。1997年わが国の平均寿命は男性が77.19年，女性は83.82年となり世界的に見て最も高い水準である。またアメリカにおいても確実に平均寿命は伸び，男性72.4年，女性79.0年（1994年）となった。2000年6月4日に初めて，世界保健機構（WHO）が，平均で何年健康で生きることができるかという生命・寿命の質を示す健康寿命を発表した。それによると，わが国は平均寿命と同様健康寿命でも最も健康で長生きできる国と位置づけられ，男性は71.9年，女性は77.2年で平均74.5年を健康で生きることができる国と位置づけされた。平均寿命が80.9年（1999年）であるので健康寿命の74.5年とは6.4年の差がある。この6.4年という期間は傷病，障害などにより健康が損なわれる期間でしかもそれは人生最後の高齢期のしかもその最終段階である死に至るまでの期間であるということになる。全生涯の8％に当たる最後の期間には医療や介護など他者の支援を必要とする期間が含まれており，死へ移行するための期間というとらえ方もできる。わが国が健康寿命は最も長いが，2位はオーストラリアで73.2年，3位はフランスの73.1年が続き，アメリカは24位で70.0年である。人の寿命について平均で何年生きられるかという死亡率をもとに計算されていた平均寿命から生活の質の一側面を示す健康状態を示す健康寿命の指標が新たに加わり，寿命においてもその質的側面が強調されるようになってきた。なかでも，不健康で生きる人生の約1割の期間には死に関わる様々な課題があることを忘れてはならない。

　1995年，*New England Journal of Medicine*に発表された，オーデンセ大学（デンマーク）のJ.W.ウォルペールによる1880年から1984年生まれのアメリカ，スウェーデン，フランス，イギリス，日本の人々についての死亡記録の分析結果による長命度の測定報告によると，アメリカ人高齢者が他のどの国よりも長命であるとされている。例えば，1987年におけるアメリカ人女性で，80歳の女性の平均余命が9.1年であり，男性は7年である。同年齢の日本人女性は8.5年，男性は6.9年，フランス人女性は8.6年，男性は6.7年，スウェーデン女性は8.3年，男性は6.5年，イギリス人女性は8.1年，男性は6.2年となっており，80歳ではアメリカが男女ともに平均余命は最も長いという結果となっている。85歳，90歳，95歳で5年以上の余命についてもアメリカが他の国と比較して最も長くすべての年齢で第1位である。たとえば，85歳では，アメリカ人女性の58％は5年以上の平均余命がある。フランスでは53％，日本は52％，イギリスは51％，スウェーデンは50％である。このようにアメリカにおける高齢期の平均余命が他の国と比較して特に長いその理由は，メディケア・システムの発達，高学歴者ほど健康に留意する傾向という特徴があり，アメリカの高齢者は他の国よりも平均的に高学歴であるという傾向やアメリカへの移

住者は本国人よりも長命であるという統計もあり，また健康のための禁煙や食習慣の改善がアメリカ社会では比較的早い時期から人々に受け容れられてきたこと，死亡率が高い循環器系の疾患予防のために人々が血圧管理に気をつけていることなど日常的な健康志向の成果がこの数値に反映されていると報告されている。

わが国では，1921年から1925年には，男性のわずか31％，女性の35％しか65歳に到達することができなかったが，1990年には男性の83％，女性の91％が到達できるようになり，さらに1990年代後半には約9割が65歳に到達できる社会になってきた。しかし，いくら寿命が伸びたとはいえ，人には寿命があり必ず死が約束されている。

わが国の1997年における出生と死亡を人口動態統計から見ると，26秒に1人が出生し35秒に1人が死亡[1]していることになり，出生率よりも死亡率の低さがうかがえる。このようにわが国の死亡率（人口千人対）は低い水準にある。明治・大正時代は一貫して20台であったのが昭和期になり20を割り，1941年には戦前最低の16.0となった。しかし依然として「多死」時代に変わりはなかった。戦後は医学，公衆衛生の発達により死亡率が低下傾向を示しはじめ，1947年には14.6となり1958年には7.4と急速に低下して，約10年で死亡率は半減した。この頃から1960年代にかけて「少死」時代に移行したことを意味する。ところがその後人口の高齢化とともにわが国の死亡率は徐々に上昇傾向を示しはじめ，戦前のような戦争や震災などの大災害やインフルエンザの大流行など自然災害と特定の疾病などによる「多死」とは異なった人口の高齢化という新しい要因による「多死」時代に移行しつつある（表1-3，表1-4）。

なお高齢期の平均余命がわが国よりも高いと報告されている国々の死亡率は，1997年ではアメリカで男性9.2，女性が8.4である。フランスでは男性9.6，女性8.4，スウェーデンの男性10.9，女性10.3，イギリスでは男性10.8，女性11.2となっており，いずれの国もわが国より死亡率は高い[2]。

人は必ず死を迎える。生あるものは必ず死する存在であると観念的にはわかっているが，他者の死としてであり，自分の死として考えることは若い年代層や健康な人にとっては難しい。自分にも将来いつかは起こる死であるが，しかし自分の死を直視することは余りない。死は事実として生きているものに立ちはだかるが，死の現実は，健康が保たれ生活が安定している日常からは排除される傾向が強い。人は，多かれ少なかれ根元的な死に対する不安を抱きながらも，日常生活の中では死を予感させることがない限り忘れて生活している。死を予感させることとは，疾病や事故，高齢などがあろう。なかでも高齢期は，人の寿命からして死に最も近い年齢段階である。健康寿命にも見られるとおり，加齢とともに虚弱化したり，病気により障害化したり，また思わぬ災害に遭ったりすれば自分自身の死を予感することもあろう。加齢とともに最後の平均6.4年の不健康な時期を通過しなければならないことを考えれば，徐々に虚弱化していく高齢期には死や死後のことに思いをめぐらすことも多くなっていくことであろう。このように高齢期において，健康寿命から読みとることのできる不健康期間の存在を直視することは，生きているものの必然である死を無防備に迎えるのではなく，不健康期を死への準備段階であるととらえ，死に対し何らかの備えをしておくということが長い高齢期と長い不健康な期間を生きる一つの生き方ではな

表 1 - 3　将来の人口構成
　　　　　従属人口指数：1930～2050年　　　（％）

年　次	総　数	年少人口	老年人口
1930	70.5	62.4	8.1
1940	70.9	62.7	8.2
1950	67.5	59.3	8.3
1960	55.7	46.8	8.9
1970	44.9	34.7	10.2
1980	48.4	34.9	13.5
1990	43.5	26.2	17.3
1995	43.9	23.0	20.9
2000	46.8	21.5	25.3
2010	57.2	22.6	34.6
2020	68.2	23.0	45.2
2030	68.6	21.4	47.1
2040	78.1	23.0	55.1
2050	83.0	23.9	59.1

年少従属人口指数＝（0～14歳人口）÷（15～64歳人口）×100
老年従属人口指数＝（65歳以上人口）÷（15～64歳人口）×100
従属人口指数総数＝年少従属人口指数＋老年従属人口指数
出典：社会保障・人口問題研究所調べ。

表 1 - 4　平均寿命と生存率
　　　　　平均寿命および特定年齢までの生存率：1921～2050年　　　（％）

年　次	平均寿命（年）		出生から15歳まで		出生から65歳まで		15歳から65歳まで	
	男	女	男	女	男	女	男	女
1921～25	42.06	43.20	72.47	73.26	30.52	35.02	42.11	47.81
1935～36	46.92	46.93	79.10	80.12	36.22	43.55	45.79	54.36
1950～52	59.57	62.97	90.02	90.82	55.11	62.85	61.22	69.20
1960	65.32	70.19	94.87	95.82	64.78	75.21	68.28	78.49
1970	69.31	74.66	97.57	98.20	72.07	82.57	73.87	84.08
1980	73.35	78.76	98.60	98.95	79.39	88.50	80.52	89.44
1990	75.92	81.90	99.10	99.30	82.60	91.32	83.35	91.96
1995	76.36	82.84	99.16	99.33	83.23	91.61	83.94	92.23
2000	77.40	84.12	99.27	99.44	84.58	92.66	85.20	93.18
2025	78.80	85.83	99.35	99.53	85.98	93.98	86.54	94.42
2050	79.43	86.47	99.37	99.54	86.88	94.76	87.43	95.19

出典：社会保障・人口問題研究所調べ。

いだろうか。

2．自己の死の意識化

　自己の死に備えるということには，死に向かう態度・精神的な備え，末期医療や介護に対する考えと意思決定，経済的確保，残る家族の生活確保への計画，社会的な関係や自分が継承してきた生活文化の伝承など，多面的かつ一生の包括的な生活整理の準備を意味する。なかでも死に関することはすべて従来，他者依存であり，他者依存せざるを得ないようなタブーも多く残っていた。そのタブーを超えて自分の死や葬送に目を向け，その準備をするという死への向かい方を考えていきたい。

　死への準備をするということは，死をどのように考えるか・とらえるかということによってその態度も方法も大きく異なってくる。まず，死と葬送への準備段階としての死のとらえ方を考え，高齢期あるいは中高年期から自己の死を意識化し，葬送の現実を知り，具体的な葬送の準備をする。主としてアメリカにおける葬送の生前契約を手がかりとして見ていきたい。

　死は人にとっても極めて自然の出来事であるとする考え方があるが，見ることができる死，経験できる死は他者の死であるために，死の瞬間から人としての存在はなくなるが，死の現実は耐え難いことではあっても他者であるため受け容れることは可能である。しかし自分のことになるとなかなか容易ではない。特に年齢的に若く，心身が健康で，社会的に自立している間は家庭や職場，地域生活のなかから自分の存在がなくなるという姿はなかなか見えてこないし，また見ようともしないといってもいい。ところが近時，自分にもいつかはわからないが死は確実に到来するものであり，それに目を覆い，考えず，準備もせず「いつかは考えよう。でも今ではない。まだ早い。まだ若い。まだ健康だ」と先送りしていた死について直視し，死に向かうための準備や死後の葬送，そして祭祀の継承，宗教儀礼などについて自分の意思を明確化して，将来の来るべき時に具体的に備えておこうとする方法に関心が高くなってきている。

　死は自然現象であり，その自然の中にある自分にも自然に訪れるものであるとはいえ，多分自分の死は死の危機に直面しなければ理解できないことだろう。死は自然現象であり，必然ではあっても生きている間は実感できるものではなく，健康な時であれ，余命が予測できる深刻な健康状態であっても死は「突然」に訪れるものであり，ライフパニックの極みである。ただし，自分の死は決して経験とはならないので，死は「他者の死」を通してしか知ることができない[3]。葬送も他者の死による他者のためのものとしての経験であるために，われわれは他者の死を，視覚的にも心情的にも感覚的にもイメージ化された死としてしか理解しえないといってもいいだろう。

　われわれは，「他者の死」を葬る儀礼としての「他者の葬儀」をもとに，自分の死と葬儀を考えることになる。死後に執り行われる葬送は従来，慣習や遺族の意向をもとにしており，死者本人の個性や主張は見られることなく形式化された手順で他者の手によって行われてきた。これまで「従来型の葬送」を自分の場合も踏襲するものであると漠然と考えるだけで死や葬送を真剣に考えることを先送りしてきた。葬送は，自分の葬送を考える必要もないほど社会的枠組み，家制度によって家としての葬送で形式化された方法をそれぞれの地方の慣習として継承してきたために自

己の葬送を考える必要がなかった。また死は人の存在が消滅することであるために，恐怖の根元ともなり，タブー視されることによって更に恐怖が強められるために葬送を日常の話題とすることはなかった。死を冷静にとらえることは容易ではなかったといえよう。たとえ高齢期であるからといっても，死に対する恐怖がないわけではなく，タブーが多かった時代を生きてきた高齢者にとっては死を語ることは決して受け容れやすいということではないかもしれない。加齢とともに老化していくことを受け容れることであっても個人差があり，ましてやその先にある死の受け容れ方の個人差はさらに大きなものであろう。高齢化することは老いることであり，老いは死に行くことということになるという自然な死のとらえ方への意識化は，高齢期の生活状態，心身の健康状態，生き方・価値観，他者の影響など高齢期の包括的な生活の中から生み出されるものであるために死の意味も受け容れ方も一人ひとりによって異なろう。

　大原健士郎は，森田正馬の死への過程を記し「彼にとって，老いゆくことは死にゆくことではなく，完成すること，生きゆくことを意味した」[4]と死を積極的な意味を持って評している。生の帰結としての死は誰にも平等に訪れるが，死に直面する状況・環境や死にゆく過程は個別的なものであり，必ずしも人生の完成としてとらえ，永遠の命を生きる出発点というように肯定的なとらえ方ができる人ばかりではない。人生の敗北，挫折などとして否定的な生の帰結としてのとらえ方もある。死は生き方を表明することになるという印象を他者に与えるが，高度医療の発達によってどのような過程を経て死に到ったかということが，自分の死をどのようにとらえていたかに優先し死を見てその生き方を理解するということができにくくなってきた。これまでのように死に対する一定の考え方や意思があったとしてもそれを表明していなければ延命医療が施され，死に方で生き方を学ぶということができなくなってきた。死への意思は自分で生前に明らかにして，残しておかなければ，残される家族であっても本人の生前の思いを斟酌するばかりで真の意思はわからず，家族の意向による高度医療と遺族主導の葬送になってしまう。

　近時，生前に意思を残しておく場合や生前に生活を共有する家族が遺族として死者の生前の生き方を葬送に具現化しようとしたり，また生前の意思を託された人がいるなどのケースが増加して葬送も従来の形式にこだわらない独自の形式がみられるようになってきた。今後はさらに生き方が葬送の中にも反映されることになろう。

　自分の死は自分で始末することができず死の瞬間から他者の手により死者を葬るためのさまざまな法的，儀礼的諸事が開始されるが，死はまず死の判定から始まる。死は法的な諸手続きに始まり，遺体の処理を必要とし，葬送儀礼を行い，一生を終えた結果として残った遺物・遺産，墓地の継承，祭祀の継承などが行われる。葬送はその儀礼によって世代交代の表明にもなり，死の社会的承認と死後の用務の継承を巻き込む。死に伴う要事は戦前までは家制度の中で，一切を家長が主催した。戦後は民法の改正により制度こそ廃止されたが，死者に対する祭祀は，家制度下で行われていたことが慣習として踏襲され，残された家族（遺族）により地域の協力を得て，伝統的なシステムに則って行われてきた。そのため近年に至るまで，高齢者は子どもの家族と同居であれば死への準備といっても，遺族に少しでも迷惑をかけないようにするために自分の葬送費用を確保しておくことくらいでよかった。墓の継承に関してもまた，長男若しくは家産の継承者

という家制度下における墓の継承方法を慣習としてきたために死の課題は家産の継承と墓の存続が中心であった。死そのものに目を向けたり，死の受け入れ方，死に向かう態度などの個人の心理的，精神的な部面に目を向けることや自分自身の葬送に対する具体的な意思の表明や身辺の生活整理など極めて個人的な部面はこれまでどちらかといえば，あまり表面に浮上することはなかった。

　現在ようやく，高齢期の主体的な生き方への模索とともに，人としての尊厳ある死に方，死後における葬送への意思の表明について考えることに社会的な関心が向けられるようになってきた。

　医療の高度化，長寿化，生活構造の変化，家産保有者の増加などの社会環境の変化と人権尊重，個人の選択意思の潮流は，死の迎え方や葬送に対しても自己意思を生前の元気なうちに表明しておき，もし自分の意思を明らかに伝えることができなくなった時が来ても自分の思い通りの死を迎え，生前に残した望むとおりの葬送を死後に実現するような具体的な行動として見られるようになってきた。意思を残すという積極的な行動は主体的な死の迎え方であり，死の現実を受け容れるからこそ可能となるものであるといえよう。生前に自分の死や葬送に対して意思を表明しておく方法を選択する人はまだ少ない。前述したように葬送など死後に行われることはすべて遺族が責任を持つという社会的な制度が確立されていたし，戦後においてもその部面は踏襲され，死後のすべての要事は極めて家族依存・他者依存であるからである。最近ようやく見られるようになった死や葬送への意思の表明は，個の意識化，自分の死によって起こる家族的・社会的行動に対する自己責任の考え方の表われとしてとらえることができるが，わが国においてはやはり家族など，相対的な関係者に迷惑をかけないようにするための配慮が大きな理由となっているようである。死の迎え方にしても葬送の方法にしても，他者の手を介しなければならないために，家族への負担念慮が大きく作用している。葬送が従来どおりの形式をふまえ，資産や人間関係，社会的地位など外的条件，周囲の状況に規定されて行われることが当たり前だった社会では，敢えて意思を残しておく必要もなかったが，家族構造も大きく変わり，家族関係も変化したことが，葬送に対する意識を変化させ，意思を残しておくことによる自己責任と，自己の意思を葬送に反映させ遺族の意思のみによる葬送から自己主張の葬送を意識化させるようになったといえよう。本人の意思を知らないままに葬送儀礼を遺族が行えば遺族中心の形式的な葬送になることが考えられるし，葬送をめぐり遺族間トラブルも予測される。このような危惧が死に対する意思や死後に実行される自分の葬送への関心を引くことになったといえよう。

　法的に生前に表明しておいた意思が死後に効力をもちその通りに実行されるものとしては，自分の死後確実に意思を実現する方法としての遺言がある。家産を有するものがその財産に関する相続の意思を表明する方法である遺言は，1954年制定の民法第960条の規定にあるとおり，15歳以上であれば可能であるし，遺言をする意思能力を有する期間であればいつでもできる。わが国では，死後に個人の意思を実行する法的な方法としては遺言のみであったことは一般に周知されている。実際に，人の死により遺産相続をめぐる遺族間のトラブルは数多く生起することから，死後の財産相続の遺族間係争を回避し，自己の意思を実現するための方法として遺言を作成しておこうとする動きが近年急速に拡大化し目立つようになってきている。一方，アメリカでは，遺

産相続のための遺言書だけでなく死後の葬送に関する意思は具体的な契約として本人と葬儀社間で結び，商取引として死後に行うことを前提にするという契約行為が法的に有効である。その前段階の死に到るまでの医療に関する患者の意思決定についても意思の主張ができるような制度も確立している。それは1950年代からインフォームド・コンセントという言葉が現れて以来次第に病名告知と医療的対応が患者の医療に対する意識の確立が進み，1970年代に法的，倫理的に，医療や医学研究の実践のなかで広く受け容れられるようになった。患者の終末医療への意思表明や，患者の権利についての意識化とその実現のための動きには，1960年代後半のアメリカにおける社会的平等を求める公民権運動が少なからず影響を与えている。公民権運動は様々な分野に波及し，「権利」意識を喚起させ，患者の権利に対する意識の覚醒とその実現を促進させるとともに，死の尊厳に関するバイオエシックス（生命倫理）を定着させる働きをなしてきたといわれている[5]。自分の疾病とその医療に関する正確な情報を得て，死までの治療に自分の意思を，事前指示書やリビング・ウィルとして表明し，自分らしい生き方，死に方を自らの意思で選択することを可能にした。アメリカではさらにその後の死後に行われる葬送についても意思を表明するようになってきた。アメリカでは，自分の望む方法で葬送を選択し，必要となる費用を確保して，関係事業者と契約をすることによって具体的に準備しておこうとする環境が徐々に整備され，葬送への関心も高まり，死への意思を表明し積極的に自分の死へ向うという人たちの増加とともに，葬儀の有無や形式などにも様々な意思を残すようになってきて，現在のような葬送の自己選択の時代になったのである。

アメリカではもともと貧困者を中心に埋葬費用の準備を生前に行っておくということが一般的であった葬送の生前準備が，終末医療に関する意思の表明の普及とともにアメリカ社会において一般の人々の間にも広がり，誰もが死に方と葬送の方法に意思の表明ができるようになり社会的に認知されるようになったということができよう。

長命化し，死亡率の低下で，身近な人の死を経験することが少なくなり，漠然とした他者の死をもって死を理解するだけで，自分の死が将来起こるということを忘れさせるかのような社会が現代社会である。長い一生を人間らしくどう生きるかという生き方は，医学・医療技術の進展により末期医療をどのように受けるかということや，人としての尊厳をもった死の迎え方，死後の葬送のあり方をも視野に入れて考える時がきたようである。

3．死のとらえ方

アメリカでもわが国でも同様に「病院で生まれ，病院で死ぬ」といわれるように，病院などの施設が誕生と死の場所となり，一生の始まりと終焉の瞬間を家庭内で経験する機会が失われてしまいつつある。

死は，自分の死への直面が遅くなった分だけ他人の死としてとらえられることが多くなった。人は家族の死を通して，死が人生経験の一部として果たす役割を考えることや死を受け止める態度を涵養するものであると思われるが，生から死へ移行する過程を経験できる在宅死にかわって医療施設や介護の専門施設での死になり，家族員が死の過程を直視し，身近で介護して死を学ぶ

ということができにくくなっている。人の生き方の結果である死とはどのようにとらえどう向き合うべきか。そして高齢期は，死にどう備えどのようにして死を迎えるかがこれからの課題となる。

それは，生き方や終末医療にも選択意思と自己決定が尊重されるようになったからであり，高齢期のどの段階にあってもその人権が尊重され，人としての尊厳が守られてその持つ能力を最大限に発揮して，一生を積極的に生き抜くことが，高齢期の生き方の一つの指標でもあるからである。高齢期の生き方の視点を生活の自立と終末までの医療と介護だけでなく，死を直視しつつ，死への準備をしておくことが，高齢期の自立した生き方になるということができる。そして死への準備や葬送の準備をするためには自分の死にどう向き合わねばならないのだろうか。

死は，「自然に，偶発的にあるいは自覚的に訪れる生の終末。有機体より無機体への転化。その特色はあらゆる生命現象に一回限り起こるということ，および何人といえどもその状態に必ず行き着くが，これを自覚的に体験することはできない」[6]といわれるように，ただ１回限りの生の帰結として１回だけ起こることであり，死を迎えた瞬間から自分としての経験は終わる。

死の瞬間から自分の意思も伝達できず，自分で遺体となった自分を移動させることもできず自分で物事を処理することもできなくなってしまうことが自分の死の現実である。自立した高齢期とは，こういうことになる自分を客観的にとらえ，自己責任の生涯を終えることを考えておくことを言い，それを実行しなければ，真の自立した人生とはいえないだろう。

確かに，人は自分の死を経験することはできないために，他者の死に出会うことによって死を間接的に経験し，やがて自分にも死はやってくるという思いを抱くことになる。だが，他者の死は，自分の死とあまりにもかけ離れたイベントであり，他者の死はあくまでも他者の死で，自分の死とは全く異なる。生の始まりである誕生と生の終わりであり，新たな旅立ちである死というイベントは，本人にとっては極めて劇的なイベントであり，家族にとっては最大のライフパニックとなる。そして自分の身の上にも起こることを予想させるが，他者の死の経験だけではやはり自分の死は実感できない。

今日，諸科学の発達によって，生命の発生と死やその過程などを科学的にとらえて説明する情報が増え，それに伴って死や死者に対するタブーも徐々に解消されようとしてきている。しかし，現実の私たちは，身近な文化に支えられ伝統的な慣習も継承している日常生活の中では，人の生き方と交差したところでの死や自分の死を適切にとらえ，表現することは死を見据えないかぎりなかなか困難なことである。

人は自分の死と出会うことはないので，死と出会うのは他者の死だけであるが，現代はその死の生々しさを見えにくくし，死の悲痛も生命誕生の歓喜の現実味も薄れ，生命が軽くなったような感さえある。日常生活から生命の動きと終わりの瞬間を切り離してしまったのは，家庭での出産と家庭での死が極端に減少してきたからだといえよう。

自宅で最期を迎えた高齢者は，1995 年では約 20 %，病院などの施設で死を迎えた人は約 78 %である。この比率は，1955 年の自宅死が 77 % であったことと比較すると，施設死と自宅死が丁度逆転しており，40 年間でここまで死の場が変化したのである。

3年前から死亡前までの生活場所の移動状況

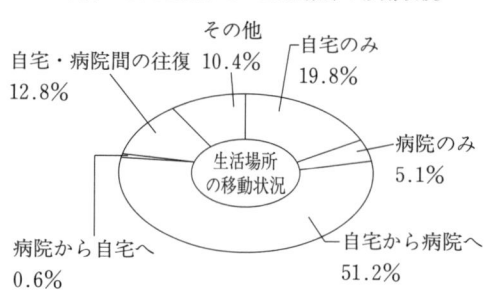

- その他 10.4%
- 自宅のみ 19.8%
- 自宅・病院間の往復 12.8%
- 病院のみ 5.1%
- 病院から自宅へ 0.6%
- 自宅から病院へ 51.2%

高齢者が死亡場所として希望していた場所		
自宅		89.1%
	うち実際に自宅で死亡した人	(33.1%)
	うち実際には病院で死亡した人	(66.3%)
	その他	(0.6%)
病院・診療所		8.2%
その他		2.6%

資料：厚生省大臣官房統計情報部「平成7年度人口動態社会経済面調査報告」.
出典：厚生省編「平成9年度　厚生白書」，1997年.

図1-5　死亡場所

　1995年の厚生省による「人口動態社会経済面調査」によると高齢死亡者の3年前からの生活の場は自宅から病院への移動が51.2％で，死まで自宅で生活していた高齢者は19.8％であった。すなわち高齢死亡者の約70％は，長期入院であったり，入退院の繰り返しであり，施設死の準備状況は，すでに死の3年も前から現われていたといえるのである。

　同調査では，わずか33.1％が自宅死であるが，89.1％が自宅死を望んでいる。病院等での死亡を望んでいるのはわずか8.2％にすぎない。しかし，現実は高齢者の希望と全く逆で，施設死を余儀なくされているのである。このように死の場が施設へと移ったために高齢者の死の姿は見えにくくなる。一方で，医学の発達，公衆衛生の進展，栄養管理などにより死のリスクを最少限化していく成果として長命化がもたらされた。いかに健康で寿命をより長く保つことができるか，いかに生命を維持させるかを目標として，医学，看護学，栄養学，社会福祉サービスやその他関連分野の努力が顕著にみられる。生の時間の伸長へのたゆまざる努力が，生命にかかわる高度の科学の発達によって生かす医療，生かされる医療を促進し，それにより生があまりにも強調され，死よりも重視されるようになってきたといってもいいだろう（図1-5）。

　「死に対する態度は社会全体の文化とそれを構成する部分的な文化，および個々の人間が交錯しあう領域からなる複雑な織物である」[7]と，ハートは死のとらえ方についてこう評しているが，現代の死の状況を見ると，確かに生と死のとらえ方は時代を反映するものであるといえよう。他者の死に対してどのような態度をとるか，家族の死にゆく過程に対してどのような関わり方をするか，どのようにとらえるかは，すなわちどのような生き方をするかということにつながっていくのである。

　生き方と死に方は，人の根本的な問題であり，どのように生きるか，死にどう向かい，死とどう出会うかという死の受け止め方が人生最後の時期の生き方を大きく左右する，残された最後の課題への姿勢である。

　生き方も死に方も，時代的，文化的，社会的背景を大きく反映する。それは現在わが国でも少

Directive to Physicians:

I,_____, of
_____,
　　　Street Address　　Apt. No.　　City　　　State　　Zip

being of sound mind, do hereby willfully and voluntarily make known my desire that my life not be prolonged under the following conditions, and do hereby further declare:

　1. If I should, at any time have an incurable condition caused by any disease or illness, or by any accident or injury, and be determined by any two or more physicians to be in a terminal condition whereby the use or "heroic measures" or the application of life-sustaining procedures would only serve to delay the moment of my death, and where my attending physician has determined that my death is imminent whether or not such "heroic measures" or life-sustaining measures are employed, I direct that such measures and procedures be withheld or withdrawn and that I be permitted to die naturally.

　2. In the event of my inability to give directions regarding the application of life-sustaining procedures or the use of "heroic measures," it is my intention that this directive shall be honored by my family and physicians as my final expression of my right to refuse medical and surgical treatment, and my acceptance of the consequences of such refusal.

　3. I am mentally, emotionally, and legally competent to make this directive and I understand its import.

　4. I reserve the right to revoke this directive at any time.

　5. This directive shall remain in force until revoked.

　IN WITNESS WHEREOF, I have hereunto set my hand and seal this _____ day of _____, 19_____.

(Signed) _____

Declaration of Witness

　The declarant is personally known to me and I believe him/her to be of sound mind and emotionally and legally competent to make the herein-contained **Directive to Physicians**. I am not related to the declarant by blood or marriage, nor would I be entitled to any portion of the declarant's estate upon his/her decease, nor am I an attending physician of the declarant, nor an employee of the attending physician, nor an employee of a health care facility in which the declarant is a patient, nor a patient in a health care facility in which the declarant is a patient, nor am I a person who has any claim against any portion of the estate of the declarant upon his/her decease.

(Signed) _____
　　　　　　　　　　Witness
　　　　　　　_____
　　　　　　　　　　Address

(Signed) _____
　　　　　　　　　　Witness
　　　　　　　_____
　　　　　　　　　　Address

出典：Birkedahl N., *Older & Wiser,* 1991.

図1-6　事前指示書（Advance Directive）の様式

My Living Will
To My Family, My Physician, My Lawyer and All Others Whom It May Concern

Death is as much a reality as birth, growth, maturity and old age—it is the one certainty of life. If the time comes when I can no longer take part in decisions for my own future, let this statement stand as an expression of my wishes and directions, while I am still of sound mind.

If at such a time the situation should arise in which there is no reasonable expectation of my recovery from extreme physical or mental disability, I direct that I be allowed to die and not be kept alive by medications, artificial means or "heroic measures". I do, however, ask that medication be mercifully administered to me to alleviate suffering even though this may shorten my remaining life.

This statement is made after careful consideration and is in accordance with my strong convictions and beliefs. I want the wishes and directions here expressed carried out to the extent permitted by law. Insofar as they are not legally enforceable, I hope that those to whom this Will is addressed will regard themselves as morally bound by these provisions.

(Optional specific provisions to be made in this space — see other side)

DURABLE POWER OF ATTORNEY (optional)

I hereby designate _____ to serve as my attorney-in-fact for the purpose of making medical treatment decisions. This power of attorney shall remain effective in the event that I become incompetent or otherwise unable to make such decisions for myself.

Optional Notarization:

"Sworn and subscribed to before me this _____ day of _____, 19_____."

_____
Notary Public
(seal)

Signed_____

Date _____

Witness _____
Address

Witness _____
Address

Copies of this request have been given to _____

(Optional) My Living Will is registered with Concern for Dying (No. _____)

出典：Distributed by Concern for Dying, 250 West 57th Street, New York による．

図 1-7　リビング・ウィル（Living Will）と持続的委任の様式

しずつ見られるようになってきた死を迎える前の遺言，葬送，死後の生活整理などへの意思の表明への関心と，その具体的な計画書，遺言書の作成に向かわせる行動であり，現代社会の一つの特徴であるといえる。例えば，増えている遺言書作成もその一例である。遺族間の相続に関するトラブル防止のために遺言書の作成数は，1972年には約17,000件であったものが，1989年には54,000件となり，年間4,800件から8,500件と1.8倍に増加してきているのである[8]。

　アメリカにおいても基本的に遺言（will）を残しておくことはわが国以上に一般化されており，わが国とは有効意思年齢が若干異なるものの，多くの州で18歳以上で意思が確認できれば遺言書を作成することができ，年齢的な有効性は，ジョージア州では14歳から，ルイジアナ州では16歳から可と認められている。ただ，アラバマ州やワイオミング州のように19歳以上という州もある。低年齢者が遺言を残しておく場合には，裁判所に証人を伴って遺言書を提出することが求められる。また，アメリカにおいては終末医療に際して，本人の意思と価値観を把握し，その考えに即して，医療に対する事前指示書（Advance Directive，図1-6）を準備できるような支援が医療職に求められ，そのための患者の援助をソーシャルワーカーが担っている。その点で有用なものが終末期医療に対する意思表示であるリビング・ウィル（Living Will，図1-7）と持続的委任法（Durable Power of Attorney，図1-7）という法的文書による選択意思の表明方法である。これらを作成しておけば万一，自分の意思を表明する能力を失った時に，書面の自分の意思が活かされるのである。

　アメリカでは1990年に「患者自己決定法（Patient Self-Determination Act）」が制定されて，自分の意思の表明が明確に活かされることになった。特に高齢者医療や社会保障受給施設の入所者に対しては，リビング・ウィルや事前指示書，持続的委任法の作成により医療に対する権利を覚知させる方法があることを周知させる取り組みも行っている。リビング・ウィルは，アメリカでは植物状態となった場合にも適用されるし，終末医療で，薬物，処置，治療に対して中止や拒否の意思を表す方法であり，しかもそれを文書によって明示しておくことによって，意思どおりに確実に実行されることになるのである。

　リビング・ウィルは各州法によって定められた手続に従って作成された文書である限り第三者が変更することはできないという拘束性の強いものである。ただし，リビング・ウィルを撤回しようと思えばいつでも可能で，それは末期状態になってからでもよく時を選ばない。なおリビング・ウィルは延命治療について患者自身が作成するものであるために，担当の医師の病状評価によっては必ずしもそれに従えない場合もある。

　また持続的委任法は，意思表示ができなくなった状態に陥った時に，本人にかわって代理人が医療に関する意思決定を行うよう法的権限を第三者に付与しておく方法である。たとえばリビング・ウィルを作成していなくても代理人が本人にかわって終末医療の方法を決定することができるのである。アメリカにおける自己意思の終末医療に対する表明方法としてこれらのものがあげられる。

　アメリカとは違ってわが国では，積極的に意思を明示しておくことによってトラブルを未然に防止する機能を持つ遺言書を作成する傾向は多くみられるようになってきた。「トラブル回避」の

ため遺言書の作成という発想のみだったものから，少数だが「自分の意思の表明」という「意思」着目型の遺言書の作成が見られるようになってきた。死後に予想される問題を防止するために遺言書作成という具体的な行動は，死を個人的な課題として考え，死の準備に取り組むことを受け容れ易くしていくかもしれない。しかしまだ，医療への意思表明は非常に少ない。

4．現代における死への対応

　高齢期の死に対する態度は，加齢とともに衰えていく老化への不安が死への不安反応として出てきがちであるといわれている。死をどのようにとらえ，どのような死を望むかということだけではなく，今日まで，死そのものについての判断，死と認める判定の基準の論議が繰り返されてきた。それは，医学や看護学の発達とともに死までの医療のあり方に，人権の尊重，人の尊厳を強調するようになってきたことや，臓器移植医療の進展によって臓器提供者の死と移植の時期の判定が大きな要因の一つにもなってきたからであるといえよう。

　そこで，アメリカの文化的・社会的背景を基に1970年代にアメリカにおいて定着し，わが国でも積極的に論議されるようになってきたバイオエシックス（生命倫理）のあり方と死への対応について考えてみよう。

　アメリカのバイオエシックスは，1960年代の公民権活動とともに，女性の権利，マイノリティの権利のための運動とともに，患者の人権運動から発展して，1970年代になって新しく生命倫理学として形成されたものである。最近10年足らずの間にわが国でも，医療の現場においてもまた，患者側となる一般の人々の間でもインフォームド・コンセントという言葉を使うようになってきて，バイオエシックスの理論的原則の理解が少しずつ広がりを見せている。

　アメリカのバイオエシックスの理論と方法がわが国に普及するにつれて，死をどうとらえるか，死までの過程にどのように医療を施し，ケアをするか，医療者側からの病名と適切な治療方法に関する情報によって患者の意思で医療や介護をどう選択するか，その患者をどう支援していくかということや臓器提供と臓器移植ということも大きな課題となってきた。

　アメリカでは，1968年には，連邦政府による臓器移植に関する「統一死体提供法（Uniform Anatomical Gift Act）」が公布された。同法には，「生前に本人が自己の臓器を提供する意思表示をしておくこと」との明記があり，全50州において効力を持っている。これはとりもなおさず，生前の医療に関する意思表示でもあるし，死後に自分の臓器を他者の生命維持のために貢献することへの積極的な意思表示の方法である[9]。もし臓器もしくは遺体を提供する意思を残しておきたいと思う場合は，2人の証人の前で，ドナーカードにその意思を記載し，運転免許証に貼付しておく。その際のドナーカードは，自動車両局（department of motor vehicles）または公益法人 Living Bank にあるので，どちらかに請求すればドナーカードを取得できる。アメリカ連邦政府は，1985年に臓器移植のため，本人がドナーカードを作成せず死亡した場合でも，死亡した人の家族の意思で臓器移植が可能となる法律を公布し，ニューヨーク州でも1ヵ月遅れで同年に可決・制定している。現在，いくつかの州において審議中である。このように，臓器または遺体提供意思表示をすることに対して法律の制定は，生前の意思をいかすための倫理性を重視すること

```
                        Power of Attorney
STATE OF                        )
                                ) ss:
COUNTY OF                       )
KNOW YE ALL MEN BY THESE PRESENT,
    That I, _____, of
_____,
      Street Address    Apt. No.    City        State       Zip
do hereby make, constitute, and appoint _____, of
_____,
      Street Address    Apt. No.    City        State       Zip
as my true and lawful Attorney-in-Fact, for me and in my name, place, and stead to:
    _____
    _____

    I further give and grant to my said Attorney-in-Fact full power and authority to do
and perform every act necessary and proper to be done in the exercise of any of the
foregoing powers as fully as I might of could do if personally present, with full power of
substitution and revocation, hereby ratifying and confirming all that my said Attorney-in-
Fact shall lawfully do, or cause to be done by virture hereof.
    This instrument may not be changed orally.
    IN WITNESS WHEREOF, I have herunto set my hand and seal this _____ day of
_____, 19_____.
                    (Signed) _____
```

出典：Birkedahl N., *Older & Wiser*, 1991.

図 1 - 8　終末期医療に関する意思表明（持続的委任）の様式

になる。また，終末期医療に関する意思決定を委任するための「持続的委任法（Durable Power of Attorney）」がこれと同じ時期に法制化された（図 1 - 8）。この法律には，個人の終末医療に対する意思を生命維持装置の装着・除去など延命医療方法を病気や怪我が重篤で自身の意思を表明できなくなった場合，第三者に依頼しておくことによって，死に至るまでの終末医療に自己意思を反映することが法的に可能とすると規定されている。

　また延命治療についてのリビング・ウィルは，万一に備えて，かかりつけの医師に，また長期治療が必要になり入院した場合には担当医に，そのコピーを渡しておくことが必要になる。また弁護士（遺言執行者）にも同様にリビング・ウィルのコピーを託しておく必要があることはいうまでもない。アメリカの多くの州では，医師に対して，担当患者がリビング・ウィルを作成している場合には，それを診療ファイルに入れておくことを奨励している。自分の生と死を左右する終末期医療について，家族などの他者主導の判断ではなく自己意思で治療方法を選択し，それを実行できるように法的に確かにしておくということは，人生の最大かつ最後の大きな決断をする際の主体的かつ重要な意思表明の方法として意義は大きい。

5. わが国における死への意思表示

　一方，わが国においては，臓器移植に関する1958年の「角膜移植に関する法律」の制定が最初のバイオエシックスを考える上での法制であった。同法は，1979年に「角膜及び腎臓の移植に関する法律」として改正され，それまでは角膜のみの移植に限定されていた臓器移植が，腎臓の移植もできるように臓器移植の枠が拡大された。この臓器移植法では，死者からの提供による臓器移植に限るもので，本人が生前に臓器移植の意思を表明していても，それだけでは移植はできず，必ず遺族の書面による承諾がなければならないとされ，アメリカにおける生前の意思の表明が死後に生かされる場合と比較してかなりの差異があった。もし，生前に臓器提供の意思を残しても，遺族の反対によりその意思が生かされないことになれば，いったい何のための生前意思なのかということになってしまう。それは，死によって人の意思は消滅するので，遺族の意思優先ということになるのであろうが，本人の意思という点からいえば十分ではなかった。

　その後1983年に「医学及び歯学の教育のための献体に関する法律」が制定された。これにもわが国の場合は，同法において本人の生前の意思があっても，遺族の同意が必要であり，生前の本人の意思より，遺族の意思が優先されるという発想が引き続き支配的であった。「日本の人々は，米国からバイオエシックスの原則を受け身の形で受け取っただけ……」，「……アメリカ式のインフォームド・コンセントや他のバイオエシックスの原則を日本の社会に適用するため，根本的価値を変えることなく，ある種の改良がなされることが必要である。たとえば，インフォームド・コンセントや告知の場合に，患者自身の自主的判断による自己決定を求めるのではなくて，患者が同席を望む家族や信頼する人の同席を得て，相談の上で決めるようにしたら，もっとなじめるのではないか」という意見が主流を占め[10]，わが国では，意思に関する法制も異なるとはいえ，本人だけの意思や自己決定だけでなく，後に残る家族（遺族）の意思を重視するような，「個」としての意思より家族の「集団の合意意思」に比重をおく傾向があることを表している[11]。

　わが国では，現在でも多かれ少なかれ「個」意識よりも「家」意識，「親族」意識が強い伝統を保持しているし，また道徳観，宗教的背景も異なり，家族生活・社会生活においてさえ，個人の意識より集団の決定に個人が同意する場合の方が多い。これを見ても，バイオエシックスは，アメリカをはじめとする西欧諸国とはまた異なる発達のしかたになるだろう。医療や死に対する文化的風土や日常生活の中における個としての意思の表明や判断・決定，行動など，どれ一つをとってもまだ確立しているとは言い難い。病名・病状や治療法の選択権また死に至る過程においても，アメリカのように自らの命のことに関して，すべて知らされ，自己決定をする権利を持つという意識がわが国にはまだ十分に育ってきていない現状にあり，インフォームド・コンセントも家族へのインフォームド・コンセントが現実的には多いようである。

　しかし，1997年に全国の60歳以上の男女を対象に実施された総務庁「高齢者の健康に関する意識調査」によると，延命のための医療を受けることについては，「自然にまかせてほしい」という回答が80.2％みられ，なかでも女性の比率は男性を4.5％上回って，82.2％を占めている。男性は，あらゆる治療を行ってほしいとするものが女性より5.2％高く，14.4％であった[12]。このよ

尊厳死の宣言書
（リビング・ウィル　Living Will）

協会記入欄　登録番号　登録日

私は、私の傷病が不治であり、且つ死が迫っている場合に備えて、私の家族、縁者ならびに私の医療に携わっている方々に次の要望を宣言いたします。

この宣言書は、私の精神が健全な状態にある時に書いたものであります。

従って私の精神が健全な状態にある時に私自身が破棄するか、又は撤回する旨の文書を作成しない限り有効であります。

① 私の傷病が、現在の医学では不治の状態であり、既に死期が迫っていると診断された場合には徒に死期を引き延ばすための延命措置は一切おことわりいたします。

② 但しこの場合、私の苦痛を和らげる処置は最大限に実施して下さい。そのため、たとえば麻薬などの副作用で死ぬ時期が早まったとしても、一向にかまいません。

③ 私が数ヵ月以上に渉って、いわゆる植物状態に陥った時は、一切の生命維持措置をとりやめて下さい。

以上、私の宣言による要望を忠実に果たしてくださった方々に深く感謝申し上げるとともに、その方々が私の要望に従って下さった行為一切の責任は私自身にあることを附記いたします。

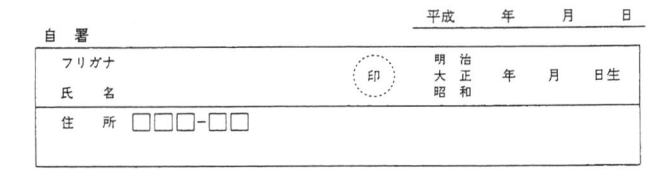

平成　年　月　日

自署　フリガナ　氏名　印　明治・大正・昭和　年　月　日生　住所

「尊厳死の宣言書」の登録について

この書類は一通つくって協会に送る。協会は登録番号を附して、其の一通を保管し、コピーの二通を返送する。一通は本人が所持し、一通は最近親者（配偶者、親、子、後見人）が所持する。尊厳死の宣言書は、必要が生じたときに医師に提示して下さい。万一、主治医が理解されない場合は、あなたの会員登録番号と主治医の住所氏名をお知らせ下さい。当協会から主治医にご理解をお願いいたします。

出典：日本尊厳死協会による。

図1-9　わが国における尊厳死の意思表明様式

うに、わが国では、未だ死に対する具体的な意思決定や意思の表明が行われる環境が整備されていないとはいえ、意識としては、延命治療に対する独自の考えをもっている人が多いことがうかがえる。

医療の分野では生命・死を倫理的にとらえ、検討し、特に1980年代後半からわが国では、バイオエシックスの論議が見られるようになった。それによって人々の間に死に対する関心が高まり、恐怖・不気味なもの・禁じられたものとしての死のタブーから徐々に解き放たれてきつつある。1990年代からは、加齢と死に至るまでの医療や死に関する学習、死後への具体的な備えなどが散見されるようになってきた時期でもあることが同調査の結果からうかがえる。

今日、死後への備えを考える場合には、死に至る過程での自分自身に関する様々な情報の取得、終末医療への意思、臓器の移植・献体への意思表明などへの取り組みにより死に備え自分の望む死を迎えるための意思の表明とその実現に向けて、尊厳死の宣言書による尊厳ある死の認識と医療行為実現への意思を表明しておく人たちも増加してきている（図1-9）。

引用文献

1) 厚生省大臣官房統計情報部「人口動態統計」『厚生白書 平成11年版』，1999年．
2) 前掲書，「人口動態統計」．
3) ウラジミール・ジャンケレヴィッチ著，原章二訳『死とは何か』青弓社，1995年．
4) 大原健士郎編『老人の精神病理』誠信書房，1976年．
5) 下中弘編『哲学事典』平凡社，1990年，p.553．
6) 前掲書，『哲学事典』，p.553．
7) ディル・V・ハート，井桁碧訳『死の学び方』法蔵館，1992年，p.5．
8) 日本公証人連合会編『遺言のすすめ——遺言公正証書の手引き——』日本公証人連合会，1992年．
9) 小口偉一・堀一郎監修『宗教学事典』東京大学出版会，1973年，p.487．
10) 星野一正編著『死の尊厳』思文閣出版，1995年．
11) M. Belli & A.P. Wilkinson, *Everybody's Guide to the Law,* Harper & Row Publishers, 1986.
12) 前掲書，『死の尊厳』，p.44．

第4節 死への向かい方

1．死の過程

　シュナイドマン（Shneidman, E.S.）が行ったサイコロジー・トゥデイの読者3万人余を対象にした調査，「死に対する態度」の1971年報告から，「死は何を意味するか」という質問に対する回答を見ると，「終末：人生の最終過程」と回答したものが3割以上（35％）を占めている。死を単に生の最終過程とみ，永久的な意識の喪失——精神的実存の絶対的終末——という考え方をしているようであると報告されている。人の死に対する態度は，年齢とともに変化し，より現象的，世俗的，科学的なものへと変わっていくのが典型で，子どものように現実をモデルとした来世を考えるようなことはなく，死を単なる人生の終末とみるようになるという。次が，「この世の終わり，しかし霊魂は生存する」が17％，「死後の人生の始まり：転換：新たなる始まり」という回答は，13％である。「霊魂が全宇宙の意識に加わる」が12％，「終わりのない眠りの一種：休息と平和」が9％と続く。

　シュナイドマンは，人が死の直前の過程において，どのように死をとらえるのか，あるいは死を自覚することができるのかできないのかということに対して，以下のように述べている。

　「誰も今自分が死につつあるということを果たして知ることはできない」と断言している。その理由として「どのような状況においても死を否定する気持ちが時に湧き上がるのが常である。死にゆく過程で繰り返し出現する死を否定する感情は，病む魂を癒そうとする治療の一形態と見なすことができる（自己を自ら守ることすなわち，自己を標的とする自分自身による破壊活動や攻撃や脅迫から自己を守ることが主要な機能の一つであることを忘れてはいけない）。それにもかかわらず，一見矛盾するようであるが——人の心の異なったレベルの問題なので本当に矛盾しているわけではない——人々はしばしば原始的な意識化の深層において自分の死期が近づいていることを「知っている」ように思われる。そのようなとき，人々は，それとわかるような特別な

仕方で自分自身に閉じこもるが，それは恐らく最後のエネルギーを貯え，自己を取り戻し，さらに臨終の準備をするためであろう」と分析している[1]。また，死にゆく過程で，真に死の直前になると人は死を悟るようになっていくであろうと示しているが，その直前の時までには，「知る」あるいは「死を知る」，「死期を知る」ということを自らが本能的に「知る」こと，潜在意識は死を知っているということになり，そして「自分の死の時を知る」ことは，自己を取り戻し，死（臨終）への準備であるととらえられている。これは人が最期の一瞬まで，自己の死に対し心の準備をするものであるという迫力あるとらえ方である。たとえ，死に至る重篤な病気であって，その病名も余命の見込みも聞かされていない場合であっても，人は最後のライフイベントである死への心の準備を個人差こそあれするととらえられている。

死に向かう時の人の内面的な重荷は，本能としての恐怖，絶望として浮上し，そして死に立ち向かうための心の準備をしながら，さらに残される家族などの生活に対する心配という幾重にも重なる心の葛藤と負担が死の直前まで続くであろうことに注目しなければならない。

死にゆく過程について心理的な段階があるとして，キューブラ=ロス(Kübler-Ross, E.)，シュナイドマン，カリッシュ(Kalish, R.A.)，カステンバーム(Kasteubaum, R.J.)，パティソン(Pattison, E.M.)などがその段階への定義づけを試みている。なかでもキューブラ=ロスの白眉の研究成果である死にゆく過程に出現する5つの心理段階は次のとおりである。人はこのような心理的段階をたどって死に至るという。死にゆく過程は，まず致命疾患の自覚に始まる。

① 衝撃，否認と孤立（「私は死ぬはずがない。そんなはずはない……」）
② 怒り―憤怒，羨望。恨み（「なぜこの私が……」）
③ 取り引き（「もし……ならば」）
④ 抑鬱（「何をしてもむだ……」）
⑤ 受容（死という長い旅の前までの休息というかたちで）

このような5段階を経て人は希望を持って死に至るとしている[2]。ただ，キューブラ=ロスの臨床結果から，すべての人が誰の援助も受けないで死の受容まで達し，死を迎えるということではない。5段階を通過して平安と威厳をもって死んでいくためには医師，看護婦，ソーシャルワーカー，家族など，他者からの援助が必要であることが指摘されている。ただ，死に至る人たちすべてが果たして，この5段階をたどって死を迎えるかどうかについては記述されていない。

キューブラ=ロスの5段階の死にゆく過程があるとしてもその順序には必ずしも同意していないのはシュナイドマンである。彼は死に至る過程で人には複雑な感情が持続的若しくは断片的に現れるが，その人の全人格によってそれは定まるもので死の過程としては心理的5段階で説明がつくものではないとしている。すなわち「種々の心理状態が自由に飛び交いつつ……。いずれの感情にも不信と希望の相互作用が常に含まれている。そしてその背後に苦悩と恐怖，黙諾と降伏，憤怒と羨望，無関心と倦怠，見せかけと死に対するあざけり，死に対する挑戦，そして死に対する切望までもが存在していて，時ごとに潮の満ち干くように盛衰している。しかしこれらすべてのことは当惑と苦悩を伴わずに存在することはない」[3]としている。このように，人の心は，死に直面して，ある一定の方向に向かうというようなものではなく，死への受容と否認が交錯してい

るというべきであると主張しているのである。

　人は最終的には，キューブラ=ロスの5段階を確実に経なくても，死を何らかの形で受容したり否認したりしながら最終的には死の時へと準備をするのかもしれない。そしてキューブラ=ロスの分析のように「自分は死なない」という永遠への希望を持って死を迎えるということになるのであろう。

　また原義雄は，死の迎え方について，5タイプに分類している。それは，①無準備型，②自殺型，③絶望型，④諦め型，⑤受容型である。なかでも日本人の死の迎え方は，死を運命として受け止め，生を受けたものはすべて死ななければならないとして自己の死を諦める「諦め型」が最も多いとしている[4]。

　死に向かう人に対し，残される家族や看護者は死にゆく人がその時点で，最も望ましいと思われる死が達成されるよう，何らかの支援は必要となろう。またその人の死を理解し，受け容れることが必要である。ケアを見守る周囲の人たちは死にゆく人のすべてをあるがままに受け容れることによって相互の平安を得ることになる。それが自分の死の受容，他者の死の受容につながる。それをシュナイドマンは，「人生の始まりの原始的情景にも通じるある奇妙な魅力と神秘があるように私は思う。ある意味で，生に関する神秘も死の神秘には及ばない。生があるところどこにでも死がありながら，その神秘をとらえることができない。しかも死の神秘こそ最上の愛に欠くことのできない要素である」[5]ことを踏まえて，死にゆく人をその神秘的な死を体験しようとしている人として見守り，心の交流をすることが残されるものにとって大切であると主張する。それは，多分残されるものがいずれ迎える自分の死への準備にも繋がることになるからであろう。

　死に対する態度について，カリッシュとレイノルズ（Reynolds, D.K.）らの1976年の調査[6]によると，高齢期よりもむしろ中年期の方が死に対する不安や恐怖がより多く見られ，死に対する関心も高いと報告されている。死に対する不安や恐怖は，大きな病気をしたり自己の容姿の変化や健康の衰えを自覚し，愕然とするようになると死への恐怖にとらわれるようになり，なるべく死が自分に近づいてこないように引き延ばしたい思いの現れであるとしている。ただ，恐怖ということだけで死をとらえれば中年期も高齢期も心理的葛藤に大差はないとされている。だがシュナイドマンは「死に対する態度」の調査[7]から自己の死すべき運命を認識し始めると思われる20歳代後半は，他のどの年齢層よりも死に対する恐怖は強いという反応が多く，男女ともに死に対する恐怖の少ない時期は70歳代以上であると報告している。高齢者は若者ほどには死を恐れない傾向があり，多くの高齢者は落ち着いて自分の死を受け入れることができると指摘している。このように高齢期は若年期程死を恐れないとする傾向があると調査の結果では現れているが，確かに時によっては，死は高齢者の致命的な疾病の苦痛からの解放であり，あるいは年々重度化していく障害のある高齢者にとってもまた苦痛からの解放になるともいえる。不健康でなくても高齢者のなかには長い生涯を生き抜き「もうこれで死んでもよい，死ぬ準備ができている」と感じる人もいるだろう。高齢期は健康度や生活状況の相違が最も顕著に現われるためにそれが死を恐れなくする規定要因になるといえなくもない。また死に向かう態度は，各々の生涯を通じて直面した問題，解決，恐怖，希望を反映しており，生きてきた人生を解く鍵を与えてくれるものであると

も指摘されており，人の生き方が死への恐怖，受容など態度に現われてくるのだろう。

　死への準備といっても臨終への心の準備と，終末期医療や生活全般を見通せる段階での具体的な死への準備とは準備の重さも有りようも異なるが，死についてまだ客観的にとらえられる自立している段階で，準備を行おうとするとき，人は，自己の死をどのようなものでありたいと考えるのであろうか。それについてシュナイドマンは[8]，死には「望ましい死」，「天寿を全うした死」，「意味ある死」，「望まれた死」，「善い死」などに分類できるとしている。しかしいつ死が訪れても遅すぎた死ととらえられることは少なく，例え天寿を全うした死と誰もが容認するとしても，一方では早すぎた死であったと残された近親者は受け止めることが多い。一人の人の死はこのように生の存在を残された人々に重く示すものであるといえる。

2．死への準備と死別者に対する教育

　死への準備の段階を考えると，①死そのものを知り，直視することから始まり，②死に向けてどのようなことを準備しなければならないか，準備できるかを考え，③死への具体的な準備をする，そして自己の死までだけではなく，死後の葬送儀礼を含めた様々な死後の手続きなどへの対応を準備し，そして④残される家族がある場合には，その家族への具体的な生活への配慮を忘れないということになる。

　そのためには，まず第1段階の死を知る・直視するということのためには，近年クローズアップされてきている死への準備教育がある。生あるうちに死を認識し，死の迎え方を考えるということは，とりもなおさず，死への準備をするということに他ならない。死に向けての学びの第1段階ということもできよう。そして次にくるのが，現実の死を知ることと死への対応に関する適切な学習である。勿論死の前後に携わる専門職に対する死にゆく人に関する総合的な教育も必要であることはいうまでもない。少産少死の時代を経験した現代社会において，現実に身近な者の死を経験することは非常に少なくなってきており，その死も病院などにおける施設死が圧倒的に多くなってきたこともあって，身近な人の死にゆく過程など殆ど経験できなくなってしまった。人にとっては，他者の死，身近な人の死を経験することが死を学ぶ一歩であるはずである家庭での看取りもなくなり，日常生活から隔った場で死への過程を辿る人を見る機会も少なくなってしまい，死を知る第一歩を経験することが少なくなってしまった。従って，人が死んだら何をどのようにするのかということも学ぶことができない。従って終末医療から臨終そして葬送までの手順や手法は，医療職，葬儀社など専門職の手に委ねるだけということが現実には多い。死にゆく人も残される人も医療職も，ソーシャルワーカーも葬儀社も死の結果にかかわるすべてが死についての教育的訓練を受けておく必要がある。

　第3に，死と死別者へのアプローチである。死と死別者の悲嘆への対し方に関して適切な教育的経験を持っておく必要があろう。モーガンは，死に関して本人および死別者の死への態度と悲嘆への対応について，「……死や悲嘆の意味，死や悲嘆の態度，そして死と悲嘆への対処の仕方に焦点を当てたプログラムやコースまたはその一部に関することを学んでおくことである」とその必要性を説き，「これらの教育的体験では多くの場合，以下のことを認識することが重要とされ

る。①死は自然なライフサイクルの一部であること，②死につつある人も完全に生きており，病の終末期独特のニーズをもっていること，③遺族には遺族の通常の反応とニーズがあること，④死に直面した人と残される人のニーズはコミュニティによって支えられ得ること，⑤子どもは，死や死別を含めてライフサイクルの充足について知る権利を有すること」などであるとしている[9]。

特に生命を尊重し，死を軽視しないという，人としての基本的な倫理観を養い，近親者の死に出会っても適切な対応と決断ができ，また自分の死への準備と残される者への配慮，そして自分および残される者の悲嘆の乗り越え方を学ぶことは，死が遠くなってきたと感じられる現代にこそ必要なものである。

死別した家族にとって，その別れに対する悲嘆は大きく，悲嘆には以下の4つの要素があると，モーガンは指摘している。すなわち，①死に出会うこと，②当然とされている寿命，③人間であるとはいかなることかについての考え，④現実の管理可能性である[10),11)]。

現代の家族構造や生活様式から考えると，死に直面する機会が少なくなってきたために死に出会うことは大きなパニックであり，急に訪れる最大の悲嘆となる。われわれは死を見ることがあまりないために死を考えることが少なく家庭でも教育機関でも，友人や同僚とも死について話し合うことはほとんどないといってもよい。特に若く健康な人は死との無縁性の意識が強く，それは現代の死が，平均的に高齢で，長期の病気治療の後に訪れるからでもあろう。人の死を見ることが少なくなっただけでなく高齢者との生活経験も少なくなり人が高齢化していく過程，高齢者の死に至る過程を見ることがなく，したがってそれらの人たちの死を悲しむ経験さえない人たちが多くなってきている。いずれ誰も死を迎えるわけであるが，死への過程，死と悲しみのモデルを経験的に持たないままに成長してきているために，死と悲しみそしてそのいやしのための教育は今や必須のことになってきた。

アメリカでは，1960年代にミネソタ大学で，大学院レベルの教育として，「死と死別・悲嘆について」のフルトン（Fulton, R.）のセミナーが最初のものであるという。学部レベルでは，カナダのモントリオールにあるロヨラ大学（現コンコーディア大学）でモーガン（Morgan, E.A.）が行ったのが最初である[12)]。

大学のレベルでは，社会学，心理学，宗教，哲学の学部で1～2科目に限定し履修することになっているのが一般的である。また医療，看護，社会福祉の分野においても履修可能だが死の教育のための十分な開講数とはなっていない。教育の現場で行われている死の教育は，まず大学で始まり，小学校から，中学・高校へと拡大化してきたが，正規の科目はなく，科目のなかで何時間かを死――喪失と悲嘆――として取り扱うことが多い。また中学教育レベルになると，自殺の防止に役立てている。

一方，わが国の中学・高校レベルでの死への準備教育（death education）は徐々に広がっている。1994年現在，大学ではわずか，4大学（立教大学，大阪大学，東洋英和大学，上智大学）のみであったが，年々増加し，医学教育のみならず，教育系，福祉系のカリキュラムのなかに取り入れられつつある。わが国では死への関心が高まりつつあるなかで教育の現場では，かなり立ち

遅れてきた。長命時代になり，そして終末期医療と尊厳ある死の課題をもつわが国には，生命の尊厳の教育実践が生の尊厳は死の尊厳に通じることであることを重視して，初等教育のレベルから盛んに行われるようになってきた。

引用・参考文献

1) 総務庁『高齢者の健康に関する意識調査の結果について』総務庁，1997年．
2) E.S.シュナイドマン著，白井徳満・白井幸子・本間修訳『死にゆく時』誠信書房，1991年．
3) キューブラ=ロス著，川口正吉訳『死ぬ瞬間』読売新聞社，1971年．
4) 前掲書，『死ぬ瞬間』p.8.
5) 原義雄『死　新たなる生へ』日本基督教団出版局，1988年．
6) 前掲書，『死　新たなる生へ』p.13.
7) 前掲書，『死　新たなる生へ』p.37.
8) Kalish, R.A. & Reynolds D.K., *Death and Ethnicity,* University of Southern California Press, 1976.
9) 前掲書，『死にゆく時』．
10) 高木健太郎編『現代の生と死』日本評論社，1984年．
11) 星野一正編著『死の尊厳』思文閣出版，1995年．
12) Morgan, E.A., *A Manual of Death Education and Simple Burial,* Burnsville N.C. The Celo Press, 1975.

第2章

アメリカにおける死と葬送

第1節　アメリカ人の葬送意識の変化

　マーガレット・ミードの有名な言葉がある。それは,「人が生まれると皆喜ぶ。人が結婚するときには歓喜する。しかし人が死んだとき,何もなかったかのようにとりつくろう」というものである。この言葉のように人は死になかなか触れたがらないし,なるべくならば近づかないでいたいという気持ちが強い。ましてや自己の死を見つめることなどなかなかできにくいものである。ラ・ロシュフーコーがいった「太陽と死はじっと見つめることができない」という言葉がそれを物語っている。また,サマセット・モームは,「死は,限りなく重苦しく陰鬱なことである。私からのアドバイスは,経験していないから何もないということである」と言っているし,アーチー・ハーレンは,「死ぬことはいかにも易しそうである。しかし,死までの道のりは耐え難い。死そのものは忘れられようが,死への過程は非常に過酷なものでわれわれに容赦なく迫ってくる。自分の好きなものからすべて引き離され,何をしていても待ってもらうことができず,すべての希望は絶たれる」[1]と死を表現している。

　死は恐怖であるが故に,長い間アメリカにおいてもわが国と同様にタブーであった。しかし近年来徐々にそのタブーが取り除かれつつある。それは,死を考えないではいられない様々な状況,すなわち病名の告知とその治療方法への意思の確認,死までの医療への意思の表明,死の判定に対する意思の表明,臓器提供への意思の表明など死までの医療においてまた死に方について自分で決断して意思を表明しなければならないといったようなことが身近なところで起きるようになったからである。このようなことを背景に,アメリカでは「good death and bad」すなわちよい死を迎えるべきだが死は決してよいことではないとかあるいはそうではないとかの論議が増えてきた。しばしばよい死とは,死にゆく人のケアの質と本人又は家族による経済的充足度,そして死に至る過程での生と死のとらえ方と人生の出口としての死の受容,さらに残される家族のケアまでが組み込まれた総合的なケアと死への準備ができた上で死を迎えることが「よい死」と評価される場合が多い。現代の文化は,死の恐怖を死後の運命──死後どのような世界にいくのか──というものから死の必然性とともに死を迎える態度,死に至る過程の恐怖に焦点をあてるようになってきた。どのような死に方がよいのかについては深刻な問題となってきている。そこには施設死が多くなり,孤独のうちに死ぬ人が多くなってきたという事実が顕著であるからである。施設死が多くなり身近に死を見なくなったこともあって,アメリカ人は死から遠ざかり,人とし

て学ぶべき人の一生の過程としての死を学ぶことを日常生活のなかで忘れてしまった。このような現象は今日のわが国においても同様によく見られるようになってきた。しかし，わが国では日常的な言葉の中に「死」という言葉を用いた慣用的な表現を頻繁に用いる。たとえば「死ぬ程おかしい」とか「あれは自殺行為」だとか「死んだつもりでやる」といったような言い方は枚挙にいとまがない程である。アメリカでもまた同様である。たとえばカリッシュ（Kalish, A）は Sudden death overtime, Drop dead, Dead tired, Dead right, Dead end, Dead from the neck up, Dead Weight, Killing time, Dying to meet you, Political suiside, Graveyard shift といった表現などをあげ，死から遠去かっていても日常のなかではこのような使い方をしていると指摘している。

案外死の現実から離れてしまっているからこそこうした用語を深く考えずに気軽に使っているのかもしれないとはいえないだろうか。

ただ，現代のアメリカにおいては，現実に死の現実から逃避せず死を見つめながら生を全うしようという動きが着実に進んできている。それは末期医療の場で顕著にみられる。死にゆく過程にある人々へのケアは，医療の発達とともに高まり，特にホスピスケア（Hospice Care）の普及や死そのものに対するとらえ方の変化により個々人が死を見つめ，死を学ぶ機会は増えてきている。

アメリカのホスピスケアで特徴的なのは医療機関におけるホスピスケアではなく，在宅ホスピスケアが積極的に行われていることである。生のみに執着するのではなく，死にも目を向け，人生の終末期を知り，心身の痛みや葛藤を緩和して，心緩やかに必然の行程としての死を迎えるまで自宅で積極的に生きることを支えるケアを目指している。そのために，生と死は対立するものではなく死は生の延長線上にあるものという認識がケアを受ける人々に徐々に加わり，死に対する態度が変容していくという。

フルトン（Fulton, R.）の報告[2]によると，1960年代には死や葬送に関する書籍は約110冊出版されたに過ぎなかったが，1980年代になると年間に580冊を超えるほどの出版が続いている。1845年から1975年までの130年間に出版された3,800冊の死や葬送に関する出版物は，その殆どが生物学的あるいは解剖学的な要するに自然科学分野の書籍と位置づけられるものであった。その後1980年までには死や葬送にかかわる2,200冊の書籍が出版されているが，しかもそれは1975年から1980年までの僅か5年間のうちのものである。書籍出版数から見てもいかに人々の関心が死や葬送に向いてきているかがうかがえる。フルトンは，1960年代からこのように死や葬送が自然科学的なアプローチだけではなく，人文科学系のアプローチによる出版物が増えてきたということを，死に対するタブーが徐々に薄らいできたことを物語るのではないかと評している。

1970年代になると，生き方としての死の学習が教育の分野においてデス・エデュケーション（Death Education）として開始され，小学校段階から学習課題として死を学ぶことが始まった。死を高校，大学までのいずれかの時期に学ぶ機会が拡大化された。したがって大多数の児童は，小学校（おおよそ10歳から）から，コースが設けられている大学，さらに大学院までの間に必ず死についての学びを履修することになった。実際，児童書の中にも死ぬとはどういうことかを具体的な事例を通して考えさせ，生命尊重と後に残される家族の悲しみとその癒やしなどについて発達段階ごとに理解できるような内容の書が数多く出版されている。児童自身が読むための書籍は

もちろんのこと，大人(親たち)が児童に死を理解させるための読み聞かせ用としての書籍であったりとその幅の広さと量はわが国の比ではない。アリエス（Aries, P.）は「人々の死への態度は，歴史（時代）と共に変化をし，中世においては，教会の墓地や公共の墓地へ埋葬するというだけのものが一般的で，重視されていなかったがなかにはモニュメントや建造物を設置するということも多少はみられた。18世紀頃になると人々は自分の死を考えることよりもむしろ他者の死を案じるという傾向が強くみられた。19世紀から20世紀にかけては墓碑や墓地にこだわるようになり死を修飾するというような傾向がみられるようになってきた」としている。20世紀の1930年代から1950年代にかけて死への課題（どこで死ぬか）が重要な変化として表われた。それは事故死以外は殆どが家庭で死を迎えたが，徐々に施設死が増加してきたことにある，とレビン（Levine）はその著でこのように述べている。死の現実に直面することや，死に対する恐怖，不安，あるいは死に対する憧景などについて考え，語りあうことができるようになったのも20世紀の後半になってからであるとしている[3]。それが死に関する書籍の出版に反映されているが，アメリカにおける死に関する書籍との出会いの特徴として以下のことがあげられる。

それは，葬儀社やその他関連業諸団体は，死に関する視聴覚機器や文学書を図書室に用意して一般に供したり，葬送業専門職（有資格, funeral director, F.D.）が人的資源として一般の人々に葬送の相談をしたり，実際の葬儀社内や墓地の見学案内をしたりして，生と死が隣り合わせであり，死に際しての手続きなどを説明するなどということも行っていることである。死に関する考え方には，人の生に関する意識の高まりと科学的な教育を受けることによって，死の現実を説明することができるようになったということが一因としてあげられよう。

1．死に関する調査からみる死と葬儀の意義

以下の調査結果は University of Wisconsin の学生を対象に1985年から実施されている死に対する意識調査の結果である[4]。死について幼少時から家族内で話すことがあった学生は表2-1の通りである。

この調査から見て，子どもの頃に死について家族から聞いたり話題にして話し合ったりという経験をしている者は約3分の1ほどしかいない。日常的に死に接することが少ない子どもに対して，大人（親）は子どもに対して死はタブーだと考えてか，積極的に死を教えるということもあまりなかったようである。

1971年に報告されたシュナイドマンの調査[5]によると，女性は男性より死に対する恐怖をもつものが多いとされており，特に女性では，12歳以下の子どもが最も死を怖れている傾向がみられるという。その結果について，「恐らく親が幼い子どもたちと近密な接触を持っていたため，離れる不安を感じるからであろう」と，人間関係の密着度を重視し，離れがたい感情が死を怖れさせると結論づけている。また男女ともに70歳以上になると最も死を恐れない時期であるとし，同時に女性は30代が死の恐怖にとりつかれることが最も少ない傾向がみられたと報告している。70代が死を恐れないのは，人は年をとるにつれて，自分より若い人たちが死に対する恐怖感を持つものだと考えるようになるからだとしている。1994年に AARP (American Association of Retired

表 2-1 死についての会話	(%)
いつでも自由に話していた	37
話したが不愉快で心地よいものではなかった	19
重要な部分では子どもをはずした	13
死を話題にすることはタブーだった	2
話したことはない	29
合　　　計（n＝341）	100

Persons, 全米退職者協会）によって「アメリカにおける高齢者のイメージ（Images of Aging in America）」という意識調査が実施された[6]。そのなかで「死ぬことを考えることは怖くはないかどうか」という質問に対して，回答者1,201名中31％は，「非常に怖い」という回答をし，なかでも女性は33％で男性の24％よりややその比率が高かった。年齢別では18～34歳までの階層が38％が「非常に怖い」で最も多く，65～74歳では，23％であった。年齢とともに死に対する怖れは薄らいでいくというシュナイドマンの見解と同様[7]，その傾向をこの調査でも表している。

また，死と葬儀に関する青年の意識を「死に関するトリニティ校の学生意識調査」によって見ると以下の通りである。この調査の実施は，1985年～88年（n＝148），1990年～93年（n＝124），1994年～97年（n＝100）である。この調査結果によれば，死後の世界を信じる若者が増える傾向にあり，死後葬儀は必要であるという考え方が年々増加していることや，自分の葬儀への意思を示す積極的な考え方などが垣間見られる。

まず，死後の世界を信じるか否かでは，表2-2のように調査が開始されて以来12年間の間に少しずつではあるが信じるものが増えてきている。また一方では，分からないとするものも微増している。

全体の3分の1は，死後の世界があることを強く信じて疑っていない。あるかどうか確信できないが多分あるかもしれないと思っているものは30％から17％へと半分程度までに減少してきている。ないと思うものは約2割程度である。こうしてみると現代のような科学の発達した社会に生きていても，若者は死の神秘性とでもいえる死後の世界を半数以上が大なり小なり信じているということを示している。そして，表2-3にみられるように「死後の世界は不滅を象徴する」ということに非常に関心を示している若者が多い。

3回の調査のいずれにおいても約4割が非常に関心を示し，1985年～88年当時の32％から44％へと少しずつ増加している。そして関心を示さないものは，逆に41％から24％に減少しており，死後の世界があり人は不滅であるという思う若者が増えている。これは若年者が死の実際を見なくなった現代社会に生きているので，死が生を隔絶するものであるという意識より生の延長線上にあるという意識を持ちがちであるということもできよう。またそれだけに若い世代は平均寿命からして死に遠いために，死を神秘的なものとしてとらえ，死に関心を持つことができるのかもしれないという結果を暗示しているようでもある。

死期がいつかを知りたいか否かについては，表2-4に示すとおり，圧倒的多数がそれを望んでいない。

表 2-2　死後の世界を信じるか否か　　　　　　　　　　　　(%)

	1985-88	1990-93	1994-97	平均(n)
非常にあると信じる	33	24	35	31(114)
多分あると思う	30	30	17	26(98)
分からない	22	25	29	25(92)
ないと思う	15	20	19	18(67)
合　　　計	100	100	100	100(371)

表 2-3　人は不滅かどうか　　　　　　　　　　　　　　　(%)

	1985-88	1990-93	1994-97	平均(n)
非常に関心がある	32	39	44	38(140)
ふつうに関心がある	26	28	32	29(106)
関心はあまりない	41	32	24	34(125)
合　　　計	100	100	100	100(371)

表 2-4　死期を知りたいか否か　　　　　　　　　　　　　(%)

	1985-88	1990-93	1994-97	平均(n)
知りたい	13	12	24	16(58)
知りたくない	86	88	75	84(308)
合　　　計	100	100	100	100(371)

　しかし知りたいと回答したものは少ないながら確実に増加している。13％から約2倍である24％までに増加し，約4分の1は死期を知りたいと思うようになってきていることがうかがえる。この調査結果のなかで，死期がいつなのかを知りたいと回答したものが増加したことに対し，「それは多分死期が分かっていれば死ぬまで何をなすべきかを考えることができるからなのではないか」とコメントされている。

　さらに，葬儀は残された家族（遺族）にとって大切か否かという問いに対して，表2-5においてみられるように，絶対必要であるとするものが6割まで増加してきている。価値観が多様化している若者であるにもかかわらず，3分の1から一気に3分の2にまで増加していることは，たぶん自分の死を他者に知らせ，大切にして欲しいという気持ちのあらわれであろう。

　1971年のシュナイドマンの調査では，遺族にとって葬儀などの儀式は意味があるとするものは47％と報告されているので年々増加してきていることが分かる。また，18％は，葬儀などの儀式は全く意味がないという回答である。約15年から30年近い間に若い人たちを中心とする葬儀に関する意識は随分変化してきていることが理解できる。

　このように葬儀は必要だとする意識は，家族を喪失する悲しみが深いし，自分を失う家族の悲しみも同様に深いのでそれを乗り越えるために必要であり，また，家族がいかに自分を大切であると思っていたかを示すことにもなるからであると考えているようである。

　さらに，アメリカの葬儀で，エンバーミング（遺体の整形・保存処理）の発達とその普及で一

表 2-5　葬儀は遺族にとって必要か　　　　　　　　　　　　　　(%)

	1985-88	1990-93	1994-97	平均(n)
絶対必要である	37	50	63	48(179)
あまり必要ではない	63	50	37	52(191)
合　　　計	100	100	100	100(371)

表 2-6　自己の葬儀にビューイングを行うか　　　　　　　　　　(%)

	1985-88	1990-93	1994-97	平均(n)
行いたい・してもよい	43	47	63	50(184)
賛成しない	57	52	37	50(184)
合　　　計	100	100	100	100(370)

般的になってきているのがビューイングつまり，エンバーミングした遺体を棺に納め，それを会葬者に埋蔵・埋葬前に開棺して供し，告別するというスタイルである。自己の葬儀を仮定して，その際このビューイングという方式を利用したいか，またビューイングを是認するか否かについての意識は，是認する方向にあり，それも年々増加してきていることが表 2-6 によってわかる。ビューイングに拒否的なものは次第に減少してきて，ビューイングを行いたいとするものとの比率がちょうど相半ばするまでになってきた。1971 年の調査結果をみると，ビューイングに賛成するものは僅かに 6％のみである。4 分の 1 はビューイングをしてもかまわないとしてはいるものの，70％は，自分の遺体を開いたままの棺に安置されていることは絶対望まないとしている。そしてその傾向は，男性よりも女性に顕著で，91％と殆どの女性が否定的である。このようにビューイングに対して保守的であった態度が，この調査から 15 年から 30 年近くたった現在大きく変わり，若い人たちはビューイングに対して積極的な意識へと徐々に変わってきていることがわかる。

このように調査結果に見られるビューイングへの肯定的な意識が多くなってきた現象について，エンバーミングの普及とその技術の向上が大きく影響を及ぼしていると考えられる。先端技術や高度の化学薬品類を利用することによるエンバーマーの技術の向上によってエンバーミングの質も向上してきたことから，ビューイングをしても，生体との大きな格差がなく，嫌悪感もなく接することができるようになったからであろうと分析されている。このような若年者の死や葬儀に対する意識を見てもまさにエンバーミングの普及によって，画期的なビューイングという現代アメリカの葬儀の形式が確実に変わってきていることをうかがわせている。

現在，アメリカでは，少死時代を経て，多死の時代へ移行している段階にあるが，この現象に対して，何がその要因となっていると思われるかについての回答は，表 2-7 の通りである。

多死の要因と考えられる項目で著しく減少し，7 分の 1 になったのが核兵器使用の怖れという項目である。1970 年代には，インドシナ戦争を契機として，核戦争はどこにでも起こりうるという脅威があった。しかし今日では，上記結果のように冷戦時代の解消とともに，核兵器使用の不

表2-7 アメリカにおける多死の要因　　　　　　　　　　　　　　(％)

	1985-88	1990-93	1994-97	平均(n)
戦争	11	10	7	10(35)
暴力	4	12	18	11(38)
公害	3	2	2	2(9)
核兵器	44	23	7	27(97)
自己意思の表明	3	3	7	4(16)
ドラッグ	2	7	7	5(19)
テレビの影響	17	22	32	23(82)
わからない	4	2	2	3(10)
その他	11	18	17	15(54)
合　計	100	100	100	100(360)

安が薄れたことにより、核兵器がもはや多死を招く要因とは考えられにくくなってきていることを示している。この減少傾向とは反対に増加しているのが社会的に問題となってきている暴力による殺傷である。アメリカでは、死をもたらす暴力が頻発しており、これによって死亡者が増加していると回答している。これは青年期にある学生の回答であるが、若者が自分の身近なこととして暴力を怖れていることがうかがえる。

　また、1971年当時の調査において、死後の遺体をどのように処理してほしいかについては、約3分の1（32％）が遺体を医学や科学の進展に寄与したいという考えをもっている。そして大多数の82％が自己の死後、心臓を誰かに提供したいとしているし、中でも3％は、友人や身内のものに心臓を提供したいと回答している。既に臓器移植のキャリアをもっているアメリカにおいては、1970年代当初において既に多くの人たちが臓器移植に抵抗なくむしろ自己の臓器を他者の生命の維持救命に役立てたいと考えているという。この傾向はわが国の現在の一般の意識と比較しても格段の差があることがうかがえる。15％は死後、自己の臓器（心臓）の利用を拒んでいる。それを遺体処理方法別でみると、臓器移植のために寄与したくないとするものは、どちらかといえば、埋葬より火葬を選ぶものが多く、火葬が31％である。埋葬は22％で、遺体処理の方法には、埋葬・火葬にはとくにこだわらないといった無関心派が16％ほどみられる。

　以上のように、アメリカにおける若者の死の意識の傾向を見ることができるが、明らかに死は日常的なものから段々遠ざかってしまったといわれていることを示しているといえよう。この調査結果には、死は生の延長でありながら不連続のものであるということへの理解が十分なされているかどうかはわからないが、若者は死を身近に体験することが非常に少なくなってしまっているために、死を生と同じレベルで考えているような片鱗がうかがえる。またエンバーミングが現代社会に定着し、一種の自己表現の方法と若者の目には映るようで、遺体をエンバーミングしビューイングする告別式に抵抗を示さないという傾向が進んできていることがわかる。

2. 外国で死亡の葬送の変化

　アメリカでは、死や葬送を取り巻く環境が大きく変化してきた。その変化の一つは、アメリカ

国外で死亡した場合の葬送のあり方である。

　かつて人が死亡したら，特にそれが出張先，保養先であったりする場合には，多額の費用をかけて遺体を本国まで移送し，埋葬式をして埋葬するのが一般的であった。しかし近年来その方法が徐々に変わりつつあり，必ずしも本国に移送せず，死亡したその場（地域，地方）において葬儀や火葬を行い，さらには埋葬（埋骨）までその地で済ませてしまうということも珍しいことではなくなってきている。NFDA（National Funeral Directors Association，全米F.D.協会）によると，アメリカ人の多くは退職後，好んでヨーロッパを旅行するが，その途次で死亡する場合もみられるという。そのようなとき，遺体をアメリカまで移送し，本国において葬送を行うことになるとその費用は非常に高額を要することになる。たとえば1979年の場合，アメリカ人がスウェーデンで死亡したと報告されているのは63名であるが，そのうち本国まで移送されたのは17体であった。それはとりもなおさず移送費用が高額であるからに他ならず，一体につき4,682ドル（当時）を要している。当時，アメリカにおける平均葬儀費用は2,000ドル以下であり，予期せぬ旅先での死亡が，いかに葬送費用を高額なものにするかが理解できよう。さらにスイスからアメリカまでの移送費用は，5,000ドル（当時）を下らず，モスクワからは約3,000ドル（当時）を必要とした。また，1979年におけるユーゴスラビアにおける死亡者は40人であるにもかかわらず本国への移送は，僅か4体であって，その費用は4,000ドル（当時）を要している。アメリカ人が他国で死亡するということになれば，移送費と埋葬費をあわせて少なくとも4,000ドルから10,000ドルを用意しておかなければならないと報告されている[8]。当時のアメリカ本国で死亡した場合の一般的な葬送費用の8～10倍の費用が必要になるということになる。

　かつてアメリカ人が外国で死亡した場合は，遺体を本国へ移送して葬儀を行い墓に埋葬するか，やむを得ない事情があるときには，現地で火葬して遺灰（遺骨）を国内へ持ち帰り，葬儀・埋葬という形式をとっていた。それが現在では，外国で死亡した場合，現地で遺体を火葬し，そして本国には遺灰（遺骨）を持ち帰ってそれを埋葬（埋骨）するということが徐々に増加しはじめ，かつてはやむを得ない事情がある場合に行っていた方法がいまや当たり前になったというほどに大きな変化が見られるのである。また，この傾向には宗教上の理由もある。国外の死亡地における火葬のみならず，死亡者の所属する教会の現地の系列教会の墓地に埋葬するということもみられ始めたということは目を引く現象である。本人の信仰する宗教の系列教会が現地にあったり，その地に特別の思いがあったりする人々のなかで，本国に墓の用意もなく亡くなった場合には，現地の系列教会の墓地であればどこの地に埋葬されてもなんら不都合はなく，経済的，合理的な方法であるという理由によって実行されていることが少なくないようである。

　アメリカ国外で死亡した場合には，国内法により以下のような死亡の手続きおよび手順が義務づけられている。すなわちアメリカに国籍を有するものが，アメリカ国外で死亡した場合は，その地の大使館もしくは領事館への届出が必要であり，その届出を受けた大使館または領事館は，死亡者の居住地である州政府へ報告すると同時に親族もしくは法的代理人に，通常では電話によって知らせなければならないとされている。この死亡通知にかかる費用は，死亡者の遺体処理費用の中に含まれ，故人の葬送費用の一部として支払われなければならない。また遺体の処理に

ついては，死亡した国の法律と慣習に従って執り行われなければならない。法や慣習に従えば，通常，現在どの国においても遺体の処理は行うことができる。ただ，遺体を本国アメリカに移送する場合は，以下のような制限を受ける。

(1) エンバーミングをした遺体の移送

エンバーミングを施して遺体を本国に移送する場合が多いが，外国で亡くなったという特別の事情があるため，エンバーミングに抵抗をもつ遺族であってもエンバーミングを容易に受け入れるようである。本国への移送には，遺体を梱包して輸送しなければならず，その場合は必ず現地国の法律や規則または習慣にしたがわなければならないとされている。特にエンバーミングに関しては，アメリカ以外の国では，一般的に行われていない国が圧倒的に多いため，整形エンバーミングはおろか通常のエンバーミングを行う場合であっても技術的にはアメリカの標準以下の場合が多いというのが通例である。アメリカの葬儀業者のなかでは，国外死亡者をエンバーミングして国内へ移送した場合，その遺体を参列者の前にビューイングすることは難しいという見解を示す場合が多いといわれている。特にNFDAでは，エンバーミングの技術格差があるためにアメリカ国外でエンバーミングされた遺体はビューイングはできないことを覚悟しておくべきだと予め遺族に周知させているという。

遺体の梱包および本国移送費用は前述したように非常に高い。費用は当然距離とエンバーミングするかしないか，またその作業をする場が適切に確保されるか否かによって決まり，実行されてから必要経費の請求は，遺体の移送の3日から10日前までに遺族に対して発送される。遺族は速やかにその請求金を支払わなければならず，葬送費用として何も用意されていない場合は，移送費用と葬送費用とで一瞬にして大きな経済的負担を強いられることになる。特にこれが高齢期に配偶者を失った場合は，移送費用と葬送費用に多額を要するため，その後の残された配偶者の生活に大きな影響を及ぼす。高齢期において死への準備の必要性が重視されるようになってきた理由がここにも現れているといえよう。

(2) 火葬および遺灰のアメリカ移送と現地での埋葬

アメリカ人が外国で死亡した際，現地での火葬を希望すれば，殆どの国で火葬は可能である。ただ，現地の規則や宗教的習慣に従わなければならないことはいうまでもない。通常，火葬にして遺灰を本国に輸送する方がエンバーミングした遺体を移送するよりも安価な費用であると思われがちであるが，それは，火葬が一般的な国の場合においてである。たとえば，イスラム社会やカトリック教国では異なるようである。カトリック教国およびイスラム教国においては，火葬施設は非常に少なく一国に一施設という国すらある。このような国においては，火葬するにしても時間がかかり，火葬と移送にかかる費用は非常に高額を要する。したがって本国への移送が遅れることを遺族は承知していなければならないし，遺族あるいはその代理人は，遺灰の帰国までのすべての経済的責任を持たなければならない。

(3) 死亡した国での埋葬

死亡した国で，火葬あるいは埋葬するケースが増えてきているが，これは，現地埋葬がどこの国でも容易にできるようになったことを物語っている。もし現地埋葬を遺族が希望する場合は，火葬場を出先機関（大使館，領事館等）が照会・連絡を取り，円滑に運ぶように取りはからう。ただ，まれに，外国人の埋葬を許可しない国もある。そのようなときは遺族に対しその旨が告げられ他の方法をとるように促さなければならないが，その通信を含めすべての費用は遺族が負担をしなければならない。もし遺族が通常の埋葬形式をとらず，特別な他の方法を選ぶ場合は，迅速な決断により通知がなされなければ，それが叶わない場合もある。しかし死という急な出来事に際しての決断は容易にはできないことが多い。そこで，アメリカにおいては，「オーバーシーズ・シチズン・サービス課」が州政府にあるので，そこに直接問い合わせ，どのようにすべきかの相談をする方法がある。なぜならば国によって，法と慣習の違いから埋葬期間の差異が24時間から5日まであるからである。

アメリカでは，一般の人々や葬送業者に対してこのような情報を流している。とくに周知しておくべきことは，どのような葬り方をするにしろそれに要するすべての費用は葬送費用であるため遺族が支払わなければならないことである。アメリカ政府は，アメリカ人が外国で死亡した場合，遺体を送還するのに充当する基金や援助基金などは一切ない。

州政府の「オーバーシーズ・シチズン・サービス課」は国内にいる遺族に対して国外での葬送のための諸費用の迅速な発送ができるような援助だけは行っている。もし，遺族が費用の負担を拒否したり，死亡した本人の残したものを処分した金や遺産などで費用支払いを賄うことができなければ，現地のアメリカの領事は，現地の所轄機関に現地の法律に基づいて火葬または埋葬の手続きをするよう依頼することになる。その場合は無縁（共同）墓地（potter's grave）に埋葬される。

近年ますますアメリカ人高齢者の外国旅行が増加してきていることやボーダーレス・ビジネスの進展で自国を離れる機会が多くなってきているため，どこで死亡しても思い通りの葬送ができるように，そして家族への経済的な負担をかけないようにするために，生前に葬送の準備をする生前準備の土壌は高齢者や病弱者はもとより，その他の年代層にもさらに広がりつつある。

3．アメリカにおける葬儀形式の変化

葬儀の形式の変化という点では，様変わりしてきつつあるアメリカの葬儀の傾向をかいま見ることができる一つの新聞記事がある。1993年5月20日のウォールストリート・ジャーナル紙にはこのような記事が掲載され話題を呼んだ。

それは，「埋葬は伝統的。だが，多くの人はファン・フューネラルを選ぶ。新しい通過儀礼，船上パーティ，多様な形式，カラフルな色を使用」という見出しで始まるキャリー・ドランの記事である。

「サクラメントのホテルの大宴会場では3,000人もの人々が風船の束を飛ばしながら，2つのバーにどっとなだれ込み，酒宴を繰り広げた。氷柱が並んだ料理の真ん中におかれ，7人編成の

バンドの演奏で，黒いドレスを着た歌手が，ジェームス・ブラウンの「アイ・フィール・グッド」を歌い上げる。この主催者は国旗に覆われた棺の中の人物である」といった葬儀が行われたことをリポートしている。

棺の主の名前は，B. コリンズというカリフォルニア州選出の国会議員である。彼は52歳で1993年3月に心臓病で死去した。ベトナム戦争で片手と片足を失った退役軍人でもあるので，公的な葬儀が行われる資格を持つが，形式にとらわれることを好まない人物でもあった。たとえば，50歳の誕生日には，スカイダイビングをして周囲を驚かせたり，サンタクララ大学法学部の出身であるため，校歌を母校に寄贈したり，また青少年のための基金をつくるという具合に型破りな人物であったと評されている。そこで，このようなユニークとも思われる葬儀をパーティー形式で行っても彼を理解する多くの人たちが集まってきたのである。彼の長年の友人である N. モレノは「残念ながら彼は，自分のパーティーに出損ねたわね……」と語ったと伝えている。

また，今日少しずつではあるが，このように着実に自己の葬儀を演出しておくという方法が増えてきていると報告している。人々は自分の最期を考え，印象的な別れを確実にすることを考えているというカリフォルニア州のフューネラル・ディレクターの弁を掲載している。

まだ伝統的な形式的かつ遺族主導の多数の参列者による葬儀が一般的ではあるものの，確実に自己の葬儀プランを立てておこうとする傾向が見られる。事実，徐々にではあるが個性的な葬儀が見られるようになってきているし，カリフォルニアのフューネラル・ディレクター協会(California Funeral Directors Association, CFDA) が1985年から開始した葬儀の生前契約を 40,000 人 (1993年現在) が締結しているという。また，カリフォルニアでも大都市であるサンフランシスコとロサンゼルスでは少なくとも20％は伝統の殻を破った新しいかたちの葬儀が行われるようになってきているし，今後実行される葬儀の50％は，伝統的なスタイルから脱皮した葬儀へと変貌するだろうと CFDA では予測している。

また，同紙は葬儀の形式の変化は葬儀の意味を今一度振り返る契機をつくったとも報じている。「たとえ，人の目には奇異に映る葬儀であっても，行う遺族や関係者にとっては適切な意味を有するものであるし，形式の違いはあっても宗教的に見ても許されないようなことではないだろう」というニューヨーク市のある葬儀社の意見を掲載している。

1990年代になり特に自分自身のための自分自身による葬送準備が徐々に増加してきていることも伝えている。NFDA 本部の広報担当者は，このような生前契約による葬儀に対応するために「葬儀に備えるということは，死者により人格を持たせるということであり，葬儀の無駄をはぶき省力化することでもあり，経済的に遺族に負担をかけないで済むことになる。また遺族にメッセージを残すことができる」とその利点を語っている。葬送準備に関心が向けられるようになったのは，このようなアメリカにおける自由な発想による葬儀が行われるようになったことやそれに影響されて，自己の意思を表明しておけば自己の望む葬儀ができるということが一般に理解されてきたからということがあげられよう。逆に意思を具体的に残しておかなければ，遺族主導の型どおりのものになってしまうということも葬送準備の進展に拍車をかけることになったのではないだろうか。また，近年の薬害や感染症などにより，寿命を全うできずに死期を見据えながら死ぬ

人たちが増加してきたことも一因となっているようである。それは，実際に葬送準備を行っている人たちの経緯を同紙で紹介していることからもうかがえる。

その内容とは，エイズの末期状態のある男性は，2つの葬儀を実行するように用意しているという記事である。その1つは，彼が生まれ育ったサクラメント市（カリフォルニア州）で伝統的な形式の葬儀を行うことである。他方は，現在彼が居住しているサンフランシスコで，ボランティア活動をしていた頃を記録したビデオを流しながら，友人や参会者に対して彼への理解と彼の生の主張をする葬儀をしたいというものである。彼は，その葬儀の際の司会者も選定しているし，招待状もグラフィックデザイナーに依頼することにしている。葬儀の準備を自ら用意することは精一杯生を生き抜くことであり，死を恐れないことの表明でもあると語っているという。

また，サンフランシスコの著名なバーのオーナーであった男性（55歳）は，末期癌の状態にあり，伝統的な葬儀ではなく，自分らしい葬儀をしたいと計画している。それは，友人を100人ほど招待し，ヨットのクルーズをするというものである。具体的な計画とは，軽食を満載した洋上のヨットでジャズ・バンドによるジャズとブルースの演奏の中で，友人たちの手で遺灰を海に撒くというものである。遺灰を撒く際の曲は，「アイル・ビー・シーング・ユー」にすると，選曲まで行い自己の葬儀の詳細を準備しているという。また，デトロイト・タイガースのファンである女性（58歳）は，同様に癌に罹患し将来の計画を立て始めた。その計画とはもちろん葬儀の計画であるが，それは，埋葬時に紺と白のタイガースのユニフォームを着用して棺に納められ，球場への入場のようにして埋葬するというものであった。やがて彼女は死亡したが，その通りに実施されたという。参列者の中には好意的な意見と否定的な感想で二分された。否定的な意見として，同紙に掲載されたサンフランシスコ市のカトリック教会のB.ミッチェル副主教は，「死に対して敬虔な祈りは行われなければならない。そして死の悲しみに対する慰めは当然行われるべきである。非常に大きなパーティーをして本当に死者のためになるのかどうか……」と宗教的見地からの意見を述べている。

しかしユニークとも思える葬儀は増加傾向にある。グレンデール市（カリフォルニア州）のウッズ・グレンデール葬儀社には，生前に契約する葬儀の内容として，自分が好きなテレビの昼のメロドラマを流しながら入棺してほしいという女性の要望があったり，薬物中毒の男性は，両刃のナイフと真鍮でできた容器にマリファナを入れて遺体の側に置き，火葬してほしいという要望であったり，死んだペットをエンバーミングして手元にずっと置きたい，そして自分の死のときに一緒に葬りたいという要望であったり，自作のカヌーで海葬してほしいという依頼があったり，火葬にしてその遺灰をロケットで打ち上げ宇宙を遊泳したいというような要望，火葬後その遺灰を熱気球に乗せて気球とともにあちこちを旅行したいという要望，さらに遺志により実際に行われたケースとして，狩猟好きな故人の遺灰を容器に入れ，森の中でそれを撃つという狩猟さながらの葬儀をしたことなど，枚挙にいとまがないようなリクエストが舞い込むという。死後の葬送を考えることによって人生の完結点を探すことは重要なことであるが，死を生と同等のものとして考える傾向が出てきているとこの記事は締めくくっている。

確かに，このように多様な葬送への要望の動きは見られる。それに呼応するかのようにビジネ

ス的対応は早かった。当事者の多様な要望に応えるための葬送関連会社が現れ始め，ロレット社（棺製造会社，テネシー州）は，アイビーリーグのロゴ入りの棺を販売し始めているし，コンパニオン・スター社（イリノイ州）では死者を生きている人と同様に身近な存在とするために，火葬後の遺灰を入れて置物として室内に飾っておく容器や遺灰を入れるペンダントなど様々なものを開発販売するようになってきている。葬送に対する意識が変化し，個の主張として自分の葬儀を生前に契約しておく方法による葬儀が行われるようになり，葬送関連商品へも一般の関心が高くなってきたことなどがアメリカにおける近年における葬送をめぐる新しい傾向である。

筆者が経験した葬儀もこうした新しい傾向を示すものであった。1992 年に友人の父親がボストンで病死した。当時アメリカ東部では火葬はまだ少数であったが，死の直前に彼は火葬を選んでいた。彼は現地アメリカでも祖国ペルーでも信望の厚い牧師であった。ペルーからの移民であったので，母国での葬儀も望んでいた。親族はアメリカ各地にいるが，親類や友人の多くがペルーにいるため，それらの人々が葬儀に参列できるよう生前にそのような意思を家族に伝えてあったのである。ペルーでの葬儀は 2 ヵ月後に盛大に行われたそうであるが，アメリカでの葬儀は質素であった。しかし彼の業績と人柄を理解させるには十分な葬儀であった。その形式はわれわれ日本人にとっては，驚くような葬儀であった。それは，葬儀式の後，教会のホールで，宗教的な儀式として静かな葬儀とはうって変わって，華やかなダンスパーティーが開かれたからである。式の重々しい黒い服を着替え，一転男性はタキシード，女性はドレスと華やかな服装になって，ダンスが始まった。生前の彼はダンスが好きでとてもうまかったので，悲しみだけの葬儀でなく，彼の喜ぶ葬儀にすべきとの家族の意見がまとまってのことであった。残された妻も子どもたち，孫たち，友人も彼が好きだった曲，祖国の曲に合わせて何時間も踊り続けた。このような葬儀があるものかと驚いたが，現地の人々の目には決して奇異な葬儀とは映らなかったようである。彼は，ボストンの自分の教会の庭の一角に遺灰を埋めてほしいと希望していたのでその通りに実行された。ボストンは火葬の少ない土地であり，ペルーに用意していた墓に遺灰を埋蔵するため，教会墓地に彼自身の墓がないこともあって，その埋蔵されたところは教会の花壇の一角であった。非常に衝撃的であり印象に残る葬儀であった。

人は，確実にいつの日かは自分にも死が来ることを理解している。多くの動物のように，本能の赴くままに生きる動物ではないはずである。動物の中にも死期を悟ると死ぬ場所を探し，死に備える種がいる。われわれは生きることには様々な短期・長期の計画をし，準備するにもかかわらず，自分の死に関してだけは無防備で具体的な準備はあまりしてこなかった。ようやく人々が死を他人の死としてではなく，自己の死として考え，自らの意思で，まるで将来の計画を立てるかように死後の準備を始める人たちが増え始めてきた。

4．アメリカにおける葬儀費用

(1) 死亡証明書および死亡届の方法

シュナイドマンは，死亡証明書を「死に社会的な意味を与え，時代時代における死の領域を定める特殊な形式」，と現実の機能としての死亡証明書を定義し，死亡証明書は，その時代によって

行政的にどのように扱われ，法や法医学的側面からどのように死を考え，どのようにして人が死んでいくかを記録するものであるとしている。

アメリカにおける死亡証明書および死亡届は，殆どの州で連邦政府の標準書式に則った死亡証明書を使用している。それはほぼわが国の場合と同様のものである。ただ，アメリカの場合，わが国と殆ど同様であるとはいえ，死亡の種類が，「事故死（accident），自殺（suicide），他殺（homicide）」の3つのどれかをチェックすることになっていることが目を引く。この3つのどれにも記載がない場合は，その死は，病死または自然死であることを意味する。デラウェア州およびバージニア州のみは，3つの死因に加えて，「病死または自然死」および「不明」，「未定」の6項目になっている。一方，マサチューセッツ州では，どのような死であったかを示す死亡の種類の記載欄がなく，自殺，他殺，事故死，病死などを区別することができない。たとえどのような死に方をしても死は死であり，死亡証明書の書式の中から死因の種類を区別することは必要ないという見解なのだろう。今日，このように死因を3～4種類のみに区分することは，医学の進歩と相俟って極めて窮屈となってきているようである。現状では死因をいくつかの種類に分類することの是非論があったり，種類を特定できない死の場合もあるため従来どおりの形式をとっている。

わが国の場合は，死因の種類として①病死および自然死，②外因死に不慮の外因死――交通事故，転倒・転落，溺水，煙・火災および火焔による傷害，窒息，中毒，その他，とその他の外因死――自殺，他殺，その他および負傷の外因，③不詳の死という項目を選択することになっているし，さらに外因死の追加事項を詳細に記入する欄がある。このような死因の種類は医師による死亡診断書または，死体検案書の中の1項目であり，死亡届とともに交付を受けることになっている。アメリカでは，わが国における死亡届と死亡診断書の両方が死亡証明書（Death Certificate）に相当する。わが国の死亡届と明らかに異なる記載事項としては，死亡証明書の最後に，埋葬方法（埋葬または火葬）や，墓地名，葬儀社およびフューネラル・ディレクター名などを明記・サインする欄があることである。具体的には以下のことを克明に記載しなければならない。

① 個人情報

死亡者の氏名，性別，年齢，社会保障証番号，生年月日，出生地，死亡年月日，死亡地（死亡施設名およびその所在地，自宅で死亡の場合は現住所，病院およびその所在地など），死亡地域と郡，死亡者の職業と職種（退職者の場合は記載されない），軍人，婚姻状態（既婚，非・未婚，離婚，死別），配偶者名，死亡者の現住所，人種（たとえばヒスパニックの場合であれば，出身国はどこか），最終学歴，死亡者の両親名（母親の旧姓。州によっては，両親の出生地），死亡届者名，国籍名等である。

② 遺体処理法

さらに，上述したように，遺体の処理についても記載される。遺体処理の方法として，遺体の埋葬か火葬か，宗教の教えに基づく埋葬か，州間移送か，臓器移植か等の方法がまず記載され，埋葬地（墓地名，火葬地，その他の方法で葬る場合の地名），埋葬地の所在地，葬儀担当者（F.D.）の氏名およびライセンス番号（州によってはエンバーマーの氏名およびライセンス番号），葬儀を行う葬儀社名とそのライセンス番号が記載される。

③ 死因の種類

死因の種類についても，上述したように，医師による死亡原因と死亡の種類（自然死，事故死，自殺，他殺），司法解剖・検死，事故死の場合の発生年月日，死亡時刻，事故発生地，事故原因等が記載される。

④ 死亡証明書の発行部署およびその費用[9]

死亡証明書の発行は，わが国と差異はない。わが国では死亡届を24時間受け付けている区市町村の窓口に提出し，死体火葬許可申請を同時に行うが，アメリカの場合も，同様に，死亡の届けと同時に死亡証明書の発行を受けて後，葬送を行うことになる。アメリカでは州独自の料金体系を持ち，予め，死亡証明書の発行がなければ葬送ができないので，依頼された葬送事業者はどこに届け，証明書の発行を受けるか，その費用など遺族への周知の必要があることはいうまでもない。わが国の場合でも個人で死亡届を行い，火葬許可書および火葬確認書の授受については，あわただしい中で行わなければならないため，その手順がわからなかったり不備であったりして，何度も双方を往復しなければならないことがしばしばみられる。個人は家族の死を度々経験する訳ではないため，その手順を熟知している者は少なく，熟知しているのは葬送業者であるとよくいわれる。アメリカにおいてもそれは同様で，葬送を引き受ける葬送業者は当然その手続きとその部署，費用などに精通しており，円滑な葬儀ができるように遺族に対するサービスはおこたらない。表2-8はアメリカ各州の死亡証明書発給の部署および料金の一覧である。

(2) 葬儀形式の変化と葬儀費用の動向

アメリカにおける葬送スタイルは，18世紀後半のイギリスの様式を取り入れ，したがって葬具もサービスの内容・方法も殆どイギリス式といってよいほどであった。その後，19世紀半ばになると，死者の入棺準備（laying out）から一連の葬送すべてのサービスが行われるようになって，エンバーミングの技術も発達し，20世紀に入る頃までには徐々にエンバーミングが認知されるようになってきた。エンバーミングはその専門職であるエンバーマーによって行われるが，それには専門教育歴と資格取得が必要で19世紀末に法制化されている。エンバーミングが社会的に認知されたとはいっても，特定の人に限られ，一般にはなかなかなじみにくいものがあった。20世紀はアメリカの急速な発展期であり，工業化への急速な進展は一般の生活水準の向上をもたらした。経済生活の豊かさは，葬送にも影響しはじめ，経済発展とともに葬儀は華美になり墓は装飾化大型化していった。当時，豊かになった人々は，その経済力を背景に墓や葬儀にも個人の要望を反映させるようになり，経済力を誇示するかのように，葬送を盛大に執り行うことが多くなっていった。葬儀は華美で，墓は大規模化するという傾向が富裕層の間で広がりをみせ，葬送の方法も多様化していった[10]。

ところが，一定の経済発展を果たしたアメリカ社会が安定化と個人の生活を重視する社会になってくるとその文化的経済的高水準の生活が，一転華美を嫌う葬送スタイルへと変化させてきた。繁栄を築くために邁進する過程では，葬送の華美・大規模化が目指されたが，安定した社会になるとそれが影を潜め，逆行するかのように簡素で個性的な葬儀をしかも葬儀社で行うという

表2-8 死亡証明書発給と料金

アラバマ州　1部　12ドル (同時に請求の場合は2部目から4ドル)（人口記録センター)	ネヴァダ州　1部　8ドル （人口統計課)
アラスカ州　1部　10ドル （健康福祉局　人口統計部)	ニューハンプシャー州　1部　10ドル (同時に請求すれば2部目から6ドル)（健康局　人口記録課)
サモア諸島　1部　2ドル （サモア政府　人口統計係)	ニュージャージー州　1部　4ドル (同時に請求すれば2部目から2ドル)（健康福祉局)
アリゾナ州　1部　6ドル （健康サービス局　人口記録係)	ニューメキシコ州　1部　5ドル （人口統計部)
アーカンソー州　1部　4ドル (同時に請求すれば2部目から1ドル)（健康局　人口記録課)	ニューヨーク州（ニューヨーク市を除く) 1部　15ドル　　　（健康局　人口記録課)
カリフォルニア州　1部　9ドル （人口登録課)	ニューヨーク市　1部　15ドル （ニューヨーク市健康福祉局　人口記録課)
カナル諸島　1部　15ドル （パナマ・カナル諸島代表事務所　人口統計係)	ノースカロライナ州　1部　10ドル (同時に請求すれば2部目から5ドル)（健康局　人口記録課)
コロラド州　1部　15ドル (同時に請求すれば2部目から6ドル)（健康局　人口記録係)	ノースダコタ州　1部　5ドル (同時に請求すれば2部目から2ドル)（健康局　人口記録課)
コネチカット州　1部　5ドル （健康福祉局人口記録係)	オハイオ州　1部　7ドル (同時に請求すれば2部目から2ドル)（人口記録課)
デラウェア州　1部　6ドル (同時に請求すれば2部目から4ドル)（健康局　人口記録係)	オクラホマ州　1部　10ドル （健康福祉局　人口記録課)
ディストリクト・オブ・コロンビア　1部　12ドル （オリジナル請求の場合　18ドル)（健康局　人口統計課)	オレゴン州　1部　15ドル(同時に請求すれば2部目から12ドル，電話請求10ドル)　（健康福祉局　人口記録課)
フロリダ州　1部　5ドル (同時に請求すれば2部目から4ドル)　（健康・リハビリテーション・サービス局　人口記録課)	ペンシルバニア州　1部　3ドル （健康福祉局　人口記録課)
ジョージア州　1部　10ドル (同時に請求すれば2部目から4ドル)　（ヒューマン・リソース局　人口記録係)	プエルトリコ　1部　2ドル （健康福祉局　人口記録課)
ハワイ州　1部　2ドル （健康局　人口記録係)	ロードアイランド州　1部　15ドル (同時に請求すれば2部目から3ドル)（健康局　人口記録課)
アイダホ州　1部　8ドル （健康福祉局　人口統計健康政策センター)	サウスカロライナ州　1部　8ドル (同時に請求すれば2部で10ドル)　（人口統計課)
イリノイ州　1部　15ドル (同時に請求すれば2部目から2ドル)（健康局　人口記録課)	サウスダコタ州　1部　7ドル （管理課)
インディアナ州　1部　4ドル (同時に請求すれば2部目から1ドル)（健康局　人口記録係)	テネシー州　1部　5ドル （健康福祉局　人口記録課)
アイオワ州　1部　10ドル （健康局　人口記録係)	テキサス州　1部　9ドル (同時に請求すれば2部目から3ドル)（健康福祉局　人口統計課)
カンザス州　1部　10ドル (同時に請求すれば2部目から5ドル)　（健康・環境局　人口統計課)	マリアナ諸島　1部　3ドル （最高裁　連邦記録課)
ケンタッキー州　1部　6ドル （健康サービス局　人口統計課)	マーシャル諸島　1部　0.25ドル+100文字につき0.1ドル （最高裁事務主任)
ルイジアナ州　1部　5ドル （人口記録課)	パラオ諸島　1部　5ドル (但し郵送の場合，窓口受け取りは2ドル)（裁判所事務主任)
メイン州　1部　10ドル (同時に請求すれば2部目から4ドル)　（州政府セクションⅡ　人口記録課)	ユタ州　1部　9ドル (同時に請求すれば2部目から5ドル)（健康福祉局　人口記録課)
メリーランド州　1部　4ドル （健康・精神障害　人口記録課)	バーモント州　1部　5ドル （健康福祉局　人口記録課)
マサチューセッツ州　1部　11ドル （健康福祉局　人口統計課)	バージニア州　1部　8ドル （健康福祉局人口記録課)
ミシガン州　1部　13ドル （2部目から4ドル)（健康福祉局　人口登録課)	バージン諸島，セント・トーマス，サンタ・クルズ地域 1部　12ドル　　（郵送の場合15ドル)（健康福祉局　健康政策・調査統計部)
ミネソタ州　1部　8ドル　(同時に請求すれば2部目から2ドル)　　　　（健康福祉局　人口記録課)	ワシントン州　1部　11ドル （健康福祉局)
ミシシッピー州　1部　10ドル (同時に請求すれば2部目から2ドル)　（健康福祉局　人口記録課)	ウェストバージニア州　1部　5ドル （人口記録課)
ミズーリ州　1部　10ドル （健康福祉局　人口記録課)	ウィスコンシン州　1部　7ドル (同時に請求すれば2部目から2ドル)　（健康福祉局健康統計センター)
モンタナ州　1部　10ドル （健康福祉局　人口統計課)	ワイオミング州　1部　9ドル （健康福祉医療局　人口記録統計課)
ネブラスカ州　1部　9ドル （健康局　人口統計課)	

スタイルの一般化を招いた。それには，葬送の拡大化時代に葬送関連事業者が，イメージの刷新と専門職としてのアピールのために，競って社屋を一新し利用者のニーズに合わせた多様なスタイルで葬儀ができるようなホールの建設を始めたことにもよる。利用者のニーズを考えるようになり，社会との緊密な関係を築こうとするようになった企業努力が葬送業界を活性化させる要因となったのである。1970年代からは更に簡略化・簡素化がみられるようになった。またアメリカでは地域格差が大きく，少数派だった火葬も徐々に全米に広まりつつある。そこには科学の進歩とともに埋葬習慣に対する宗教的なタブーの見直しや遺体処理や埋葬の解釈の変化，環境破壊につながる墓地の拡大化に対して監視の目が向いてきたこともある。華美な葬送から簡素な葬送へと変化してきた背景には経済安定化の要因と個人の意思を葬送に反映する方法が一般化してきたことによると考えられる。しかしどちらかといえば簡素化傾向が見られる葬送ではあるものの，個人の意思を反映させる葬送は簡素化を招くばかりではなく，逆に高額を投じた型破りな大規模な葬送を行う人たちも見られる。そこには経済力の誇示ではなく，経済力を持つ個人の意思を表すものであるという傾向が見て取れる。個人やその遺族の宗教と経済規模が葬送のスタイルと規模を規定する主要因であるが，現在では「経済力の誇示」ではなく，「経済力を背景にした意思」が葬送を規定するといえるのである。

　無駄を省き小規模化した葬送でもあっても葬送に費やす費用は決して低下しているわけではない。むしろ物価上昇に比例して葬送諸費用は高額化してきている。①個性的な葬送，②小規模化，③宗教にこだわらないという現代社会における葬送の現象が見られるなかで，それが必ずしも低価格化ということにはながらず，逆にハイコスト化してきているのである。葬儀の費用を1994年～1997年のNFDAの調査結果から表2-9によって見ることにしたい。

　葬儀の実行件数から見ると，1994年の1社あたりの平均実行件数は，153件であり，1995年になるとは171件と増加し，1年間で，平均18件増加したことになる。1880年には約5,000社しかなかった葬儀社が，葬送の多様化にあわせ急激に増加し，1960年には2万2,000社になった。1990年には2万3,500社と葬儀社自体も増加してきているが，アメリカの死亡率の上昇にもよるところが大きい。アメリカでは，死亡率の低下が1982年（8.51）に止まり，以降一転して少しずつ死亡率が上昇し始めている。1960年の死亡率は，9.55で，1982年には8.51まで減少したが，1990年には，8.73に上昇し，2020年には10.24になると推計されている。

　葬儀実行数を仔細に見ると，1995年の場合，1社あたり100件以下は，37.9％，100～145件は24.3％，200件以上は26.0％であり，前年と比較すると，1社あたりの件数が増加している。1994年には，200件以上は20.4％であったし，統計の取り方が異なるが，100～199件が29.2％であり確実に増加していることがうかがえる。

　アメリカの葬儀社はわが国同様小規模経営である。従業員の数は，平均でフルタイム職員が4.2人，パートタイムが4.6人，フューネラル・ディレクターまたはエンバーマーの有資格者は，3.1人である。1994年と比較すると，この数値ももそれぞれ3.8人，3.7人，2.7人であったので，フルタイム，パートタイム，有資格者ともに，1年でそれぞれ1人ずつ増加していることになる。小規模ながらも葬儀社で墓地を所有している比率は，1994年から1995年の1年間に飛躍的に伸び，

表 2-9　葬儀サービスの平均価格　　　　　　　　　　　　　　　　　　　　　　　（単位：ドル）

	1994年	1995年	1997年
①プロフェッショナル・サービス料	823.38	952.46	1,078.98
②エンバーミング	290.78	321.51	369.51
③化粧・整髪その他	105.26	117.40	132.92
④ビューイング	227.62	257.55	304.84
⑤葬儀社での葬儀式	221.09	308.13	325.73
⑥他の施設での葬儀式	180.88	305.87	
⑦メモリアル・サービス	—	322.25	
⑧墓所での葬儀式	—	229.57	
⑨葬儀社への遺体輸送	103.01	117.77	134.17
⑩霊柩車代	132.37	144.83	161.24
⑪リムジン代	106.21	116.57	
⑫その他の車代	74.03	73.67	80.76
⑬他の葬儀社への遺体移送費	927.78	1,058.78	
⑭他の葬儀社からの遺体受け入れ	852.67	898.92	
⑮火葬のみ棺は持ち込み	972.60	1,056.68	
⑯埋葬のみ棺は持ち込み	1,004.00	1,081.85	
⑰火葬のみ葬儀社の棺購入	1,064.28	1,155.15	
⑱埋葬のみ葬儀社の棺購入	1,251.27	1,383.24	
⑲棺			
・簡易棺	196.08	192.67	
・ウッド	562.06	573.54	
・20ゲージ・スチール	946.28	956.24	
・18ゲージ・スチール	2,075.24	2,142.85	2,175.57
・銅	3,561.44	3,582.48	
・上質ウッド	2,203.52	2,303.94	
・その他	2,103.28	2,169.23	

　1994年には，わずか6.7％の社が独自の墓地を有していたのに対して，1995年には，23.7％に達して4社に1社は墓地をもつに至っている。アメリカの葬儀の形式が変化するとともに墓地もその影響を受けたのであろうか，葬儀社が有する墓地が大きな伸びを示している。この一つの要因として，葬儀を生前に葬儀社に予約しておき，墓所も購入しておくという方法の進展の影響があげられよう。

　さて，葬儀社に遺族が支払う葬儀費用は，物価の上昇とともに高騰化してきているが通常葬儀費用は一括請求され，明細の提示がなく葬儀が終了した後に請求額をそのまま支払わなければならない。それが次第に遺族の消費者としての不満を表出させることになり，その不明朗な経費請求に疑問がもたれることとなった。葬儀費用の不明朗性に消費者の批判の声が高まり，連邦議会の諮問機関でもある商務省連邦取引委員会（Federal Trade Commission, FTC）による葬儀規則が1982年に諮問され連邦議会で可決し，連邦取引委員会葬儀規則（Federal Trade Commission Funeral Rule, FTCルール）として制定された。葬儀社は葬儀に関するサービス，装具その他すべての明細を公表しなければならなくなり，現在に至っている。

　FTCルールに従って公表される価格は表2-9の通りである。

このように殆どの項目で価格が上昇しているが低下したのは僅かに車での移送費と簡易棺だけである。この簡易棺は，火葬の場合に使用されるために段ボールなどの素材でできており，遺体埋葬に使うような堅牢で装飾を施した棺を使う必要のない場合に用いられるものである。しかし火葬の前に行われる棺を前にした葬儀には，エンバーミングをしてビューイングをすることもあり，通常の堅牢で良質のマホガニー製をはじめスチール製や銅製など棺（レンタルもある）を選択し，その内側に簡易棺を入れ，簡易棺には布のクロスを張り遺体を安置するという合理的な方法が増加している。火葬の際は外装棺から内側の簡易棺だけを分離して火葬に付すというものであるが，葬具としてはこの簡易棺だけが唯一価格が低下している。

5．アメリカにおける日系人の葬儀の事例

カリフォルニア州ロサンゼルス市にある日系葬儀社によって，1991年8月にリトルトーキョーの東本願寺羅府別院において仏式で行われた82歳の日系人の葬儀の実際を紹介することにしたい。

ロサンゼルス市にあるリトルトーキョーは，日系人・日本人の拠点ともいうべき地域であり，多くの高齢者が居住している日系人リトルトーキョータワー（リタイアメント・ホーム）も一角にあり，ショッピング街では殆どの日本製品や食品が手に入るため，近郊の日系人・日本人，また日本人観光客もよく買い物に訪れるところである。同ホームに居住する高齢者たちも毎日のように商店街を見て歩いたり，日本食レストランで食事をしたり，通り行く人々をベンチに腰を下ろして眺めたりしている姿が目につく。

ロサンゼルス郡には，大小90の葬儀社があるなかで，このリトルトーキョーから近距離に位置した福井葬儀社と保田葬儀社という日系葬儀社2社がある。全米で，約2万4,000の葬儀社があるなかで，日系葬儀社は，わずか3社である。残る1社はシカゴにある。1995年現在，ロサンゼルス郡には，中国系1社，韓国系1社，ユダヤ系4～5社，スペイン系4～5社があり他はアメリカ人（白人および黒人）系の葬儀社である。

アメリカにおける葬儀社の選択の基準をなすものは，「人種，民族」がまだ一般的である。各人種・民族により葬儀社を選択するということはこれまで殆ど例外なく行われてきたアメリカの葬送習慣ともいえることであるが，近年では，徐々にそれが崩れていく傾向もうかがえる。

しかし現在でも大方の日系人は日系葬儀社に葬儀の依頼をしており，2社のうちのどちらかを選択すればよいために，死後の葬儀の段取りは迅速にできる。

ロサンゼルス市にある福井葬儀社は，1920年の創立で，第二次大戦中，約2万人の日系人の一員としてワイオミング州に強制移転した5年間閉鎖されただけで，70年以上の社歴を持ち，現在は4代目が経営する従業員20名の葬儀社である。年間約650～700件の葬儀を取り扱うというから全米葬儀社の平均取扱件数の4倍である。葬儀社の従業員は，フューネラル・ディレクターをはじめとする有資格専門職と無資格従業員からなるが，事務・見習いを除く無資格者は，通常カウンセラーと称しており，フューネラル・ディレクターとは明確に区分している。

アメリカは州によって法律も規則も異なり，カリフォルニア州の場合，有資格専門職とは，エ

ンバーマーとフューネラル・ディレクターをいい，所定の教育歴，資格試験の合格，現場経験などによって規定されている。しかしカウンセラーには学歴も現場経験も問われず誰でもが従事できる。

　カリフォルニア州における日系人の葬儀は，どちらかといえば宗教式で行われることが多い。アメリカにおける葬儀はわが国のように大安・友引などの暦による葬儀の日にちにこだわることがないので，日系人も殆ど日の限定はしない。そして葬儀の時間帯としては，昼間よりもむしろ夜間に行われる葬儀が一般的となってきている。それは，昼間であれば，仕事などの都合で会葬できない人が多いため，会葬者への配慮でもある。通常午後7時〜8時頃から葬儀は始まる。

　リトルトーキョーの東本願寺における葬儀はアメリカにおける葬儀らしく夜間に行われたが，仏式の葬儀であるためにおおむね日本の仏式の葬儀と変わりなかった。ただアメリカで行われる日系アメリカ人の葬儀とあってわが国と全く同一というわけではない。若干の違いはある。とはいえ，日本風の葬儀を行うためには，それを可能とする葬儀社を選択しなければならず，葬儀は人種・民族の違いによってそれぞれに葬儀社を選択するという理由をここに如実に示している。

　一般にアメリカでは平服での葬儀参列であるが，会葬者は，わが国の場合と同様に，女性は，黒い服にパールのアクセサリー，男性も黒または，ダークスーツに黒のネクタイである。まず受付で香典を出し，記帳するところは日系人の間でもわが国と変わらない。香典の習慣がないアメリカでは，近年来，この日本流の方法に関心をもつようになり，合理的な弔意の表し方だとして香典の方法を取り入れようとしている動きもあるという。

　葬儀会場に入るドアの前で両側にいる係から会葬者一人一人に葬儀のプログラムが手渡される。プログラムは三つ折りになっており，右側から縦書きの日本語，左側から同内容の英文で印刷されている（図2-1）[11]。祭壇は，白木作りではなく，金色の仏壇である。会葬者全員が起立するなか，喚鐘とともに僧侶の後に続いて葬儀社職員2人の先導により，4人の葬儀社職員の手で棺がゆっくりと入場し棺前読経が開始される。そして，法名授与，仏前読経，讃仏歌，故人の略歴紹介，会葬者焼香，弔電披露，法話，謝辞そして出棺という次第である。葬儀の所要時間は会葬者の数にもよるが平均1.5時間くらいである。式順は，わが国におけるものとそう大差ないだろう。しかし，教会と同様の形式で会場に入室の際に手渡されるプログラム，低く流れている音楽，大きな花輪飾り，日本語・英語2ヵ国語での進行，式全体が心なしか明るいということとなどは仏式でありながらアメリカ文化のなかで行われる葬儀であることを痛感させられる。一人の個人として営まれる葬儀はもちろん「○○家葬儀」ではなく，「○○○（故人名）葬儀」と表示され，葬儀にかかわる会場その他すべての表示が故人名になっている。また最も大きな相違点は，エンバーミングされた遺体を会場に安置するビューイングによる葬儀を行うということであろう。葬儀会場に豪華な花で飾られた白絹の掛布の棺が祭壇（仏壇）の前面に安置され，棺の上部2分の1を開けて，白い薄絹のベール越しにエンバーミングされた遺体があり，故人の生前同様の姿に死を惜しみながら焼香が行われる。エンバーミングには現在も賛否両論があり，まだ必ずしも誰もが行う一般的なものとはなっていない。エンバーミングによるビューイングは，故人の意思，遺族の意向によることであるので，葬儀を生前に葬儀社と締結しておく場合には必ず，エンバーミン

```
ORDER OF SERVICE
    Officiant:
    Chairman:
    Organist:

TOLLING OF THE BELL
*PROCESSIONAL
 KANZEN CHANTING OF SUTRA ............... Ministers
 PRESENTATION OF BUDDHIST TITLE ........... Officiant
 SUTRA CHANTING ........................ Ministers
 INCENSE OFFERING,
    By Family, Relatives, Pallbearers, and Congregation
*GATHA "Nadame" Verses 1 and 2 ............ Congregation
 OPENING MESSAGE
    AND PERSONAL HISTORY ................ Chairman
 INCENSE OFFERING, representing:
    Friends .......................
            Los Angeles     Dokokai .....
                    Kenjinkai ...........
            Los Angeles ............
    Higashi Honganji Rafu Betsuin .....
 EULOGY, representing:
    Friends ..........................
 TELEGRAMS ........................... Chairman
*GATHA "Nadame" Verses 3 and 4 ............ Congregation
 SERMON .............................. Officiant
 WORDS OF APPRECIATION,
    on behalf of the family ...............
*RECESSIONAL
*Congregation Please Rise

    Cremation Service, Saturday, August 3, 1991, 11:00 A.M.
                 EVERGREEN CEMETERY
               204 North Evergreen Avenue
                 Los Angeles, California
```

式順

導師　輪番
司会者
オーガニスト

一、喚鐘
一、入棺
一、棺前読経　　開教使　一同起立
一、法名授与　　導師　一同起立
一、仏前読経　　開教使　一同起立
一、焼香　　遺族、親戚、棺側、会葬者の順　司会者
一、讃仏歌「なだめ」一、二節　一同起立
一、司会の辞及び略歴
一、代表焼香　　友人代表

社　サンゼルス支部
東本願寺羅府別院

一、代表弔辞
一、弔電
一、讃仏歌「なだめ」三、四節　一同起立
一、法話　　導師
一、謝辞　　遺族代表
一、出棺　　司会者　一同起立

火葬式は明　月　日（　）午前十一時よりエバグリーン墓地内アイビー・チャペルに於て執行致します。

図2-1　日系人の葬儀式　式次第（1991年8月）

グの要否を記入することになっているのもアメリカ的である。

　今世紀に入り，アメリカで急速に技術の発達と葬儀意識の変化により普及し始めたエンバーミングは，病気による衰弱の程度，死後の経過時間などにより技術や方法も異なり，維持の時間も多少違ってくるが，通常3週間程度はそのままの状態が維持される。エンバーミングの技術向上の成果により，日系人の間にも徐々に受け入れられるようになってきている。エンバーミングにより長期間の遺体保存が可能になったため，遺族は，葬儀を依頼する寺院や教会の選定と葬儀の日時や形式，規模などを余裕を持って選択し決定することができるようになり，葬儀の段取り，新聞への死亡広告掲載も，遠方からの会葬者を待つこともできるようになり十分な葬送準備を可能にした。

　この葬儀の場合も死後1週間経ってから行われた。エンバーミングが施されているので，埋葬・火葬も急ぐことはない。葬儀が終わるとまた一旦葬儀社の遺体安置礼拝室に安置される。葬儀に会葬できなかった人は葬儀社に遺体が安置されているのでその間もビューイングすることが可能

表 2-10　火葬数と火葬率の変化（1980～1991）

年	死者数	火葬数	(%)
1980	1,984,806	193,343	9.74
1981	1,987,512	217,770	10.96
1982	1,984,685	232,789	11.73
1983	2,008,792	249,182	12.40
1984	2,046,587	266,441	13.02
1985	2,084,105	289,091	13.87
1986	2,098,763	300,587	14.32
1987	2,126,627	323,627	15.21
1988	2,169,773	332,183	15.31
1989	2,153,896	352,370	16.36
1990	2,162,000	367,975	17.02
1991	2,165,106	400,465	18.50

出所：Ten Year Comparison of Cremation Statistics, The Cremention Association of North America, 1995.

である。火葬は，通常葬儀の翌日に行われ，葬儀式は2日間をもって終了する。わが国の場合も通夜と葬儀で2日間というところは変わりないが，アメリカでは葬儀の後に遺体を安置しておき，翌日の火葬には，近親者による火葬式が行われるし，墓への埋葬の場合は埋葬式も行われるということが異なるところである。

　近年アメリカでは火葬が増加し，なかでもこれまで一貫して高率を示していたカリフォルニア州ではさらに増加傾向が見られる。1994年，カリフォルニアでは，死亡者の42％が火葬に付されている。なお，アメリカでは，1876年にワシントン州に火葬場がはじめて建設されて以来，火葬はアメリカ西部で増加し，西高東低の傾向を示している。ハワイ州61％を筆頭に，ワシントン州50％，ネヴァダ州50％，アラスカ州47％，モンタナ州45％，オレゴン州44％，コロラド州40％である。全体的に増加してきたとはいえ，東部では，マサチューセッツ州やロードアイランド，コネチカット，ニューヨーク，デラウェアの各州，ワシントンD.C.などは，16～24％で死亡者の4分の1にも満たない。とはいえ，確実に増加してきていることは表2-10に示すとおりである。1980年には全米の火葬率は，9.74％であったが，1991年には，18.50％まで上昇し，さらに年々増加傾向は顕著である。

　この日系人高齢者(82歳)は，葬儀の翌日午前中，日系人が多く墓地を所有しているエバグリーン墓地のチャペルで近親者による火葬式が行われ，火葬の後，同墓地に遺灰が埋蔵された。日系人の葬儀の会葬者は平均200名とかなり規模が大きい。事例の葬儀でも約150名の会葬者で，葬儀会場を殆ど埋め尽くすくらいであった。カリフォルニア州における日系人社会の交流の深さが理解できよう。そして，近親者の供花料は，平均200～250ドル，会葬者の香典は，まちまちであるとはいえ，平均20～30ドルである。会葬者への会葬お礼はわが国と違って行われない。葬儀にかかる経費は，棺の種類やエンバーミングの有無によって異なるが，1990年現在平均3,000～3,500ドルである。しかしこの費用も年々高騰してきて，1997年現在では葬儀に5,000ド

ルを要し墓への埋葬・埋蔵料に1,000ドル近くも必要とするので遺族にとっては大きな負担となる。墓地の購入に際して墓地取得費用は，地域や墓碑，面積によって異なる。日系人の求める墓の費用は，1995年現在，最高で10,000ドル，平均2,000〜3,000ドルである。

　平均的な日系人の葬儀の例を示したが，アメリカでは，人種・民族によって生活習慣，宗教，生活観が異なるが，それを葬儀に反映できるのがアメリカでもあるといえよう。葬儀という人生最後の儀礼にはその主張が色濃く現れている。

　今日わが国では，葬儀に関して従来の形式以外に故人の意思を尊重して，必ずしも葬儀を行わなくてもよいとするものや葬儀を行うにしてもいずれの宗教にもとらわれない自由なスタイルで行うという葬儀が頻繁に見られるようになってきて，葬儀の多様化の傾向を見せている。さらに葬儀の進行や時間帯にも変化が見られる。少しずつ個性的な形式が取り入れられていることが社会的な関心を喚起し，従来の画一的なパッケージによる盛大な葬儀から個性的・小規模な葬儀へと徐々に移行しつつあるといえよう。

　アメリカでは，わが国より早い時期から簡素化が考えられるようになってきており，生活者の生活サイズに合わせた「葬儀の簡素化・時間の短縮化」の方向にある。そして，従来のように教会や寺院での葬儀だけでなく，葬儀社で葬儀を行ったり，墓地のチャペルでの埋葬式，火葬式だけであったりと形式も変わり手順も簡略化されてきている。そして，死を悼み，遺族の悲しみ，家族の死という不幸を慰めるというどちらかといえば遺族のための葬儀，いわば感情主義的な葬儀であったものから，誰にも死は必然的に起こるものであるから，たとえ長くても短くてもどのような死因であってもその故人の一生であるので，その人生を讃える記念式を行うというメモリアル形式も目立ってきた。この形式は，死後すぐに行われるのではなく，埋葬・埋蔵を近親者のみで済ませ，おおよそ1週間から1ヵ月の間に故人や遺族が属する教会で行うものである。これなら遠隔地の人たちでも計画を立てて参列することができる。このように自分の死を積極的にとらえる機運が高まり，現代の生活文化に影響されて葬儀の形式が変化してきているというのが現在のアメリカの葬送の傾向である。

　さらに，埋葬形態も変化してきた。多くは宗教儀礼によって教会墓地や墓園の墓に埋葬・埋蔵されていたが，1970年代から上記の通り火葬が増加したこともあり，その遺灰を山海に撒くという新たな方法が増加し始めた。その背景には，1965年にカリフォルニア州で撒灰が許可されることになり，当初は海上撒灰であったが，1970年から船上撒灰が許可されることになったという撒灰の合法性がある。また併せて墓地建設による自然環境破壊への配慮と同時に火葬の増加が撒灰の増加を促進させた要因の一つでもある。アメリカにおいて，撒灰による葬送は未だ少数派ではあるものの，着実に増加の傾向を見せている。

参考文献

1) ロベール・サバチェ著，窪田般邇・堀田郷弘共訳『死の事典』読売新聞社，1991年.
2) Herbenstein, R.W., Lamers, W.M., *The History of American Funeral Directing,* NFDA, 1985.
3) Levine "Whodies?" N.Y.Doubleday, Aries, P. "Western" Atitudes towards Deattr from the middle ages to the present, Baltimore, John Hopkius University Press.

4) Davis, J.A., Smith, T.W., *General Social Servey 1972-1994,* National Opinion Research Center, 1994.
5) E.S.シュナイドマン著，白井徳満・白井幸子・本間修訳『死にゆくとき　そして残されるもの』誠信書房，1991年.
6) AARP調べ.
7) 前掲書，『死にゆくとき　そして残されるもの』.
8) NFDA調べ.
9) NFDA, *1996-1997. Directory of Members and Resource Guide,* NFDA, 1997.
10) NFDA, *The American Funeral,* NFDA, 1991.
11) Higashi Honganji Buddhist Temple『Service Book―声明集』東本願寺羅府別院，1987年.

第2節　アメリカにおける死と葬送に関する法制

1. アメリカの葬送に関する法の周辺

　人が死にどのように対応したかは，埋葬の歴史を見ることによって理解できるが，そのなかで葬送がどのように行われるようになったかを見るのは興味深い。6万年以上も前に，イラクのシャニダール遺跡から，発掘されたネアンデルタール人の遺骸には，花や種子が周囲にあったというが，その人類学的調査の結果報告から，パイン（Pine, V.）は，それが死者に対する葬儀式のはじめといえるとしている[1]。ネアンデルタール人以後も，ウズベキスタンのテシク・タシュ洞窟では，人為的に造られた墓があり，安置された子どもの遺骸の周囲には野生の山羊の骨が環状に集められており，その墓は，紀元前4万年頃のものであるとされている[2]。このように人は古代から死者を弔うためのシステムをもっていた。死者を葬るだけなら埋葬だけでよいのであるが，それを葬儀という儀礼にまで発達させたのは死に対する畏敬，怖れ，悲しみ，など人間の本能的な感情とともに死者との決別のために必要なこととして意識化されてきたからであろう。「葬儀式は社会と極めて強い関係を持ち，古代エジプト，ギリシア，ローマ時代から現代に至るまで，それぞれの時代と文化背景のもとに，哲学，宗教，その社会のもつ価値観の相違はあっても独自の葬儀式を発展させてきた。それは，社会，価値観のシンボルとして行われてきたのである。すなわち葬儀は社会の連帯を象徴するものであった」[3]と，パインによる葬儀の社会的意義が紹介されている。またパインは，同時に「社会のなかで葬儀を行うということは，死による社会心理的な重荷を解くために行われるようになったものであり，葬儀式は，その社会組織の拡大化や人口学的な要素などによって規制されてきた。確かに葬儀式は，死によって社会の一員から離脱するための儀式である」[4]といっている。そして，彼は，どのような国のどのような葬儀式の方法であっても葬儀には共通に見られることがあるとして，その類似点を6つあげている[5]。
　① 遺族に対する社会的支援機能
　確かに葬儀は人を集める機能があり，近親者や友人たちが会葬することによってそれが遺族への慰めになる。遺族は死の直後においては，その死を現実のこととしてとらえることができにくいことが多いが，葬儀を行うことによって，失ったことを現実のものとして知覚し受容するといっ

た機能もあり，これらはいずれの葬儀にも共通していることである。

② 宗教による（もしくは宗教によらない）葬儀

一般的には宗教による葬儀が多いが，それはやはり，死の意味と理由を説明するためのものでもあり，それによって死を納得するからである。しかし従来から宗教にはよらないが社会の慣習・伝統によるものであったり，今日多く見られるようになってきた宗教色を排除した葬儀などが行われるが，やはり死を事実としてとらえる機能であることに変わりはなく，どのような社会においても共通するものである。

③ 遺体を前にして葬儀式をする

葬儀は死んだ人があっての儀式であり，その遺体（もしくは遺体を納めた棺）を前に葬儀が行われることがどの社会においても一般的である。死亡の場所が自宅であった場合にはその自宅，あるいは葬儀社であったり，集会所であったり，教会であったりその他死亡したその場であったり，と葬儀の場所は異なる。しかし遺体のない葬儀は考えられないことであり，葬儀に遺体は欠かせないものである。

④ 通常は葬列を行う

葬列は見ようによっては，まるで家族の行列（family parade）といえるかもしれない。ただ単なる家族の行列でないのは，死者を出した遺族であって，その死を悼むこと，亡くした悲しみを公にする機能があるところである。そしてその葬列は，葬儀の最終段階である埋葬地まで続く行列であるが現在では殆どみられなくなった。

⑤ 衛生的に遺体を処理する

死亡者は，死亡後規定の時間を過ぎたら，その遺体を処理しなければならない。アメリカにおいては，臓器移植の意思を表明することになっているため，もし移植の意思をもつ人が亡くなった場合は臓器摘出やその後の処置などに時間を要するので，移植する場合とそうでない場合に時間的な差がある。臓器摘出後はエンバーミング後に埋葬しなければならないし，また火葬の場合も同様に墓に埋葬されることによって遺体の処理が行われる。

⑥ 葬儀には，装具など特別の用意が必要であり経費がかかる

葬儀をすることによって，遺族は死者と決別することができるし，死を葬儀という具体的な形で示すことによって，家族を亡くしたことを表明することにもなり，葬儀をする意味もでてくる。

遺族にとって重荷ともなることの多い葬儀であるが，1977年に，葬儀の要素をリーザー（Reather, H.）とスレーター（Slater, R.）は，葬儀の要素5項目をあげている[6]。

① 遺体の移送の要素

生と死を分けることを表象化する。かつては，家庭での死が一般的であったが現在では死は殆どが病院で迎える時代になって，アメリカでは殆ど自宅死は見られなくなってしまった。遺体の移送は，遺体が病院から葬儀社へ移ることによって，死者として取り扱われることで，死を遺族や社会に意識化させる。

② 最後の別れの要素

死者に対するこの世での最後の別れを行うことによって人の死を知ることになる。弔問客は，

遺体に接し最後の別れをする。それは同時に遺族に対しての悲しみの慰めになる。
　③　遺族に必要な葬儀の要素
　葬儀は死者にとって必要というよりもむしろ遺族にとって必要なものである。遺族の75％は，宗教儀礼の葬儀を望み，死亡後一定期間内に葬儀を行う。他に故人の死を悼む儀式として，メモリアル（遺体を前にしない）式を行うことがある。
　④　葬列の要素
　死者と遺族双方への別れのメッセージを送るシンボルとなる。葬列は遺体が埋葬地に到着するまで続く。葬列を組んで埋葬までの過程を踏むことによって死者は，現実から消え，遺族は死者と決別して，また社会の一員に戻り通常の生活を営むことができる。
　⑤　埋葬の要素
　遺体が最終的に墓へ埋葬されることによって死が確認される。墓前で埋葬式を行い，メモリアルパークへ，墓へ，廟へまた火葬墓への埋葬などが行われる。
　このように彼らは葬儀の要素を5つほどあげ，その中でも最も大きな機能は，死者を法的に確認することであるという。亡くなったということはまず病院から葬儀社へ移送の段階から始まる法的な手続きで否応なく死を意識化することになる。葬送が手順に従って行われていく過程の中で死を遺族は確認することになり，そして時間の経過とともに故人の全人生を客観的に振り返ることができるようになる。
　また同様にファース（Firth, R.）は，「葬儀はそもそも遺族，会葬者，地域社会における特別のニーズによって実施されるものである。葬儀をしてその愛する人を葬ることになるが，その儀式は亡くなった人に対して行われるものではなく，生きている者に対して行うものである。葬儀は優れて社会的な儀式である。すなわち，表面上は，死者に対するものという形式になっているが，残された者にとっての意義が大きい」[7]と明確に，葬儀は死者のためではなくそれを執り行う遺族など残された者のためであると述べている。
　同様のことを，メンデルバーム（Mendelbalm）も述べ，「死者を弔う儀式は，一般的にいって，生きている者にとって重要な意義がある。葬儀は，個人的なものであると同時に社会的な効果をもたらす」としている。
　葬儀は残された者への心理的な側面への有効な機能があるとして，ランド（Rando, A.）は，フルトン，パイン，イリオン（Irion, P.）らの考えを総合して以下の7つの機能と3つの効果をあげている[8]。
　①　葬儀は，死を現実のものとして強化する要素があるために遺族・会葬者にとって，死者と決別する心理的効果がある。
　②　葬儀は，家族を亡くした喪失感の表明と社会的承認となる。
　③　葬儀は，遺族の心情の社会的伝達手段である。
　④　葬儀は，死者に対する特別の思いを凝縮させた表現である。
　⑤　葬儀は，遺族と会葬者の関係を変化させる第一歩である。
　⑥　葬儀は，社会に対する死者の総合的イメージの表明と生きた証の表明である。

⑦　葬儀は，遺族のもつ潜在的罪悪感などの癒しの効果がある。

また，社会的効果としては，

①　葬儀は，遺族に対する地域社会の支援機能を期待できる。
②　葬儀は，亡くなった人に対する親しさを機能的に表す。
③　葬儀は，地域社会への死者の再統合化の過程である。

　どのような死であれ，葬儀を行う場合は上記の要素は共通して含まれよう。死に伴う社会的な儀礼として行われる葬儀であるため非日常的な特別のこととして取り扱われることが一般的である。しかし，出生がある限り死も同様に必ずあり，死は極めて自然のことである。出生は，喜びであるために，特別なことであるにもかかわらず，死ほど特別視されないことが多い。人の死はその死を悼み，故人の生涯を思うことを具体的な葬儀という形で表現するが，他の人生儀礼と本質的には変わらないものである。誕生が一度であるように，成人を迎える時期が一度であるように，死を迎えるのも一度であり，生涯の大きなイベントに変わりはない。しかし異なるのは，葬儀は死による人の最後のイベントであることである。そして葬儀だけは，その場に本人がいないという特徴がある。また，人生儀礼の多くは，その方法を誰もが知っているが，葬儀になると，何をどうしていいかわからない場合が非常に多い。一つには死を忌み嫌う文化，死のタブーが残っていることや習慣の世代間伝達が衰退しているからであるといえよう。葬送儀礼の方法を知らないことは，今日のわが国についても同様にいえることであるが，アメリカではもっと深刻である。アメリカという国の歴史が浅く，移民によって現在のアメリカ合衆国が建国されており，かつては様々な国からの移民が，その出身国や地域の慣習によって葬儀を行ってきた。現在でもまだ葬儀は民族・人種ごとに同一の民族・人種の葬儀社が行うことが一般的ではあるものの，それが少しずつ崩れてかけてきて，様々な文化や宗教が入り組み，葬儀の方法も多様化した。葬送の多様化は葬送習慣の世代間不連続や異なる人種や民族による婚姻により，死者の葬法を知らないことなども手伝って，死者を前に何をどうすればいいのかを知り，実際に実行できるのは，今やフューネラル・ディレクターだけであるといってもよい[9]。

　このように葬送の方法を遺族が知らず，そこに本人がいないことも理由の一つとしてあげられることであろうが，葬儀のトラブルは頻繁に生起する。なかでも葬儀費用の支払いは，『どの人生儀礼の費用よりも重いものであり，悲しみのなかで葬儀社を頼りにして行う葬儀であるにもかかわらず，終了後には信頼感が裏切られるような，実際と異なる過剰な支払いを要求される』といわれていた時期があった。確かに，短時間のうちにすべての決定をして，葬儀社と打ち合わせた上で葬儀を行うとはいっても，他人（葬儀社）任せの傾向が強く，葬儀社主導の葬儀に頼っていた消費者（遺族）の無知が招いたトラブルが多かったといえよう。かつてアメリカでは，現在のわが国と同様，パッケージ葬儀が多かったので，葬儀社からの請求はパッケージ料金であり，明細の確認のしようがなかったこともトラブル生起の要因であった。

　この問題は葬儀費用がどの人生儀礼の費用よりも高額であるかどうかということではない。アメリカにおいて，どの人生儀礼よりも葬送の場合がその儀礼に要した費用に対する不満が多いということである。たとえば，結婚式の費用は，埋葬・葬儀保険のある葬儀費用と比べ，その費用

は平均2倍である。しかし葬儀よりも不満は少ないのである。しかも結婚式用の保険などあるはずもないのである。結婚式は，ウェディング産業といわれるウェディングドレス産業，美容業界，旅行業界をはじめとする，結婚式場，食産業など多種の産業を巻き込む効果があり，結婚式一つで，多様な産業に利益をもたらす。それは，いろいろな結婚式関連産業がサービスを競うためであり，また本人たちの監視の目があるからであり，比較的不満の声は少ない。たとえ，何かの不満があっても様々な産業が入り組んでおり，一つの不満として，会場とか，食事とかというところだけに集中されることはない。ところが，葬儀の場合は，葬儀社の単独業務で，関連業種を巻き込むことは少ないので，不満は葬儀社だけに集中することになる。また葬儀社は，企業間競争のある職種ではないために一定の顧客を確保しているのも同然なので，自社のサービスに安住したままで，改善への努力が十分行われないことが多かった。このようなことから，競争原理が働く結婚式費用は葬儀費用の2倍であるにもかかわらず，不満があまりなく，逆に葬儀費用については，不満が多いのである。それには，上記の理由に加えて，結婚式を始め，人生の儀礼を行う場合には準備期間があり，十分検討して選択することができるが，葬儀に関しては事前にあまり考えることがなく，とっさの判断・決断によることが多いためでもあるといえよう。

　そこで，FTCは，消費者の不満を解消し，適切な葬儀が実行されるようにするために，1994年にFTCルールを改正し，葬儀式の定義づけも改訂した。それによると葬儀とは以下のことと定義づけられている。

① 葬儀式（funeral ceremony）は，遺体を安置したままで，儀式をもって故人を記念することをいう。
② メモリアル式（memorial service）は，遺体の安置はなく，儀式をもって故人を記念することをいう。
③ 埋葬のみ（immediate burial）とは，フォーマルなビューイングもなく，会葬もなく，遺体安置による儀式などいわゆる葬儀式は行われず，埋葬されるものをいう。但し，墓地での埋葬式を行うこともある[10]。

以上の3つの定義をもって，葬儀を死後の儀式または，格式張らず遺体を前に行われるメモリアル式および埋葬・埋葬式を葬儀としている。アメリカでは，これまで多くの葬儀は，個人的にも遺族にとってもまた地域の人々にとっても必要不可欠のものであった。今日では，伝統的な①の定義に基づく葬儀から，メモリアル形式の葬儀が好まれるようにもなってきているし，また葬儀，火葬式，埋葬式などの儀式を行わず，③の埋葬だけを行う形式も望まれるようになってきて，確実にアメリカの葬儀は多様化してきた。さらには海などへの撒灰という新たな葬送の形式も注目を集めるようになってきた。このようなアメリカの葬送の多様化には，まず身近な死の経験がない人の増加と死後の葬送に対して伝統にとらわれることなくその人らしい葬送のあり方への認識，死に方の決定とともに自己の葬送への意思の表明が特異なことではなくなってきたことなどがあげられる。身近に死を経験したことがない人々は半数にものぼり，一度だけ経験したものは4分の1程度にとどまっている[11]。このように，近親者が亡くなった場合にどのように対応していいか分からないし，またどのような葬儀をしたらよいのかわからなく，果たして葬儀が遺族を満足さ

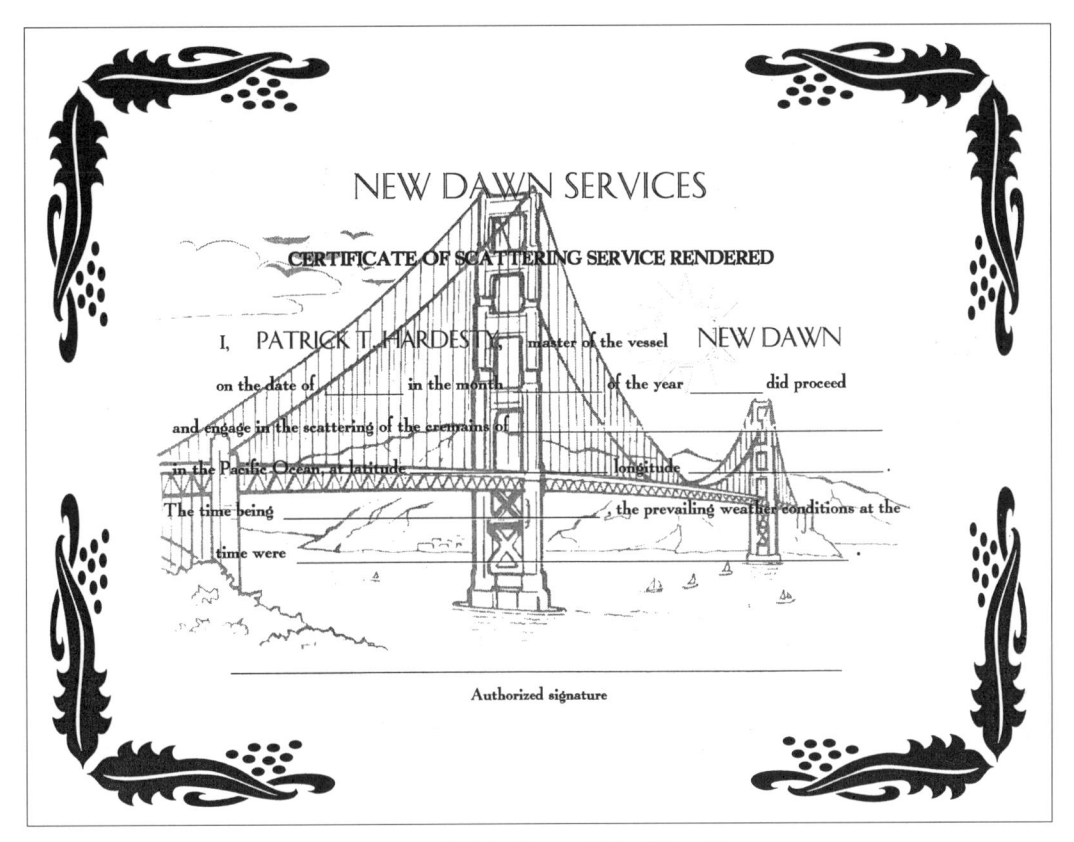

図 2-2　海葬証（ニューダウン社）の例

図 2-3　海葬者の登録証（カリフォルニア墓地局）例

せるかどうかも分からない。また，亡くなった人の遺志はもとより，遺族の誰が葬儀をすべきかわからず遺族が葬儀費用を支払うかどうかさえわからないこともある。また死がイメージとしてとらえられるだけになってしまい死者をまるで，生きている人と同じように扱おうとする傾向も見られる。

人が亡くなったら遺族はすぐに葬送の用意をしなければならない。遺族はその場でどのようにするかを決めなければならず，その時点での判断ではよしとしても，終わってみると後悔することもある。しかしやり直すことはできない。遺族が方法を知らない葬儀が葬儀社の手によって行われ，時間が経って冷静に考えることができるようになった時，葬儀社への不満が遺族自身の後悔と共に噴出してきたり，それが重荷になったりすることが多い。

人々が葬送形式の変化や死が現実の生活から遠ざかっていること，遺族が葬送の実際を知らないということなどから，自己の葬送に対する意思を明確にしておくこと，遺族に負担をかけないようにするために費用も合わせて準備しておくことが自立心と自己表現力の強いアメリカの人々の死への準備を促進させてきている要因であるといえるだろう。

2．アメリカの葬送に関する法

(1) 一般法としての葬送法（Mortuary Law）の成立

アメリカにおける Mortuary Law は，イギリスの影響を受けながら，新大陸における独自の法律として発展した。アメリカにおける教会による葬送の方法が法の制定と密接に関連している。1821年から1920年までには，埋葬に関する主要な20項目だけで，なかに2～3のエンバーマーとフューネラル・ディレクターに関する規則があっただけであった。葬送業に関する規則としては，1894年に，バージニア州における埋葬業の資格に触れたものが最初であり，1895年にペンシルバニア州が，バージニア州が1897年，ニューヨーク州が1898年に法として制定し，1910年までに12州が，1930年までに19州が制定し，1980年代までにほとんどの州が制定した。

アメリカの葬送に関する Mortuary Law は埋葬を中心とした法律であった。しかし葬送の生前準備が始まるようになって，他の法律の制定の影響を受け，就業者の安全と就業環境の改善なども含み以下のように各州において法および規則が設けられている。

法の構成は，①遺体の所有・非所有・準所有権に関する規定，②遺体保存，解剖のための移送，感染症者の死亡，埋葬，火葬，海葬などの葬送およびエンバーミングに関する規定，③献体・臓器提供，リビングウィルなどの遺志の執行，遺族（配偶者，親族）と遺言管理者・執行者，身元不明者の死亡，など死と遺体処理に関する権利と義務規定，④葬送業者の遺体処理権，遺体管理・処理，葬儀契約・葬送実行の権利，遺体保存・葬儀の方法に関する規定，⑤フューネラル・ディレクターの葬送実行上の義務，不法行為，エンバーミングの過失，葬送方法の過失，プライバシーの遵守，商品の欠陥，遺体移送，などの契約に関する責任，遺体保存の不正，遺体毀損，遺体の損傷，葬送具提供業者と聖職者とのトラブルに関する責任，身体的負担，精神的苦痛などに関する規定，⑥葬儀費用の債権債務，支払い義務者，葬儀価格の責任，葬儀契約と遺言管理者・執行者の責任，および適正価格の規定，⑦葬送の生前契約，保険利用の生前契約，生前契約と税金，

メディケイドとSSIに関する規定，FTC Door-to-Door 規則に関する規定，⑧土葬以外の埋葬の責任と発掘の責任，発掘違反の責任などの規定，⑨葬送業開設の所在地，地区割り，居住地と葬儀社の所在地と条例など葬儀社に関する規定，⑩墓園の開設と公私の墓園，埋葬権・差別・埋葬権，墓の販売・埋葬関連品，墓参・墓の盗掘犯罪など墓園利用の規定などが主な内容である。

葬儀を生前に準備しておくことについては，個人の生前における死後の葬送の実施に関して自らの意思で，費用を確保して葬送事業者などと契約しておくことが葬送の生前契約であるが，同法では，死後に生前の契約が有効であることが明記されている。この契約は，生前ではなく，契約者の死後にのみ有効となる契約である。葬送の生前契約は 1970 年代から全米に広まったものであるため，フューネラル・ディレクターや葬送業者が積極的に販売し始めている。急増しつつある生前契約についてはその実行が問題になり，長い契約では 20〜30 年後の実施となるため，確実な方法での実施とその費用の確保が求められることになった[12]。

(2) フューネラル・ディレクターとエンバーマー法（Funeral Directors and Embalmers Law）
同法には葬儀の生前契約についての詳細な条項がある。
セクション 1275：生前信託契約（Preneed Trust Agreement）に関する必要条件
① 信託者の氏名および住所
② 受益者の氏名および住所
③ 保証人の氏名および住所
④ 葬儀社名，所在地，電話番号
⑤ 契約書類の通し番号
⑥ 葬儀のアレンジメントをすべて網羅する書式
⑦ 費用支払い金に対する配当金，利子の通知書，生前契約管理費の利子・配当金からの相殺
⑧ 生前契約について，正確な内容の明確な説明，生前契約（サービスや葬具など）の保障部分と非保証部分の説明，内容説明については，口頭説明だけでなく，同一内容書式の生前契約書の第 1 ページへの貼付
⑨ 契約書に信託者の意思として死後フューネラル・ディレクターは死亡証明書の提出とともに，契約金はフューネラル・ディレクターに属するものであり，契約にしたがって葬儀（契約されたサービスと葬具によって）の実行
⑩ 契約の解約費用は支払金の 10％，死亡後は配当金のみ，フューネラル・ディレクターの責任において契約葬儀が実行できない場合は無料
⑪ 契約後 30 日以内は信託金の確保，15 日以内の解約に対する全額返却，社会保障受給者の支払いに関する契約者による署名

など，契約書に最低記すべき事項，契約番号（連続番号），葬儀の費用や葬具などの商品，サービスなどアレンジ内容の詳細の記載，費用の運用益と管理費の支払い，契約書記載についてわかりやすい表示，葬儀のアレンジがすべて保障される場合と一部保障の場合の明示書の添付と契約書のボールド体による記述，葬儀がすべて保障される契約の場合は，その保障条件の明記，葬儀内

葬儀生前信託契約書

契約番号＿＿＿＿＿＿＿＿＿＿＿＿

日　付＿＿＿＿＿＿＿＿＿＿＿＿

私＿＿＿（氏　名）＿＿＿は，カリフォルニア州の居住者で，＿＿＿＿＿＿（住　所）＿＿＿＿＿＿に居住し，受益者／委託者として，本契約により総額＿＿＿（金　額）＿＿＿の現金が，私の死亡時に適切な葬儀費用として受託者により保管・管理され，カリフォルニア州の葬儀業者である＿＿＿＿＿＿（所　在　地）＿＿＿＿＿＿に所在する＿＿＿＿＿＿（葬儀社名）＿＿＿＿＿＿に保管金が支払われるものとする。

私の遺体を＿＿＿＿＿＿＿＿＿＿＿＿＿＿＿＿＿＿＿＿において（埋葬／荼毘）に付し，諸経費については，信託金の限度内で行い，葬儀の司祭への費用，花飾り，新聞への死亡記事の掲載，死亡証明書などはこの限りではない。受託者（保管人）は，本契約により，預託金は，葬儀を用途とした行為にだけ使用されることを承認し，総額＿＿＿＿＿＿（金額）＿＿＿＿＿を＿＿＿＿＿（銀行名）＿＿＿＿＿銀行の信用口座に預託することを受諾する。

私が委託者／信用人として表明したものの変更は認められない。

葬儀および埋葬／荼毘その他の必要が発生したとき，その費用が，契約の限度を越える場合には，本契約書に従って，委任を受けた受託者（保管人）は2名以上の信用人の判断と裁量により，葬儀および埋葬／荼毘の費用は，社会保障から受けるものとする。

（受益者名）＿＿＿＿＿＿＿＿＿＿＿＿＿＿＿＿＿＿＿＿

（住　　所）＿＿＿＿＿＿＿＿＿＿＿＿＿＿＿＿＿＿＿＿

＿＿＿＿＿＿＿＿本人	受益社名	＿＿＿＿＿＿＿＿	
＿＿＿＿＿＿＿＿	住所	信用人名 ＿＿＿＿＿＿＿＿	
＿＿＿＿＿＿＿＿F.D.	受託者	住　所 ＿＿＿＿＿＿＿＿	
＿＿＿＿＿＿＿＿	所在地	信用人名 ＿＿＿＿＿＿＿＿	
		住　所 ＿＿＿＿＿＿＿＿	
		信用人名 ＿＿＿＿＿＿＿＿	
		住　所 ＿＿＿＿＿＿＿＿	

葬儀社名
所在地

図2-4　日系葬儀社の一般的な生前契約（信託契約）書式例

容が完全保障ではない契約の場合，契約内容の履行に伴う支払い負担発生の可能性の記載，葬儀発生時には葬儀とその費用を故人（契約者）がすべて事前支払によって決済できることの信用人への告知，契約の解約の場合における全額払い戻しの条件と契約期間による手数料支払いの額，社会保障受給者の支払い不要の条件が規定されている。なお，関連条項としては，セクション：7606とセクション：7740（7735，7736，7737，7738を含む）のビジネスとプロフェッションコード（Business and Professions Code）がある[13]（図2-4）。

(3) FTC（Federal Trade Commission Rule）ルールによる葬送業規則[14],[15]

1984年に成立した連邦取引委員会の葬儀規則は，1994年1月1日付で，改訂FTCルールとして採用されている。葬儀規則の基本的な要素の変更やフューネラル・ディレクターの責任性についてさらに詳細に記された。改訂FTCルールは以下の通りである。

公正な商取引のために，①一般的な価格表，②棺の価格表，③埋葬用棺の価格表，④電話による価格の開示，⑤葬儀とサービスの提供書，⑥記録の保有，⑦サービス内容の公開，⑧事業目的の明示，⑨免除事項からなる。

消費者とのトラブルが起きやすいのが価格に関することであり，特に生前契約の普及がパッケージ葬儀からアイテマイズされた葬儀の内容になったことがさらに詳細な価格開示への進展を早めた（図2-5）（図2-6）。以下の項目に対する価格はFTCルールにより明示しなければならないとされている。

① 葬儀規則による表示事項
(a) 一般価格表による価格の明示
・葬具やサービスの選択に関する開示価格の変更に関する事項
・基本的な施設使用料を除いたサービス基本料金（変更なし）への追加料金に関する事項
・現金前払いに関する事項の開示
・変更なしの基本サービス料金の変更に伴う事項の開示
・フューネラル・ディレクターと従業員による追加業務に関する料金の可否に関する事項
・エンバーミングに関する変更事項の開示
・メモリアル・サービス（記念式）の追加に関する事項
・墓前式（墓前葬儀）の追加に関する事項
・サービスと施設－弔問，葬儀，記念式，墓前式に関する諸準備費用に関する事項
・会葬礼状費用と他の葬具費用との区分に関する事項
・納棺費用に関する事項
・移送棺の選択等に関する開示事項
(b) 埋葬棺の料金表
・州法および条例の変更による開示事項の変更
(c) 葬具とサービスの明細表
・法的要請による開示事項

FUNERAL HOME NAME

ADDRESS

PHONE NUMBER

GENERAL PRICE LIST

These prices are effective as of _____ (Date)

1   §453.2(b) (4)

2   The goods and services shown below are those we can provide to our customers. You may choose only the items you desire. However, any funeral arrangements you select will include a charge for our services. If legal or other requirements mean you must buy any items you did not specifically ask for we will explain the reason in writing on the statement we provide describing the funeral goods you selected.   §453.4(b) (2)

SERVICES OF FUNERAL HOME AND STAFF:

3   Professional Services: §453.2(b) (4) (iii) (c)

3   A. Minimum services of the funeral director and staff .... $_____

4 & 5   This fee will be added to the total cost of the funeral arrangements you select. (This fee is already included in our charges for direct cremations, immediate burials, and forwarding or receiving remains.)   §453.4(b) (4) (iii) (c) (1)

     (Description of included services)

6   B. Additional services of the funeral director and staff .... $_____   §453.2(b) (4) (iii) (c) (1)

     (Description of included services)

7   C. Embalming .... $_____   §453.2(b) (4) (ii) (F)
     Except in certain cases, embalming is not required by law. Embalming may be necessary, however, if you select certain funeral arrangements, such as a funeral with viewing. If you do not want embalming, you usually have the right to choose an arrangement which does not require you to pay for it, such as direct cremation or immediate burial.   §453.3(a) (2) (ii)
     §453.5

8   D. Other preparation of the body .... $_____   §453.2(b) (4) (ii) (G)

3 & 9   FACILITIES:

10   E. Use of the facilities for viewing .... $_____   §453.2(b) (4) (ii) (H)
     $_____ per hour or per day

11   F. Use of facilities for funeral ceremony ...... $_____   §453.2(b) (4) (ii) (I)

12   G. Other use of facilities .... $_____   §453.2(b) (4) (ii) (J)
     (Description of included facilities)

3   TRANSPORTATION:

13   H. Transfer of remains to funeral home (within _____ mile radius) .... $_____   §453.2(b) (4) (ii) (E)

14   I. Hearse .... $_____   §453.2(b) (4) (ii) (K)

15   J. Limousine .... $_____   §453.2(b) (4) (ii) (L)

16   K. Other automotive equipment .... $_____   §453.2(b) (4) (ii) (M)
     (Description of other automotive equipment)

3	OTHER		
17	L. Acknowledgement cards	$	§453.2(b) (4) (ii) (N)
	This list does not include prices for certain items that you may ask us to buy for you, such as cemetery or crematory services, flowers, and newspaper notices. The prices for those items will be shown on your bill or the statement describing the funeral goods and services you selected. We charge you for our services in buying these items.		
18			§453.2(b) (4) (i) (D) §453.3(f) (2)
3 & 19	FULL SERVICES OF FUNERAL HOME AND STAFF	$	
20	FORWARDING OF REMAINS TO ANOTHER FUNERAL HOME:	$	§453.2(b) (4) (ii) (A)
	(Description of included services)		
21	RECEIVING REMAINS FROM ANOTHER FUNERAL HOME:	$	§453.2(b) (4) (ii) (B)
	(Description of included services)		
22	DIRECT CREMATIONS: $ _____ to $ _____		§453.2(b) (4) (ii) (C)
	(Description of included services)		
	1. Direct cremation with container provided by the purchaser	$	
	2. Direct cremation with unfinished wood box	$	
	3. Direct cremation with cardboard box ...	$	
	4. Direct cremation with pouch	$	
23	If you want to arrange a direct cremation, you can use an unfinished wood box or an alternative container. Alternative containers can be made of materials like heavy cardboard or composition materials (with or without outside covering), or pouches of canvas.		§453.3(b) (2)
24	IMMEDIATE BURIAL: $ _____ to $ _____		§453.2(b) (4) (ii) (D)
	(Description of included services)		
	1. Immediate burial with container provided by purchaser	$	
	2. Immediate burial with cardboard box	$	
	3. Immediate burial with minimal casket	$	
	4. Immediate burial with minimal metal non-sealer casket	$	
	5. Immediate burial with minimal metal sealer casket	$	
	6. Immediate burial with casket selected by purchaser	$	
25	CASKETS: $ _____ to $ _____		§453.2(b) (4) (iii) (A) (1)
	OUTER BURIAL CONTAINERS: $ _____ to $ _____		§453.2(b) (4) (iii) (B) (1)
	(A complete price list will be provided at the funeral home)		

図2-5 FTCルールによる葬儀価格一覧の様式

NAME OF FUNERAL HOME
ADDRESS
PHONE NUMBER

STATEMENT OF FUNERAL GOODS AND SERVICES SELECTED

1

2 Name of Decedent _____ Date of Death _____

3 Charges are only for these items that are used. If we are required by law to use any items, we will explain in writing below. §453.4(b)(2)(i)(3) §453.3(d)(2)

4 If you selected a funeral which requires embalming, such as a funeral with viewing, you may have to pay for embalming. You do not have to pay for embalming you did not approve if you selected arrangements such as a direct cremation or immediate burial. If we charged for embalming, we will explain why below. §453.5(b)

5 SERVICE FEE
   Professional Services:
     Minimum services $ _____
     Additional services $ _____
     Embalming $ _____
     Other preparation of the deceased $ _____
   Facilities:
     Use of facilities for viewing $ _____
     Use of facilities for funeral ceremony $ _____
     Other use of facilities $ _____
   Transportation:
     Transfer of remains to funeral home $ _____
     Hearse $ _____
     Limousine $ _____
     Other automotive equipment $ _____
                   TOTAL SERVICES USED $ _____

   MERCHANDISE:
     Casket or alternative container $ _____
     Outer burial container $ _____
     Clothing $ _____
     Acknowledgement cards $ _____
     Other merchandise $ _____
                                        _____
                   TOTAL MERCHANDISE $ _____

   CASH ADVANCED ON BEHALF OF THE PURCHASER:
   (Certain charges may be estimated)
     Transportation $ _____
     Obituary Notices $ _____
     Certified copies of death certificate
         _____ @ $ _____ each $ _____

5 & 6 Cemetery or crematory charge $ _____
       Clergy honorarium $ _____
       Flowers $ _____
       Music $ _____
       Hairdresser $ _____
       Other $ _____
                                        _____
                   TOTAL CASH ADVANCED $ _____

7 TOTAL CHARGES $ _____
   LESS DOWN PAYMENT $ _____
   BALANCE DUE $ _____

8 I, or we, accept and approve the above, and acknowledge that the general price list effective _____, casket price list effective _____, outer burial container price list effective _____ were made available prior to selecting the above arrangements.

   _____   _____
   Name of Purchaser   Name of Co-Purchaser

9 _____   _____
   Relationship to Decedent   Relationship to Decedent

   _____   _____
   Signature of Purchaser   Signature of Co-Purchaser

   _____   _____
   Address   Address

                 _____
                 Signature of Funeral Home Representative

図 2-6　FTC ルールによる葬儀料金請求書明細様式

・エンバーミングに関する確認事項の変更等の事項
・現金前払いの際の追加開示事項
(d) 販売価格と価格情報
・販売促進のための電話勧誘に関する事項の開示
・消費者に対する価格表の適正配布
・エンバーミングとその許可に関する販売上の事項
(e) エンバーミング
・遺体安置による葬儀実施の際のエンバーミングの要請に関する事項
(f) 変更不可サービス
・施設の基本使用料に関する事項
・納棺費用に関する事項

　葬送に要するサービスや葬具，埋葬や墓等の価格開示が規則の中に設けられ，葬儀規則が制定された1984年には17品目の価格開示が必要であった。1994年の改訂により，3品目が削除され，新たに2項目が付加されることによって，16項目のさらに詳細にわたる価格開示が義務づけられた。消費者が生前契約を行う際して，選定しやすく，また消費者の経済サイズに合わせて葬儀の計画をすることができるようにするためである。消費者の権利としてオプションで棺，骨壺，装束，葬儀の際の他の葬具などを選定できるように1994年の改訂によりすべての葬儀社において強制開示となったのである。以下が16の葬具（商品）とサービスの価格開示リストである。

・フューネラル・ディレクターとその他の職員の基本サービス料
・エンバーミングにかかる料金
・葬儀および埋・火葬前の遺体保存の処理
・ビューイングのための施設の設定
・葬儀式のための会場設営
・メモリアルサービスのための会場設営
・墓前の埋葬式の準備
・死亡場所から葬儀社への遺体の移送
・霊柩車の使用料
・リムジンの使用料
・棺の価格リスト
・埋葬用外棺の価格リスト
・粗相の方法による料金の設定リスト
・他の葬儀社からの遺体の受け取り
・葬儀なしの火葬価格
・葬儀なしの埋葬

② 就業安全・健康局（Occupational Safety and Health Administration, OSHA）による葬送従事者の保護[16]

OSHAによる規則は，葬送業に従事の従業員安全管理に関する規則である。従業員の雇用と仕事に関する記録，遺体処理の意味，遺体移動のための設備，電気設備利用上の安全性，環境管理，危険物と防護品，身体労働に関する規定，雇用主と従業員の関係などに関する規定である。

特に葬送の生前契約が一般化するにつれて，消費者・従事者双方の保護のために法律や規則また規制の立法化が検討され始めた。生前契約に関する法規は，コロラド州，イリノイ州，アイダホ州，アーカンソー州，カンザス州，ユタ州，テキサス州，ウェストバージニア州の最高裁において検討されてきたが，ウェストバージニア州においては未だ成立に至っていないし，コロラド州でも緩やかな規則であるため，あってないようなものであるといわれている。1970年に，連邦法および連邦規則が制定されたが，それは，所得税および最低賃金法のなかの，条項として組み込まれており，葬儀業事業者，フューネラル・ディレクターに直接大きなインパクトを与えるものではなかった。しかしそれは明朗な会計処理と従業者の待遇を保障するものとなった。

1894年にエンバーマーの資格が認定され，その翌年にはフューネラル・ディレクターの資格も整備され，エンバーマーとフューネラル・ディレクターはかなり早い時期から専門職として位置づけられてきた。殆どの州において，葬儀業の開業には専門職有資格を条件とし，葬儀業は資格に基づく専門業であることが認定されている。現在では，葬送業従事者はFTC葬儀業規則とOSHAなどにより監督されると同時に就業保護も確立している。

実務については，商務省連邦取引委員会よりFuneral Industry Ruleが1984年1月1日に発効したことから営業内容の開示が始まった。また1988年2月2日からFormal dehyde Standardが示されその基準の遵守が規定された。そして1988年3月23日からHazard Communication Standardが指示されるようになり，さらに1992年3月6日からは，Bloodborne Pathogensも示されることによってエンバーミングを含む法的枠組みが整備された。特にこれらの基準はOccupational Safety and Health Administration (OSHA) という就業安全保障法といえる法規に基づくもので，これにより実務者の安全で健康が保持されるような適正な就業環境が保障され，実務者の保護が法的にも整備された。就業規則や安全管理の義務づけや従業員の安全性に関する規則が(a)衛生管理，(b)突発的な事故に備えるための方策，(c)感染症への対応，(d)安全管理などとして規定されており，以下の項目についてのプログラムおよび記録・提出様式の整備が規定されている。

(a) 衛生管理プログラム
　・化学物質に関する情報リスト
　・トレーニングプログラムの確認事項
　・危険判定プログラム
　・危険時の連絡プログラム
　・トレーニングプログラムの内容と実施方法
　・個々の従業員への危険防止葬具の支給

- 仕事の試験（段取り）・手順・理念の周知
- ホルムアルデヒドに対する安全な取り扱い使用方法
- ホルムアルデヒド付着物の廃棄プログラム
- 医療サーベイランス
- 使用機材の安全度データ表
- 感染症に関する質問事項
- 作業場からの退出に関する様式
- トレーニングプログラムに関する情報
- 個人契約者に関する書式
- 流出物に関する査察と手続きに関する事項
- 事故報告書式（人身上・管理上）
- 事故報告と事後処理報告
- マスク装着のテストプログラム
- ホルムアルデヒドの洗浄プログラム
- 従業員の医療記録

(b) 突発的な事故に備えるためのプログラム
- 化学物質の情報リスト
- トレーニングプログラムの確認事項
- 消防署への文書提出の様式
- 危険時の連絡プログラム
- トレーニングプログラム
- 個々人への危険防止用具の支給
- 業務報告
- 危険な化学物質の処理プログラム
- 使用機材の安全度のデータの保持
- 危険判定プログラム
- SARA の確認プログラム
- 作業現場の退出方法
- 緊急時の対応の掲示
- 個人営業フューネラル・ディレクターまたはエンバーマーとの契約書式
- 事故発生報告とその追跡調査報告および点検
- 作業現場における化学物質の安全な取り扱い方法
- 従業員の医療記録

(c) 感染症への対応プログラム
- 発症のコントロールに関するプラン
- 発症の認定に関するプラン

- 感染防止のための作業場退出プログラム
- 感染防止のための強制される手続き
- 感染防止のための訓練プログラム
- 感染事故報告書の様式
- 感染防止のための作業の手順
- エンバーミングの手順――感染・伝染への対処方法
- 感染防止トレーニングプログラム
- エンバーミングの手順の一般的手順の理解
- 感染防止トレーニング実施の確認
- 個人契約者の提出書式
- HIV 感染者証明書
- 感性防止機器の使用方法
- 洗浄方法
- 従業員の医療記録,労災(感染症)記録
- 危険化学物質の廃棄プログラム

(d) 安全管理プログラム
- 一般安全規則の周知プログラム
- OSHA 200 の形式
- 緊急連絡方法
- OSHA 101 形式およびその選択肢に関する形式
- 毎月の消防設備報告の書式
- 緊急事態発生の際の手続き
- 安全のための施設設備維持管理の方法
- コンピュータ,電子機器の適正配置
- 乗用車の事故調査,報告様式
- エンバーミング実施報告書
- エンバーミング免許(エンバーミング許可書)
- HIV/HBV 診断と予防プログラム
- TB 診断と予防プログラム
- 危機管理の手順
- 緊急時応答のマニュアル
- コンピュータによる安全管理の方法
- 乗用車運転手の安全運転プログラム
- 乗用車の安全管理報告書式

　以上が,1998 年現在における全米 22 州と 2 地域において OSHA の承認による遵守が義務付けられた健康・安全計画の概要である。営業地域においては,各州法や規則に則って OSHA の規則に

基づき安全計画を作成し，会社組織であれ個人事業形態であれいずれの葬儀業者も遵守しなければならない。一面，事業主にとっては，OSHAにより安全プログラムの設置は重荷となる部分もある。しかし，生前に健康であった人ばかりとは限らない遺体に接し，処理をする従事者にとっては，この安全プログラムが整備されていることが，このような職業に従事する側にとっては必須のことであり，交通事故，感染事故などから身を守る最低限の条件ということができる。このような安全基準があり，従事者が安心して仕事をすることができるようになって，葬儀社は質の高いサービスを提供できることになり，そして消費者の満足度も高めることになった。

③　障害をもつアメリカ国民法（Americans With Disabilities Act, ADA）による葬送関連業に関する規制

障害者に対する差別禁止をうたった「障害をもつアメリカ国民法」が1990年7月26日に成立した。同法は障害に関する差別について，明確かつ包括的な禁止をうち立てるために具体的な事柄についての規定があり，商業界においても障害者が差別されることなく等しく社会に遇されることを実現するための法である。葬送業に関しては第Ⅲ章　民間事業体の運営する公共施設およびサービスにおいて，第301条　定義に(7)-(A)が設けられている[17]。すなわち，「(7)公共施設(Public Accommodation)　もし事業体の運営が商業に影響を及ぼす場合は，本章の目的のもとでは，下記の民間事業体は公共的施設であるとみなされる。」として「(F)コイン・ランドリー，ドライ・クリーニング店，銀行，理髪店，美容院，旅行代理店，靴修理サービス所，斎場，ガソリン・スタンド，会計事務所，法律事務所，薬局，ヘルスケア提供者の専門オフィス，病院またはその他のサービス施設」などがある。こうした民間事業体によって運営される公共施設の一つとされる斎場は商品，サービス，施設利用などの点において，障害を理由に一切差別されてはならないというADAによって障害者に対する対応を迫られることになった。

具体的には①利用する障害者の障害の種別を限定しないこと，②事業の本質が損ねられるということが証明されない限り，障害をもつ人が参加するために必要な変更を行うこと，③重大な支障のあることが示されない限り補助のための機器やサービスを提供すること，④1年後改築される施設はそこへの通路も含めてすべてアクセッシブルとすること（法の発効後30ヵ月以降に建設されるものは不可能でない限りアクセッシブルとすること），⑤エレベータの設置は3階未満の建物または1階のフロアの面積が3,000平方フィート未満のものに対しては，義務づけはされないが，司法長官が必要と判断した場合はこの限りではないこと，⑥固定された路線を運行する民間事業体で16席以上の車は，法発効後30日以降購入またはリースされるものは，アクセッシブルか障害をもつ人々に他の人々と同等レベルのサービスを提供しない限り差別とされる，と規定されて，1992年1月26日から，葬儀業においても例外なく段階的に障害者を制限・差別しないためのADAの規定が適用されることになった。特にこの第3章にあるすべての民間事業体に関して，個人が命令的救済を求めて訴えることができ，司法長官は違法の申し立ての調査と民間事業体の遵守状況を定期的に調査することになっている。そして民間事業体のサービス等が障害者に対し差別が明らかとなった場合は司法長官が地方裁判所に対し民事訴訟を開始することができるとされている。これにより事業体が障害者を差別した場合は初回の違反に対しては5万ドル，2回目

以降の違反に対しては10万ドルの違約金が課されることになった。

　施設の構造から葬儀実行，雇用まで，事業主，従事者だけでなく利用者サービスに関するアメリカ障害者法の規定に従わなければならなくなった。ADAの建造物に対する規定は①葬儀社や墓園は，障害者が差別されず健常者と同等に利用できるようにしなければならない，②障害者は葬儀社や墓地利用に当たって移動時などの補助の支援が受けられる，③障害者の通行障害物の除去などであり，これを遵守しなければならなくなった。この規定は基準の高いものであり，経済的時間的ゆとりのない小企業にとっては，重荷である。当初は努力義務であったが，1年経過後の1993年1月26日からは障害者が不都合なく利用できるために高水準とされた基準をすべて満たさなければならなくなった。葬儀社や墓園は日常的に利用する所ではないとされるものではなく，誰もがいつでも利用できるようにという観点から，障害者のアクセスを妨げてはならないという規定に例外はないのである。また，障害者に対しても葬儀の際の葬儀社の利用，相談や葬具の下見などで訪れる場合でも十分健常者と同様に利用できるよう，また同等のサービスを提供しなければならないことも明記された。たとえば，視覚障害者であり，価格表が読めない場合には，その読み上げサービスを行うし，車椅子利用者が参列する葬儀にはホールにそのスペースをとったり，単独で移動可能なようにホールの構造を変更したりする。また，エイズ患者が生前に葬儀の依頼をする場合やエイズで死亡した人の葬儀の取り扱いを，その病気を理由に拒否することや障害者に対して葬儀を拒否することも差別であるため，拒否できないということになっている。従来，感染性の病気で亡くなった場合は，血液感染を防ぐためにエンバーミングを拒否していたが，技術と安全管理が整備されたことにより拒否できなくなった。しかしいくら技術が向上したとしても不安は残る。ADAの立法化によってそれを拒否できなくなると，関係者は感染の危険にさらされることになり，葬送関係者からは，「ADAの暴力」と見て拒否する動きもあった。ADAのこの規定には，5名以上の従業員がいる葬送業は従わなければならず，多くの葬儀業は小規模業種であるため，施設の整備には負担が重い。そのために改善・整備のために，税制の面から優遇され，年間1万5,000ドル以上の建造物の改築・障害物の除去費用は，免税となる措置を利用できることになっている。免税範囲は，従業員30名以下または年間売り上げ100万ドル以下の小企業の場合，250ドルから10,250ドルまでの50％である。ADAの罰則規定には例外はなく，前述のとおり最初の違反に対しては，5万ドルまで，2回目以上には10万ドルまでの反則金が課せられることになっている。

　また職員採用についても障害者にも障害の程度と能力に応じて，門戸を開放しなければならないが，25名以上の場合は，1992年7月25日から，15～24名の場合は，1994年7月26日からこの規定を遵守しなければならなくなった。これらの法規は葬送業の就業環境とともに，就業意識を喚起することにも繋がった。

(4) 軍人および退役軍人のための葬送規定[18]

　アメリカにおいて，軍関係者の死亡の際および葬送については優遇措置が取られている。その中で，特筆すべきこととして，退役軍人に対する埋葬の優遇をあげることができよう。退役軍人

は，優先的に埋葬されるが，連邦議会は，1981年に，埋葬と埋葬場所は国立墓地に埋葬する決議を行い，軍従事期間の制限はあるものの，退役軍人に対する葬送には便宜が図られている。

同規定適用の資格とは，①24ヵ月以上の兵役経験者，②兵役時に負傷したもの・障害者となったものおよびその配偶者で再婚していなければ同様に国立墓地に埋葬されることができる。国立軍人墓地における墓碑や・墓石は用意され大統領などと同じように国旗のはためく墓地に葬られることができるのである。ただし，国立墓地でも Arlington National Cemeteries は退役軍人局に属するものではなく，Department of Army の管轄である。

埋葬には，兵役中に受けた傷病が原因で障害者となりそれを原因とする死亡の場合には，最高で1,500ドルの埋葬・葬儀費用が支給される。さらに遺体の国立墓地への搬送に際して，埋葬される国立墓地から最も近い葬儀社からの搬送費用も支給される。なお，1981年10月1日以降に死亡した場合は，300ドルがさらに埋葬費用として支給されることになっている。1990年11月1日以降，死亡者には，さらに150ドルの墓地取得に対する支給があるがこの支給は国立墓地以外に埋葬されるものを対象とする。対象者は，1990年11月1日までの死亡者で1898年から1902年のアメリカ―スペイン戦争より1990年の湾岸戦争までのすべての戦死者である。

Military Funeral Policy により，空軍・海軍・陸軍すべてに兵役中で死亡した場合は，連邦政府が埋葬までの責任を持つ。遺体を入棺し国旗で包み，葬送を行うが，その儀礼には遺族の意向も取り入れられる。もし独自で遺族が葬儀を行う場合には，連邦政府が規定により最高1,750ドルまでの費用の負担をする。また，国立墓地ではなく，個人の墓地に埋葬する場合には，3,100ドルを限度として補償金を支給する。なお国立墓地に埋葬する場合は，補償金は，110ドルである。また遺体の移送を個人で葬儀社などに依頼して行う場合には2,000ドルが補償金として，同様に支給される。

(5) 社会保障による葬送規定[19]

1年半から10年の就業期間を持つものは，社会保障の対象となり，遺族給付金が支給される。その資格は以下の通りである。

① 60歳以上（障害者の場合は50歳以上）の寡婦（寡夫）で，16歳以下の児童を扶養しているか障害者を扶養している場合
② 60歳以上（障害者の場合は50歳以上）で，結婚後10年以上経過した後離婚した男女であって16歳以下の児童若しくは障害者を扶養している場合
③ 18歳以上の未婚の子どもを持つ（初等・中等教育機関に就学中）親の場合
④ 22歳未満の障害者である場合
⑤ 子どもの扶養を受けている62歳以上である場合
⑥ 1ヵ月に合計225ドルの追加給付金を受給することができる人の場合
⑦ 配偶者の死亡月まで給付を受ける資格を有する場合
⑧ 子どもが遺族給付金を受ける資格を有する場合
⑨ 死亡者と同一世帯の配偶者である場合

また，公的扶助の受給者で，補足的保障所得制度（SSI）による給付を受けているものに対しては，平均受給額が105ドルである。個人で2,000ドル，夫婦で3,000ドルの資産があればこれは適用されない。アメリカではSSIの高齢受給者が数百万人にも達しており，経済状況がどうであれ，最期に備えようとする高齢者に対しては，それを制限しないような方策が採られ，州によって異なるが1,500～2,000ドルの範囲内であれば葬儀や埋葬に備えるよう明示していれば,資産とみなさないと規定されている。このように社会保障制度の中に葬送費用が位置づけられ，葬送に対する生前契約が高齢者にとって死後の葬送不安の解消と高齢期の生活の安定に資する働きをなしている。

葬送費用の一括払いについては，社会保障受給者の死亡後の支払い規定が明示され，遺族に過度の負担をかけないようになっている。特に突然の家族の死と葬送の費用負担は精神的にも経済的にも社会保障受給者にとっては重い。その負担を軽減するために，6回程度の分割払いやまた遺族がいない場合はその費用をどうするかなど費用支払い可能な方法を検討中である。

ほとんどの州において，貧困者のための費用支払い資金の貸し出し，埋葬費用の支払い援助などに関する法や規則が制定されている。州によっては，通常の死への公的支援のみならず，犯罪犠牲者に対する葬送規定を持っているところもある。

NFDAによると，1990年前後から，多様な葬送の形式，すなわち従来の葬儀形式，従来の葬儀と墓地での埋葬式，葬儀省略型の埋葬式または火葬式のみなど多様な選択肢の中から個人または遺族の意向によって死を悼む方法が選ばれるようになってきた。1991年現在，NFDA加入の葬儀社が実行した葬送の78.3％が葬儀を行い，9.3％が墓地における埋葬式，7.1％が葬儀をせず埋葬および火葬後の埋骨であった。そして5.3％がメモリアル式を営んだ。78.1％が埋葬（ground burial）で，15.1％が火葬，2.7％が献体であった。以上の数値は1991年現在でありまだ火葬が少ないが近年火葬は増加してきた。1999年現在，ネバダ(Nevada)州が61.1％，アラスカ(Alaska)州58.8％が顕著な火葬高率地域であり，続いてハワイ（Hawaii）州は56.7％，ワシントン(Washington)州は54.4％，アリゾナ（Arizona）州は53.0％であった。低率地域としては，ウェストバージニア(W. Virginia)州4.9％，ミシシッピー(Mississippi)州5.0％，アラバマ(Alabama)州5.1％，テネシー（Tennessee）州6.7％，ケンタッキー（Kentucky）州6.3％とかなりの格差が見られる。1997年には死亡者の23％，1999年には24％が火葬であった。1913年に設立され全米50州およびカナダと他の7ヵ国，1,200の火葬業を会員とする最大の組織である北アメリカ火葬協会（Cremation Association of North America）ではこのような火葬の増加はますます促進され2010年には40％に達するのではないかと予測している。また，火葬の増加は葬送の形式も変化させ，伝統的な墓地への埋葬から火葬後海または特定の土地への撒灰という埋葬の選択肢を拡大化させた。さらに，葬儀式も行わず，埋葬式，火葬式なども行わずに埋葬・火葬するという形式もとられるようになってきている（表2-11）。

アルビン・トフラーは，その著 *Future Shock* において葬儀式に関して記述している部分がNFDAの年報に紹介されている。それによると，人生の儀礼の価値が変容し，特に誕生，死，結婚などの人生儀礼が軽んじられる傾向があることを指摘している[20]。フューネラル・ディレクター

第2章 アメリカにおける死と葬送

表2-11 アメリカ各州の死亡率と火葬率

州	1993年死亡数*	1993年火葬数**	1993年の火葬率**	1994年死亡数*	1994年火葬数**	1994年の火葬率**
アラバマ	41,540	1,313	3.16	42,138	1,621	3.85
アラスカ	2,247	860	38.27	2,431	1,147	47.18
アリゾナ	32,090	13,122	40.89	34,677	13,384	39.00
アーカンソー	26,371	2,435	9.23	26,667	2,594	9.73
カリフォルニア	217,559	89,233	41.01	224,082	93,221	41.60
コロラド	23,722	9,537	40.20	24,416	9,645	39.50
コネチカット	29,057	5,528	19.02	28,552	6,031	21.12
デラウェア	6,116	1,062	17.36	6,185	939	15.18
ディストリクト・オブ・コロンビア	6,713	—	—	6,445	—	—
フロリダ	146,309	59,213	40.47	148,414	59,374	40.00
ジョージア	55,851	4,786	8.57	56,377	5,548	9.84
ハワイ	7,280	3,937	54.08	7,236	4,384	60.59
アイダホ	8,345	2,637	31.60	8,552	2,801	32.75
イリノイ	107,563	17,557	16.32	107,611	19,681	18.89
インディアナ	52,210	4,743	9.08	53,290	5,639	10.58
アイオワ	27,862	3,042	10.92	26,352	3,126	11.86
カンザス	23,337	2,029	8.69	23,524	1,985	8.44
ケンタッキー	36,921	1,548	4.19	37,407	1,975	5.30
ルイジアナ	40,117	2,466	6.15	40,418	2,932	7.25
メイン	11,479	3,469	30.22	11,386	3,613	31.73
メリーランド	43,087	6,300	14.62	40,600	6,499	16.01
マサチューセッツ	56,460	10,611	18.79	54,558	11,050	20.25
ミシガン	82,651	17,460	21.12	83,312	18,244	21.90
ミネソタ	36,236	7,296	20.13	36,417	8,338	23.00
ミシシッピー	26,575	693	2.61	26,934	788	2.93
ミズーリ	56,305	6,105	10.84	55,985	6,265	11.19
モンタナ	7,502	3,234	43.11	7,346	3,325	45.26
ネブラスカ	15,401	1,710	11.10	14,732	1,942	13.18
ネバダ	10,886	6,343	58.27	11,769	5,862	49.81
ニューハンプシャー	8,919	2,348	26.32	8,907	2,752	30.90
ニュージャージー	72,776	16,557	22.75	72,391	17,357	23.98
ニューメキシコ	11,861	3,140	26.47	12,305	3,228	26.62
ニューヨーク	170,203	24,825	14.59	167,977	25,502	6.56
ノースカロライナ	62,580	6,884	11.00	64,512	7,196	11.15
ノースダコタ	5,925	—	—	6,107	—	—
オハイオ	100,678	16,109	16.00	105,603	16,512	15.64
オクラホマ	32,574	2,120	6.51	32,452	2,108	6.50
オレゴン	27,275	11,272	41.33	27,303	11,869	43.47
ペンシルバニア	126,977	16,867	13.28	128,164	17,797	13.89
ロードアイランド	9,709	2,446	25.19	9,333	2,589	27.74
サウスカロライナ	31,404	2,422	7.71	31,570	2,631	8.33
サウスダコタ	6,863	—	—	6,851	—	—
テネシー	49,628	2,451	4.94	49,645	2,868	5.78
テキサス	135,603	13,795	10.17	137,638	15,025	10.92
ユタ	10,193	1,210	11.87	10,545	1,399	13.27
バーモント	4,868	1,902	39.07	4,573	1,895	41.44
バージニア	51,773	7,738	14.95	53,829	7,854	14.59
ワシントン	41,986	18,465	43.98	39,648	19,791	49.92
ウェストバージニア	19,929	762	3.82	20,221	873	4.32
ウィスコンシン	44,033	7,293	16.56	44,746	8,028	17.94
ワイオミング	3,544	—	—	3,512	—	—

— Indicates less than 4 crematories
* The following statistics were provided by *Cremationist Magazine*.
** The following statistics were provided by *The Monthly Vital Statistics Report*.
出典：NFDA, *1996-97 Directory of Members and Resource Guide*, 1997.

の協会であるNFDAとしては葬送形態の変化とともにそれへの即応が迫られ経営と直結することでもあり，形式の変化が事業の存亡に関わることもあるため，葬送に対する人々の行動の動向を注視していることがうかがわれる。

　確かに葬送儀礼を行うことは，死の現実を受け容れ，死を悼むと同時に遺族の急激な生活変化の緩衝作用になるといえよう。なかでも葬儀は，段階的に死の現実を受け容れるために大きく作用するとみることができる。しかし，葬送儀礼を行うことは死の発生と同時に様々な手順を踏まなければならず，たとえ遺族は死によって動揺しているとしても様々な選択と判断を迫られる。決して平静でいられるとばかりはいえないことが多い。葬送を行うには様々な法的手続きも必要となる。なかでも葬送に関する公的な手続きのみならず，葬儀社利用に伴う葬儀社との葬儀契約や墓地への埋葬に関する契約も残されている。葬送に関する法律および契約を伴う事項が多いため，葬送は一つの商取引であるとされ，FTCルールによって詳細が決められている。そこには消費者の保護という点も当然考えられている。またこのような法整備は，新たな形式の葬送が増えてきたために，葬送を必要とする人たちが望む葬送を円滑に行うことができるようにするためであり，一方では実施する専門職を保護し，葬送事業者の節度を守った葬送の実行をはかるために必須のものでもあることは言うまでもない。今日，葬送の真の意味と伝統が問われながら，葬送のあり方の論議，形式の変容が顕著であり，どのような死を迎えるかという死に方など，人の死をめぐる論議はさらに拡大化してきている。そのようななかで，アメリカにおいては，葬送の変化に即応するために種々の調査や法制の変革が進行してきており，葬送を行う人々を消費者として現実的な葬送に対して法的に規定されているアメリカの法規はわが国にも大いに参考になろう。葬送法だけではなく，その他の関連法としてFederal Truth-In-Lending Actがある。同法は，連邦信用貸法として，消費者の葬儀費用支払いのクレジット利用に関する規則，クレジット債権者としてのフューネラル・ディレクターの立場，料金請求と支払いに関する会計責任，葬儀および墓購入の分割払い，信用貸の様式，広告および罰則規定などについて規定されているのである。特に葬儀は，その実行責任は葬儀社にあり，葬儀料金の支払いは，故人および遺族にあるが，その支払いについてのトラブルも多く，生前契約の進展には葬儀業者の料金の確実な入金という消費者とのトラブル回避のための方法でもあるという見方がある。

　以上のような法制の整備は，生前に葬送に関する意思を残すことができるということだけでなく，消費者としての遺族を守り，また葬送業従事者を守り葬送の健全な展開を支える基盤になるものである。

参考文献

1）Pine, V.R., *Comparative Funeral Practices,* Practical Anthropology, 1969, pp.49-62.
2）濱口晴彦・嵯峨座春夫編著『大衆長寿時代の死に方』ミネルヴァ書房，1995年.
3）Pine, V.R., Caretaker of the dead; *The American Funeral Director,* Irvington, N.Y., 1975.
4）前掲書，Caretaker of the Dead.
5）前掲書，Caretaker of the Dead.
6）Reather H.C.& Slater R.C., *Immidiate Pastdeath Activities in the United States,* New York McGraw-Hill, 1977.

7) Firth R., *Elements of Social Organization,* Boston Beacon Press, 1964, p.63.
8) Rando, T.A. Greif, *Dying and Death,* Research Press Company, 1984, p.177, p.180.
9) Herbenstein, R.W., Lamers, W.M., *The History of American Funeral Directing,* NFDA, 1985.
10) 前掲書, *The History of American Funeral Directing.*
11) 前掲書, *The History of American Funeral Directing.*
12) Stueve, T.F.H., Mortuary Law, *The Cincinnati Foundation for Mortuary Education,* 1988.
13) Federal Trade Commision Funeral Rules Statement Product Report, vol.2-2, AARP, 1992.
14) State of California Department of Consumer Affairs, Funeral Directors and Embalmers Law, 1989. State Board of Funeral Directors and Embalmers, 1989.
15) The Education and Professionalism Committee. CFDA ADA, California Funeral Directors Association, 1993.
16) 全国社会福祉協議会編『ADA障害をもつアメリカ国民法』全国社会福祉協議会, 1992年.
17) NFDA, *1996-1997 Directory of Members Resource Guide.,* NFDA, 1997.
18) 前掲書, *Directory of Members Resource Guide.*
19) 前掲書, *Directory of Members Resource Guide.*
20) 前掲書, *Directory of Members Resource Guide.*

第3節　アメリカにおける葬送専業者の専門教育

1．アメリカにおける葬送専業者教育の歴史

　アメリカにおける最近の葬儀業社の急速な成長と葬送団体活動の進展は，いくつかの課題をかかえることになった。それは，まず第1に，葬送に関する専門職の養成と現任教育を含む教育，そして，第2に，死と埋葬に関する諸法，第3に，葬送に関し多角的な事業を行う葬送および関連団体，第4に，経済成長と統合化・安定化などである。特に，教育は葬送業従事者予備軍を多くつくり，しかも専門的な知識と技術を習得することによってその質を向上させ，労働市場に専門職として参加させることになり，ひいては業界全体の質の向上と社会的認知度を上げることになる。葬送業界としては最も重視し，真剣に取り組む分野である。一方わが国の場合は，4,500～5,000の葬儀業があるというように詳細な数字が示されていないことからもわかるように，葬送業開業には専業者の免許を有する者がいなければ開業できないというアメリカのような厳密な規制はなく，開業資格も問われない。葬送業の専門職の免許はないが，近年になって公的に認定されている資格として葬儀ディレクターができた。しかしこの資格は葬儀実務に関する認定資格があるだけで，葬送に関する包括的な専門職としての資格ではない。葬送の専門職に対する専門教育に至っては，全くといってよいほど考えられてこなかった。葬送は，地域の慣習と宗教的儀式により行われることが一般的であり，伝統と経験を踏襲することによって継承されることが重視されてきたからであるといえよう。専門職教育の分野においてアメリカの葬送業界は自らの手で教育を積極的に推進してきているのである。
　専門職教育（mortuary education）すなわち葬送に関する教育にアメリカではすでに1880年代から積極的に取り組みはじめられた[1]。葬送の実務上の必要性に基づき，①葬送学（科学）教育機

関の設置，②教育機関および教科基準および指導基準カリキュラムの設定と管理，③葬送教育委員会および葬送教育機関統括委員会の設置，④州レベルでの葬送学および葬送業従事者に関する法制などを中心として進められている。

　葬送専門職とは，遺体のエンバーミングを行うことのできる唯一の有資格技術者であるエンバーマーと，葬儀サービスを行うフューネラル・ディレクターをいう。両者ともに州ごとに定められている専門教育を受け，国家試験（州ごと）を受験，合格することによって付与される免許である。エンバーマーは極めて専門性が高く，アメリカ全州において，エンバーミングを専門に行うことのできる免許をもつ専門技術者としてのエンバーマーでなければエンバーミングは行うことができない。エンバーマーは遺体の防腐処理や整形処置をするために極めて専門性が高く，また危険度も高い職業となるが，一方のフューネラル・ディレクターは，葬儀のコーディネーターとして，葬儀のアレンジや遺族ケアなど主に，人的なサービスを中心とするサービス専門職ということができ，葬送を支える同じ専門職であってもエンバーマーとは異なった部分を担う職務をもつ。フューネラル・ディレクターという名称は，コロラド州を除く他のすべての州では有資格者でなければフューネラル・ディレクターという名称は使用することができず，同資格は職務とともに名称独占の資格でもある。なお，州によってはフューネラル・ディレクターとエンバーマーの資格が単一化されている場合もあるが，多くは別個の資格とされており，そのための教育の内容も期間も異なっている。

　葬送専門職の教育はエンバーミングの発達とともに充実してきたといってもよい。エンバーミングは19世紀初めから徐々に行うことが決して珍しいことではなくなってきたがそれは度重なる戦争の歴史と無関係ではない。1812年の独立戦争で大量の戦死者がでたことが葬送業界の発展の契機になった。すなわち戦死者を葬るためには遺体の修復・整形が要求され，それがエンバーミングの普及につながり，一段と技術の進歩を見ることになった。また，大量の戦死者がでたことにより，エンバーミングは技術の高度化とともに迅速化も要求されることになり，エンバーミングが社会に受け容れられる突破口を開いたのである。特に南北戦争の死者を葬るために国立墓地が設置された1861年にホームズ（Holmes, T.）による画期的な化学的エンバーミングの開発が脚光を浴びた。従来の方法から飛躍的に進歩した技術によって数千人の軍人にエンバーミングが施され，国立墓地に埋葬された。そして図らずも1865年にリンカーン大統領が暗殺され，遺体をイリノイ州まで移送する際にその遺体にエンバーミングが施され，それが高度なエンバーミングの技術をアピールすることになった。エンバーミングの高度の知識と技術の普及のためには教育の必要性が問われるようになった。とはいえ19世紀後半の当時においてはエンバーミングは医師が施すものとされ，化学的エンバーミングへの抵抗感が強く，またエンバーミングをする医師そのものの数が非常に少なかった。徐々にエンバーミングの需要が多くなってきて医師に取って代わって，エンバーミング技術者が化学的処理技術により，自立できるようになったという背景が，専門職を養成するエンバーミング・スクール（embalming school）を設立する契機となったのである。1878年にアメリカで最初のエンバーミング・スクールが薬品会社によって開設されたが，初期的な学校における教育は専門教育とはいえ，数日間の技術習得のためのカリキュラムは編成さ

れてはいたが，本格的な教育カリキュラムとはいえず，また教育施設・設備ともに本格的な教育施設とは程遠いものであった。学校の開設には特に化学薬品と特殊な用具，方法によって行われるエンバーミングの技法を開発したホームズ（Holmes, T.）の功績は多大であった。ホームズは学校で自己の技術を開示しまたエンバーミングを行うための溶液や器具などの販売も行い実践を身近なものにした。彼によるエンバーミング技術の開示は医師による医学的手法によるエンバーミングから化学的処理によるエンバーミングへと転換させることになり，従来の医師による手術技法のエンバーミングが徐々に衰退していった。それに代わって，用具・用品と化学薬品の知識，エンバーミングの技術の指導が必要となり，エンバーミングからの医師の撤退により，葬送従事者がその技法・技術を学ぶ好機を迎えたのである。その中には，独立戦争後に葬送業専業者として名をなした，ボティック（Bothick, T.W., ニューオリオンズ州），アトキンズ（Atkins, R., ニューヨーク州），マーフィ（Murphy, G.W., イリノイ州），テイラー（Taylor, J., ニュージャージー州），ギッシュ（Gish, J., ネブラスカ州）らがいる。教育によるエンバーミングの技術の向上とともに専門性を認定する免許制度確立への気運が高まり，1894年にバージニア州に全米初めてのエンバーマーとフューネラル・ディレクターの免許制度が確立した。そして1950年代までの60年間に48州でエンバーマー制度が導入された。州によってはエンバーマー単独の場合とエンバーマーとフューネラル・ディレクターを合わせ取得できる免許・資格制度があり州により異なる。エンバーミングの技術の発達と普及とともに1880年代から徐々に葬儀を行う葬儀専業者が葬儀社において葬儀を行う斎場を建設して，本格的に葬儀業に取り組むようになっていき，葬儀の実務家としての葬儀社職員の専門職化が検討されるようになっていった[2]。

　エンバーマー養成のための学校の歴史は，20世紀に入る直前に始まり，アメリカ独立戦争後にエンバーミングの技術の発達とともにエンバーマーの養成が学校という組織体として行われるようになったという過程をたどり，そこには死亡者を発生させる戦争が大きな影響を与えている。エンバーミングの教科書は1874年に，ルノアール（Renouard, A.）が，個人的にデンバーで技法を教授し，エンバーミングマニュアル（*Undertaker's Manual*）として1876年と1878年に発行している。その息子であるチャールズ・ルノアール（Renouard, C.A.）が1894年にエンバーミングスクールを開校した。ただこれより以前に1882年にクラーク（Clarke, J.H.）がシンシナティにエンバーマー養成校である Cincinati School of Embalming（現 Cincinnati College of Mortuary）を，1884年には Illinois School of Embalming をシカゴ葬送業者組合が設立している。さらに1900年を前に1887年にドッジ（Dolge, C.B.）が United States School of Embalming を創始，また1890年に Iowa School of Embalming がアイオワ州に設立されるといったように全米各地で続々と専業者養成が始まり，この時期がアメリカ葬送学専門学校の開始の基礎を作った時期であるとされている。

　初期的には学校といってもエンバーマーの養成は短期間の教育によって行われ，1910年代では，殆どが6週間のコースであった。1925年からは8週間のコースが現れ始め，1928年には1ヵ月コース，1930年には6ヵ月コースと年々長期的なより専門性の高い教育が行われるようになった。たとえば，Eckels College of Mortuary Science では，1934年には9ヵ月コースを創設して

いる。同大学では，現在，12ヵ月以上のコースを履修すれば，American Board of Funeral Service Education (ABFSE) によって認定されているコース終了単位が取得できる。なお，ABFSE とはアメリカ教育省高等教育局の一部門であるアメリカ・フューネラル・サービス教育課のことで，葬送専門職を養成する大学・短期大学，専門学校の認可を行う機関である。

1900 年から 1920 年までの 20 年間にさらに 12 校が開校している。1902 年には，The Simmons School of Embalming が開校し，1903 年には The American College of Embalming, 1905 年には The Indiana School of Embalming, 1908 年には The University of Minnesota Course in Embalming and Sanitary Science が，そして 1909 年には The Columbus Training School of Embalmers, The Cleveland College of Embalming および The Boston School of Anatomy and Embalming の 3 校が，1911 年には The Worsham College of Embalming, 1914 年には The New England Institute of Anatomy および Sanitary Science and Embalming が開設された。さらに The Los Angeles College of Anatomy, Embalming and Sanitation が 1918 年に，Gupton-Jones School of Embalming が 1920 年に開設され，エンバーマーだけでなく葬送専業者すなわち現在のフューネラル・ディレクターの養成も本格的に始まった。専門学校および大学でのコースの開校が相次いだのはこの時期が最も華々しいときであった。その後 1920 年代から 30 年代にかけては，創立者が高齢化し，引退したり死亡したりという時期にさしかかり，後継者が十分に育っていなかったこともあり，一時的に沈滞する時期を迎える。フューネラル・ディレクター制度が確立したのは 1915 年頃である。1920 年代から葬儀のスタイルが変化し，従来通りの伝統的な教会における葬儀と同様に葬儀社の斎場において葬儀を行う人々の増加現象が見られるようになってきた。葬儀様式の変化とほぼ時期を同じくしてこの頃から軍人の葬送に対して国家責任としての葬送補助制度が創設されたり，1930 年代になると葬儀保険が登場したりという葬儀業界にとっては新しい兆しが見え始め転換期を迎えることになる。

1936 年に，Wisconsin Institute of Mortuary Science が発足し，はじめて Mortuary Science（葬送学）というタイトルが登場し，はじめて教育の場で葬送が学問として位置づけられた。1962 年には，既存，新設を問わず多くコース，プログラムそして施設名としてまで Mortuary Science という名称が使われるようになった。その例として，1903 年創設の American College of Embalming は，1943 年には早くも Williams Institute of Mortuary Science と名称変更されている。The Los Angeles College of Anatomy, Embalming and Sanitation が California College of Mortuary Science に名称変更された。そしてその後同大学は，California 州立大学機構の中のひとつである Cypress County Community College の Mortuaty Science 学部として高度の専門職養成を行うに至っている。

2．高等教育機関における葬送教育

1980 年代になると 37 校（27 校は大学）が専門単位として認定されたコースを開設し始めた。これらの学校・大学では，おおむね 7 単位で修了書を，11 単位で卒業証書を，25 単位で準学士号を付与することにしているところが多い。また学校・大学によっては，2〜3 の特別プログラム

を提供しているところもある。エンバーマーおよびフューネラル・ディレクター免許・資格試験に先立って必要となる専門教育には1年〜4年までと教育年限の差はあるが，基礎教育科目は概ね共通している。またABFSEによって1992年から高等教育機関における葬送学関連科目として40科目が単位の認定を受けることができるようになった[3]。

1年間の葬送学教育とは，専門学校などにおける1年間のプログラムを指していい，基礎教育科目としては，①解剖学，②生理学，③エンバーミング技術，④修復技術の4科目を指定している。2年間のプログラムはコミュニティカレッジや短期大学における2年間の葬送学専攻課程をいうがどちらかというと少数派である。同じ2年間の課程でも4年生大学における2年間のコースという形態が多いからである。①葬儀業ビジネス管理，②会計学，③葬儀社経営のためのコンピュータ実務，④葬儀サービス方法論，⑤社会学，⑥倫理学，⑦心理学，⑧グリーフカウンセリング，⑨コミュニケーション学，⑩葬送法，⑪商法，⑫葬送関連諸規則である。

しかし，いずれの養成課程を修了しても，すぐにその専門職として開業または就業できるわけではなく，所定の専門課程を終了後各州の各試験局が実施するエンバーマー，フューネラル・ディレクターの資格試験（筆記試験，口頭試験，実技試験）の3部門の試験に合格し州政府から免許・資格を授与されてはじめて葬送業の開業もしくはエンバーマー，フューネラル・ディレクターとして実務に就業できるのである。これらの免許・資格は終身制のものではない。2年もしくは3年ごとに更新しなければならない。そのためには後述する継続教育すなわち現任教育を受けておかなければならない。なお有資格専門職には現場経験（実習）が課せられており，その実習は各州の州法に基づき学校課程の中かあるいは終了後に1〜2年間行わなければならない。その実習は主に葬儀サービスやエンバーミング，遺体の搬送などである。また，専門職を目指す高校生には高校の教育課程の中で生物や何らかの科学の科目を履修したり，パブリックスピーキングやディベートのクラブに所属してコミュニケーションの方法を学んでおくことが要請されている。長い夏休みなどを利用してパートタイムで葬儀社で働くということも葬儀業界では歓迎されている。なお，高校生が葬儀社で働く場合には葬儀の実務ではなくリムジンや霊柩車の掃除，社屋の清掃など周辺の簡単な仕事に従事させることとし，それを通して葬儀社や専門職を理解させるという目的がある。

表2-12は，現在の葬送学専門学校および大学の一覧である。

また，葬送学を学ぶ人たちのためのスカラシップを大学や葬送業団体などが支給しており，専業者で未資格取得者が資格取得をめざして働きながら学ぶためにも有効に利用されている。その概要は表2-13〜表2-15に示す通りである。アメリカ35州のフューネラル・ディレクター団体がスカラシップを支給しており，さらに国際的な葬送団体・フューネラル・ディレクター団体が8団体，Mortuary Scienceを有する21大学がスカラシップを支給している。

3．フューネラル・ディレクター（Funeral Director）とエンバーマー（Embalmer）

アメリカにおける葬送業の資格は大別するとフューネラル・ディレクターとエンバーマーの2種類がある。両資格は，アメリカ各州における免許・資格と，連邦政府による免許・資格がある

表 2-12 葬送専門職養成教育機関

州	大学・学校名	就学要件
アラバマ	Bishop State Community College Department of Mortuary Science	2年 Associate in Applied Science
	Jefferson State College Funeral Service Education Program	2年 Associate in Applied Science
アリゾナ	Mesa Community College Mortuary Science Program	2年 Associate in Applied Science
カリフォルニア	Cypress College Mortuary Science	2年 Associate in Applied Science (Certificate 1年)
	San Francisco College of Mortuary Science	Dioloma 1年 Associate in Arts 1年
コネチカット	Briarwood College Department of Mortuary Science	2年 Associate in Applied Science
コロンビア	University of District of Columbia Van Ness Campus-Mortuary Science	2年 Associate in Applied Science
フロリダ	Lynn University Funerl Service and Anatomy	2年 Associate in Applied Science
	Miami-Dade Community College W.L.Philbrick School of Funeral Science	2年 Associate in Applied Science
	St. Peterburg Junior College Funeral Service Program	2年 Associate in Science
ジョージア	Gupton-Jones College of Funeral Service	2年 Associate in Science
イリノイ	Malcom X College Department of Mortuary Science	2年 Associate in Science
	Southern Illinois University	2年 Associate in Science
	Mortuary Science & Funeral Service	4年 Bachelor of Science
	Worsham College of Mortuary Science	Associate in Applied Science or Equivalent
インディアナ	Mid-America College of Funeral Service	2年 Associate in Applied Science
	Vincennes University Funeral Service Education Program	1年 Diploma 2年 Associate in Science
カンザス	Kansas City Community College Mortuary Science Department	2年 Associate in Applied Science
ルイジアナ	Delgado Community College Department of Funeral Service Education	2年 Associate in Applied Science
メリーランド	Catonsville Community College Mortuary Science Program	2年 Associate in Applied Science
マサチューセッツ	New England Institute of Funeral Service Education, Mount Ida College	1年 Mortuary Science Diploma, 2年 Associate of Science in Funeral Service

ミシガン	Wayne State University Department of Mortuary Science	4年 Bachelor of Science
ミネソタ	University of Minnesota Program of Mortuary Science	4年 Bachelor of Science
ミシシッピー	East Mississippi Community College Funeral Service Technology Program	1年 Certificate 2年 Associate in Applied Science
ミズーリ	St. Louis Community College at Forest Park, Department of Funeral Service Education	2年 Associate in Applied Science
ニュージャージー	Mercer County Community College Funeral Service Curriculum	1年 Certificate
ニューヨーク	American Academy McAllister Institute of Funeral Service Inc.	1年 Diploma 16ヵ月 Associate in Occupational Studies
	Hudson Valley Community College Mortuary Science Department	2年 Associate in Applied Science
	Nassau Community College Mortuary Science Department	2年 Associate in Applied Science
	Simmons Institute of Funeral Service	16ヵ月 Associate in Applied Science
	State University of New York College of Technology at Canton Mortuary Science Program	2年 Associate in Applied Science
ノースカロライナ	Fayetteville Technical Community Colllege Funeral Service Education Department	2年 Associate in Applied Science
オハイオ	Cincinnati College of Mortuary Science	2年 Associate in Applied Science 3.25年 Bachelor of Mortuary Science
オクラホマ	University of Central Oklahoma Department of Funeral Service Education	2年 Certificate 4年 Bachelor of Science
オレゴン	Mt. Hood Community College Department of Funeral Service Education	2年 Associate in Funeral Service Education
ペンシルバニア	Northampton Community College Department of Funeral Service Education Associate in Applied Science	2 semesters or 2年
	Pittsburgh Institute of Mortuary Science	1年 Diploma 20ヵ月 Associate in Speciaized Business
テネシー	John A. Gupton College	1年 Diploma 2年 Associate of Arts in Funeral Service
テキサス	Commomwealth Institute of Funeral Service	1年 Diploma 16ヵ月 Associate of Science in Funeral Service
	Dallas Institute of Funeral Service	1年 Diploma Associate in Applied Science

	San Antonio College Department of Allied Health Technology	2年 Associate in Applied Science in Mortuary Science
バージニア	John Tyler Community College Funeral Service Program	2年 Associate in Applied Science
ウィスコンシン	Milwaukee Area Technical College Funeral Service Department (West Campus)	2年 Associate in Applied Science
申請中	Red River Technical College Funeral Service Program	Associate in Applied Science
	Carl Sandburg College Mortuary Science Program	Associate in Applied Science
	Arapahoe Community College Mortuary Science Program	Associate in Applied Science

が，それは，連邦政府による試験か州の試験局による試験によったかの違いである。いずれにしろ以下に示す所定の専門教育を受け，現場実習を終了していなければならない。専門職としての就業，開業には免許・資格取得が条件となるがその基準は州により異なる。

表2-16は全米各州におけるフューネラル・ディレクターおよびエンバーマー資格取得に関する基本的な要件を示す。

4．資格維持のための継続教育

フューネラル・ディレクターとエンバーマーの有資格者に対しては，専業として職業を継続するためには，継続教育を受けることが要請されている。資格は2年（3年）ごとの更新を行わなければならずそれまでの期間に必ず，新知識および改正法，規則などについて再学習すると同時に常に専門職としての知識・技術を磨いておく必要があるためであるのはいうまでもない。

しかし各州によって，その時間や内容さらには継続教育を受ける必要の有無まで異なっている。継続教育に力を入れているとはいってもまだ継続教育受講を不要としている州は，半数の25州にも及んでいる。そのなかで，現在検討中でいずれ継続教育を課すと見込まれている州が7州ほどある。以下，各州が要求している継続教育は表2-17の通りである。

葬儀専門職としてのフューネラル・ディレクターとエンバーマーについての教育システムを見ると過半数は，専門職としての質を維持するために常に現任教育を怠っていない。葬送業の専門職としては専門教育と免許取得が開業資格となるが，その資格は2～3年おきに更新しなければならず，その更新に際しては継続教育の修了が必須となっていく傾向にある。

例えば，ワシントン州の場合をみると専門職としては，エンバーマーとフューネラル・ディレクターであり，その免許を持つことによって可能となる葬社開業の免許と墓地に関する免許が設定されている。両資格は免許局のビジネス＆プロフェッション課が管轄している。エンバーマーには，葬送学の準学士号（2年の大学教育終了）取得か葬送学コース修了者，またはその他の大学，専門学校におけるセメスター（2学）制の場合は60時間，4学期（クォーター）制の場合は

表2-13 アメリカ各州のフューネラル・ディレクター協会によるスカラシップ

州	スカラシップ
アラバマ	2名を対象に各1,000ドル／年，州内居住者
アリゾナ	2,000ドル／年，州内居住者，成績平均B
アーカンソー	5名まで300～1,200ドル／年，州居住者，卒業後2年州内就業
コネチカット	2名まで，500ドル／年，州内居住者
フロリダ	2名まで，1,000ドル，750ドル，500ドルを2年間に支給
ジョージア	2名，1,500ドル／年，州内就業者
アイダホ	1名，500ドル／年
イリノイ	2名，750ドル／年，1名に500／年を各3大学に
インディアナ	3名，500ドル／年，州内居住者
アイオワ	金額特定せず，州内居住者
カンザス	2～4名，250～1,000ドル
ケンタッキー	特定せず，州内就業
ルイジアナ	5名，1,000ドル／年
メイン	1名，特定せず，第2セメスターに限る
メリーランド	2名，500ドル／年，成績平均A～C
ミシガン	3名，各2,000ドル，1,000ドル，500ドル／年
ミネソタ	1名，1,000ドル／年，州内居住者
ミシシッピー	1名，500ドル／年，州内居住者，成績Cランクまで
ミズーリ	4名，750ドル／年，州内居住者
モンタナ	2名，500ドル／年，州内就業
ネブラスカ	若干名，1,000ドル／年，州内高校卒業者
ニューハンプシャー	2名，500ドル／年，州内就業
ニュージャージー	2名，1,000ドル／年
ニューヨーク	2名，500ドル／年，1名300ドル／年，州内就業
ノースカロライナ	400ドル／年，低利のローンあり
オハイオ	10～15名，500～3,000ドル／年，州内就業
オクラホマ	若干名，1,500ドルまで／年，州内就業
オレゴン	1名，500ドル／年，1名，1,000ドル／年，州内就業
ペンシルバニア	2名，500ドル／年
テキサス	6名，250ドル／年，州内就業
バーモント	特定せず
ワシントン	特定せず
バージニア	2名，1,000ドル／年，州内居住者
ウィスコンシン	特定せず
ワイオミング	1名，500ドル／年，州内居住者

表 2-14 葬送団体（National Funeral Service Organizations）によるスカラシップ

団体名	スカラシップ
American Board of Funeral Service Education	50～60名につき，250ドル，500ドル／年，多数の団体からの寄付金を原資とし，4月と10月に奨学金の支給
Australian Funeral Directors Association	1名，7,000ドル／年
Conference of Funeral Service Examining Boards	American Board of Funeral Service Education の規定による
International Order of the Golden Rule	定員特定せず，応募者によって決定。応募者は，Mortuary Science 専攻で，最終セメスターの成績が平均B以上。学校推薦による
Jewish Funeral Directors of America	1名につき500ドル，1,000ドル，1,500ドルの支給，Mortuary Science 専攻学生対象で，エッセー試験選考あり
National Foundation of Funeral Service	一般学生へのスカラシップはないが，資格の有無を問わず継続教育を受ける葬儀社社員に対して支給される
National Funeral Directors & Morticians Association	高校卒業時の成績およびスカラシップの必要度（経済状況），その他の個人調書を考慮する
National Funeral Directors Association	American Board of Funeral Service Education の規定による

表 2-15 大学・専門学校独自のスカラシップ

大学・専門学校	スカラシップ
Carl Sandburg College	4名に各500ドル／年支給し，卒業時まで合計8,000ドルを支給，ただしイリノイ州居住者のみ
Cincinnati College of Mortuary Science	10～20名につき，250～500ドル支給
Commonwealth Institute of Funeral Service	10名につき，250～500ドルを支給，ただし，同大学のフルタイム学生で，少なくとも2クォーター履修していること
Cypress College, Department of Mortuary Science	10～12名につき，各100～500ドルの支給，大学と同一カウンティ居住者
Dallas Institute of Funeral Service	5名以上，各250～300ドルを支給，ただし同大学において，第3クォーターを履修
Gupton-Jones College	4名につき各200～500ドルを支給，R. Steward スカラシップは，ジョージア州居住者で成績が平均A，R. Kannedy スカラシップは，サウスカロライナ州居住者で，エッセー試験，R. Barber & C. O. Lite スカラシップは，エッセー試験，サウスカロライナ女性基金スカラシップは応募，SCI Georgia Funeral Service スカラシップは，第1クォーターで93％以上の成績取得者，J.Gilliam スカラシップは，サウスカロライナ居住者
Kansas City Kansas Community College, Mortuary Science Department	2名に各375～400ドル支給，ただし同大学同学部のフルタイム学生に限る
Lynn University	若干名につき500ドル支給，同大学の科目を履修学生であれば，Mortuary Science 選考でなくても可

Mercer County Community College	1名につき500ドル支給
Miami-Dade Community College, W.L. Philbrick School of Funeral Sciences	4名に各500ドル，2名に各750ドル，2名に各1,000ドル支給
Mount Hood Community College	4名につき各500ドル，1名に1,000ドル，1名に2,000ドル支給，アイダホ州居住者，2,000ドルの支給は，オレゴン州，ワシントン州，アラスカ州居住者
New England Institute of Applied Arts and Sciences at Mount Ida College	4名につき各2,000ドル支給および修業年限分の部屋代
Northampton Community College, Department of Funeral Service Education	1名に300～500ドル支給，成績がGPA3.0でフルタイム学生
Pittsburgh Institute of Mortuary Science	若干名に1,000ドル支給，同学校学生に限る
St. Petersburg Junior College	1名に250ドル支給
San Antonio College, Mortuary Science Program	2名につき学費免除，テキサス州居住者
Simmons Institute of Funeral Service	2名につき各500ドル支給，ただし春学期，秋学期に1名ずつ
Southern Illinois University at Carbondale, College of Technical Careers-MC6615	10名につきそれぞれ250～1,000ドル支給，フルタイムのMortuary Science専攻学生
State University of New York College of Technology at Canton, Mortuary Science	Program Canton Collegeの学生対象で定員特定せず
University of Central Oklahoma	7名につき各250～400ドル支給，Funeral Service Program履修学生に限る
Wayne State University, Department of Mortuary Science	1名に500ドル支給，成績がGPA3.3以上であり，同学部学生に限る

90時間，それに2年間の見習いを経て専門職としての仕事が可能になる。また，フューネラル・ディレクターにはエンバーマー同様葬送学の準学士号を有するかまたは，葬送学以外の準学士の場合は，1年間の実習経験を要する。葬儀業開業に当たっては，葬儀社を所有していることを示すその所在地，規定のフューネラル・ディレクター，エンバーマー（常勤または非常勤）の雇用が義務づけられているし，墓園開業には墓地法に基づき基本財産として墓地が確保されていなければならない。また火葬業の開業に当たっては，墓地への埋葬の前に火葬が組み込まれることが条件になっている。またワシントン州における個人としてのフューネラル・ディレクターやエンバーマーの登録費用は見習いのフューネラル・ディレクター・エンバーマーは75ドル，フューネラル・ディレクターとエンバーマーは150ドルである。他に企業・団体としての登録費用も必要

表 2-16　フューネラル・ディレクターおよびエンバーマーの資格取得要件

州	資格	教育要件	現場経験の要
アラバマ	F.D., Em.	高卒，Mortuary College	卒後2年間
アラスカ	F.D., Em.	Mortuary College	Em. 取得後1年間
アリゾナ	Em. F.D.	高卒，Mortuary College，試験 高卒，Mortuary College，試験 Em. 取得後経験1年	Em. 取得後1年間
アーカンソー	F.D. Em.	高卒 高卒，Mortuary College	専門学校以外は2年 1年間現場経験
カリフォルニア	F.D. Em.	就業者は資格取得が望ましい 高卒，Mortuary College	卒後または修学前に2年間
コロラド	不要	特に要件なし	なし
コネチカット	F.D., Em.	高卒＋Mortuary Science の準学士	1年間
デラウェア	F.D.	高卒，2年(60時間)の大学教育，1年(30時間)の Mortuary Science，試験	卒後1年間
コロンビア	Funeral Service	高卒，Mortuary College	卒後1年間
フロリダ	F.D., Em.	高卒＋1年の Mortuary Program 履修，高卒＋Mortuary Science の準学士，試験	卒後1年間
ジョージア	F.D., Em.	高卒＋1年 Mortuary College，試験	卒後または修学前に2年間
ハワイ	F.D., Em. 葬儀請負業	3年の現場経験，Em. 専門学校，5年間の Em. 実務経験	
アイダホ	葬儀業	2年の大学教育＋Mortuary College	卒後または修学前に1年間
イリノイ	F.D., Em.	1年の大学教育＋Mortuary College, Mortuary Science の準学士	卒後1年間
インディアナ	F.D., Em.	1年の大学教育＋Mortuary College	卒後1年間
アイオワ	F.D.	Mortuary Science の60時間大学で履修，成績はCまで	卒後1年間
カンザス	F.D. Em.	60時間大学で履修，試験 Mortuary Science の準学士，試験	試験までに1年 試験合格後1年
ケンタッキー	F.D., Em.	高卒＋Mortuary College	3年間
ルイジアナ	F.D. Em.	高卒＋大学で30時間履修高卒＋15ヵ月の Mortuary Science 履修	卒後または修学前に1年間
メイン	F.D., Em.	1年の大学教育＋Mortuary Science または準学士	卒後または修学前に1年間
メリーランド	F.D., Em.	Mortuary Science の準学士	2,000時間
マサチューセッツ	F.D., Em.	高卒＋Mortuary College，試験	卒後または修学前に2年間
ミシガン	Mortuary Science 資格	2年間の大学教育で指定の教科履修	卒後1年間
ミネソタ	Mortuary Science 資格	2年間の大学教育＋Mortuary College	卒後1年間

ミシシッピー	F.D. Funeral Service 資格	高卒 高卒＋Mortuary College	2年間 卒後または修学前に1年間
ミズーリ	F.D. Em.	高卒 高卒＋1年のMortuary College	2年間 1年間
モンタナ	葬儀業資格	2年の大学教育＋Mortuary College	卒後1年間
ネブラスカ	F.D., Em.	大学教育60時間の指定科目履修＋Mortuary College	事前・卒後6ヵ月ずつまたは卒後1年間
ネバダ	Em.	2年間の大学教育＋Mortuary College	卒後または修学前に1年間
ニューハンプシャー	F.D., Em.	1年間の大学教育＋Mortuary College	卒後または修学前に1年間
ニュージャージー	F.D. Em.	3年間の大学教育 2年間の大学教育＋1年のMortuary College	1年間 2年間
ニューメキシコ	Funeral Service 資格	2年間の大学教育＋Mortuary Science	1年間
ニューヨーク	F.D.	60時間（セメスター）または90時間（クォーター）専門学校での履修	卒後1年間
ノースカロライナ	F.D., Em. Funeral Service 資格	高卒＋Mortuary Scienceでの32時間（セメスター）履修	卒後または修学前に1年間
ノースダコタ	Em.	2年間の大学教育における指定科目の履修＋Mortuary College	卒後1年間
オハイオ	F.D. Em.	F.D.には学士号の要 2年間の大学教育での指定科目履修＋Mortuary College	なし 1年間
オクラホマ	F.D., Em.	Mortuary Scienceの60時間の履修，試験	1年間
オレゴン	Funeral Pracritioner Em.	高卒 高卒＋Mortuary College	2年間 1年間
ペンシルバニア	F.D.	2年間の大学教育＋Mortuary College，試験	卒後1年間
ロードアイランド	F.D., Em.	高卒＋Mortuary College	2年間
サウスカロライナ	F.D., Em.	高卒＋Mortuary College	2年間
サウスダコタ	Funeral Service	2年間の大学教育＋Mortuary College	同州において1年間
テネシー	F.D. Em.	高卒 高卒＋Mortuary College	2年間 1年間
テキサス	F.D., Em.	高卒＋Mortuary College，試験	卒後1年間
ユタ	F.D., Em.	Mortuary Scienceの準学士，試験	卒後または修学前に1年間
バーモント	F.D. Em.	試験 専門学校で2年間のFuneral Service履修，大学での30単位の取得	なし 卒後または修学前に1年間

バージニア	Funeral Service	高卒＋Mortuary College	18ヵ月間
ワシントン	F.D. Em.	2年間の大学教育 2年間の大学教育（指定科目の履修）＋Mortuary College	1年間 同州において2年間
ウェストバージニア	F.D. Em.	2年間の大学教育 準学士＋Mortuary College	卒後または修学前に1年間
ウィスコンシン	F.D.	2年間の大学教育（指定科目の履修）＋Mortuary College	卒後または修学前に1年間
ワイオミング	F.D. Em.	特に要件なし 1年間の大学教育＋1年間のMortuary College	なし 同州において1年間

であり，葬儀社は350ドル，その支店は250ドル，生前契約取り扱い登録費用は200ドルとなっている。墓園業は260ドル，墓の生前購入取り扱い免許は104ドルである。

このように専門職として，専業者としての位置づけが行われ，専門職は継続教育を経て免許の更新をしなければならない。州によっては継続教育の受講を重視していないところもあるが，ワシントン州においては継続教育は免許更新に必須の要件となっている。すなわち，フューネラル・ディレクターとエンバーマーいずれにも2年間の間に10時間の継続教育が義務づけられている。

教育目的の財団として1945年に設立された全米フューネラル・サービス財団ではマネージメントを中心とした3週間の継続教育プログラムを開講している。それはコミュニケーション，カウンセリング，マネージメントの3科目である。またNFDAは多忙であり継続教育が受けにくい専門職のために，NFDAホーム・スタディ・プログラムを提供している。教科内容はカセットテープに収められ，それをもとに自宅で学習することによって免許更新に必要な継続教育の単位が取得できるシステムになっている。

アメリカでは，葬送業従事者によるさまざまな同業者組合や専門職の組織が19世紀後半から各地に組織化されてきたが，それは組織化することによって情報交換と弱い立場を強化するためであった。専門職教育はすでに世界最大の専門職組織であるナショナル・フューネラル・ディレクターズ・アソシエーション（NFDA）の1882年における初めてのNFDA大会から課題テーマとなるなど当初から専門職教育に積極的であり，教育重視の姿勢は今日に続いている[4]。

1925年にはNFDAとナショナル・セレクティッド・モーティシャンズ（NSM）は，一本化が難しいために，1927年にアメリカ・フューネラル・サービス・ビューローとして新たな組織体を生み出した。また黒人の有資格フューネラル・ディレクターによる高度の技術水準による葬送サービスの充実をめざすために1924年にナショナル・フューネラル・ディレクターズ・アンド・モーティシャンズ・アソシエーション（NFD&MA）の組織母体も発足した。現在でも活発に調査やワークショップ，セミナーなどによる専門職の質の向上を図っている。ユダヤ人のフューネラル・ディレクターの組織は，アメリカ・ジュイッシュ・フューネラル・ディレクターズといい（JFDA）1928年に設立された。ニューヨークのヨーバ大学に教育プログラムを持ち，埋葬に関する年間プ

表 2-17 フューネラル・ディレクターとエンバーマーの必要継続教育（1997）

州	必要継続教育	州	必要継続教育
アラバマ	不要	モンタナ	2年間に12時間または1年間に6時間
アラスカ	不要	ネブラスカ	2年間に16時間
アリゾナ	年間12時間	ネバダ	不要（検討中）
アーカンソー	年間8時間	ニューハンプシャー	1年間に6時間
カリフォルニア	不要（現在検討中）	ニュージャージー	要（時期および詳細未決定）
コロラド	資格必要なし，不要	ニューメキシコ	NM州の会計年度（7/1～6/30）間に10時間
コネチカット	不要	ニューヨーク	不要
デラウェア	2年間に10時間	ノースカロライナ	1年に5時間
ワシントンD.C.	不要（現在検討中）	ノースダコタ	不要
フロリダ	2年間に12時間＋HIV/AIDSコースの履修	オハイオ	2年間に12時間
ジョージア	不要（検討中）	オクラホマ	1年に6時間
ハワイ	不要	オレゴン	不要
アイダホ	不要	ペンシルバニア	不要
イリノイ	2年間にF.D.は12時間，Em.は24時間	ロードアイランド	不要
インディアナ	2年間に10時間	サウスカロライナ	1年に3時間
アイオワ	2年間に24時間	サウスダコタ	不要（検討中）
カンザス	1年間に6時間	テネシー	不要
ケンタッキー	1年に4時間	テキサス	2年間に8時間
ルイジアナ	1年に4時間	ユタ	2年間に10時間
メイン	2年間に12時間	バーモント	2年間に6時間
メリーランド	2年間に12時間	バージニア	不要
マサチューセッツ	不要（検討中）	ワシントン	2年間に10時間
ミシガン	不要（検討中）	ウエストバージニア	3年間に3時間
ミネソタ	不要（検討中）	ウィスコンシン	2年間に15時間
ミシシッピー	不要（検討中）	ワイオミング	不要
ミズーリ	不要（検討中）		

ログラムや癒やし（glief）のセミナーを開催している[5]。

　1928年にフューネラル・ディレクターに対する就業条件など職業環境に対する支援のためのゴールデンルールが組織されたし，ナショナル・ファンデーション・オブ・フューネラルサービス（NFFS）は1932年に経営管理のための組織体として設置された。その目的は葬送サービスに関する継続教育を行うことにあった。現在開講されている継続教育のためのコースは，すべて単

位が認められる科目であり，なかには大学の単位が取得できる科目もある．このようにアメリカにおいては葬送業界が独自でいかに職業的使命の円滑な達成と専業者の社会的，経済的地位の向上のために教育を重視しているかが理解できよう．

参考文献

1) ロベール・サバチェ著，窪田般爾・堀田郷弘共訳『死の事典』読売新聞社，1991年．
2) Habenstein, R.W., Lamers, W.M., *The History of American Funeral Directing*, 1985, p.376.
3) Davis, J.A., Smith, T.W., *Genaral Social Servey 1972-1994*, National Opinion Research Center, 1994.
4) NFDA, *1996-1997 Directory of Members and Resource Guide*, NFDA, 1997.
5) 前掲書, *1996-1997 Directory of Members and Resource Guide*, NFDA, 1997.

第3章

アメリカにおける葬儀の生前契約

第1節　アメリカにおける死亡の動向

1．死に至るまでの疾病と介護

　アメリカ社会は，その経済と産業のめざましい発展により生活環境は一変し，生活文化や食文化，疾病構造も大きく変化し，それに連れて寿命も飛躍的に伸長した。表3-1，表3-2のようにアメリカにおける死亡の原因とその比率は100年前と大きく変化し，1900年では第1位が肺炎，第2位が結核，第3位が下痢・大腸炎，第4位が心臓疾患であったが，1995年には第1位が心臓疾患，第2位が癌，第3位が循環器疾患，第4位は肺疾患であり，1900年には第4位だった心臓疾患が1995年には第1位になり，第9位の癌が，第2位に，第7位の循環器疾患が第3位にと時代の変化と共に変わり，さらに現代病ともいえるHIV/AIDSなど新しい疾患による死因も見られるようになってきている。

　この中で死をもたらした疾患は，長年の生活習慣からくる疾病が遠因となっていることが多い。アメリカでは生活習慣病とも言われる慢性疾患は，死に至る疾患，障害を残す疾患や直接死に結びついたりすると言われていることを死因が表している。ナショナル・アカデミー・オン・エイジング・ソサイエティ（National Academy on Aging Society）の報告によると，100万人が何らかの慢性疾患を持ってもおかしくない状態にあり，今後さらに数百万人は慢性疾患を持つに至るだろうと報告している[1]。なかでも今後高齢期を迎えるベビーブーム世代は長寿化すると予測されているところからさらに増加し，2040年には，160万人が慢性疾患を得るに至るだろうとされている。その慢性疾患の治療に使用される医療費は1995年には470億ドルであったが2040年には864億ドルに達するものと推計されている。

　高齢期に長年にわたり蓄積された疾患により顕著に表れる問題として，治療と共に，多くが，障害化することに伴うこと，完治が難しいばかりではなく，医療効果がなかなか上がらないこと，介護が必要になってくることである。とくに介護には介護費用と介護者，介護の場に関する個人的な負担および社会的な負担が大きくなるし，介護と併せて継続的なリハビリテーションが必要となり，その費用やリハビリ・ケアをする専門職，リハビリの機会と場の確保など新たな医療と介護の負担を生み出すことになる。特に慢性疾患が深刻な病気や障害を引き起こす高齢期において，その要因となる疾患は他の年代と比較しても症状も異なり，男性では，日常生活に支障をき

表 3 - 1　アメリカの死亡率の推計1960年～2080年

年	人口（人）	死者数（人）	人口1,000人あたりの死亡率
1960	179,323,000	1,711,982	9.55
1970	203,302,000	1,921,031	9.45
1980	229,637,000	1,989,841	8.78
1981	231,996,000	1,977,981	8.62
1982	231,996,000	1,974,797	8.52
1983	234,284,000	2,019,201	8.63
1984	236,477,000	2,039,369	8.65
1985	238,736,000	2,086,440	8.74
1986	241,107,000	2,105,361	8.73
1987	243,419,000	2,123,323	8.72
1988	245,807,000	2,167,999	8.83
1989	248,251,000	2,150,466	8.68
1990	248,709,873	2,162,000	8.6
1991	252,160,000	2,165,000	8.5
1992	255,082,000	2,177,000	8.5
1993	261,000,000	2,268,000	8.8
1994	261,500,000	2,286,000	8.8
1995	264,396,000	2,309,000	8.8
2000*	268,266,000	2,367,000	8.82
2010*	282,575,000	2,634,000	9.32
2020*	294,364,000	3,015,000	10.24
2030*	300,629,000	3,472,000	11.55
2040*	301,807,000	4,100,000	12.85
2050*	299,849,000	4,100,000	13.67
2060*	296,963,000	3,912,000	13.17
2070*	294,642,000	3,832,000	13.01
2080*	292,235,000	3,814,000	13.05

注：*推計
出典：NFDA調べ，1996年。

表 3 - 2　アメリカにおける死亡の原因とその比率

1900		1995	
死　因	全死者に占める割合（％）	死　因	全死者に占める割合（％）
1．肺炎	12	1．心疾患	31.9
2．結核	11	2．悪性新生物	23.3
3．下痢・大腸炎	8	3．循環器疾患	6.8
4．心疾患	8	4．肺疾患	4.5
5．肝炎	5	5．事故	4.0
6．事故	4	6．インフルエンザ	3.6
7．循環器疾患	4	7．結核	2.6
8．乳幼児の疾患	4	8．エイズ，HIV	1.9
9．悪性新生物	4	9．自殺	1.4
10．ジフテリア	2	10．肝臓疾患	1.1

出典："Report of Final Mortality Statistics, 1995," by the National Center for Health Statistics, 1997, *Monthly Vital Statistics Report,* 45(11), supplement 2., Introduction to Sociology, The Harcourt Press, 1999.

たす聴覚障害，老化に伴う関節炎，心疾患，高血圧，白内障の順に症状が顕著に見られるようになってくる。女性は若干の違いがみられ，関節炎，高血圧，聴覚障害，心疾患，白内障の順である[2]。

　慢性病は精神的な健康に大きく作用する。51歳～61歳で慢性疾患を持つ人は男性よりも女性に多く，慢性病を持たない人よりも精神的な健康度はやや低い。45歳～74歳では，入院が必要だった慢性病を有する人は，10％であり，中でも関節炎と高血圧は，いずれも15％と16％であった。ところが75歳を過ぎると入院率はそれまでの年代の2倍の20％で，そのうち関節炎が26％，高血圧が21％にも達している。多くのアメリカ人は，慢性病化しやすい状況にあることが健康に高い関心を持たせ，健康への努力をすることになり，ひいては高齢期の寿命の長さを維持することにつながるといってもよいだろう。しかし重要なことは，慢性疾患によって高齢期には日常生活に何らかの支障をきたす障害を持つに至る人が100万人のうち40万人いるだろうということである。高齢期はそれまでの生活状況に最も大きく影響を受けるが，中でも疾患は40代半ばから徐々に症状としてみられるようになってくるが，高齢期しかも70歳を過ぎたころから日常生活を不自由にするような疾患となって表れるということは大きな問題である。

　70歳以上高齢者の5人に2人は日常生活に何らかの支援が必要な高齢者である。しかし在宅高齢者で支援が必要な高齢者の3人に1人は，何も支援を受けておらず，大多数は家族や近隣の人たちから無報酬の介護を受けている。その金額は概算で160億ドルに達すると試算されている。850万人の70歳以上高齢者は，程度の差こそあれ，運動・行動を制限される状態にあるかまたは，補助具や自助具により運動・行動をしている高齢者である。施設に入所して介護を受けるほどではないが，在宅で誰からか何らかの介護支援を受ける状態の人たちである。2030年には210万人の高齢者が何らかの行動の制限をもつ高齢者になっているだろうと推計されている。現在，介護を必要とする高齢者の介護をになっているのは家族特に配偶者か，成人した子どもである。

　家族が介護する場合，人的負担，経済的負担が最も深刻なこととして挙げることができよう。アメリカでは，72％がアンペイドワーク（unpaid work）かどうかにかかわらず行動に制限がある高齢者の介護をする人たちは家族員である。そのうち42％が成人した子どもであり，25％が配偶者である。この数値は，人種や民族によって多少の差異があるが概ねこの傾向に大差はない。行動に制限がある高齢者の51％は毎日の介護を必要とする人たちであり，21％は週に2～3回の介護を必要とする高齢者である。その介護の程度は要する時間でとらえると，1日に1～2時間の高齢者は80％に達している。また11時間～23時間は4％，24時間の介護を必要とする高齢者は7％見られ，11時間から24時間の介護は1割を占める。11時間～23時間というのは，ほぼ全面介護ということを意味し，介護者はすべての時間を要介護者に拘束されることになるということができる。全面介護の場合はもちろんのこと，たとえ，1日に1～2時間の介護であるにしても家族は介護に拘束されるということになり，介護負担は家族に重くのしかかっている。家族介護は精神的にも身体的にも負担感が大きく，それは特に女性に顕著に見られる。特に50歳以上の家族員では，親の介護をしなければならないことによるプレッシャーや介護の疲労感などから身体的にも精神的にも追いつめられ，病的症状を起こしたり，問題を持つものが15％程見られるよ

Health Care Proxy

(1) I, ______________________________

hereby appoint ______________________________
(name, home address and telephone number)
____

as my health care agent to make any and all health care decisions for me, except to the extent that I state otherwise. This proxy shall take effect when and if I become unable to make my own health care decisions.

(2) Optional instructions: I direct my proxy to make health care decisions in accord with my wishes and limitations as stated below, or as he or she otherwise knows. (Attach additional pages if necessary.)
____
____
____

(Unless your agent knows your wishes about artificial nutrition and hydration [feeding tubes], your agent will not be allowed to make decisions about artificial nutrition and hydration. See instructions on reverse for samples of language you could use.)

(3) Name of substitute or fill-in proxy if the person I appoint above is unable, unwilling or unavailable to act as my health care agent.
____
(name, home address and telephone number)
____

(4) Unless I revoke it, this proxy shall remain in effect indefinitely, or until the date or conditions stated below. This proxy shall expire (specific date or conditions, if desired):
____

(5) Signature ______________________________
Address ______________________________
Date ______________________________

Statement by Witnesses (must be 18 or older)
I declare that the person who signed this document is personally known to me and appears to be of sound mind and acting of his or her own free will. He or she signed (or asked another to sign for him or her) this document in my presence.
Witness 1 ______________________________
Address ______________________________
Witness 2 ______________________________
Address ______________________________

図 3－1　在宅受療者の意思に関する委任状（ニューヨーク州）

State of New York
Department of Health

Nonhospital Order Not to Resuscitate
(DNR Order)

Person's Name ______________________________

Date of Birth ______/______/______

Do not resuscitate the person named above.

Physician's Signature ______________________________

Print Name ______________________________

License Number ______________________________

Date ______/______/______

It is the responsibility of the physician to determine, at least every 90 days whether this order continues to be appropriate, and to indicate this by a note in the person's medical chart. The issuance of a new from is NOT required, and under the law this order should be considered valid unless it is known that it has been revoked. This order remains valid and must be followed, even if it has not been reviewed within the 90 day period.

図 3－2　在宅受療者の終末医療の指示書（ニューヨーク州）

うである。また44％は，身体的な負担が重く，4分の1は，常に精神的なストレスを感じていると回答している。なかでも女性の方が男性より負担感が強い傾向が表れている。介護費用に関しては，メディケイドと医療保険から得ている収入で賄われている。37％は，要介護高齢者の蓄えを取り崩して介護費用に充てられている。その金額は平均月額491ドルであるが，実際にはこの金額で総介護費用をカバーできるわけではなく，費用と直接介護双方の負担を家族に頼っている。1997年現在における家族介護費用の試算は，196億ドルとされ，施設介護とヘルスケアの合計総額の2倍である。

さらに在宅介護を要する高齢者の場合，55％がランプや手すりを設置したり，車椅子使用可能なように改造したり，インターホンの設置など住宅を改造している。

またこのように障害のある70歳以上の高齢者で今後5年以内にどこで生活するかということについては，自己所有の家か借家において独立して生活すると考えている高齢者が最も多いものの男性は64％で，女性は38％とかなりの開きがある。リタイアメントホームで生活すると回答している高齢者は反対に女性が多く30％で，男性は19％である。女性が寿命が長く，介護を配偶者から受けることが望めないために介護を受けることができる施設での生活を希望しているという傾向がうかがわれる。死に至るまでにはこのように医療を受けながら介護を在宅で受けることを望む高齢者が多い。高齢期の受療は，死に至るまで続くことが予想されるために，アメリカでは，どのような医療を受けて死を迎えるかについて意思を表明しておくことが普及してきている。図3-1は権利としての医療に関する意思表明の委任状の書式である。ヘルスケア（Health Care）は介護を意味するのではなく医療を意味する。このような書式をかかりつけ医に提出しておき，自分の意向どおりの医療を受ける方法をとるのである。また，図3-2は在宅医療を受ける患者が終末医療に対して人工呼吸器などを装着し蘇生を望むのではなく尊厳ある自然死を望む場合に明記し，かかりつけの医師に提出しておく方法で事前指示書（Advance Directive）と同様のものである。

高齢化と共に病弱化・障害化が予想され，それに伴う介護はもとよりその医療と介護費用により思わぬ経済的負担を強いられることになり，高齢期の生活が圧迫されることになる。そして死を迎えて，葬送にもある一定の費用が見込まれるため，自分自身の安心と家族負担の軽減のためにも高齢期には医療・介護の費用とその場を考えておくだけでなく，葬送の費用も前もって備えておくことを考えておかなければならなくなってくるだろう。

2．高齢者の死亡の動向

アメリカの1997年における死亡者数は2,296,000人で死亡率は，8.6（人口1,000人対）と，1993年以降わずかに上昇した死亡率が低下した[3]。平均寿命は1930年には男性57.71歳，女性60.99歳，と60歳の壁を越えたばかりであったが，1994年には男性76.6歳，女性83.0歳と飛躍的に伸長し，1997年には男女平均して76.0年の平均寿命となった。日本が平均寿命では世界一の長さを維持し続けているが，2位のオーストラリア，3位のカナダなどに続いてアメリカは第12位である。寿命は伸長しても死は避けられるわけではない。平均寿命の伸長とともにアメリカ

の死亡率は 1960 年の 9.55（1,000 人対）が年々減少しはじめ，1991～92 年の 8.5 まで低下してきた。しかし，その後は一転して死亡率が徐々に上昇し始め，1997 年の 8.6 から 2010 年頃には 1960 年代のレベルまで上昇し，2050 年代になると 13.67 と現在の約 1.5 倍に上昇し，多死時代が本格化すると推計されている[4]。

このように死亡率は上昇していくが，一方では出生率が低下していく。1940 年には出生率が 47.0（人口 1,000 人対）であったものが，1955 年には 24.3 と低下し，1990 年～1995 年には 14.7 とさらに低下し，1997 年には 7.1 と 1995 年までの 2 分の 1 まで低下している[5]。ただし，死亡率と同様 2020～2025 年には 12.7 と上昇していくために，自然増加率は 2020 年～2025 年には，1.5 となり人口の増減がほとんどなくなり，人口構成に大きな影響を与え，高齢化が促進される社会へと進んでいくことになると推計されている。アメリカの高齢化率を見ると，7％になったのが 1945 年であり，わが国より 25 年も早かった。10％は 1972 年，14％は 2014 年になると推計されている。ちなみにわが国が 14％に達したのは，1994 年であった。さらに，アメリカでは 20％になるのは，2033 年であると推計され[6]，アメリカの人口の高齢化は緩やかに進んでいくということが理解できる。

また，アメリカにおける 1900 年と 1995 年の死因別死亡者の比率を見ると，死因は約 100 年間にかなりの変化がみられ，1900 年には第 1 位が肺炎，第 2 位は結核，第 3 位は下痢・大腸炎，第 4 位が心疾患であった。1995 年には第 1 位が心疾患，第 2 位悪性新生物，第 3 位循環器疾患，第 4 位肺疾患となった。近年の死因は男女とも同様であるが，女性はそれぞれの死亡率が男性よりも低率である。すなわち女性の循環系疾患が 266.2（10 万人対）であり男性は 427.8 で女性の 1.6 倍である。第 2 位の悪性新生物は，女性が 161.6，男性が 246.0 で 1.5 倍，呼吸器系疾患は女性 50.9 に対して男性は 91.3 で女性の 1.8 倍である[7]。

さらに，死亡率は性別人種別によっても異なり，白人と黒人の収入状態別による死亡率（高齢期を除く）を見ると，白人が男女ともに死亡率は低く，しかも収入状況がよいほど死亡率は低くなる傾向を示している。これは単なる人種の差だけではなく，生活状況が大きく影響していることを物語り，高齢期は経済状態が低下する時期でもあり，高額な医療費の負担，ケアの長期化と相俟って深刻化する問題である。死までの生活とケアのハイコスト，さらに葬送費用のハイコスト化は高齢期の生活の厳しさに追い打ちをかけることになる。

たとえば，葬儀費用に関して，1971 年にシュナイドマンが発表した *Psychology Today* 誌の読者を対象とした「死に対する態度」の調査によって葬儀費用への意識をみると，大部分（80％）が「葬儀はひどく費用がかかりすぎる」と信じており，62％は，葬儀は 300 ドル以内に抑えるべきであるとしており，2％のみ 600 ドルを超える費用を当然であると回答している。1971 年当時の葬儀平均総費用は，983 ドルであった[8]。

1958 年には総費用の平均が 661 ドルであったものが，年々確実に上昇を続け，調査結果の発表の翌年の 1972 年には 1,000 ドルを超えている。回答者の 6 割が 300 ドルまでにすべきであるとしているのに対し，比較にならないほど現実の葬儀費用は高騰化していたのである。そして 1990 年になると 3,533 ドルと 1971 年当時と比べると 20 年足らずで，3.6 倍もの上昇率である。

参考文献

1) National Academy on Aging Society, *Challenges for the 21st century: Chronic and disabling conditions,* No.1, Nov. 1999.
2) 前掲書, *Challenges for the 21st century: Chronic and disabling conditions.*
3) Population Reference Bureau, *Population Today,* Population Reference Bureau, 1998.
4) 総務庁老人対策室編『数字で見る高齢社会95』1995年, p.257.
5) 前掲書, *Population Today.*
6) 前掲書,『数字で見る高齢社会95』.
7) AGING AMERICA, *"Trends and Projections 1995"*, edition U.S. Senate Special Committee on Aging, U.S. Department of Health and Human Services, 1995.
8) E.S.シュナイドマン『死にゆく時』誠信書房, 1991年.

第2節　アメリカにおける葬送の生前契約の動向

1．アメリカにおける自己の葬送準備への意識

人はいつか必ず何らかの死因によって死亡する。とはいえなかなか自分の死の現実は考えられないものである。死に対する考えも他者の死を通して考えることしかできそうにない。

シュナイドマンが発表した「死に対する態度」のアンケート調査結果[1]から葬儀に対する意識と併せて生前における死後の葬送への備えに対する意識をみると、1971年に行われた同調査の回答者の殆どは、自己の死後に対する備えとして具体的な対応を考えている。すなわち、83％は、「生命保険」により残されるものに対する自己の葬送への負担をかけないようにしようと考えているし、84％は、「遺言」を書くことによって同様に迷惑をかけないようにし、残されるものの生活の安定を図ろうと考えている。ただ1％のみが「絶対に遺言を残さないつもりである」としている。3％が生命保険は絶対に信用しないとして「生命保険には加入していないし、加入するつもりもない」と回答している。この回答者の多くは、*Psychology Today* の読者であり、その回答者の年齢層は20〜24歳が最も多いとされている。これらの人たちが具体的に死後の準備をしているわけではないが、しかし生命保険による備え、遺言による備えといったその方法について理解していること、また葬送と残されるであろう家族の生活安定への配慮も忘れていないところは注目に値する。少数ではあるが、3％が保険を信用せず、加入してもいないし、そのつもりもないという回答があり、1％が絶対に遺言書は残さないと回答してもいるものの少数でありこのことを見ると、死からはまだ相当距離がある若年者であっても自分の生の責任と家族への思いやりという堅実な回答をしているといえよう。

一般的に当時においても生命保険の受益者は女性（妻）になる確率が高いものの、生命保険が果たして将来においてどの程度価値を持つものかということに対して女性が懐疑的で保険に対する信用度が男性よりも高くはないという。女性の18％が残された家族は保険で生活を支えることができるかどうかについては、「分からない・あまり信じない」と回答しており、男性の7％を大

きく引き離している。

　葬儀自体に関する意識は、「できるだけ盛大にしたい」は2％のみであり、3分の1は、どのような形式の葬儀であっても一切望まないとしている。その傾向は、宗教的でない葬儀を望む人ほど高率になっている。特定の宗教に対する信仰を持っている人の中でも20％は、葬儀を望んでいない。しかし信仰する宗教を持たないか若しくは反宗教的な63％の人が葬儀を望まないと回答している。また回答者のなかで、葬儀などといった儀式は、故人よりむしろ遺族にとって意味があると47％の人たちが信じている。もっとも5分の1近くの18％が、そうした儀式はまったく意味がないとしている。

　自分自身の葬儀となると、盛大な大規模な葬儀はアメリカにおいては決して好まれることではなくなってきて逆に、自己の意思を表現するとしたら、規模は小さく個性的な葬儀かまたは葬儀など必要とせずそのまますぐに埋葬したいと考えている傾向がある。1970年代のこの調査の結果では、自分の葬儀をするとして、ビューイング（正装した遺体の安置）に賛成のものは6％のみで殆どが好まない傾向にある。しかし、4分の1はビューイングを「気にかけない」としているが、これは自分自身の肉体と魂とは分離しているので、魂のない遺体への執着はないので衆人の目に触れても構わないと考えているからであるという。とはいえ、同調査では大多数である70％が棺を開いたまま自分の遺体が安置され、そこに別れを告げるためのビューイングは望まないとしている。それは性別による差もあり、女性は男性よりもビューイングに強い反発を感じる傾向が強い。反宗教的葬儀をしたいとする回答者は、91％と不賛成が圧倒的である。ビューイングへの賛成者は少数であるとはいうものの、カトリック教徒は12％で、ビューイングに賛成する比率が最も高い結果が現れている。

　このように1970年代の調査によって、当時のアメリカにおいては、すでに死や葬送に関する意識調査を行える土壌があり、したがってどの年代層においても死また死後の葬送に関して何らかの考えがあったことが理解できる。

　歴史的に、西欧諸国でもアメリカでもまたわが国でも死は長い間タブー視されてきた。「タブーがあるほど未開である」ということは死についてもいえることであるが、アメリカでは死や葬送を語ることができる社会が到来してきて、死に対するタブーが徐々になくなりつつある。しかし一方わが国では、未だに縁起が悪いなどとして、死や特に死後のことについての話さえしないことが多い。

2．葬送の生前契約までの過程

　ヨーロッパにおいては、死への具体的な準備の方法は古くからあり、既に中世のギルド（職人組合）などが組合員の死亡時の埋葬に備え、「葬送組合 (burial club)」ともいう組織を作り、組合員の埋葬を保障していた。葬送組合は、特にギルドの組合員であるワーキングクラスの埋葬に備えていたのであるがそれは、ワーキングクラスの人々は生活するのに精一杯で、万一に備えておく余裕はなく、それらの人たちにとって単なる埋葬であっても、大きな負担となっていたからである。そして、1800年代中葉からロンドンでは、「フレンドリー・ソサエティ (Friendly Society)」

と呼ばれていた埋葬組合があり，死亡時の葬送費用に当てる目的で週ごとに掛け金を集めるいわば保険方式で，万一に備えるための賢明な方法として開始された。ロンドンでは，その数200余といわれる埋葬組合が組織されており，これは労働者本人と家族を含めた互助組織であって，親方が金を出し合い子方の生活面から埋葬まで面倒をみるといったシステムを形成していた。小さな掛け金で従業者とその家族の埋葬ができる新手の埋葬準備の方法として普及した。このシステムが現在の企業保険の原型であるといわれている。

19世紀のアメリカで聖職者たちがこの方式を導入し，彼らの手によって普及がはかられ「死亡保険（death insurance）」の創設をみるに至った。

アメリカにおいて生命保険は1759年から開始された。生命保険は当初発展著しかった海上保険や火災保険と比べると低迷し，細々と営業するに過ぎなかったが，徐々に堅実な歩みを見せながら成長していった。19世紀初頭から州ごとに法規が定められ，1849年にはニューヨーク州で保険会社に関する最初の一般法が制定された。19世紀半ばからのアメリカにおける生命保険市場の拡大化とともに死亡保険も知られるようになっていった。死亡から埋葬までにかかる諸費用を確保するため，現在の生命保険の初期的な形である死亡保険が発展し，1939年にアメリカで初めて「葬儀保険」が登場することになったのである。この発展の陰には実務者としてのフューネラル・ディレクターが専門的見地からかかわり，大きな役割を果たしたといわれている。第一次大戦後の1920年，アメリカ南部で「埋葬保険（burial insurance）」が開始され，貧困者でも自力で埋葬ができるようにするための生命保険加入による自助努力がはじまった。埋葬保険の加入には保険金の受け取り，死亡証明書，葬儀仕様書，葬儀契約書，葬儀費用のための口座などを明示するという方法をとっており，現在の生命保険による葬儀生前契約に近いものが形作られてきた。当初は，家族（遺族）の葬儀実行サービスと商品（葬具）に対する支払いを容易にするためのものとして，多くのフューネラル・ディレクターや墓園業者が直接・間接にかかわり埋葬保険の販売をした。次第に生前に自分の埋葬に備えておく方法として受け入れられるようになって，今日のような生前契約に発展してきたのである[2]。

アメリカの葬送は，大きな戦争を節目に様式が変化していったといえ，戦争犠牲者を葬るために様々な新手の死に伴う技術や葬送の方法が台頭してきている。南北戦争（1861～65年）の後には，エンバーミングが登場したし，第一次大戦後（1914～18年）には，前述したように葬儀保険が普及し始めている。第一次大戦の少し前の1906年に，現在でもアメリカでトップクラスの棺メーカーであるベイツビル社がいち早くフォーソート社（葬儀保険会社）を創設している。ベイツビル社は，棺の予約販売を行っていたが，戦争により死亡者が増加するため，平時の死亡数を見込んだ棺の需要と供給量のバランスが崩れるため，安定的な流通をはかる必要があり，そのために葬儀保険を開始したということは想像に難くない。平時でも戦時でも死が起これば，その埋葬をしなければならない。かつて必ずしもその費用を自己負担できる人々ばかりではなく，むしろそれができる人が少数であったために，ヨーロッパでは，生きているときの生活から，死んだ後の埋葬までの面倒をみる親方が，そうした職域組合で埋葬にかかわる互助組織を作り子方の埋葬の面倒をみてきたことに始まった葬送組合が，アメリカで小規模の互助的な葬儀保険・埋葬保険の開

```
        集団加入保険証書　生命会社

1．被保険者名

2．住所（保険証書および情報郵送先）

3．(1)　葬儀費用
　　(2)　保険金額
　　(3)　保険支払い方法
　　　　　① 年払　　② 半年払　　③ 4期分割払　　④ 月払
4．健康診問
　　(1)　12ヵ月以内に病院やホスピスまたはナーシングホームに入院したことがあるか。
　　(2)　5年以内に下記の病名と診断され治療を受けたことがあるか。
　　　　　（AIDS/ARC，癌，肝炎，循環器障害，腎臓障害，脳血管障害，心臓病，肺炎，
　　　　　血液障害）
5．変更
　　他の生命保険からの変更の有無
6．葬儀実行にともなう保険支払い方法
　　葬儀計画契約書に基づく葬儀の実行に対して葬儀社に，支払われるが，葬儀の限度額
　　を超えるものではない。支払い方法は，葬儀の発生以前であればいつでも変更可能であ
　　る。
7．上記の本人の申告は正当なものであり，本保険は，本人存命中には支払われないもの
　　である。
```

注：なお，この契約書作成と同時に付帯されている「契約保障葬具およびサービス」契約書を作成しなければならない。

図 3-3　アメリカの葬儀の生前契約書（生命保険利用）様式例

発を進め，そして保険会社の葬送への参入が始まった。そして第二次大戦後に本格的な葬儀の生前契約が開始されることになったのである。

　上記のベイツビル社では，1940年代から棺の予約とともに葬儀までも生前にどのようにするかを予め予約しておくという方法で生前契約を開始している。現在のフォーソート社の葬儀保険契約書を見ると，販売当時の片鱗がうかがえる。すなわち現在の契約書にも選択できる棺の種類の一つに同社のものと社名入りで書かれ，品番の指定があり，それは何時であっても変更されることなく必ず用意されるしくみになっている。図3-3に生前契約書の書式を示す。

3．葬送の生前契約の成立と発展

　アメリカで，生前契約が公的に認められるようになったのは，20世紀になって整備されてきた葬送法（Mortuary Law）により，その中で生前契約が法的に位置づけられてからである。法では，消費者の保護が明示され，消費者に対しては，確実に生前契約が実行されることを保障し，葬儀社には，生前契約どおりの葬儀を行わなければならないことを義務づけている。そして生前契約のみならず葬送全般にわたる監督官庁を全米各州はすべて設置している。

　1940年代からは棺だけでなく葬儀のパッケージ予約も行うようになり，1950年代になって本格

的に葬儀社が「葬儀の生前販売」を行うようになった。葬儀のパッケージとは，現在わが国の多くの葬儀社が提供している葬儀の方法で，規模別価格別に葬儀一切が組み込まれている商品ともいえるものである。パッケージが消費者にとってはすべてが網羅されているため選択がしやすく，容易である。このように，自分の死後，予約どおりの葬儀が行われるようパッケージ化された葬儀の事前購入形式の一方法として，生前に葬送を契約しておくというところから葬送の生前契約は始まり，その実行が確実となるよう，消費者が安心して契約でき，消費者側のニーズの充足と提供者側の経営努力によって発展してきた。

　アメリカでは，遺族として十分な埋葬ができるかどうかという不安から最小限度の葬送を事前に備えておこうという時代から，2つの大戦を経て，生活水準の向上が図られた豊かな社会になるに伴って葬送が華美になってきた。それに呼応するかのように葬儀社および墓園などの葬送産業も急速に成長し，葬儀社が提供する葬儀内容は，様々な規模と価格のパッケージ化が定着した。しかしパッケージは，消費者へは総費用のみを提示するだけであって，明細が不透明であった。1960～1970年代は，公民権運動に連動した消費者意識が高まり，消費者運動が活発化してきた時期でもあった。その対象は，葬儀業界も含まれていた。消費者運動のなかから葬儀費用明細の価格の不透明性が指摘され，価格明示が要求されるようになった。葬儀費用に関する消費者の不満から，消費者と葬儀社のトラブルが起きるなかでその実態把握のために商務省は，1972年に葬儀業の査察を行った。そして1982年に商務省連邦取引委員会（Federal Trade Commission, FTC）がFTCルールを策定し，単価価格の明示を義務づけることにした。これにより，消費者は葬儀費用のなかに何が含まれ，価格はどのくらいなのかを知ることができ，自分の希望と経済サイズに合った葬儀用品（葬具）を選定することが可能になったのである（表3-3，表3-4）。長い間にわたって販売されてきている生前契約であるが，特に急速に発展してきたのは1980年代からで，1980年代には全葬儀の2％は生前契約による葬儀であるといわれるところまで発展してきた。

　生前契約は，1970年代にはまだ一般に馴染まず，「生前に葬儀に備えた生前契約が必要だと誰が本気で思っているのか」という程度のものであったことも事実である。しかしその後の成長はめざましい。フューネラル・ルールの制定も生前契約を促進させた大きな要因であるが，同時にマーケティング・リサーチが葬送業のなかで積極的に行われるようになってきて消費者の関心と購買行動をつかむことに成功したためでもある。1991年現在，生前契約高が10億ドルを超えたと報告され，まさに生前契約はメガトレンドになってきているといってもいいようである。

　さて，生前契約が公的に認められるようになり，そして葬送法が体系化されていくなかで，生前契約に対する規則が徐々に整備され，消費者の保護を第一義としながら，生前契約を提供し，葬儀を実行する葬儀関連専業者の安全と待遇の確保など葬儀業従業者保護に関する規則も整備されてきた。生前契約が実行されるときに契約者本人は死亡してこの世になく，生前の契約を死後に実行する特異な契約であるために，その実行確認を含め，消費者保護（契約者保護）の立場から厳しい監督が行われることになっている。すなわち，葬儀社はいかなる場合であっても生前契約どおりの葬儀を実行しなければならないことが義務づけられているのである。翻ってわが国の葬儀の現状をみると，パッケージの葬儀が当たり前の段階であり，近年来の生前契約の台頭によっ

表3-3 アトランタ市における葬儀社別葬儀費用の比較

	Cremation Society of the South	Green Lawn Jewish F.D.	Memorial Society of Georgia
基本料金	NA	895	NA
エンバーミング	NA	375	NA
葬儀サービス	200	250	NA
棺	NA	NA	NA
埋葬のみ	NA	2,095	1,235
火葬のみ	670	1,850	665
	H.M.Patterson & Son	Sellers Bros.	South Care Memorial Chapel
基本料金	1,295	1,295	495
エンバーミング	585	475	165
葬儀サービス	495	135	295
棺	2,995	3,155	1,550
埋葬のみ	3,050	1,062	1,140
火葬のみ	1,290	750	670
	A.S.Turner & Sons	Tom M. Wages F.S	Mayes Ward-Dobbins F.H.
基本料金	865	995	1,150
エンバーミング	255	395	375
葬儀サービス	245	375	275
棺	2,390	3,295	2,795
埋葬のみ	1,110	1,435	2,145
火葬のみ	925	735	995
	Rosewell F.H.	Gus Thornhill's F.H.	Whitley-Garner at Roehaven
基本料金	1,220	950	1,095
エンバーミング	300	350	460
葬儀サービス	350	150	370
棺	3,145	4,510	2,895
埋葬のみ	1,635	650	2,190
火葬のみ	970	800	1,420

出典：*The Atlanta Journal and Constitution*, 1998.
注：NA：無回答

て少しずつ価格明示が行われるようになってきてはいるもののすべてのアイテム価格が表示されているわけではない。こうしたアメリカの動きをみるとわが国でも消費者の意識が向上してきているので，アメリカの動きに刺激されて，価格明示の時代が早晩訪れることになるであろう。

アメリカでは，消費者による価格不明瞭のパッケージ葬儀への不満からの価格明示の要求が始まり，それが連邦政府によるアイテム価格の表示規則の制定というところまできた。わが国の場合は，消費者からの直接的な声ではなく，生前契約をする過程において，葬儀の個性化，簡素化が現れ，その中で，結果的に価格が提示されるようになってきつつあるといえる。アメリカよりもやや消極的であり，アメリカほど価格明細に対する開示要求は強くないために，葬儀の実行に具体的な消費者の声が反映されているとはいえない違いがある。

アメリカでは，法の改訂を重ね，1990年2月11日より発効した新改訂のフューネラル・ディレクターとエンバーマー法（Funeral Directors and Embalmers Law）において，第2章で取り上げ

表 3-4　葬儀社別葬儀価格の比較

	Albright Apex F.H	Bright F	Brown-Wyne F.H.	Bryan-Lee F.H.
サービス最低額	850	1,295	1,329	1,895
棺：最高額	5,600	29,250	5,950	11,550
棺：最低額	350	495	325	945
ボールト：最高額	2,500	2,970	9,050	7,995
ボールト：最低額	195	688	730	750
火葬：最高額	695	1,695	NA	1,645
火葬：最低額	395	120	NA	220

	Clements F.S.	Family F	Hall-Wynne F.S.	Howerton-Bryan F.H.
サービス最低額	1,245	580	1,665	1,485
棺：最高額	7,500	3,295	8,145	7,800
棺：最低額	595	995	1,290	1,360
ボールト：最高額	6,150	3,595	6,600	2,620
ボールト：最低額	725	690	490	330
火葬：最高額	1,375	595	1,770	1,590
火葬：最低額	150	95	190	210

	L.Harold People	Jones F.	Lightner F.H.	McLaurin F.H.
サービス最低額	1,045	900	1,450	1,125
棺：最高額	24,000	3,300	2,340	20,500
棺：最低額	695	300	470	900
ボールト：最高額	NA	2,200	930	11,995
ボールト：最低額	NA	610	185	550
火葬：最高額	2,080	NA	NA	1285
火葬：最低額	275	NA	NA	195

	Mitchell F.H.	Scarborough & Hargett	F. Strickland F.H.	Walker's F.H.
サービス最低額	1,505	1,095	1,045	1,095
棺：最高額	23,000	24,000	21,000	7,800
棺：最低額	427	495	625	695
ボールト：最高額	7,564	7,295	6,000	2,210
ボールト：最低額	2,008	470	625	695
火葬：最高額	159	1,675	2,000	2,500
火葬：最低額	NA	120	175	160

	West & Dunn F.H.			
サービス最低額	925			
棺：最高額	4,500			
棺：最低額	495			
ボールト：最高額	2,795			
ボールト：最低額	615			
火葬：最高額	NA			
火葬：最低額	NA			

出典：*The News and Observer, Business Work & Money*, 1999.
注：NA：無回答

たように，生前契約が規定されている。価格表示はもちろんのこと，消費者からの問い合わせに対する対応，契約書の作成など詳細にわたる規定がある。わが国では生前の意思を死後に生かすことについてはまだ法的解釈が十分得られていないままに生前契約が提供され始めた。アメリカにおける葬送に関する法整備は早く，生前契約についての規定もあり，生前契約の死後における実行規定が明確に示されている。葬儀の生前契約は契約内容が実行されるとき，契約者本人は死亡しているため，死亡後の契約事項の履行をという特殊性があるが，消費者保護局の生前契約を提供する葬儀社に対する監視と生命保険および銀行預金による費用の確保と運用，生命保険会社のランクや預金の運用制限など規制も厳しい。

4．葬送の生前契約の機能

以上のようにして発展した生前契約は，「自己の死亡後の葬儀の宗教的選択，葬儀社の指定，埋葬・火葬・その他（撒灰）の別，葬儀内容などを指定し，希望葬儀の必要費用を銀行預金・保険など何らかの形で確保し，保険会社もしくは葬儀社と契約書を交わしておく方法」として，本人が生前の意思を死後の葬送に実現させるための意思の残し方である。

ようやく人々に身近なものとなってきた生前契約の機能を考えると，自分の死後に行われる葬儀に備えることのメリットが浮き彫りにされる。

生前契約を冷静な目で見ると，まず，将来必然的に起こる死に伴う儀礼について，自分の心身の自立度が高く，死をある程度客観的にとらえられる時期に，そして同時に経済的にも自立している時期に，予め葬送の方法と形式，費用支払いの方法も手段も決定し準備しておこうとすることであるから，極めて個人の主体的な生き方を表す方法としてとらえることができる。すなわち，人の基底にある根本的な死への怖れと自己の葬送への不安を具体的かつ現実的に生前契約をすることによって安心感を得ることができる。またいくらかでも死と葬送を直視する積極的な態度を涵養することができるといえよう。それは契約の際にさまざまな情報を得ることができ，死や葬送を客観的に見ることを可能にするからである。不安を不安で終わらせることなく，具体的に葬送の準備を生前契約によって行い死への怖れ，死後の不安を乗り越えるという機能は大きい。生前契約締結者には，人の最終的なすべての準備を終え，生あるうちの積極的な生き方を示す側面が見て取れる。第2に，自分の葬儀プランを立て，どのような葬具を用い，どのような葬儀内容にするかを葬儀社と具体的に契約し，その費用を一括払いか，年または月払いの支払にするかその方法を選定・指定することができる。そしてその契約は契約者の死により葬儀が必要となるまで確実に確保されるのであるから，葬送準備の安全性がある。第3に，葬儀社を本人が選択し，自身の葬送方法と費用を備えておくわけであるから，本人の死後，遺族は動揺したり，迷うことなく本人の望んだ葬送をすることができるという合理的かつ円滑に葬送が行われる機能もある。第4に，残される配偶者や子どもなど家族へ死後のことまで迷惑をかけられないという配慮という思いやりの心情を具体的に示すことができる。第5に家族を持たないものは，他者（だれか）に頼ることもできないという現実を直視することにもなり，生活整理の要を促進させるという機能を持つ。さらには，必ず利用することになるであろう自分の葬送を行う葬儀社を生前にチェッ

クすることになる。そしてそのサービスを行う葬儀社の質の向上にも繋がる。このように生前契約は消費者にとって葬送を，生前に備える主体的なセルフケアの機能と家族（遺族）の心身・経済的負担を軽減するという家族ケアの機能があるということがいえる。また葬儀社にとっては，競争力と将来の経営安定化への足掛りとなる。

5．葬送の生前契約と社会保障

アメリカの社会保障制度との関連から生前契約を見ると，社会保障受給者に対する葬送のための生前契約への道が開かれていることが分かる。

アメリカの社会保障制度は，自己責任の精神と州の権限が強いのが特徴であって，大多数の有業者に適用される老齢年金・遺族年金・障害者年金（OASDI）という年金制度，老齢・障害年金受給者，慢性腎疾患者を対象とするメディケア（Medicare），低所得者に対する医療扶助といった公的医療保障制度それに補足的所得保障（Supplementary Security Income, SSI）や貧困家庭一時扶助といった公的扶助制度がある。このようにアメリカの社会保障制度にはわが国の生活保護のようなすべてを対象とした一般的な公的扶助制度はなく，高齢者，障害者，児童を扶養する貧困家族への一時扶助，フードスタンプなどを支給し，その特性に応じた所得保障制度として展開されている。なかでも高齢者および障害者を対象として補足的所得保障（SSI）の給付者と，低所得者のための医療扶助を受けている人々に対して，生前契約には特別の規定があることは，厳しい経済生活状態にある高齢者にとって見逃せない。SSIの給付を受けるには預金残高の限度額が指定されており，州によって若干異なるが，生前契約に加入していればそれは資産とみなされず，SSIを受給することができる。ただし，SSI受給のためには生前契約の上限も定められており，その限度額は，単身者で1,800ドル，有配偶者では3,000ドルの生前契約までとされている。州によって違いはあるものの，葬送のための自立した準備である生前契約は，SSI受給を妨げず，葬送のための備えが生きている間の生活の圧迫にはならない[3]。

生前契約というものは個人の意志により行う極めて個人的な葬儀への備えの方法であり，必ずしも誰もが行うことではないが，自己の最後の儀礼や埋葬に備えたいと考える場合は，たとえ，社会保障（公的扶助）を受給する人であっても生前契約による費用の確保は資産から除外されるという積極的な葬送への備えが制度的に保障されているのである[4]。低所得者であろうが自分の最後に備えたいという気持ちには変わりはない。公的扶助を受ける場合であってもそれを支える生前契約への道が開かれているというアメリカの生前契約の位置づけに注目したい。

SSIを受給している日系人の生前契約の例を以下に示す。

カリフォルニア州ロサンゼルス市に日系リタイアメントホームである「リトル・トーキョー・タワー」がある。同ホームには現在，300室に342名が居住している。居住歴約20年のM.U.さんは，1995年現在，70代後半の日系一世の女性で，社会保障費を受給しSSIの併給を受けている。平均的なアメリカ人と同様，高齢期になっても子どもたちとの同居をせず，最後まで同リタイアメントホームで生活することを希望している。心身の健康状態が良好で身の回りの生活の自立が基本的な要件である現在のリタイアメントホームから，体が弱ってから全く知らない人たちばか

りであるナーシングホームには入りたくないと考えている。そのためにできるだけ健康に留意しているという。そして彼女もまた，高齢期の生活の自立だけではなく，死後の自立も考えて生前契約によって葬送の確保をしているのである。M.U.さんの場合は子どもの家族が州内にいるので，万一の場合遺体の引き取り者がいるからいいものの，カリフォルニア州では，家族・親族がいない単身者の場合は自己の葬送に関して必然的に備えておかなければならない。それは，血縁の親族がいない人の場合，その本人が生前に葬儀・埋葬の指定をしておらずまたその費用も確保されていなければ，州政府の財産管理局の管轄により市営火葬場で荼毘に付され，遺灰は，共同墓地に埋葬されることになっているからである。

　親族がいない人が死亡した場合，生前に葬儀・埋葬に関する意思や費用をどうするかが明示されていなければ，たとえどんなに親しい隣人・友人であっても残る人の意思や思いではいかなる葬送もできない。あくまでも本人の生前の意思がどうであったかで葬送が行われる。死後のことまで自己責任が問われるのである。人生の最後に何も備えていなければ，あるいは自分の思いとは異なる事態が死後に起きることもある。親族がいない場合は自身で備えておくということが必要であり，そのためにもSSIの受給は，単なる経済生活上の措置というだけではなく，葬送規定からして特に親族のいない単身者には必要な生前契約であるための措置であるということもできよう。また生前契約をしていれば，近親者がいなくても契約に基づく自分の遺志どおりの葬送が行われることになるため，葬送の家族依存から解放されることになる。

　親族はいても単身で生活する彼女は，自分の墓の購入は済ませ，既に葬儀および埋葬の生前契約を現地の日系葬儀社と締結している。彼女は生前契約には積極的な考え方を持ち，生前契約をしているが，日系の同ホームでは，必ずしも葬送の生前契約に前向きな人たちばかりであるとはいえない。むしろ生前契約に不快感を示す人たちが多いという。少数派である彼女は「自分の人生の最後の儀式を自分の意志と経済力で決めておくことが必要である」という。彼女の生前契約は，葬送の基本的な部分だけの契約であり葬儀の詳細は決定しておらず，その契約金は2,500ドルである。

参考文献

1) E.S.シュナイドマン著『死にゆく時』誠信書房，1991年．
2) Habenstein, R.W., Lamers.W.M., *The History of American Funeral Directing,* National Funeral Directors Association, 1981.
3) 厚生省編『平成9年度　厚生白書』ぎょうせい，1997年．
4) Social Security Administration, *Office of Policy, Office of Research, Evaluation and Statistics, 1999,* Social Security Program Throughout the World, SSA Publication, No13-11805.

第3節　アメリカにおける葬送の生前契約の実際

1．アメリカの葬儀の生前契約の種類

　葬送の生前契約は，自分自身で死から死後の葬送を考え具体的な準備をするその手段の一つである。死への準備をするには，将来の自分の死を事実として受け止めなければならない。換言すれば，死を意識することによりそれは生を実感することに繋がるといえよう。カステンバームは，死を見つめることによって生を自覚する効果を9つあげている[1]。
　① 死は，生の醍醐味を知る手助けになる。
　② 死は，生あるものに対する裁きとして用意されたものであることの受容。
　③ 死は，個としての実存を実感させる。
　④ 死は，生きる勇気と自己統合力を与え，生きる意味を教える。
　⑤ 死は，重要な決定をさせる強い力になる。
　⑥ 死は，生がどれほど人にとって意義があり重要であるかを示す。
　⑦ 死は，特に高齢者にとって有効だが，過去の生き方を意義あるものとして納得させる。
　⑧ 死は，超自我の成就に重要であることを教える。
　⑨ 死は，個々人の人生の完成（成就）として最も必要なものである。
　死後どのように自分を始末するかについての主体的な行動を起こす際，自己の死を納得させるために，9項目のすべてではなくてもいくつかでも受け入れることができれば，より冷静に死後のことを考え，清々として生きていくことができよう。
　生前契約の基本的要素として考えられることは以下の通りである。
　① 自己の葬儀の方法・内容の決定
　自己の葬儀プランを立てる。アメリカの場合，遺体を安置した葬儀を行い，墓に埋葬時には葬儀に続いて埋葬式を，また火葬の場合には火葬式をというように，葬儀は1度だけでなく，2度行うことが一般的に多い。そこで，どのような葬儀の形式にするかということの選択がまず第1に決定しておかなければならない事項である。また，遺体安置のビューイングによる葬儀を行うか否かによってエンバーミングの要不要が分かれてくる。埋葬か火葬かは最も重要な選択である。葬儀の後の埋葬式，火葬式は行わず，そのまま埋葬・火葬のみとするかどうか，あるいは通常行われる葬儀，埋葬・火葬式を行うかどうかということも考えておかなければならない。
　葬儀のプランを立てるには，このようにまずは葬儀形式の選択から始まる。そして，次にその具体的な内容をデザインするわけである。現在の生前契約の平均的な様式として，基本的ないくつかの葬儀内容に関する葬具（葬儀用品）とサービス項目を決定しておき，その他は，オプションとするというものが多い。一旦契約すれば，契約者死亡による葬送の実行時が契約からたとえ何年経っていようが，価格が高騰していようが，契約した基本内容は保障される。またオプショ

ンとなっている項目で生前契約に組み込まれていれば基本内容と同様実勢価格に関係なく保障される。ただし，契約書の項目以外のその他の葬具やサービスの利用についての支払いは実勢価格で清算することになる。

② 自分の葬儀の費用の支払方法の選定と確保

葬儀式をするしないにかかわらず，死亡後は，遺体を墓に埋葬するか，または火葬に付して遺灰を墓に埋蔵あるいは撒灰しなければならず，いずれにしてもそのための埋葬・撒灰経費は考えておかなければならない。葬儀の生前契約には墓の購入は含まれないが，墓への埋葬にかかる諸費用は契約内容に盛り込まれている。それは，基本的に葬儀社と墓園業は異なり，墓園はアメリカ墓園協会への加入が必要であり，葬儀社が独自で墓園を経営することはできないからである。しかし1970年代以降，葬儀から墓までの一連の葬送に関して葬儀社と墓園，両者の開業資格を取得し両者を組み合わせた施設が増加してきていることも事実である。

葬儀に関する費用は，FTCルールにより価格の明示が義務づけられているので，価格表に従って自分の意思と経済サイズに合わせて選択して，希望する葬儀プランを立てたうえで，その費用と支払方法を選択・指定しなければ，契約は完成しない。費用の準備方法として以下のスタイルから選択することができる。

アメリカにおける葬儀の生前契約は，以下のように分類できる。

(1) セイビング・アカウント（saving account）方式

葬儀の形式や葬具など詳細をフューネラル・ディレクターと相談しながら決定し，費用を支払い葬儀社と契約しておく方法である。この場合の費用は，銀行口座を用い，消費者本人とフューネラル・ディレクターなど葬儀社の社員との共同名義とし，本人が死亡したら，生前の契約どおりの葬儀を行い，共同名義人であるフューネラル・ディレクターが口座からその費用を引き出し葬儀費用を清算するという仕組みである。これは，生前信託法（Preneed Trust Law）に基づくもので，信託金は葬儀実行のためのみ引き出しが可能な信託口座として，銀行預金しておく方法である。この契約は，信託契約書と葬儀計画書を作成し，それを公正証書にしておく方式であり，葬儀実行後，その葬儀費用のための預金を引き出す時に本人がいないので，トラブルが起きないように消費者保護を重視している。この方法が生前契約の主流を占めた時期もあった。しかし，葬儀実行者と費用の管理者が同一母体であることなどから葬儀実施後の遺族との金銭トラブル発生などで，葬儀社への信頼性の問題が浮上したり，また葬儀提供者側の契約維持・実行のコストの過剰負担が深刻化してきたことなどもあって，現在では少数派になってきている。

この方式は州により多少の相違はあるが，たとえば，カリフォルニア州の場合，契約者は3名の保管人を指名し，契約者と指定葬儀社のフューネラル・ディレクターが，公証人の面前で契約書に署名し，その3人の承認で預金するというシステムになっている。契約は次の手順を踏んで締結される。まず，契約書の文面には，①カリフォルニア州の居住者であることが明示される。それはアメリカは，州ごとに法律や制度が異なるため，本契約がカリフォルニア州内に限って有効性を持つことを示すためである。この種の生前契約は，多くの州が，自州内のみの有効契約と

している。もし，この契約の締結者が，他州で死亡した場合，カリフォルニア州に移送して生前契約に基づく葬儀を行うことは可能であるが，その移送費は含まれておらず遺族または本人の遺産のなかから支払われなければならない。また，他州へ移転する場合には，契約は解約し，移転先でも生前契約を望む場合は，移転した州法に基づく生前契約を新たに締結しなければならない。この種類の生前契約には，生前契約の移動性すなわちポータビリティの問題がつきまとう。州間移動には煩雑な手続きや解約手数料など費用の面で消費者にとって不利な面が多い。

②葬儀に必要とされる金額を明示する。自己の葬儀の方法，規模などを考慮して具体的に設計した葬儀プランに基づき，葬儀社はサービスと葬具など個々の価格を消費者に提示しなければならない。その価格表に従って費用が算出され，その葬儀にかかる費用の総額を明示することになる。

③銀行口座への預金を明示する。銀行口座への預金は，葬儀費用にのみ使用される目的信託預金である旨を明示する必要がある。当然のことながら，消費者（契約者）と葬儀社が確認しておくわけであるが費用に関してはトラブルが発生する原因にもなりやすいので，双方の保護のために使途目的を明確にするものである。

④葬儀の目的預金に対し3名の保管人を指定する。契約どおりの葬儀の履行とその費用の支払が円滑・適正に行われることが生前契約の当然の使命である。それが達成されるよう，契約から葬儀実行までの適切な管理が行われるよう，信用人を3名指定し保管人として契約書に記載することになっている。なお，3人のうち1名は，葬儀を依頼する葬儀社のフューネラル・ディレクターとすることになっている。そして葬儀発生時には，3名の保管者（信用人）のうち2名が承認・署名すれば，預金口座から共同名義人であるフューネラル・ディレクターによる葬儀費用の引き出しの許可が下りる。預金口座は，契約者本人とフューネラル・ディレクターの共同名義になっているため，本人死亡後は自動的にフューネラル・ディレクターの口座となり，フューネラル・ディレクターが預金を引き出し，予め契約してあった葬儀を契約書に基づいて清算する。信用人3名のうち1人を葬儀を実行する葬儀社のフューネラル・ディレクターとしているのは，円滑に葬儀と葬儀費用の支払いが行われ，余剰金は相続者に返金することがトラブルなく行われるようにするためである。

FTCルール第3章第12節第9項に従い，以上の4項目は生前契約の契約書に最低記載されていなければならない事項である。

契約書には，契約の趣旨および契約履行について，「葬儀およびそのサービスは，家族（遺族）あるいは，受益者により葬儀実行人として明示されている者に対して，受益者のために選択されたものであり，預金総額は，法定受取人に支払われる。生前契約の範囲内で，葬儀は行われるが，預託金の範囲を超えたものについてはこの契約の限りではない。預託金の一部，あるいは全額の受け取りは，受託者に一任し，管理・運営は適切に行われ，流用・中途支払いはないものとする」と明示されている。なお，生前契約は，受益者である本人が存命中は，預託金の運用により得た利益（利子収入）は受けることになるが，その収入には税金が賦課される。預託金により得た利益は葬儀にかかる契約外の商品（葬具など）を購入，サービス料の支払いなどに充当できるもの

とされている。

　生前契約を行ったあと，預託金の全額払い戻し有効期間は15日間であり，15日以内に解約する場合には，一切の解約手数料の支払い義務はない。また，15日以上経過していても，指定葬儀社またはフューネラル・ディレクターが不適切かあるいは，葬儀実行が不可能となった場合には，手数料なしで解約できる。勿論，契約には葬儀実行の期間などの付帯条件はなく，項目の追加・変更も保障されている。

　このように信託方式の生前契約は，予め設定した葬儀の内容にかかる費用を信託預金として確保しておき，それの実行が何時であれ，有効であるため，結果的には価格凍結ということになる。消費者にとってはメリットとなり，葬儀社にとっては将来の顧客の確保となり将来の営業予測が確実となるというメリットがある。しかし，徐々に不利益を産み出しかねないという状況が葬送業界に起きてきた。それは，葬儀実行が契約時から年月が経つに連れて，契約に維持のための信託金の運用率とインフレ率との差が出始めたためであり，人件費の高騰もあって，葬儀社への負担が大きくなって利益どころか差損が生じるという事態が現れ始めたのである。また信託契約は，消費者個人と葬儀社による契約であるため，葬儀社は一般に小規模であるところから，消費者にとって契約者の葬儀を執行するときまで契約を受託した葬儀社が存続しているかどうかにも不安が残る。その不安を解消するために，葬儀社は社歴を誇り，安全性を強調するが，消費者の不安は解消されない。そこで葬送法（Mortuary Law）では，消費者の保護を目的として，受託葬儀社の責任の明示とともに，万一の場合に代わって葬儀を確実に実行するために受託葬儀社が加盟している葬儀業組合に対しての責任を義務づけている。

　(2)　ライフ・インシャランス（life insurance）方式

　葬儀の方法や形式の基本的な事項のみを契約し，その費用を，葬儀のための生命保険に加入して費用支払いに担保しておく方式である。現在ではこの生命保険利用による生前契約が急速に進展し主流になってきている。この方式は，葬儀の方法，埋葬方法，葬儀などを決定し，葬儀社を指定して葬儀社と葬儀の契約をし，その葬儀の費用確保に保険を利用するものである。従って，通常の生命保険のような高額のものではなく，プランニングした葬儀費用をカバーする程度の「葬儀保険」である。保険契約書と同時に死亡の際の葬儀に基本的な部分だけの契約をしておき，葬儀実行に当たってその保険金を利用するというシステムである。

　このように葬儀の実行（葬儀社）と資金の確保（生命保険会社）が分離されるので，消費者は安心感を得るといってよい。契約者死亡の際には，契約書に指定されている葬儀社が葬儀を実行し，それによって保険金が葬儀社に支払われるという仕組みになっている。また生前契約提供者側は，保険会社の資金運用によって，その運用率が価格変動率を上回れば，利益にもつながり，葬送の価格上昇にも耐えることができるという両者へのメリットがある。また，葬儀のための保険であるため，たとえ，契約者が保険料の支払いを完了していなくても通常の生命保険と同様，死亡時には保険金が支払われ，契約どおりの葬儀が行われることになる。また，葬儀のための保険であるため，予め葬儀の規模や葬儀の基本費用が分かっており，支払方法や保険料率の違いは

あるものの，病歴や年齢制限などには殆ど関わりなく加入できように加入条件が緩やかである。葬儀のための生命保険契約様式に見られるように，健康審問がある。それに該当しなければ，総額給付されるが，該当病名がある場合で，加入後1～2年以内（年齢にもよる）に死亡し，葬儀が発生した場合は，支払額に制限がある。なお保険加入と同時に葬儀の契約書も作成しなければならない。葬儀の契約書の内容は，基本的には，セイビング・アカウント方式の場合と変わらないが，保険方式の方が，より項目が細分化されている。

そして，保険方式の特徴は，通常の生命保険と異なり，保険販売人の資格のみでは取扱うことができず，フューネラル・ディレクターの有資格者でなければ販売することができない。そして，セイビング・アカウント方式の場合には困難であった他州への移転に際しても，大きな保険会社の場合という制限はあるが，契約を変更しなくても対応できるため，ポータビリティの問題が解消される。ただし，他州への移転に伴い，葬儀内容はあくまでも生前契約に準拠して実行されるものの，同一葬儀社でなくなるので，葬具の種類や価格差は否めず，完全に契約書どおりのものにはならない可能性もある。ただし，棺だけは製造会社や品番を付記して確保することができるため州間移動にも同一価格での対応は可能となる。

(3) バンク・トラスト (bank trust) 方式

各州のフューネラル・ディレクター協会が独自に実施しているトラストという方法がある。消費者にとっては，セイビング・アカウント方式とあまり変わらない。しかし違いは，セイビング・アカウント方式が葬儀社1社で葬儀の実行も資金の管理・運用もといった極めて小さな規模で生前契約が行われるものであるがこの方式は1社ではなく葬儀社の専門職協会である各州のフューネラル・ディレクター協会という組織としてトラスト口座を設置し，その口座に一括して資金をまとめ，保全を図りながら，管理・運用して，葬儀に当てるというシステムである。

しかしこのフューネラル・ディレクター協会のトラストはアメリカ全州にあるわけではない。たとえば，カリフォルニア州では，カリフォルニア・フューネラル・ディレクター協会（California Funeral Directors Association, CFDA）がカリフォルニア・マスター・トラスト（California Master Trust, CMT）による生前契約を行っている。CMTは，CFDAが1985年から開設し，販売開始したものである。この方法は，契約は自分が将来利用しようとする葬儀社（ただしCFDA加入の葬儀社）で行い，その資金はアメリカ国債によってフューネラル・ディレクター協会が投資し，その利益はアメリカ政府から受け，運用して生前契約の実行に備えるというものである。CMTは，消費者から集めた資金（契約金の15～20％）を運用しているわけであり，毎年州政府の管轄部局から調査されている。CMTは，カリフォルニア州 Trust Law Business & Professions 規則に則った適正な商取引であり，信頼性の高いものであるとして保険と同様加入者が増加してきている。この方式は，セイビング・アカウント方式ライフ・インシャランス方式の折衷方式ともいえる形式の生前契約である。CFDAに加入の葬儀社（フューネラル・ディレクター）が販売窓口であり，フューネラル・ディレクターと相談の上決定した葬儀方法などやサービス，葬具などの商品は将来何時の時点であっても契約時点の価格で実行（価格凍結）され，葬儀内容については，

すべてを契約時に決定しておくこともできる。葬儀の形式や商品も変化していくことが予想されるし，また契約者の気持ちの変化も考えられるため，葬儀発生時に保障費用の範囲で葬儀を行うことにしてもよい。

また高齢者および障害者を対象とした補足的所得保障給付（SSI）を受けている人，メディケアを受けている人であっても利用可能な埋葬トラスト（burial trust）を設置し，誰もが利用可能となるトラストへの道を開いている。なおカリフォルニア州では，補足的所得保障給付を受けている人であっても加入が可能であり，前述のように単身者1,800ドルまで，有配偶者など2名の場合は3,000ドルまでは資産とみなされない。セイビング・アカウント方式と同様にトラストの受取人は葬儀社であり，契約された葬儀実行後，口座にある資金を費用として受け取る仕組みになっている。しかし，個々の葬儀社ではなく，その加入団体（たとえばカリフォルニア州の場合はCFDA）となっており，葬儀を実行する葬儀社と，その費用を管理運営する団体が異なるため，葬儀費用の確保の確実性が高いことが個人対葬儀社の契約と違って安心できるところである。葬儀の生前契約者には高齢者が多く，従って高齢期になって他州・他地方に転居した場合は自分の生前契約は果たして有効かどうかが気になる。もし，子どもの近くに住むために州間転居することがあった場合，果たして生前契約の移動ができるかどうかというポータビリティを検討しておかねばならない。トラスト方式の場合は，セイビング・アカウント方式の場合と同様，移動性がないことが多い。そればかりか葬儀社の変更もできない場合が多い。その場合は，やはり，解約してまた転居先の州で新たに契約を結ばなければならない。CMTやノースカロライナ州の州フューネラル・ディレクター協会によるトラストなどは他州への移動はできないが，なかにはペンシルバニア・マスター・トラストのように州間移動があっても可とするトラストもみられるようになってきた。

(4) これ以外の方法として，これまでと同等の生前契約とはいえないが，単なる生前予約に相当する方法もある。それは，具体的に銀行口座も保険もトラストも利用せず，ただ葬儀社に葬儀の基本的な形式やサービス，葬具を指定しておくというものである。この場合，生前に資金の確保が明示されていないので，死後に遺族に対して，生前の要望・指定事項が伝えられるだけで，プランと費用に関する遺族の同意があればそのまま実行できるが，そうでなければ，遺族主導の葬儀となる。葬儀に自己の意思を反映させようと思っても個人の希望どおりにならないことになる。ただ，遺族は，葬送に関しての故人の考えや希望が判明しているので，葬送に対しての諸々の判断をするとき，あれこれ迷うことなくその要望に添って葬送を行うことができることから「悲しみのなかでの煩雑な決断」から解放されるというメリットはあるといえよう。

このように，大別すると，3種の生前契約と意思を委託するという方法も合わせてこれらがアメリカの生前契約の方法といえる。生前契約は，生前に葬儀の契約をし，死によってその契約事項が実行に移されるというものであるため，実行を自分で見届けることができない。

前述したように，かつてアメリカでは一括して葬儀費用を契約者本人と葬儀社（フューネラル・ディレクター）との銀行の共同名義の口座に預金しておく方法（葬儀のための信託）が一般的で

あった。この方法によれば，消費者は葬儀プランを詳細に立て，経済的に余裕のあるときに葬儀費用として確保しておき，信託方式によって費用が確保されるため，たとえ，実際の葬儀が契約後20年後，30年後であっても価格は契約当時のまま凍結されるため，消費者物価が高騰して，その時点でいくら価格が上昇していようとも安心であるとされてきた。消費者にとっては，長期的に見て，価格高騰にはメリットの大きい方法であるが，払拭できない不安もある。それは，一つの葬儀社と消費者ひとりとの1対1の契約であり，小規模葬儀社が多いため，長い年月の間には契約した葬儀社が存続しているかどうか分からないという将来の実行不安である。また，一方，葬儀社側にとっても将来の仕事が確保され，その費用も確実に入っているということが分かっているために，ビジネスの展開の計画が立てやすいというメリットはあるが，最大の難点は，仕事と費用の確保以上に契約時と実行時の期間の長さである。平均寿命の伸長も手伝い契約時と実行時の期間の長さが長期化するにつれて，インフレ率と資金の運用率の均衡がとれず，決して葬儀社にとってプラスにならないどころか，差損が生じることにもなる。現在では消費者にとっても提供者側にとってもリスクが大きくなってきたためこの信託方式から徐々に離れ，保険やトラスト方式が主流になってきたのである。

　生前契約は，今後20～30年間に，1946年から1950年までのベビーブーム世代を中心とした高齢者人口の大幅な増加が見込まれているアメリカにおいて，高齢者には生前契約はさらに身近なものとして契約者が増加するだろうとして期待されている。ベビーブーマーたちが高齢期を迎える前に準備しはじめるのではないかとマーケットとして注目されているが，ベビーブーマーが葬送の生前契約に関心を示してきていることから，高齢期のみならず，60代以下の年代層にも関心が拡大化し，通常の生命保険と同様に生前契約をするのではないかと予測されている。

　実際には生前契約の契約者は圧倒的に中高年層である。1960年には2万件，1987年には70万件であったが，その65％は65歳以上の高齢者であり，1990年現在の契約者の平均年齢は70歳を超え，契約数は100万件を突破した。ことに現在の70代の高齢者間で一つの現象として表面化している生前契約は，数字で見ても過去の実績の10～20％の伸びを示している。さまざまな予測があり，その一つにアメリカ退職者協会（American Association of Retired Persons, AARP）では，2000年以降には毎年200万～500万人が契約するだろうとし，そして同じ2000年には，施行される葬儀の3分の1は生前契約によるものになると予測している。

2．葬送の生前契約に関する法規の実際

　マサチューセッツ州における生前契約（Pre Need Funeral Contract）に関する州規則によって，どのように法的規制が行われているのかをみる。マサチューセッツ州エンバーマーとフューネラル・ディレクター登録局（Board of Registration of Embalmers and Funeral Directors）によるもので，生前契約規則は，Commonwealth of Massachusetts Division of Registration（CMR）第4章に Pre Need Funeral Contracts and Arrangements という項目として位置づけられている。その項目は，第4章第1項から第10項までで以下に示す通りである[2]。

第4章第1項　定義，　　　　　　　　　　　同　第2項　一般必要条件，
　　同　第3項　生前契約の内容の必要事項，　〃　第4項　バイヤーズ・ガイドの規定，
　　〃　第5項　解約の権利，　　　　　　　　〃　第6項　フューネラルトラストの支払方法，
　　〃　第7項　葬儀（生前予約）保険の支払方法，〃　第8項　生前契約のマーケティング，
　　〃　第9項　罰則規定，　　　　　　　　　〃　第10項　発効日，

以上10項目である。

　第4章第1項では，マサチューセッツ州では，生前契約をする人たちを購入者として定義づけている。生前契約を管轄するフューネラル・ディレクターとエンバーマー登録局（Board of Registration of Embalmers and Funeral Directors）であり，バイヤーや葬具およびサービス，葬儀信託契約，葬儀信託口座，有資格葬儀社，生前葬儀契約，葬儀生前サービス契約，葬儀（プレニード）保険，生前契約受給者，葬具・葬儀明細，被契約者等に関する定義が記されている。

　以下，生前契約に関する概要は以下のとおりである。

第4章第2項　生前契約の必要条件

① すべての生前契約は購入者と有資格葬儀社間で行われなければならない。

② 生前契約に当たって，購入者および購入予定者以外による，準備，交渉，生前契約の実行は不可であり，正規に登録された有資格フューネラル・ディレクター以外の者は生前契約による葬具やサービスの支払い金を管理したり受け取ったりしてはならない。

③ 有資格フューネラル・ディレクターであるだけでは，プレニード保険による支払いを伴う生前契約を行うことはできない。プレニード保険を利用した生前契約を販売する場合は，マサチューセッツ州保険局の保険販売代理店またはブローカーの資格を有さなければならない。

④ 葬儀社や代理店および社員は，生前契約に基づき，葬儀信託口座にある支払金を担保として投資したり，運用したりすることは239 CMR第4章第6項の②にしたがえば可能である。またはプレニード保険による購入は239 CMR第4章第7項により履行されなければならないし，個人的利用，葬儀社を通した支払い，配当金の支払い，ローンによる支払いに付随した事項などは，239 CMR第4章によって生前契約書に明記しなければならない。

⑤ 有資格葬儀社は，毎年6月30日までに協会に登録されていなければならず，以下の事項についての報告が必要とされる。

(a) 年間生前契約件数

(b) 年間生前契約の各支払方法

(c) 年間生前契約の支払金を預かる銀行名，金融機関名，保険会社名および運用する投資会社名のリスト

(d) マサチューセッツ州内において締結された生前契約の保管場所の所在地

⑥ 委員会の公的要請に応じて葬儀社は取扱生前契約の契約高に関する報告書を作成し書面をもって，239 CMR第4章第2項⑤(c)に基づいて報告しなければならない。

⑦ 登録している有資格フューネラル・ディレクター，認定フューネラル・ディレクターが取り扱えるのは，葬具やサービスについての生前契約の準備や交渉，契約書の作成だけであり，

墓所や墓の販売に関することは扱えない。
第4章第3項　生前契約の内容に関する必要条件
① 一般事項

すべての生前契約は，最低限以下の項目を満たさなければならない。
(a) 氏名，住所，電話番号の明記，もし受益者（受取人）が購入者以外であれば，その氏名，住所を契約書に明記しなければならない。
(b) 平易な表現により契約者の尊厳と権利，生前契約に対する義務について適切な規定の表記がなければならない。それは，
 １．葬具やサービスの選択とその支払い
 ２．239 CMR 第4章第5項，239 CMR 第4章第6項に基づく契約の変更，解約
 ３．支払金の返却
 ４．購入者・受益者（受取人）の支払方法の自由選択
 ５．生前契約関係葬儀社に対する調査記録の購入者・受益者（受取人）の閲覧権利
(c) CMRによる葬儀社の義務に関する表記の購入者（受取人）に対する契約事項の変更，信託契約そのものの変更，葬儀社の経営者変更，葬儀社の経営状況の変化と生前契約実行能力と実行の義務を明示しなければならない。
(d) 下記のことに関して購入者がサインをした承認書が必要である。
 １．購入者は，239 CMR 第4章によって葬儀トラストファンドを設定し，239 CMR ③によりすべての内容の明細を受け取ることができる。
 ２．購入者は，葬儀保険によって生前契約を決定することができ，239 CMR ②によりすべての内容の明細を受け取ることができる。
 ３．購入者は，契約に基づく葬具やサービスの全額の支払いを申し出ることができ，満足できるような葬儀やサービスが死後に達成されることを明記することができる。
 ４．購入者は，生前契約資金の方法の選択を辞退した場合には，葬儀社に対する支払いの必要はない。
(e) 記述した承認書にサインをした購入者は，239 CMRによるバイヤーズ・ガイドの規定のコピーを受け取りそれと照合することができる。
(f) 有資格フューネラル・ディレクター，認定フューネラル・ディレクターは，有資格葬儀社の代表として生前契約に関する交渉や生前契約の締結をすることができる。
(g) 購入者のサインについて

② その他生前契約に求められる葬儀の生前契約の内容

239 CMR 第4章第3項①により，すべての葬儀の生前契約は，「葬儀の際の葬具やサービスに関する明細一覧書」が追記されていなければならない。その内容には最低以下のものが含まれていなければならない。
(a) 価格とその範囲すなわち，各品目毎の価格，各サービス料，契約書の中に基本的に含まれるものの項目と金額などすべての価格明細を明示する。

(b) 価格とその範囲すなわち，追加商品（葬具）とサービス料，契約書に記載の葬具料金を明示する。
  (c) 生前契約締結者の死の発生による葬儀社による価格保障をしないもの（こと）と一定の期間以上の場合は相場による価格になるもの（こと）を明示する。
  (d) 概算の各品目ごとの葬儀社に対しさらなる金額を契約書の裏書きとして購入者に明示する。
  (e) FTCルールによる付加情報を明示する。
③ 生前契約の内容に関する付加要請事項
  (a) 購入者（または本人と異なる受益者）による特別の葬具やサービスでないことを，有資格葬儀社によってサインがされた生前契約書にそれを申告しておく。
  (b) 「葬具とサービスの申告書」には，239 CMR 第4章第3項②による購入者が，特別の葬具やサービスを選択に応ずることの情報を記載する。

第4章第4項　バイヤーズ・ガイド規定
① バイヤーズ・ガイドは協会によって承認されたものであり，すべての生前契約購入者および購入希望者があるいは有資格葬儀社と相談，交渉をするいかなる人達に対しても，契約をするために作られたものである。
② バイヤーズ・ガイドは少なくとも以下のことを消費者に告知しなければならない。
  (a) 消費者は自己の葬儀について費用の生前支払いなくプランを立てることができる。
  (b) 生前契約の葬具やサービスにかかる価格の保障内容と非保証内容を明らかにする。
  (c) 生前契約にはいくつもの支払方法があり，トラスト方式，葬儀保険，一般生命保険，生前契約のみの銀行信託預金などがある。
  (d) 上記のそれぞれの支払方法に関する税金，メディケア，メディケイドの適用，および解約に伴う事項などを明示する。
  (e) 購入者には生前契約を10日以内であれば何らのペナルティを支払わずに解約する法的権利がある。

第4章第5項　解約の権利
239 CMR 第4章第6項，239 CMR 第4章第5項に基づいて生前契約の解約の権利に関する規定がある。

第4章第6項　生前契約の支払方法
① すべての生前契約は239 CMR 第4章第6項にしたがって締結および管理されなければならない。
② 投資の要件
  (a) 生前契約を締結した場合は，有資格葬儀社は，239 CMR 第4章第5項により，受け取った費用の少なくともその90％は，供託金（保障金）として葬儀信託金口座にクーリングオフの有効期限後5日間は置いておかなければならない。
    1．有資格葬儀社によるかまたは連邦政府，州政府により認可されたマサチューセッツ州

内にある金融機関か信託会社は葬儀信託による口座を置く。

2．葬具やサービスを準備した受益者が葬儀信託口座を有する。

3．信託口座にある資金は，葬具やサービスの支払いにのみ使用される。

4．口座にある資金は葬儀発生後生前契約に基づいた葬儀実行後に契約による金額の全額が実行葬儀社に支払われる。

(b) 239 CMR 第4章第6項②(a)にしたがって預託者の名前が明記された葬儀信託契約口座は，連邦政府または州政府によって認可されたマサチューセッツ州内にある金融機関または信託会社の葬儀信託口座として有効である。

(c) 239 CMR 第4章第6項②(a)により預託者による葬儀信託口座は開設され，有資格葬儀社は，マサチューセッツ州内にある金融機関，信託会社の同口座に供託金として預け入れられる。しかし，銀行口座またはその他の保証金についてはすべて保障される。

(d) 有資格葬儀社は，239 CMR 第4章第6項にしたがって，管理費として葬儀信託としての資金の10％までを確保する。

(e) 資金は，一般の単独の口座か信託複数口座かにかかわらず一葬儀信託として資金を信託として受け取る。

③　明示事項

239 CMR 第4章第6項にしたがって葬儀信託としての供託金を受け取るかまたは預かる。有資格葬儀社は生前契約にサインをしたかまたサインをしようとしている購入者に対して書面によって以下のことを明示しなければならない。

それは，トラストの受託者の氏名および住所，生前契約の資金の支払い者，239 CMR 第4章第6項②(d)による管理費金額，239 CMR 第4章第5項によるクーリングオフに関する事項，239 CMR ②(d)による解約事項，239 CMR 第4章第6項による生前契約に関する説明事項，利子に関する事項，取り消し可否事項，価格保障されるものとされないものに関する事項，239 CMR 第4章第6項②(a)および(b)に基づく生前契約による葬儀信託の供託金に関する事項，239 第4章第6項②(d)による生前契約書に基づいた支払い事項，信託金の供託に関する金融機関などの事項，生前契約の発効に関する事項，生前契約金の支払いに関する罰則事項などである。また，239 CMR 第4章第6項③にしたがった有資格葬儀社が葬儀信託の受託者の一人とすることの明示などがある。

第4章第7項　葬儀保険（Pre Need Insurance）などによる資金供給の方法

① いずれの代理店も有資格葬儀社の社員も葬儀保険による葬儀の生前契約のための資金を保険や年金などにより準備する場合は，すべてそれに適用されるマサチューセッツ州または連邦の法規に従わなければならず，州保険局における要件を満たさなければならない。

② いずれの代理店も有資格葬儀社の社員もプレニード保険によって葬儀の資金とする場合は，どのプレニード保険や年金保険を購入者が利用するかをすべてマサチューセッツ州保険局に報告しなければならない。

③ 有資格の葬儀社や代理店は，いかなる購入者が生前契約の支払方法としてプレニード保険

か年金保険かを利用するかについては，その理由を聞くことはできない。
④　生前契約をプレニード保険や年金による支払いによる場合は，正式にマサチューセッツ州の保険局によって認められた保険代理店や有資格葬儀社から購入することとする。解約の場合は，契約から10日以内においては，解約料を必要としないし，支払額の全額が返却されるものとする。有資格葬儀社や代理店からもしくはその社員から解約料や違約金を押しつけられるものではない。
⑤　239 CMR 第4章第7項の要請にしたがって，葬儀の生前契約書のための費用の準備方法として購入した保険の様式に記名をしておくことが必要とされる。

そして，第4章第8項葬儀の生前契約のマーケティングに関する規定，第4章第9項罰則規定，第4章第10項発効日と続き，現在の規則は，1992年7月1日をもって発効したものである。

3．アメリカにおける生前契約の担い手

死後多くの人たちが葬儀を行うのに，それを依頼する葬儀社についてわれわれはあまり知らない。死や葬送がタブー視されてきたことにもよるだろう。わが国では，葬儀社は4,000社とも5,000社ともいわれその正確な数さえ明らかではない。それは，葬儀社開業に資格・免許といったものが必要ではないからである。一方，アメリカでは，わが国と異なり，開業資格があり，葬儀業の専門職としての教育基盤もあり，専門職資格免許制度も確立している。まず葬儀業開業に際しては，国家（州）資格であるフューネラル・ディレクターの取得者が1名以上必要となる。葬儀関連の専門資格には，葬儀式全般をコーディネートするフューネラル・ディレクターと遺体の整形防腐処理をするエンバーマーの2種がある。フューネラル・ディレクターは葬儀社になくてはならない専門資格であり，葬儀式を行うばかりでなく，葬送に関する相談，生前契約の締結ができるという役割を持つ。かつて，生前契約が銀行口座を用いた信託契約が全盛の頃まではフューネラル・ディレクターのみならず，無資格者で通常カウンセラーと称するスタッフが生前契約を扱ったりもしていたが，保険利用の生前契約が主流になるにつれて，保険利用の生前契約は，葬儀社ではフューネラル・ディレクターしか扱えなくなってしまった。それによりフューネラル・ディレクターはより専門性の高い専門職と認識されるようになってきたのである。

1990年現在，全米には，23,500社の葬儀社にフューネラル・ディレクターが45,000名従事していると報告されている[3]。

その他に，エンバーマーと無資格者，それに墓地従事者を併せ89,000名が葬送関連業に従事している。フューネラル・ディレクターおよびエンバーマーは，ともに全米における46の専門学校・短期大学・大学で1～4年間にわたって養成され，所定のコースまたは教科を履修し，実習を経て卒後，各州および連邦政府によって実施される資格試験に合格しなければ取得できない資格である。有資格のフューネラル・ディレクターによって1882年に創立されたNFDA（National Funeral Directors Association, F.D.協会）には，現在18,000名が登録しており，全米50州をすべて網羅し，またアメリカ以外の国の葬儀業専門職を準会員として擁し，世界最大の葬儀専門職の組織団体である。生前契約の担い手はこうしたフューネラル・ディレクターという専業の専門資

表3-5 アメリカにおける死亡者および葬儀社の動向

年	人口	死亡者	死亡率	葬儀社数	葬儀実行数	*)葬儀社数
1960	179,323,000	1,711,982	9.55			
1970	203,302,000	1,921,031	9.45			
1980	226,546,000	1,986,000	8.77			
1981	229,637,000	1,978,000	8.61			
1982	231,996,000	1,975,000	8.51	22,000	90	22,000
1983	234,284,000	2,019,000	8.62			22,208
1984	236,477,000	2,039,000	8.62			22,419
1985	238,736,000	2,086,000	8.74			22,631
1986	241,107,000	2,105,000	8.73			22,845
1987	243,419,000	2,123,000	8.72			23,061
1988	245,807,000	2,171,000	8.83			23,280
1989	248,251,000	2,153,900	8.68	23,500	92	23,500
1990	250,410,000	2,185,100	8.73	23,500	93	23,722
2000	268,266,000	2,367,000	8.82	23,500	101	26,066
2010	282,575,000	2,634,000	9.32	23,500	112	28,642
2020	294,364,000	3,015,000	10.24	23,500	128	31,471
2030	300,629,000	3,472,000	11.55	22,500	148	34,581
2040	301,807,000	3,877,000	12.85	23,500	165	37,997
2050	299,849,000	4,100,000	13.67	23,500	174	41,751
2060	296,963,000	3,912,000	13.17	23,500	166	45,876
2070	294,642,000	3,832,000	13.01	23,500	163	50,409
2080	292,235,000	3,814,000	13.05	23,500	162	55,390

出典：NFDA調べ。アメリカBureau of the Censusの資料による。
注：*) 葬儀社が0.95％の伸びで増加した場合の試算。

格を有している人たちが中心となっているのである。

　アメリカにおける死亡者の動向と葬儀の実行数の将来の試算が1992年にNFDAから発表されている。1987年を境にアメリカの死亡率の低下傾向が止まり，その後徐々に死亡率が上昇する傾向を見せており，とくにベビーブーム世代が高齢期に達する2010年頃から高齢社会特有の高死亡率社会を迎えることになるであろうという推計表から葬儀の実行をとらえたものを示す（表3-5）。

　こうした死亡率の推移と葬儀実行数とを関連的に見ると，確実に葬儀数は増加すると考えられる。葬儀社数の増減がなくこのままの数値で推移すれば，1社あたりの実行数は増加し，1990年の1社あたりの実行数93件（年間）が2010年には，112件（年間），2050年には174件（年間）と2倍近くに増加する。だがこれまで，年々0.95％の比率で葬儀社数が増えてきているところか

ら，今後も同様の伸びで葬儀社数が増加すれば，1社あたりの実行数は，2040年までには現在より若干増加するが，それ以降は減少し，2080年には，1990年の実行数の75％程度までに減少してくる。この長期的展望の試算は葬儀業界にとって厳しい試算でもある。生前契約の普及の背景にはこうした葬儀業界の危機感も無関係ではない。それは，葬儀社が従来のあり方から脱皮し始め，積極的にビジネスを展開し始めたことからもうかがえる。これまで，葬儀社は，葬儀を実行するだけのいわば，「1日限りのサービス業」，「1回限りのサービス業」といわれてきた。それがこのように葬儀を行う at need（その時）だけではなく，pre need（事前・生前），after need（事後）サービスを積極的に提供し始めたのである。pre need としての生前契約であっても積極的にセールスをするという体制ではなく，at need の葬儀の依頼と同様，「電話を待つ」受け身の態勢であった。それが，死や葬送準備に対する関心の高まりもあって，販売に積極的になってきた。また，after need サービスも忘れない。葬送業界では葬儀実行後のアフターサービスとしてのサービス業への変貌も著しい。たとえば，サポートグループを結成し，遺族支援のための相談やニュースレターの送付などによる死の受容，疲労からの立ち直り，死者との関係の変化，社会関係の変化に適応していくためのグリーフワークサービスの試みも行われるようになってきた。また図書室を設け，利用者へのサービスを行ったり，棺や葬送商品の展示会を行い死後の儀式と備えへの関心を喚起したりと，死者に対するサービスばかりでなく，生きている人に対するケアの役割の一端をになおうとする新しい動きが見られる。

　アメリカにおける葬儀社が提供するアフターケアの最近の動きとして，顧客である遺族，特に配偶者の精神と心と体の健康回復のためのプログラムによる遺族支援が行われるようになってきたことがあげられる。

　最近のアメリカの葬送業界は，変化がめまぐるしく，家業継業が常であった分野から誰でもが参入してくる選択従事の職場へと変化してきつつあるため，適正価格・適正報酬，生前契約の一般化，消費者のニーズを主体とするためのサービスへの移行，葬儀社間のネットワークそして1世代のサービスから複数世代のサービスなど，死後に残された家族に対するケアにも徐々にシフトしてきている。支援を必要とする遺族は「悲嘆のマーケット」と呼ばれるようになってきているが，葬儀社は，葬儀終了後の配偶者や子どもなど遺族に対するアフターケアに力を入れるようになってきた。1980年頃から，葬儀社が遺族に対して定期的に手紙を送ったり，図書室を設けて誰もが自由に利用できるようにしたりということは見られたが，1990年代になって家族を失った悲しみから自分の持てる力によって健康的に立ち直ることを側面からサポートするといったサービスに積極的に取り組むようになってきたのである。また，悲嘆の回復を計るために工夫された遺族へのプレゼント用品などを女性向き，高齢者向き，子供向けにアレンジしセットしたいわゆる「お悔やみセット」などの販売も行われている。

　さらに目を引くこととしては，老人性痴呆症，アルツハイマーの高齢者に対しどのように配偶者の死を知覚させ，ケアしていくかということへのフューネラル・ディレクターたちの取り組みがある。老人性痴呆症，アルツハイマーの高齢者に対して家族の死の理解を促すことは非常に難しい。アメリカでは約400万人が老人性痴呆症（なかでもアルツハイマー）で，2050年には1,400

表 3-6　目にする頻度別「生前契約」を知る手段　　　　　　　　　（%）

	いつも	時々	ほとんどない	全くない	計
ダイレクト・メール	39	46	10	5	100
電話での勧誘	28	29	25	18	100
訪問販売員による	7	26	39	28	100
新聞広告	50	38	11	1	100
テレビ・コマーシャル	23	44	26	7	100
ラジオ・コマーシャル	21	47	26	6	100
電話帳広告	43	37	15	5	100
口コミ	49	41	8	2	100
葬儀社で	72	24	4	0	100

出典：University of Wisconsin-Milwaukee, *A Look at Pre-need Horizons in America, A Perceptual Study of Opinion Leader Knowledge*, 1991.

万人にのぼるだろうと予測されている。老人性痴呆症の高齢者の増加が見込まれる社会で，アフターケアの専門職ではないフューネラル・ディレクターが関わるアフターケア・サービスには自ずと限界がある。グリーフワークの学習や研修の機会も徐々に増えてきており，NFDAでは継続教育の中の科目にグリーフワークを積極的に取り込んである。老人性痴呆症の高齢者に死の理解や葬送への参加，その後の支援はフューネラル・ディレクターの仕事というよりも家族や身近な友人などが果たす役割ではないかと思われてきた。特に痴呆高齢者に配偶者が死亡したということを理解させるのは容易ではない。フューネラル・ディレクターは葬儀専門職であっても死別者に対するケアの専門職ではない。アフターケアを行うためには自己研鑽が必要であり専門的な知識と技術を要する。そこで，アフターケアを始めるに当たってコンサルタントを利用することが多くなってきた。またフューネラル・ディレクターの免許の更新に必要な継続教育を行っているフューネラル・サービス・エデュケーショナル・ファウンデーション（Funeral Service Educational Foundation, FSEF）においてアフターケア・プログラムの学習ができる。FSEFでは，対面学習だけでなく，電話による学習サービスもはじめ，アフターケアの初歩から学ぶプログラムもある。アルツハイマーの場合は平均的に8年から20年の余命があるといわれており，このように長期にわたり介護を要する人たちにとって，ゆっくりと配偶者の死を理解させるためには死に関わる専門職であるために，フューネラル・ディレクターは適格かも知れないといわれている。

葬送業界がグリーフワークの分野に参入することは，社会に対し，質の高い葬儀社というイメージと社会貢献の積極性をアピールする目的もある。

このように葬儀業界が地域への様々な支援や地域活動への参加も行っている。死に伴い誰もが利用する葬儀社であるにもかかわらずタブーの多い死や葬儀を取り扱う葬儀社ということでは身近な交流はあまりなかった。葬送儀礼のすべてを執り行う葬儀社が地域に関わりを持つことによって，死から遠ざかってしまった現代社会で，死や死への備えへの導入役割を果すことになるであろう。

表 3-7　生前契約の目的・理由（生前契約情報の頻度別）　　　　　　　　　　　（%）

	いつも	時々	ほとんどない	全くない	計
自分の都合による（便利）	36	47	15	2	100
遺族の負担の軽減のため	81	18	1	0	100
社会保障費の追加給付を受けるため	42	38	18	2	100
貨幣価値の変動があっても不安がないため	40	49	9	2	100
誰もが行うから	2	17	63	18	100
契約した人がしきりに勧めるので	53	44	3	0	100
身内や友人が勧めるので	10	69	20	1	100
介護職や法律の専門家が勧めるので	10	47	36	7	100
販売者側が勧めるので	29	38	26	7	100
最小限の費用で済むから	20	53	25	2	100
遺族の葛藤を最小限に止めることができるため	31	48	19	2	100

出典：表3-6に同じ。

4．葬送の生前契約を知る方法

　さて，1950年代から葬儀社が葬儀の生前契約の積極的な展開を開始し始めたといっても，一般の消費者はどのようにして知り，そして生前契約をどのように利用しているのであろうか。葬儀の生前契約の販売に葬儀社はどのような方法で臨んでいるのであろうか。ウィスコンシン大学の調査結果では，表3-6のように，生前契約を知るきっかけとしては葬儀社の店頭でという比率が圧倒的に高いが，新聞広告，電話広告はもちろんのことダイレクト・メールや電話での勧誘，さらにテレビやラジオでのコマーシャルなどによるとしている。

　そして葬儀社の店頭で，ダイレクト・メールで，新聞・テレビ・ラジオ広告などで生前契約の情報を得て契約する消費者が圧倒的に多いのではあるが，生前契約により葬儀への備えの目的とその理由をみると，頻繁に生前契約の情報を得ている人は，過半数が生前契約を行っている人がしきりに勧めるからという理由を挙げている（表3-7）。これは，口コミ情報による生前契約情報の入手ということも考えられる。理由としては，圧倒的に多いのが遺族の負担軽減のためである。また，SSIの受給のためであったり，将来の葬儀費用の高騰に備える堅実な選択であるといった理由などがあげられている。情報入手量によって生前契約への意識が異なり，時々目にする程度のグループは，身内や友人が勧めるからという理由が最も多く挙げられており，生前契約により最小限の費用ですむという葬儀費用と遺族への負担への配慮それに価格変動への備えなどが多くみられる。情報量が少ないグループはそれだけ生前契約に関心が薄いということもでき，従って，主体的に葬儀を考えるということではなく，誰もが行うから，介護職や法律家が勧めるからという受動的な態度しか示していないことがうかがえる。正確な情報とその情報量によって，生前契約への関心の程度が浮き彫りにされた調査結果である。

第3章 アメリカにおける葬儀の生前契約

表3-8 消費者と葬儀社間のトラブルの生起の予想
(%)

多　い	1
いくらかはある	26
少しはある	35
な　い	4
わからない	34
計	100

出典：表3-6に同じ。

表3-9 トラブルの増減予想 (%)

非常に増大する	4
増大する	41
かわらない	18
減少する	10
非常に減少する	1
わからない	26
計	100

出典：表3-6に同じ。

表3-10 消費者がトラブルを経験するか否か（回答者区分別） (%)

	多　い	いくらかある	少しはある	な　い	計
企業リーダー	0	18	72	10	100
消費者リーダー	3	72	20	5	100
政　府	5	42	53	0	100

出典：表3-6に同じ。

5．生前契約の将来性とトラブルへの対応意識

　死の時期はある程度予測がつく場合もあるが，原則としては何時発生するかはわからない。高齢者が葬送に備えておくということは，基本的にその意思はあってもどのような方法があるのか，どの方法が最も自分に適しているかなかなか分かりにくい。自己の意思を反映し，しかも家族（遺族）に負担をかけず不安を解消できる方法である生前契約を誰もが希望する。生前契約は将来の不安を防止する機能をもつ。しかし，この生前契約も何も問題がないというわけではない。現在では，以前に比べ，消費者のニーズにあった方法が提供されるようになってきたとはいえ，やはり，本人がいないところでの実行という特殊な契約であるので，その実行に対する不安は完全に払拭できない。表3-8～表3-10のようにNFDAが1991年に行政，消費者団体および葬儀業に対して行った生前契約に関する意識調査がその不安などに対するひとつの解答を示している。

　消費者が最も心配とする契約金額と価格変動による契約内容の変更である。契約金や保険金と実行時の実際の価格変動には，30％が価格変動にも生前契約は耐えうると回答している。しかし

表 3-11　実勢価格と生前契約価格の差　　（％）

非常に大きい	1	18
大きい	17	
同等	26	26
少ない	26	30
非常に少ない	4	
わからない	26	26
合　計	100	100

出典：表3-6に同じ。

契約金額と相当の開きがでてくるのではないかとする回答も18％ある。生前契約を何歳で，どのような健康状態の時に締結したかによって実行時までの期間が影響して価格差が生じることがある。確かに生前契約時と実行時の価格差は生じるだろうが，それをカバーするために保険，銀行預金やトラストなどの場合には，運用益によってカバーするという方法をとっているため，現在のところ深刻な問題となってきてはいない。すなわち，利率や配当金などによって価格上昇にも対応できるという提供者側を是認することになっているということができる。価格変動は消費者が心配するほど変動はしないし，生前契約で十分カバーできると回答している比率が55％を占めている。

　また，生前契約に対してトラブルの発生の可能性に対しては，「多い」とする回答は，非常に低率ではあるが，「いくらかはある」，「少しはある」が全体の61％を占め，何らかのトラブル発生はあるだろうと危惧する回答が目立つ。トラブル発生については，厳しい目を持っているという側面がうかがえる。消費者団体では，トラブルが発生した場合，実行時に本人がいないので，権利の主張ができないことや契約時点で「自分が死んだら……」ということを考えにくい人たちが，自分の意志より，フューネラル・ディレクター主導の契約をしてしまわないかということ，プリペイド・プランの意味が高齢消費者にわかりづらく，期待しすぎてしまうのではないか，といったことを原因としてトラブルの発生を生じさせるのではないかと考えているようである。一方，葬儀業の回答では，もし問題が起こるとすれば，特に生前契約をめぐって遺族と業者との間の意見の対立であるとしている。なぜなら，時間の経過による契約時と実行時期の違いにより，スタイルの変化が考えられるので，その齟齬による遺族とのトラブルであると回答している。行政機関にあっては，消費者への適切な情報周知不足と販売者の不十分な説明から引き起こされる問題が危惧されると回答し，法や規則の遵守を促している。

　調査結果に見られるように，生前契約は信頼度はあるものの，消費者は多少の不安もまた併せ持つということができるが，実際に心配どおりのトラブルが生起している。

　わが国のように，生前契約の提供が開始されたばかりの国と違って，半世紀以上のキャリアを持つアメリカにおいては，FTCルールやFuneral Directors and Embalmers Lawなどによって生前契約は規定されている。細かい法律や規則に則って締結され実行されている生前契約である

表3-12 消費者のトラブルの増減予想（回答者区分別）　　　　　　　　　　（%）

	非常に増加	増　加	変化はない	減　少	非常に減少	合　計
企業側	2	34	38	23	3	100
消費者	6	82	6	6	0	100
役　人	12	57	21	10	0	100

出典：表3-6に同じ。

表3-13 実勢価格と生前契約価格差の意識（回答者区分別）
（%）

	大きい	同　等	少ない	合　計
企業家	22	55	25	100
消費者	31	14	55	100
役　人	19	32	49	100

出典：表3-6に同じ。

ので，法規を遵守して行われれば，基本的にはトラブルなど生起しないはずである。

　ところが，実際には，様々なトラブルが起きており，依然としてその回避ができないようである。葬儀社や消費者保護局，高齢者保護団体などへの消費者からの訴えもしばしばみられる。契約どおりの実行への不安は，提供者が公的機関ではなく，利益を追求する葬儀社や保険会社など企業であることも一因である。生前契約は商取引なのである。まず，現在では消費者側からは，トラブルが起こりやすいと敬遠され，生前契約提供事業者側からは，採算がとれなくなる危険性が非常に高いと双方から敬遠されて下火となってきている信託預金による生前契約の問題を取りあげることにする。

　葬儀の実行を目的とした信託預金による生前契約の場合，契約葬儀費用に対し，葬儀内容の保障を伴う契約と基本部分以外は保障しない契約がある。当然のことであるが，葬儀の内容が保障された契約は，何時いかなる時でも契約どおりに実行されなければならない。価格変動があっても契約どおりに実行しなければならない。契約する消費者にとっては価格がいくら高騰しようと安心であるが，提供事業者にとっては痛手ともなる。契約内容に保障されない項目があって，それを葬儀実行の時，契約どおりに行い差額が生じた場合，遺族が清算しなければならなくなる（表3-11）。このときに清算をめぐる支払いのトラブルが発生する。ただし，非保障部分のある契約の方が，払込金に対する利率が高いという契約者にとってのメリットはある。そこで，本人は安心して契約をし，葬儀社は契約通りに実行しても，遺族がその実行に対してクレームをつけたり，非保証部分の清算金が支払われないといった問題も起きている（表3-12，表3-13）。

　また，遺族からの次のようなクレームによって余剰金請求が問題化することがある。生前契約金は，通常，葬儀実行後に葬儀費用として口座からフューネラル・ディレクターが引き出し，費用支払いの清算を行う。信託預金の余剰金がでた場合およびその利息は相続人に返還されず，フューネラル・ディレクターの受け取りになる。このことに納得がいかない遺族が不満を示すのである。アリゾナ州の裁判所が1995年に出した命令でも，契約額と実行時の差額はフューネラ

表 3-14　生前契約に関する規則および監督官庁調査（1992年）

No.	州	規則	監督官庁	有資格F.D.葬儀プラン	有資格F.D.保険	契約時の支払い	契約変更の可否
1	アラバマ	無	なし	否	要	不定	可
2	アラスカ	有	なし	否	要	100%	否
3	アリゾナ	有	銀行局	否	要	85%	可
4	アーカンサス	有	銀行委員会	可	要	100%	可
5	カリフォルニア	有	FD＆E部	否	要	100%	可
6	コロラド	有	保険委員会	要	要	85%	可
7	コネチカット	有	保健局	否	否	100%	可
8	デラウェア	有	銀行委員会	要	要	100%	否
9	ワシントン D.C.	無	なし	否	要	不定	可
10	フロリダ	有	保険局	否	要	70%	可
11	ジョージア	有	保険委員会	要	要	100%	否
12	ハワイ	有	規則制定委員会	不明	不明	70%	不明
13	アイダホ	有	葬儀業局	要	要	85%	可
14	イリノイ	有	会計検査院	否	要	95%, 85%	可
15	インディアナ	有	なし	要	要	100%	可
16	アイオワ	有	保険委員会	否	要	125%, 80%	可
17	カンザス	有	葬儀業局	否	要	100%	可
18	ケンタッキー	有	司法長官	否	要	100%	否
19	ルイジアナ	有	エンバーミング部	否	要	100%	可
20	メイン	有	司法長官	要	否	100%	可
21	メリーランド	有	葬儀業部	要	否	100%	可
22	マサチューセッツ	有	葬儀業部	要	要	100%	可
23	ミシガン	有	資格規則制定局	否	要	100%	可
24	ミネソタ	有	保健局	否	否	100%	可
25	ミシシッピー	有	司法長官	否	要	50%	可
26	ミズーリー	有	エンバーミング部	否	要	100%, 80%	可
27	モンタナ	有	なし	否	否	100%	可
28	ネブラスカ	有	保険局	否	要	85%	可
29	ネバダ	有	保険局	否	要	75%, 60%	否
30	ニューハンプシャー	有	登記局	要	要	100%	可
31	ニュージャージー	有	司法長官	要	要	100%	否
32	ニューメキシコ	有	保険局	否	要	36%, 他	否
33	ニューヨーク	有	司法長官	否	要	100%	否
34	ノースカロライナ	有	銀行委員会	要	要	100%, 90%	可
35	ノースダコタ	有	安全委員会	否	要	100%, 50%	否
36	オハイオ	有	FD＆E部	要	要	100%	可
37	オクラホマ	有	保険委員会	否	要	90%	可
38	オレゴン	有	国務長官	否	要	100%, 90%	可
39	ペンシルバニア	有	FD部	可	要	100%	可
40	ロードアイランド	有	専業規則局	要	要	100%	可
41	サウスカロライナ	有	銀行統制局	要	否	100%	否
42	サウスダコタ	有	葬儀局	否	要	100%, 85%	可
43	テネシー	有	商業保険局	否	要	100%	可
44	テキサス	有	銀行局	否	要	90%	否
45	ユタ	有	経営規則局	否	要	75%	可
46	バーモント	無	なし	否	要	不定	可
47	バージニア	有	FD＆E部	要	要	100%	可
48	ワシントン	有	FD＆E部	否	要	90%	可
49	ウエストバージニア	有	司法長官	否	要	90%	可
50	ウイスコンシン	有	資格規則制定局	否	要	100%	可
51	ワイオミング	有	保険局	要	否	100%	可

出典：*National Funeral Directors Association Pre-need Survey*, 1992.

表 3-15　生前契約の州間移動性および価格保障　　（1992年現在）

生前契約の種類	移　動	価　格　保　障
CMT	不　可	ほとんどの場合保障
ノースカロライナトラスト	不　可	ほとんどの場合保障
フォーソート社	可	保　障
ゴールデンルール	可	保　障
ガーディアン	可	保　障
NFDA	不　可	非保障
トラスト-100	可	保　障

出典：AARP調べ。
注：州間移動でも生前契約が継続されているものとそうでないものがあり，F.D.協会による生前契約には可動性のないものが目立つ。

ル・ディレクターの裁量に任せ，フューネラル・ディレクターが受け取ってもよいということになった。これについて，葬儀社側は「生前契約すべてのケースで提供者側が利益を上げているわけではなく，契約時と葬儀実行時期が異なるために，価格変動によるリスクもともなう。したがってそのリスクをカバーするために経年の利子および差額の受け取りは最低限必要である」という主張である。一方，消費者側からは，「実際には提供者側である葬儀社は利益を上げすぎている。遺族にも差額の幾分かを分配できないものか」という声もくすぶり続けている。特に後に残された高齢配偶者には，経済的な生活問題は深刻であるため，消費者側からは余剰金に対する一考が求められている。

　消費者保護の立場から消費者保護局の監視の目は厳しく，表3-14のように生前契約に関する規則を48州が持っている。それでも生前契約のトラブルは後を絶たない。例えば，カリフォルニア州では，生前契約を締結した後にその葬儀社の職員が勝手に解約し，10万ドルを横領して起訴されたり，コロラド州では，3,000ドルの生前契約を締結し，アリゾナ州に転居した後，締結した生前契約が州内だけでしか有効性を持たなかったために，解約したところ，解約料を1,300ドル請求され，何のための生前契約かという生前契約の仕組みそのものに問題を投げかける事件があったりと，葬儀の実行時ではなく生前に既にトラブルを起こすケースが報告されている[4]（表3-15）。

　消費者意識が高く，法や規則が整備されていてもこういったトラブルは発生する。契約内容とサービスについての十分な消費者保護がなければ死後への前向きな備えが不安の解消どころかさらに不信感や警戒感を増幅させ，積極的な備えを後退させてしまうことになる。特に高齢者にとってこの種のデリケートな契約に取り組む時，協力してくれるのは提供者側の専門職である。相談者が限られてしまうため，すぐ信用してしまい，肝心なところを見落としてしまったり，担当者が十分な説明と，消費者の納得を確認しないままに契約を締結することも多い。信頼すべき人がこのような不祥事を起こせば，生前契約そのものの信頼度が薄れる。そこで，生前契約そのものに対してと内容についての両面から次のような方策を講じることになっている。まず生前契約の

販売人を制限して，誰もが行えないよう資格を問うことになり，生前契約取扱者はフューネラル・ディレクターであるという制限が付されている。契約内容に対するトラブル防止策として，契約者本人が十分理解できるよう契約書内容の口頭での説明と文書による明示が義務づけられている[5]。また，死後に生前の契約を実行する特殊な契約であるため，その契約書に明示する内容とその完全履行について，FTCルールが厳しく監視することになっている。それでもトラブルは避けられずゼロにはならない。トラブルの予防には，本人に生前契約の決定権があること，葬儀社の正確な説明，そして実行時に誰が責任者となるのかといったことを明確にしておくことだろう[6]。そして生前契約の保持のために安全性が高く自分に合った方法を選択すべきである。

引用・参考文献

1) E.S.シュナイドマン著『死にゆく時』誠信書房，1991年．
2) AARP, *Products Report,* AARP, 1995.
3) University of Wisconsin-Milwaukee, *A Look at Pre-need Horizons in America, Perceptual Study of Opinion Leader Knowledge,* 1991.
4) 北川慶子「高齢社会における終末準備としての葬儀の生前契約の動向Ⅱ」中京短期大学論叢第27集，1995年．
5) 前掲書，*Products Report.*
6) Funeral Service Association of BC, *Understanding Grief, Frequently Asked Questions,* FSABC, 1995.

第4節　アメリカにおける葬送の生前契約の将来展望

1．変わるアメリカの葬送

　火葬の増加は世界的な趨勢ではあるが（表3-16），アメリカでも火葬が増加し葬送に対する意識もその形式も多様化してきている。近年，特に火葬が少なかった東部や中西部でも増加がみられ，表3-17，表3-18のようにアメリカ社会全体に広がってきつつある。ホワイトアメリカン中心の文化と宗教的な儀礼に多くが葬送儀礼を慣習化し，葬儀を行い，墓地に埋葬が一般的であったが，年々火葬の比率が高くなってきている（表3-19）。1999年の北米火葬協会（Cremation Association of North America, CANA）は，アメリカ人の46％は火葬にしたいという意識を持ちアメリカでは「火葬を選ぶ時代」になってきたと報じている。CANAが行った30代以上の1,000人に対して電話による全米の調査の結果によると1990年代になり急速に火葬を選択したいとするアメリカ人が増え，1990年には37％であったが，5年後の1995年には43％に増加してきている。本人だけでなく，配偶者がなくなった場合に火葬にしたいという考えを持っている者は，1990年には32％であったが，1995年には41％と約1割ほど伸長し，1999年には45％を超えているのである[1]。

　このように火葬を選択しようとする人たちが増加している要因はいくつか考えられるが，平均的に経済的な側面から見て火葬の方が埋葬より低価格であるということが第1の要因としてあげ

表 3-16 各国の火葬率

	火葬場数	1996 (件)	1997 (件)	1998 (件)	死亡に対する割合(%)
アルゼンチン	14	1,236	1,108	公表なし	
オーストラリア	74	68,208	69,800	公表なし	
オーストリア	10	13,720	14,006	14,139	18.05
ベルギー	10	29,117	30,580	32,389	30.97
ブラジル (サンパウロのみ)	2		公表なし	公表なし	
カナダ	132	81,893	85,698	**89,666	
中国	1,310	2,830,000	2,950,000	3,200,000	39.6
コロンビア	17		公表なし	公表なし	
旧ソ連独立国家	8		公表なし	公表なし	
チェコスロヴァキア	27	85,650	85,943	83,412	76.16
デンマーク	32	43,377	42,722	41,594	71.11
フィンランド	20	10,823	10,997	11,834	24.02
フランス	74	68,317	73,025	80,534	14.9
ドイツ	113	333,373	**333,800	332,914	39.1
ガーナ	4	200	210	250	2.08
イギリス	238	445,934	446,305	439,145	*71.42
香港	12	23,204	24,077	25,653	78.5
ハンガリー	5	38,690	38,739	37,522	26.57
アイスランド	1	208	205	232	12.74
アイルランド	1	1,236	1,283	1,460	4.56
イタリア	33	**18,000	**16,486	23,613	4.09
日本	1,995	938,877	967,061	1,015,057	98.42
ルクセンブルク	1		公表なし	公表なし	
メキシコ	70		公表なし	公表なし	
ナミビア	1	178	204	190,000	不回答
オランダ	54	65,014	64,997	66,322	48.24
ニュージーランド	31	15,941	**14,886	16,016	57.41
ノルウェー	42	13,876	10,879	13,620	31
ペルー	3		公表なし	362	74.64
ポルトガル	2	753	846	1,041	11.03
スロヴァキア	3	6,097	6,951	公表なし	
スロバニア	2	6,878	7,426	6,693	36.57
南アフリカ	29	26,658	28,520	29,291	**9.00
スペイン	54	20,000	31,634	35,995	10.91
スウェーデン	72	61,734	62,953	63,273	67.84
スイス	26	40,773	42,304	41,746	67.97
トリニダード トバゴ	1		公表なし	公表なし	
アメリカ合衆国	1,366	492,434	541,602	555,183	23.96
ジンバブエ	2	747	709	717	6.65

出典：National Funeral Directors Association 調べ。
注：* 暫定数
　　** 推計数

表 3-17 アメリカにおける死亡と火葬の比率の推計

州	1998 火葬	死亡数	(%)	2000(推)	2010(推)
アラバマ**	2,409	43,989	5.48	9.79	65以上
アラスカ*	1,318	2,559	51.50	57.92	65以上
アリゾナ*	19,578	38,395	50.99	53.66	65以上
アーカンサス**	3,241	26,817	12.09	14.58	37.28
カリフォルニア	98,218	234,852	41.82	42.36	45.19
コロラド**	11,835	26,638	44.43	46.32	57.03
コネチカット	7,051	28,748	24.53	27.39	47.59
デラウェア**	1,538	6,676	23.04	24.64	34.51
コロンビア**	1,041	5,694	18.28	18.65	20.62
フロリダ*	68,907	159,354	43.24	45.60	59.47
ジョージア**	7,128	60,788	11.73	13.54	27.80
ハワイ**	4,693	8,011	58.58	61.07	65以上
アイダホ*	3,098	9,141	33.89	36.35	51.60
イリノイ	19,771	104,153	18.98	20.17	27.33
インディアナ**	5,807	46,333	12.53	14.21	26.59
アイオワ*	3,684	28,320	13.64	15.44	28.67
カンザス*	3,897	23,928	16.29	19.91	54.37
ケンタッキー**	2,511	38,224	6.57	7.69	16.88
ルイジアナ**	3,415	39,672	8.61	10.15	23.17
メイン*	4,655	11,670	39.89	44.17	65以上
メリーランド**	8,326	40,792	20.41	23.73	50.36
マサチューセッツ**	12,647	58,364	21.67	24.44	44.64
ミシガン**	22,925	86,292	26.57	29.20	46.88
ミネソタ**	9,840	37,252	26.41	30.32	60.45
ミシシッピー	1,430	27,850	5.13	6.78	27.22
ミズーリ*	7,898	54,849	14.40	16.35	30.87
モンタナ**	3,642	7,960	45.75	48.70	65以上
ネブラスカ*	2,454	15,181	16.16	19.65	52.15
ネバダ*	8,762	15,495	56.55	59.12	65以上
ニューハンプシャー**	3,512	8,911	39.41	42.87	65以上
ニュージャーシー**	14,095	66,021	21.35	23.14	34.64
ニューメキシコ**	4,519	13,410	33.70	37.07	59.72
ニューヨーク*	29,455	153,175	19.23	21.76	40.34
ノースカロライナ*	9,245	67,798	13.64	15.44	28.77
ノースダコタ*	596	5,911	10.08	13.10	48.56
オハイオ**	18,687	105,709	17.68	18.43	22.68
オクラホマ*	3,348	33,840	9.89	12.19	34.58
オレゴン**	14,705	29,529	49.80	52.51	65以上
ペンシルバニア**	23,653	126,957	18.63	21.41	42.86
ロードアイランド	2,253	9,602	23.46	22.82	19.88
サウスカロライナ**	4,083	34,208	11.94	14.69	41.54
サウスダコタ**	838	6,912	12.12	15.18	46.70
テネシー	3,806	54,034	7.04	8.30	18.80
テキサス*	19,815	142,398	13.92	16.04	32.63
ユタ**	1,724	11,920	14.46	16.28	29.42
バーモント**	1,884	4,836	38.96	42.72	65以上
バージニア*	8,917	54,274	16.43	17.60	24.86
ワシントン*	23,414	42,585	54.98	59.12	65以上
ウエストバージニア	1,142	20,890	5.47	6.52	15.67
ウィスコンシン**	10,851	45,843	23.67	27.42	57.23
ワイオミング*	923	3,652	25.27	29.84	65以上
合計	553,364	2,330,403	23.75	25.70	38.18

出典: *Information obtained and reprinted with permission from the Cremation Association of North America*, 1998.
注: * Official figure from State Health Department or similar entity.
　　** Estimated using official 93-97 state data and NCHS 1998 death count. All others from crematory surveys.

られる。第2に，アメリカでも墓地開発は環境破壊につながるという考え方が徐々に広まってきつつあるところから火葬をすることによって埋葬と比べると埋葬ほど墓地のスペースを必要としないということや撒灰すれば墓地そのものも必要ないといったことから環境を破壊しないですむという考え方があげられている。そして第3位に，通常の葬儀や埋葬の煩雑さから比べれば，火葬に付すことで形式はシンプルであるし，時間もその分短縮されるし，忙しい現代社会には便利であるといった理由が見られる。確かに近年，墓地開発は環境破壊を引き起こすことにもなるという新たな視点が一般の人たちに浸透してきつつあるとともに，埋葬に関する宗教上の一面的な

表 3-18 アメリカにおける火葬率の高い州, 低い州　　(%)

	1998	2000(推)	2010(推)
高率5州			
ハワイ	57.93	60.10	65以上
ネバダ	56.55	59.12	65以上
ワシントン	54.98	59.12	65以上
アラスカ	51.50	57.92	65以上
アリゾナ	50.99	53.66	65以上
低率5州			
ミシシッピー	5.13	6.78	27.22
ウエストバージニア	5.50	6.59	16.13
アラバマ	5.48	9.79	65以上
ケンタッキー	6.46	7.49	15.75
テネシー	7.04	8.30	18.80

出典：表3-17に同じ。

解釈から解放されたということもあろう。また死者の葬り方に、故人が遺志を残す場合が多くなってきたことによって、撒骨という選択肢が広がってきたことにもよるといえよう。また、CANAの調査報告[2]によれば、火葬に積極的な姿勢を示す人たちは、高学歴で高収入者である傾向が見られるという。1998年に報告されたアメリカにおける過去5年間の実際の平均火葬比率は、24％であり、2010年には平均39％には達するものと見込まれている。火葬が徐々に浸透していくなかで、火葬を望む人たちのなかの89％は葬儀を行いたい（1990年には80％、1995年には85％）と考え、その形式として、伝統的な葬儀が32％、日本でいう密葬に当たるごく内輪の人たちによる葬儀が26％、火葬・埋葬（埋骨）を終えて日程を調整した上でのメモリアル式が25％と続いている。

また火葬の増加により、葬具の購入にも新しい傾向が見られ、火葬後の遺灰を納めるための「骨壺（urn）」の購入が必要だとするものが目立ち、しかもそれは埋葬（埋骨）のための実用的な骨壺ではなく、装飾的かつ耐久性のよい骨壺が好まれる傾向がある。そして火葬を希望するもので、撒灰を希望するものは59％（うち30％は海や湖などへの撒灰、20％は山野、18％はその他個人の好きな場所）である。

従来の遺体埋葬から遺灰を埋葬したいとする人たちが55％と過半数を占め圧倒的に多い。ただ火葬によって新たな現象が見られるのが、撒灰でもなく埋葬でもなく、骨壺を自宅に安置する方法がとられるようになったことで、9％が自宅に安置したいという意向を示している。

また、同調査結果によるとアメリカ人成人の4分の1は生前に葬儀と埋葬（墓地購入）に関する何らかの葬送の準備をしているということが明らかになっている。その具体的な内容を近親者に告げておいたり、Willとして明記しておいたり、詳細を記述しておいたりと多少方法は違うといえども他者に自己の意思がわかるような方法で記述し、そしてその費用も準備しておくという。生前に準備しておくことは、84％が是認しており、今後5年以内にするつもりだという回答は40％に達している。

表3-19　アメリカの火葬率の変化

年	死亡数（人）	火葬数（件）	（％）	年	死亡数（人）	火葬数（件）	（％）
1876-84		41		1957	1,633,000		
1885		47		1958	1,648,000	58,760	3.57
1886		114		1959	1,657,000	59,376	3.58
1887		127		1960	1,712,000	60,987	3.56
1888		190		1961	1,702,000	61,595	3.62
1889		253		1962	1,757,000	63,435	3.61
1890		373		1963	1,814,000	67,330	3.71
1891		471		1964	1,798,000	67,658	3.76
1892		562		1965	1,828,000	70,76	3.87
1893		668		1966	1,863,000	73,339	3.94
1894		824		1967	1,851,000	77,375	4.18
1895		1,017		1968	1,930,000	83,977	4.35
1896		1,101		1969	1,922,000	85,683	4.46
1897		1,390		1970	1,921,000	88,096	4.59
1898		1,693		1971	1,928,000	92,251	4.78
1899		1,996		1972	1,964,000	97,067	4.94
1900		2,414		1973	1,973,000	112,298	5.69
1901		2,713		1974	1,934,400	119,480	6.18
1902		3,197		1975	1,892,900	123,918	6.55
1903		3,526		1976	1,910,900	140,052	7.33
1904		4,077		1977	1,902,100	145,733	7.66
1905		4,309		1978	1,924,100	163,260	8.49
1906		4,518		1979	1,905,000	179,393	9.42
1907		5,409		1980	1,984,800	193,343	9.74
1908		6,100		1981	1,987,500	217,770	10.96
1909		5,602		1982	1,984,700	232,789	11.73
1910		6,369		1983	2,008,700	249,182	12.41
1911		7,450		1984	2,046,500	266,441	13.02
1912		7,379		1985	2,084,100	289,091	13.87
1913		10,119		1986	2,098,700	300,587	14.32
1914-18		65,571		1987	2,126,600	323,371	15.21
1919-21		40,568		1988	2,169,700	332,183	15.31
1922		15,563		1989	2,153,800	352,370	16.36
1923		16,516		1990	2,162,000	367,975	17.02
1924-28		101,467		1991	2,165,100	400,465	18.50
1929-33		142,346		1992	2,177,000	415,966	19.11
1934-38	7,100,000	182,054	2.56	1993	2,267,093	448,532	19.78
1939-43	7,048,000	226,227	3.21	1994	2,285,665	470,915	20.60
1944-48	7,098,000	264,002	3.72	1995	2,309,587	488,224	21.14
1949-53	7,393,000	299,202	4.05	1996	2,311,159	492,434	21.31
1954	1,481,000			1997	2,308,097	533,773	23.13
1955	1,529,000			1998	2,316,765	555,183	23.96
1956	1,564,000						

出典：National Cremation Association 調べ。

表 3-20 火葬と遺体収納の方法

火葬用棺	80.2(%)	394,932(件)
木製棺	8.3	40,872
布張り棺	7.2	35,455
遺体用ボディバッグ	1.8	8,864
遺体用被い	1.1	5,417
遺体のまま	1.0	4,924
金属製棺	0.4	1,970
計	100.0	492,434
棺使用火葬	15.9	78,297

出典：表3-17に同じ。

　生前に自分の葬送の準備をしておくということに積極的な態度が示されている理由としては，これまでに生前に葬送の準備をしていた人の葬儀に参列したことがある人々が多かったことによる。高齢者は将来の備えの一部として葬送は家族に負担がかかるために既に準備を整えているか準備しようと考えている人たちが多く見られる。なかでも目を引くことは，40歳以下の年代層の15％が生前契約をしているという回答をしていることである。55歳以上では確実に増加し，1995年の22％から1995年には25％に増加している。生前契約は葬儀のみならず，葬儀の生前契約者の54％は埋葬または埋骨のための墓地（墓所）も同時に準備している。わが国では，平均寿命の伸長により少死化時代の真っ直中にあるため，また地域ぐるみの葬送儀礼が崩壊してきていることも手伝ってか葬儀に参列したり，葬儀を喪主やその家族として行う機会が少なくなってきている。アメリカでも同様の傾向が見られる。アメリカでは30歳以上の年代層では96％が何回か葬送に出席する機会を持つといわれているが，1999年の調査時点までの2年間に葬送に参列する機会は1990年の79％から1995年には70％までに低下してきている。

　CANAにより全米およびカナダの事業者を対象として実施された1996年と1997年における火葬用棺と骨壺および埋葬（埋骨）に関する調査[3]によると，1996年において実際に火葬された全米で492,434ケースを対象としている。火葬された人たちは性別による比率の違いはあまりないが，人種や民族別で大多数を占めるのは白人であり，88％であった。また宗教別に見るとプロテスタントが58％，続いてカトリックの26％であった。遺体を火葬に付す際にどのような外観にするかということについては，火葬用の棺様容器とするケースが最も多く，80.2％を占め，埋葬に使われる木製棺や，布張りの棺は1割にも満たない（表3-20）。焼却されるということから現実的な品目を選択しているといえよう。しかし簡易な遺体を納めるバッグ様のものや遺体を覆うだけという方法は殆どとられず，また燃えにくい金属製の棺も避けられているようである。

　火葬後どのような方法で遺灰は始末されたかについては，墓への埋葬（埋骨）が40.7％，家庭への持ち帰りが35.8％，墓へは埋葬せず撒骨のみが17.8％などであり，この傾向を見てもアメリカの葬送は少しずつ変化してきていることが理解できる。

　火葬が新しい傾向としてアメリカの葬送のスタイルを変化させているが，葬儀にも火葬の影響が表れており，火葬式を行うかどうかについては，67.0％は行わず，火葬式をしたのは33.0％で

表 3-21　火葬と遺灰の処分方法

火葬式の実行		
Yes	33.0(%)	162,503(件)
No	67.0	329,931
計	100.0	492,434
火葬後のメモリアル式実行		
Yes	43.7(%)	215,194(件)
No	56.3	277,240
計	100.0	492,434
火葬後の遺灰の処分方法		
家庭持ち帰り	35.8(%)	176,291(件)
埋葬	23.1	113,839
撒灰　海／山野	17.8	87,653
納骨堂	10.4	51,308
所有地撒灰	6.2	30,464
集骨(灰)せず	5.7	28,069
公共墓地	1.0	4,810
計	100.0	492,434

出典：表 3-17 に同じ。

約3分の1であった。火葬後のメモリアル式は43.7％が行い半数以上の56.3％はメモリアル式も行っていない。

さらに本調査によると火葬したのち遺灰は持ち帰りが35.8％，埋葬が23.1％，撒骨が17.8％となっている（表3-21）。

アメリカにおいて葬送の変化が火葬の増加という現象として表れてきたのは，調査の結果に表れているように，①平均死亡年齢が男性74.6歳，女性79.9歳と高齢化し，介護や死について準備する時間が長くなったこと，②退職による居住地の移動が多くなり，故郷まで遺体を運び葬送を執り行うことに時間と費用を要すること，③遺体処理の方法として火葬が認知され始めたこと，④環境問題への関心から墓地開発はその悪化をもたらすと考える傾向，⑤教育レベルの向上で死や遺体，埋葬に関するタブーがなくなってきたこと，取り除かれたこと，⑥伝統的な葬送儀礼が段々薄れてきたこと，⑦地域格差がなくなってきていること，⑧宗教的な拘束が弱くなってきていること，などが火葬を増加させているといえよう。なお，1975年にはCANAに登録の火葬場は全米およびカナダで425ヵ所で年間の火葬数は150,000人の遺体であった。ところが1998年には火葬場は1,366ヵ所，火葬数は555,183件に増加し，全死亡者数の23.96％を占めるに到っている[4]。また今後10年間（2010年まで）にCANAは火葬率が65％程度になるだろうと予測している[5]。このように急速に火葬が増加し葬送の変化がみられるようになり，また，たとえ埋葬するにしても火葬するにしても，本人の意思が葬送に反映されることを知る人たちも死後に行われる葬送に対して自分の意思を残すことが必要になるということを理解してきた。1999年には平均葬儀費用は5,020ドルであった[6]。残される家族に負担をかけない方法として意思とそれに伴う費用とを準備しておくことが徐々に広まってきつつあるということが近年のアメリカにおける葬送の

特徴ということができよう。

2．高齢期における生前契約の有用性

　アメリカにおいては，法制が整備され葬儀の生前契約が行われるようになってきて半世紀以上になるが，問題も後を絶たない。生前契約は葬儀の実行を確実にするための生前の意思と経済的管理とを契約によって実現しようとするものである。アメリカでは，1993年には，全米の葬儀社の90％が生前契約に参入している。1日平均2,500件の生前契約を販売するに至り，その平均契約額は，4,500ドルである。2000年には，恐らく1日平均4,000件に上るだろうという見方もある。たとえば，最大の葬儀社チェーンであるSCI社の生前契約は，年々50％の伸びを示し，スチュワート・エンタープライズ社も年間の生前契約は通常の葬儀実行数の2割も多くなっていると発表している[7]。

　アメリカにおける1995年現在の50歳以上の人口は，6,591万7千人であるが，AARPはそのうち約700万人は既に生前契約をしていると報告している[8]。年々急増する生前契約の中心は高齢者層であるが，高齢期を前にした年代層が関心を持ちはじめてきている。中高年齢者が葬儀の生前契約をしておこうとするその背景には，高齢期の自立した経済生活への危惧があるからだといえよう。高齢化すると収入は減少し，一方では高額の医療費の支出が必要になると予想される。そこで収入も安定し健康を維持している間の死までの時間がまだ十分残されていると思われ，自己の意思が明確に表明できる段階で，人生のゴール（出口）に備えることが必要であるという考え方があるからである。実際，死までどのくらい期間があり，葬送にどのくらいの費用がかかるかは最大の関心事である。だが，人の寿命はわからないし，個人差が大きいため，生存の期間に自立して生活できるに見合う備えの金額のデータなど目安にしかならず，自分自身である程度予測するしかない。しかもその予測どおりにいくとは限らない。それどころか，健康度や生存期間も生活費も予測を超えることが十分考えられる。そうした確実に来る高齢期と死に必要と自らが思うことを事前に備えておくことは高齢期の生き方としては意義あることである。高齢期から人生の帰結までの生活全般の費用を，どのようにして蓄えておくかということや，インフレに影響されず，蓄えが目減りしない方法は何かなどと考える場合，現在あるサービスを利用し，一定の準備をするということは有効である。たとえばリスクも多い投資を続けて貯蓄を殖やし，その時に備えようとする方法もあろう。しかし失敗してその目的が果たされなかったり，詐欺にあって備えてあった大金を失ったりするということも最近，高齢消費者の問題として浮上することが多くなりその保護が急がれている現実がある。そこで確実性のある目的をもった葬送の生前契約によって最終的な部面の備えをしておくという選択肢を前にどう決断するかをめぐって生前契約に衆目を集めているのである。

　アメリカにおいても平均寿命は従来から男性よりも女性の方が長く，現在においても，男性が72.3年，女性は79.1年（1995年）である。今後も平均的に夫の死後女性が単身で高齢期を生きるという確率が高い。高齢期の生活と死までの医療・介護の費用をどのようにマネージメントしていくかは大きな課題である。一般に，女性高齢者の経済状況は男性に比べて低い。ヒーリー(Healy,

表 3-22　高齢者の居住形態

居 住 形 態	65歳以下		65〜74歳		75〜84歳		85歳以上	
	男	女	男	女	男	女	男	女
全人種								
合計（1,000人）	12,078	16,944	7,880	9,867	3,506	5,669	693	1,408
パーセント	100.0	100.0	100.0	100.0	100.0	100.0	100.0	100.0
有配偶	74.3	40.1	78.4	51.4	70.4	28.1	48.2	9.1
他の親族と同居	7.7	16.9	6.4	13.5	8.7	19.1	17.3	32.6
単身居住	15.9	40.9	13.3	33.5	18.4	50.5	32.6	54.0
親族以外と同居	2.1	2.0	2.0	1.5	2.5	2.3	1.7	4.3
白　人								
合計（1,000人）	10,798	15,204	7,050	8,767	3,136	5,174	612	1,263
パーセント	100.0	100.0	100.0	100.0	100.0	100.0	100.0	100.0
有配偶	76.3	41.2	80.6	53.3	72.3	28.7	47.9	8.8
他の親族と同居	6.6	15.4	5.3	11.8	7.7	17.5	16.8	31.1
単身居住	15.3	41.4	12.5	33.5	17.9	51.5	33.7	55.5
親族以外と同居	1.8	2.0	1.7	1.4	2.0	2.3	1.6	4.6
黒　人								
合計（1,000人）	981	1,455	619	913	300	416	62	126
パーセント	100.0	100.0	100.0	100.0	100.0	100.0	100.0	100.0
有配偶	56.1	27.9	58.6	33.4	51.0	20.7	(B)	11.9
他の親族と同居	15.6	29.7	15.0	26.4	17.0	32.2	(B)	45.2
単身居住	23.9	39.8	22.8	37.7	24.7	43.5	(B)	42.9
親族以外と同居	4.6	2.6	3.7	2.5	7.3	3.6	(B)	0.0
ヒスパニック系*								
合計（1,000人）	447	557	301	350	120	176	26	31
パーセント	100.0	100.0	100.0	100.0	100.0	100.0	100.0	100.0
有配偶	65.5	37.7	69.8	47.4	62.5	23.3	(B)	(B)
他の親族と同居	15.2	35.5	12.6	30.0	18.3	43.2	(B)	(B)
単身居住	17.4	25.7	15.0	21.1	19.2	33.5	(B)	(B)
親族以外と同居	1.8	1.4	2.7	1.4	0.0	0.6	(B)	(B)

出典：U.S. Bureau of the Census, "Marital Status and Living Arrangements: March 1989", *Current Population Reports Series P-20*, No. 445, June, 1990.
注：Percentage distributions may not add to 100.0 due to rounding.
　　(B) Base less than 75,000
　　* People of Hispanic origin may be of any race.

N.）によると，70％の夫は自己の死後どのように妻の生活基盤を整えておくかの用意もせず，また何の遺志も残さずに死亡するという。夫死亡後の妻の収入は，44％も減少するのに何の備えもないということは高齢期の経済生活をさらに苦しい状況に追い込むことになる[9]。

　配偶者を亡くした女性は，収入減をカバーするために，職業従事を試みるが，職業生活から離れていたために，その場を得ることができなかったり，特に高齢期になると，女性の職場はほとんどないのが現状であり，働くとしても多くは，低収入のパートタイムの仕事に甘んじるということくらいしかない。単身で職業継続してきた女性高齢者は，将来の医療・介護・死に自己で備え，自立した高齢期の生活を送ることは比較的可能だが，配偶者を失ったか無業であった女性高

齢者は，経済状況が悪化し，自立が困難になるのである。

　高齢者の経済状況をみると，白人，黒人，ヒスパニックのいずれにおいても女性は，男性の6割程度の収入しか確保できない。なかでも65歳以上で，公的扶助受給（貧困）レベルは黒人は30.8％，ヒスパニックでは20.6％に達し，マイノリティーの高齢者で，しかも家族同居世帯より単身者の貧困度が高い。わけてもマイノリティーで単身女性高齢者が最も貧困度は高い。5人に3人（60.6％）の黒人女性高齢者は一人暮らしで，貧困線以下の経済レベルである。

　高齢者の家族状況では，殆どの男性高齢者は，家族と同居であるのに対して，女性の多くが一人暮らしであるというのがアメリカの高齢者の家族生活の特徴である。在宅の67％の高齢者は家族と同居である。しかしこの数字は，性別によって異なり，65歳以上男性の5人に4人（82％）は，有配偶もしくはその他の家族との同居であるが，一方，女性高齢者の場合は5人に3人（57％）である。それが高齢化するにつれて差異が大きくなり，75歳以上では，女性は，配偶者またはその他の家族との同居率は5割を切るまでに低下する。この現象は大方の高齢者層に共通するが，白人のように子どもや親類などと基本的に同居する習慣を持たない白人と黒人やヒスパニックの場合とでは，生活習慣の違いから同居率が異なり，表3-22のようにヒスパニックの高齢者の26％は親族との同居であり，黒人は，24％であるのに対し，白人は12％である。

　いかに高齢期の経済生活状況が低下していくかが理解できるが，生前契約は，先の事例で見たように，たとえ，公的扶助，SSIあるいはメディケイド受給であっても，高齢者が死後の葬送に備えることに対して，明確に自己の意思を反映させ，自己の経済的サイズに見合った規模と方法の葬儀を行うことを可能にする有効な方法である。そして，高齢期になって経済サイズが縮小してからあわてて葬送費用の確保を心配する必要もなく，余裕のあるうちに契約しておくことによって高齢期の経済生活を圧迫しないというメリットもある。さらに誰にも依存しないという自立の精神を表明する手段でもある。

　特に現代社会における生活状況の変化，複雑化，家族が異なる州に居住することの増加，税金，物価上昇率の違い，医療費の高騰などが高齢期の生活に与える影響は大きい。だからといって，安易に生前契約を行うものではなく，慎重を期すことが肝要である。AARPでは，これまでの高齢者の生前契約に関するトラブル発生の事例に基づきトラブルの発生を未然に防ぎ，安心して死を迎えられるようにするために，生前契約締結に対して基本的に留意すべき点を挙げている[10]。すなわち，

① 自己の死と葬儀の受容度のセルフチェック
② 自己の希望にあった葬儀の形式と価格の検討
③ 準備可能な葬儀費用の算定と費用確保の方法の検討
④ 葬儀社に関する情報の入手と選定
⑤ 葬儀社が提供する葬儀商品（葬具など）とサービスの選択
⑥ 転居の場合の生前契約の有効性
⑦ 契約言における契約内容の変更と指定葬儀社の変更の可否
⑧ 生前契約の費用に対する税金

⑨　生前契約時と実行時期の違いによる価格変動への自己負担度
　⑩　契約葬儀社の合併・廃業に伴う生前契約の有効性

などどれも，高齢期のみならずいずれの年代層においても，誰もが慎重に吟味しなければならない項目ばかりである。

　纏まった金額で，自己の葬儀の準備をするわけであるから当然慎重にならざるを得ない。確かに上記の10項目は基本的に考慮しなければならないことではあるが，高齢者期に生前契約を考える場合にそこまでの情報をどこでどのようにして入手するかわからないことが多い。アメリカでも，結婚や休暇の過ごし方，子どもの出産，転職・退職の計画などは綿密に行うし，不確実なものである火災，災害，事故，病気死亡などにも保険に加入し，備える程の慎重さをもっているのに，確実に来る大変な災禍ともいえる死に対しては無防備であることが近年になって指摘され始めてきている。じっくりと時間をかけて，情報を収集して自己の意思を反映させる生前契約を選択することが望ましい。高齢者団体や消費者団体は多様な広報活動を行うなかで，この生前契約についてもその正しい理解と契約に当たって留意すべきことを呼びかけている。

　葬儀業界，保険業界においても消費者の要望に積極的に対応する態度が見られ，多様なニーズの応じた葬儀メニューの提供，見やすいカタログ，理解しやすいパンフレット信頼関係への働きかけなど，消費者への選択肢の拡大と不安の解消の一助になる手だてが考えられるようになってきた。

3．高齢期の生活の変化と生前契約の問題点

　生前契約は，確かに，人の死による遺族の喪失感，悲嘆それに罪障感また目前の葬送儀礼の段取りなど二重，三重の負担から少なくとも葬送に関しては本人の遺志どおりの葬儀を行うことによって罪障感の緩和や遺族の経済的な負担からの解放などに貢献できる。生前契約は，①家族（遺族）の負担の軽減という家族ケアの機能，②自己実現（望む葬儀の実現），③死への準備不安の解消，というセルフケアの機能をもつ葬送の準備形態である。

　アメリカにおける生前契約の問題は，アメリカであるが故のポータビリティの問題がまずあげられる。各州ごとに法や規則が異なるため，生前契約の州間移動が一つの壁ともなっている。たとえば，カリフォルニア州で生前契約をし，ネバダ州に移転した場合，その契約は有効性を失うということがあるからである。職業から引退し，高齢期になるとおおむね住み慣れたそれまでの居住地で過ごす場合が一般的であるが，なかには引退生活のためフロリダ州やアリゾナ州へ，あるいは子どもや孫の家族の近くに住むため他州へ転居するということもある。そのような場合，なかには州間移動しても継続して有効であるという生前契約もあるが，殆どの生前契約は契約州内だけのものである。もし契約を継続するのであれば，死後の葬儀は移転先ではなく，契約した州で行うことになり，埋葬も契約どおりにするということならば可能である。そうでない場合には，解約しなければならない。それは，葬送費用の問題だけでなく，葬儀社の指定もしているからである。特に，各州のフューネラル・ディレクター協会が提供しているたとえば，カリフォルニア・マスター・トラスト（CMT）などの場合は，カリフォルニア州のフューネラル・ディレク

ター協会が資金を運用し，州内の葬儀社が葬儀担当という契約をしているため，カリフォルニア州を離れた場合には，それが不可能となってしまうため，解約せざるを得ないのである。ただし，直接葬儀社と契約し，それが個人的な信託契約の場合には，どこに居住していても契約地にある銀行口座を保持し続けることは可能であるため継続できるし，あるいは銀行口座を移転した州の銀行に変更して契約を継続することもできる。ただしこの方法によれば，葬儀発生の場合，州間移動の経費は別途支払わなければならないので，予め，その費用も考えておかなければならない。大手の保険会社による葬送のための生命保険に加入した場合ある程度ポータビリティの問題は克服される。ただし大手保険会社といえども全米50州どこに移動してもカバーできるというわけにはいかない。現在，35州においては，移動可能である。将来的には全米50州のすべての州をカバーするようになるだろうと見込まれてはいるが，葬儀費用の州間・地域間格差があるためになかなか難しい。

　たとえば，ホーム・ステッダース・ライフ社の場合はこうである。契約地（州）で実行されれば契約内容は当然のこととして保障されるが，他州で死亡し，現地で葬儀を実行する場合は契約のオリジナルプランは保障されず，また価格差があれば，追加支払いしなければならない。これでは，単に葬儀費用の一部を確保しておいたということだけになってしまう可能性が高い。

　これまで，州間移動ができない生前契約の場合，契約期間と契約高によって一定の比率もしくは定額の解約金を請求されるため，転居までの加入期間の安心感は確保されたとはいえ，肝心の葬送が必要となった時の安心感が一挙に崩れ，しかも解約金の負担により，物価上昇に備えた確保額の一部を失うというリスクを負うことになり，生前契約の機能が十分生かされなかった。解約手数料について，銀行預金信託契約，保険利用契約，トラスト契約の場合をあげると，信託契約の場合は，契約金とその利子は返却されるが，葬儀社によって契約条件が異なるため，一定の解約金を契約金およびその利子から返却時に差し引かれる。保険の場合も保険会社によって異なるが，フォーソート社の場合，1987年に2,900ドルの契約をした場合，5年後（1991年）の受け取り額は4,735ドルに相当するが，その時点で解約すれば，解約返還金は3,575ドルになる。CMTの場合は契約額と利子は返還されるものの，解約料として，契約金の10％または300ドルが請求される。契約当時の契約金は返還されるものの，物価上昇率からすると，新しく生前契約を締結しようとしても返還額では，契約当時2,900ドルに相当する内容が，5年後には価格上昇（4,500ドル）しており，同等のものはできなくなる。

　そこで現在では，徐々に州間移動が是正され，州間移動とそれに伴う葬儀社の変更，あるいは，州内移動による葬儀社の変更も同様に生前契約を解約しなくても変更可能になってきた。とはいえ生前契約の移動性が十分確保されたとはいえない現状にある[11]。

　また，その他の最も重要な問題として，契約金の適正管理，適正運用，契約履行についての法規であるFTCルール，またFuneral Directors and Embalmers Lawや各州保険法などがあり，規制されているにもかかわらず，契約金の運用や契約履行面でトラブルが度々発生している。また葬儀社の倒産などによる契約の不履行も深刻な問題である。1995年のNFDA（全米フューネラル・ディレクター協会）による葬儀社調査によると葬儀社は，その殆どが小規模で，しかも50.5％

は地方の郊外に位置し，29.9％は小都市，19.5％のみ大都市部に位置している。個人経営の葬儀社が全体の98.9％を占め，その規模としては，57.6％が1施設（建物）のみ，25.4％が2施設であり，僅かに16.4％のみがチャペルその他のいくつもの施設を持ち規模が大きい。従業員はフルタイムが平均4.2名，パートタイム従業員が平均4.6名である。おおむね年間葬儀実行は，50～300件であるが，平均171件である[12]。このように小規模な葬儀社が独自で，生前契約を行うわけであるから，果たして契約どおり実行できるどうかが問題となるわけである。アメリカでは，人種・民族別に葬儀社があるということは先に述べたとおり，小規模葬儀社の存続不安という理由からも従来の銀行口座利用の生前契約が下火になってきた所以である。とはいえ費用一括払いのこの方式を好ましいとする高齢者がいるのも事実で，信託契約は依然行われているし，過去の契約の履行責任もある。生前契約には信頼度が要求されるため，葬儀社は小規模とはいえ，同一地域で平均60年という営業実績があり，100年以上の歴史を持つ葬儀社もある。その長い歴史をうたい文句に将来への安心感を強調している葬儀社が多い。そして，葬儀業資格であるフューネラル・ディレクターが1882年創設のNFDAに加入していることも安心材料として強調する。それは，万一，契約した葬儀社が廃業などで契約履行が不可能になったときでもNFDA加盟の他の葬儀社が肩代わりして契約を履行することができるからである。葬儀社の信頼と理解のために，地域活動への積極的な参加や，地域活動へのスポンサー，寄付行為などの企業としての地域への貢献は評価されている。

　NFDA加盟の葬儀社では，ネットワーク化が進み，生前契約の実行の保障への努力を惜しまない。消費者の心理としてもっとも安全性の高いものを求めるのは当たり前のことであり，提供者の取り組みへの努力が消費者の購買行動に反映するために提供者側も安閑としてはいられない。安全性とリスクの排除という点から信託預金方式に変わってアメリカで保険利用の生前契約が主流になってきた要因がここにある。

　さらに，生前契約実行までの契約と資金の確保に対する消費者側の不安もある。生前契約の資金運用については，各州の保険法やトラスト法などにより一定の規制がある。たとえば，CMTの場合，CMT契約の窓口であるカリフォルニア・フューネラル・ディレクター協会（CFDA）加盟のメンバーに対して，ニュースレターで，契約件数，契約額，運用利率などを毎月公表し，契約した消費者に対し葬儀社をとおして公開している。また保険の場合は，毎年保険ランク付け会社が発表する葬儀プランを提供している保険会社のランクを見て，その運用成績を確認することができる。

　このように，生前契約の履行に関しては，どの種類の生前契約を選択しようとも問題は完全に解決されていないとはいえ，それぞれの消費者のニーズに答えるための努力と地道な活動に努力していることは注目に値する。

4．アメリカにおける生前契約の今後の方向性

　葬儀の生前契約は消費者本人の自由意思と経済的力量で行われるため，遺族は死後に初めてその存在を知らされることもある。このようなときには，契約者である本人の契約が尊重され，生

前契約どおりの葬儀が行われることにはなるはずであるが，遺族の主張があり実行葬儀社の間でそれがトラブルに発展することもある。故人の遺志が守られなければ生前契約の意味がなく，契約の履行上の問題になる。遺族と本人の契約をめぐるトラブルはできるだけ避けたいものである。本人が生前に，いろいろな思いを凝縮させて最後の形として自ら企画し，費用も準備したものである。しかし，第三者としての葬儀社は，残された遺族の思いも無視する訳にはいかない。個人の意思と契約を重視するアメリカであってもこの種の問題は頻発している。このような現実からNFDAでは，会員のフューネラル・ディレクターに対して，生前契約時に本人と家族との十分な意見の調整をするようアドバイスをし，生前契約の内容について，家族への周知が望ましいことを契約者に伝えるようにと呼びかけている。そして，契約どおりの実行が生前契約だからといって遺族の意思を無視するのではなく，ある程度の遺族の意思は反映できるようにすべきではないかと会員へ検討することを投げかけている。

また，アメリカの生前契約はいくつかの法律や規則があるとはいえ，これほどまでに発展してきた生前契約に関する単独法はない。そこで，現在，生前契約に関する独立法の制定が望まれている。NFDAでは，消費者とフューネラル・ディレクターなど専門職および業界を守る「Preneed Law」の制定の必要があるとして，1996年にNFDA立法化委員会が発足した。そして独自の「Model Preneed Law」を作成し提案すべく，全米のフューネラル・ディレクターに要望案の提出を呼びかけている。

最近の新しい動きとして，長い間，文化的・習慣的背景により，葬儀が人種・民族によって限られる傾向があったが，そのバリアを超えて積極的に相互に乗り入れ，サービスを提供しようというように変化してきたことが目を引く。また，女性が葬儀業界に進出してきたことも大きな変化である。決して男性でなければならないという規制のある職業ではなかったが，かつては男性の独占業ともいえる分野であった。女性の進出には生前契約の進展が少なからず影響を及ぼしているようである。葬儀社の窓口で葬儀の生前契約についての説明を聞いたり，相談をしたりしながら自己の意思を表明する生前契約へと進む段階において，信頼して相談することができるフューネラル・ディレクターが男性ばかりに偏っているというのも消費者のニーズにあったサービスを充足するとはいえない。女性の進出は必然でもあった。だが，女性フューネラル・ディレクターは女性だからといって生前契約だけを担当するのではなく，男性フューネラル・ディレクターと同様の葬送全般の仕事をしなければならないのはいうまでもない。しかし，遺体運搬の重量限度など一部には女性保護規定も設けられている。

さらに，生前契約と葬儀実務の第一線の業務を行うフューネラル・ディレクターが躊躇することなくむしろ専門職としての立場を生かしながら地域におけるホスピスケアにボランティアとして医師，看護婦，ソーシャルワーカーとともにその一員として活動参加をしつつある。アメリカでは，ホスピスケアはヘルスケアの重要な部分として在宅中心であり，ホスピスケアが病院などの施設のみならず在宅者に対して積極的に行われている。フューネラル・ディレクターがホスピスケアに参加するというのは，アメリカにおけるホスピスケアが開始される以前からフューネラル・ディレクターはヘルスケアに関するコミュニティ・プログラムにかかわってきているという

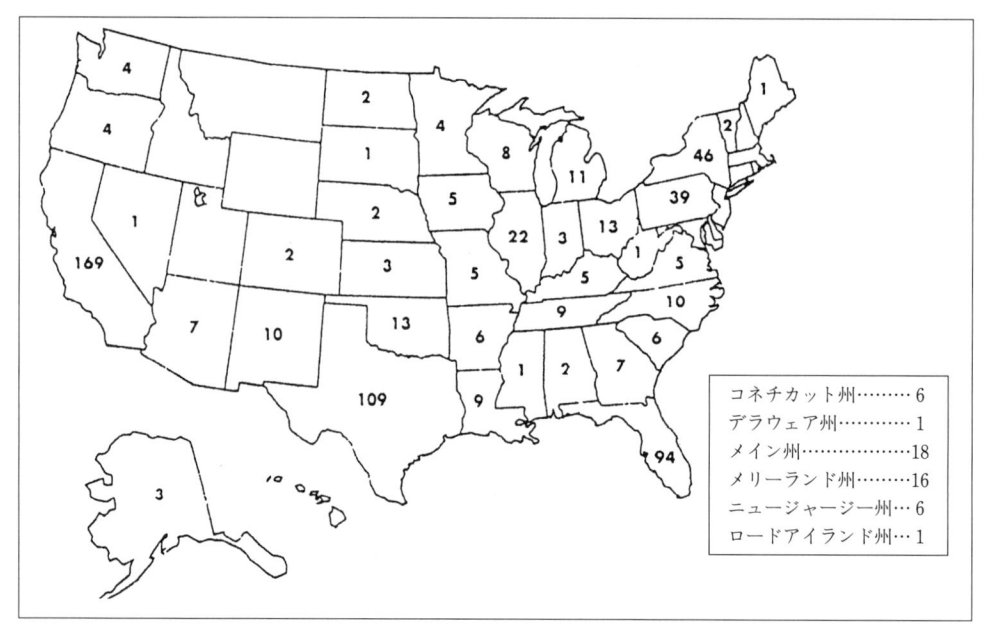

出典：NFDA Consumer Guide, 1997.

図3-4　FSCAP（各州ごと）への苦情数（件，1996年）

経験を持っているからでもあり，地域を支援するボランティアの一員としての活動を企業の社会貢献の一環としてとらえているからである。フューネラル・ディレクターが，ボランティアとしてホスピスケアに携わるのは当然のことであるという考え方がそこにある。そのような主張は，NFDA 21世紀委員会の報告書に見られる[13]。「ホスピスでは，死を目前に控えた人のケアをするが，死やそれに続く葬送について終末期にある人がそれを語ったり，質問しようとしても熟知していない人では曖昧であったり，遠慮したりして十分な話もできず疑問の解消にもならない。しかし，フューネラル・ディレクターであれば，お互いに遠慮せず気を使うこともなく十分に話すことができる。また，本人はもとより家族に対する死後のケアの支援もできる。フューネラル・ディレクターがホスピスケアのボランティア活動に加わることで，終末期，死，死後の葬送への段階の理解の手助けとなり，葬送までの過程の手続きが円滑に行われることになるだろう。本人も家族も死後のことを知りたいがその具体的な話をすることができるのはフューネラル・ディレクターしかいない。ホスピスケアボランティアへ参加することの意義は大きい」と終末期を過ごしている人々に対する活動の視点を強調している[14]。このようなホスピスケアへのフューネラル・ディレクターのボランティアとしての参加は，ケアを受ける人たちの死の不安および葬送への準備を助ける大きな力にもなる。そして具体的にどのような準備をしたらよいのか，どのように葬られるのかなどの疑問にも答えられるし，具体的な葬送プランにも関与できる。死者へのサービスだけであった業界が生きている人たちへも目を向け，このような活動をとおして，人の生と死にかかわっていくことのダイナミズムに注目したい。

また，生前契約および実際の葬儀サービスに関して，これまで述べてきたような消費者からの苦情や消費者とのトラブルに対して，各州の消費者保護局や全米最大の高齢者の組織であるAARPなどが消費者向けに葬儀に関する理解のための適切な情報とトラブルの防止のための情報を印刷物として広報・提供している。それに加えて，提供者サイドからの努力も見逃せない。CAFMS（全米葬儀・メモリアル協会）が同様に消費者向けのサービスを行っているし，NFDAは，FSCAP（Funeral Service Consumer Assistance Program）という消費者支援のためのプログラムを設け，消費者からの様々な問い合わせ，質問に応じている。このプログラムは全米の800のダイレクトリーに掲載され，企業局，FTCなどがこのプログラムの周知の普及に手助けしている。

　図3－4に示すのは，1996年1月中に寄せられた州別苦情の数である。また1985年に消費者の苦情を取り扱う部署としてNFDAに設置されたTHANACAPは，また1989年には，前身はAmerican Arbitration AssociationであったNFFS（National Foundation of Funeral Service）がNational Research and Information Centerに設けられ消費者の苦情や質問などのニーズに応えている。さらにそれを促進するために，NFFSは，NFFSのサービスの概要を記した① *A Consumer's Guide to FSCAP*，消費者にわかりやすく生前契約についての説明とプランの立て方についての② *Buyer's Guide to Preneed Funeral Planning*，および具体的な生前契約に関する③ *Planning a Funeral*，遺族に対するアフターケアを目的とした④ *Understanding Grief*，FSCAPのサービス概要とフューネラル・ディレクターの葬儀サービスに関する概要を記した⑤ *Our Commitment* という消費者向けの4分野5種類のブックレットを発行している。年間に請求があった上記の印刷物で最も多かったものが②で9,785件，次いで，③で628件，第3位が④の83件で第4位が①の43件であった。全体の98.8％が生前契約に関する印刷物の請求であり，このことからもいかにアメリカの消費者が生前契約に関心をもっているか理解できよう。

　さらにアメリカで徐々に増加してきている火葬に関する問い合わせも多くなってきているため，北米火葬協会が *Cremation Explained* という冊子を発行し，消費者の火葬についての理解と疑問に答えようとしている。消費者保護の立場の公的および民間団体の消費者への支援とともに，提供者側からのこのような消費者サービスは消費者にとって心強い。それは，アメリカ社会における1960年代からの公民権運動と相俟って消費者運動が盛んになり，消費者の権利を勝ち得てきたことによるものであり，消費者が自分のことに対して意見を表明することの重要性を示している。生前契約がわが国にも少しずつ浸透してきている現在，このようなアメリカの消費者のための積極的なサービスの動きを知ることは必要であるし，アメリカの生前契約に影響を受けているわが国のサービスのあり方に少なからず影響を与えるであろう。

参考文献

1) Cremation Association North America, *Report of Cremation Container, Disposition and Service Survey,* 1999.
2) Cremation Association North America, *A study of American Attitudes Toward Ritualization and Memorialization*（速報版），1996.

3) 前掲書, *Disposition and Service Survey*.
4) 前掲書, *Disposition and Service Survey*.
5) CANA, *1998 Data and Projection to the 2010*, CANA, 1999.
6) NFDA, *NFDA Resource Guide*, NFDA, 1999.
7) 大橋慶子「生前契約の意識を高める講座8」フューネラルビジネス, 総合ユニコム, 1997年.
8) AARP, *Product Report 1995*, AARP, 1995.
9) Rand, T.A., *Grief, Dyingand Death*, Rsearch Press, 1984.
10) 前掲書, *Product Report*.
11) 前掲書, *Product Report*.
12) NFDA, *NFDA Survey Results*, 1996-97. NFDA, *Directory of Members and Resource Guide*, 1997.
13) NFDA, *Directory of Members and Resource Guide*, NFDA, 1997.
14) 前掲書, *Directory of Members and Resource Guide*.

第4章
わが国における葬送への意識と葬送負担

第1節　現代の死生観と死への準備

1．見えなくなった死と死への準備

　第二次世界大戦後における欧米諸国やわが国において，都市化，工業化に伴う人口移動や社会構造の変動は，価値観，生活サイズや生活様式を変え，医学や医療の高度化が相俟って，人の死に対する考え方や死への対応・習慣の変容に顕著な影響を与えた。現実の生活優先の考え方が先行するなかで，高齢期と心身の健康，居住環境，経済状況などにかかわる将来見通しが必ずしも明るいとはいえず，個々人が高齢期を自分の課題として生きがい，そして必ず訪れる死を問い直すことに関心が向いてきているようである。

　わが国において，死は仏教や神道といった宗教に基づき，自然と密接な関わりを持ってとらえられてきた。一般に，死に対して，感情的には死は宇宙の秩序のなかで生成と消滅の過程としてとらえ，知的には自然界における必然の生と死の秩序としてとらえることによって，死の残酷性や瞬時に分けられる生と死の劇的な非日常性には目を向けてこなかった。特に死に対する日本人の特質としてどちらかといえば，死ねば祖霊の仲間に入り神仏となるといった死であるという受け止め方もあった。死は身近なところでみられたために非日常的なものではなく，自然界のなかで人には必然の現象であるととらえられ，諦めをもって死を受け入れていたといわれてきた。人の死は劇的ではあるが自然現象の一つであり，それだけに生死の隔壁は薄く，当り前の死ととらえられてきたといえよう。

　ところが現代の生活のなかでは，かつての家族間役割が社会化されてきたことによって人の死ぬ場が家庭から施設へと移行し，死は日常生活から見えなくなってしまってきつつある。日常生活のなかで死が見えないことによって生と死の離脱化が進んできた。人の生の始まりと終わりである死の場が日常から離脱したことによって，生と不連続な死を考える機会さえも失われてきたといえよう。乳幼児死亡率の低下，一般の死亡率の低下によって，平均寿命の伸長がもたらされ，世界一の長寿国となったわが国では，日常の身近なところで死を経験する機会が減少したために，ますます生が強調される社会となってきた。その中で，人の寿命からするともっとも死に近い高齢期に死をめぐる様々な問題が新たに生起している。特に高齢期を長く生きる現代の高齢者にとって，死までの時が長くなったためにその高齢期をどのように自立して生きていくかというこ

とと同時にどこでどのように死んでいくかを高齢者自身が考えておかなければならなくなったのである。他者の死ではなく，自分の死を考える時がようやく来たといえよう。死を考えることなく死んでいくことを願う一般的な傾向から脱し，充実した高齢期の先にある生涯の完結としての死への関心もみられるようになった。高齢期の生活とその延長線上にある死を視野に入れた生き方が課題となってきた背景には生活自立と高齢者の自己実現，そしてそれは死を視野に入れざるを得なくなってきた経済状況，人間関係の質的変化，居住と介護状況の変化などがある。死についても遺族のトラブルを避け，自立している時期に自己の死後に予想されるトラブルの解消のために意思を残しておく方法を選択することが合理的かつ主体的な高齢期の生き方のひとつではないだろうか。なかでも後継者のいない高齢者においては，自身で死後にわたるすべての課題を解決するための方法を準備しておかなければならないだろう。現在もっとも多いのが施設死であるが，たとえ終末までの治療や看護・介護の場を医療施設または老人介護施設などで迎えるとしても，社会福祉サービスは，生ある人に対して行われるサービスであるために，死後は利用することはできず，従って死後のことについての何らかの意思とそれに伴う経済的負担ができるよう確保をして死後の葬送や生活処理の依頼者を選定しておかなければならないという事態が予測される。しかし死は予期せぬことであるので，なかなか予期しないことへの備えは困難である。

　わが国においては，古代においては高齢者は少数派で，奈良時代には，80歳を超える高齢者には国ごとに異なるとはいえ，年齢に応じて数石からの米が施給されており，優遇されていた。これには，少数であるだけではなく，先例を重んじ，旧慣故実に詳しいものが重用される律令社会では高齢者の持つ経験・知識の蓄積が当時の社会において有用だったからである。しかし，優遇されはしたものの，孝親の子を積極的に表彰する儒教思想の強い社会において，高齢者の扶養はすべてが家族負担であったので子のない高齢者，資力のない高齢者などの「無縁の老」の末期は悲惨であったという[1]。老を嫌う根底にはこのように歴史的に後継者のないものの最期が悲惨であったことも一因となっているからであろう。

　現在の高齢者のなかでも増えてきた単身高齢世帯や高齢夫婦世帯では決して歴史上のこととしてだけではなく，相通じる不安がある。現代社会において高齢期には，いかに人生の最期を上手に迎えるかが課題となってきている。死に対する具体的な準備はある程度できるが，自分の死を自分で管理することはできない。現在，死の場所も病院など施設が家庭にとってかわった。死の直後から遺族の手を離れ依頼した葬儀社などによって葬送の用意が行われるため，死はおろか，死後も見えない部分が多くなった。見えなくなればなるほど死が忌避されるようになり，日常の生活のなかから死を分断させてしまった。死を忘れさせるところには，生が当たり前となり，当たり前の生はその意味も見失わせがちになって，かえって生が軽んじられる側面さえ見られる。

　現代の生活文化は死を遠ざけ，自分には死など降りかかってこないかのような生だけを強調する。かつて身近な人の死を経験することが自然であった頃には恐らく死は逃れようのないものとして，他者の死の体験によって死を学びとることができたであろう。しかし現在ではメディアを通して間接的にしか死をとらえることができなくなってきた。近親者の死に出会う機会が少なくなってきた現代において，メディアを通して知る他人の死に，現実性はなく，生から死を感じと

ることは難しくなり，実際の死に直面したら死をどのように受け止め，死に対してどう振る舞ったらいいのか分からなくなってしまいつつあるといえよう。

　これまでになく人の死に無関心であると共に自分の死への無関心化が進んでいる。たとえば中世においては一部の階級であるとはいえ，死を客観的にとらえるだけではなく，具体的に積極的に寿命を知り，死と葬送に備えていたという。平安時代の知識人の記録を集成した『往生伝』には，死の自覚と葬送までを準備し，死を直視しつつ，端然とそれを迎えた人々の死までの過程を記録した往生記が多数収録されているという。どのように人が死んでいくかの過程で，個人の生き方が現れるものであるが，そこには，残された人たちを気遣う心の余裕さえ見られるという[2]。今日では，人の死ぬ場が，家庭から病院など施設に移り，死に備えて端然と死に向うという往生記のような死に方はできない。中世のように死に方を考えて生きた人生とは対照的に，死を直視することもなく，生き方に注目するばかりである現代人は単に死に方は生の結果であるとして軽視されがちである。現代における高齢者は長命を確保するために，医療や介護が優先され，本人の希望だけでは死の場を選ぶことができにくく，また生を重視するあまり，自然な死の時期も選べず，医療のかいも虚しく力尽きて敗者としての死を迎えるという傾向が強い。

　だからこそこの時代に，死に最も近い高齢期においては，死に方を考えた生き方重視の社会になるよう考えるべきであり，日常生活で死を忘れさせず，死を先送りせず，死に対する備えを自らに問い死と葬送あるいはさらに財産や祭祀の継承までに意思を表明しておく死の自覚が必要となる。

　長命社会を達成したわが国では，生命の尊重と生き方が課題とされるようになってきた。そして文化的・社会的な環境や意識の変化，医学とその隣接科学の飛躍的な進歩と医療技術の発達の結果，死や死に方への論議が延命医療にかかわる自分の問題として身近なものになってきた。しかし，死そのものに対する哲学的・思想的，宗教的な考察や死までの介護といった課題よりもむしろ法制化を伴う脳死と臓器移植，終末期医療と告知などに至る医学的な死のあり方やそれに伴う倫理が優先して論議される傾向が強い。現代では，死は心臓死か脳死かの論議を経て，確実に生命が停止した段階からであるととらえている。

　ところが，わが国において中世には，死の直前の段階で家屋の外に出され死を迎えていたという記録もあるという。これは死を迎える本人にとっては哀れとも非情ともいえるものであり，家族を非難する姿が描かれているともいう。だからこそ死の残酷性がだれにも理解でき，非業の死を迎えるからこそ死に方を常に考えるということができたのかもしれない。わが国の伝統でもある身内の死は家で看取ることはすでに中世から世間一般の常識となっていたという。しかし上記のようにすべてが家で看取られるわけではなく，上記のように死期が迫った庶民や，召使いなどは，死の直前に原野や河原などに移し，看護の手からも離してしまい，後は神仏の救いの手のみを期待しながら孤独のうちに死を迎えることとなっていたという[3]。死はいつの時代にあっても忌避され続けてきたといえようが残酷ななかにも死に行く過程のなかで，死の直前の状態から少しずつ死への準備を整えながら死を迎えることができたのではないだろうか。

　死は生の開始からそれは約束されており，死は自然に偶発的にあるいはまた自覚していてもい

ずれ必ず訪れる生の帰結である。死は生の停止とも生から死への時間的移行ともいう考え方が，自然に根ざした死のとらえ方といえるかもしれない。現代において長くなった高齢期を生きていくなかで「死に方を考えた生き方」として死を直視し「生き方によって死に方が決まる」というとらえ方をして死への態度をある程度考えておかなければならない。いつかは来る死であるが，自己の死の瞬間のみを考えるのではなく，高齢期の居住の場と死の場所，生活技術の自立，経済的自立，死と死後の葬送への意思など死後までを考えておく必要に迫られる要素が多くなってきている。それは，施設死が増大してきたからである。施設死は戦後間もない頃の約1割から現在の約8割にまで増加し，高齢者が自宅で死亡する割合は，20年前の3分の1程度に減少して2割にも満たないようになってきたことも一因である。施設死は，医学と医療施設の高度な発達の成果によることが大であるともいえるが，住宅事情，経済的事情，家族構成の変化による家族間介護機能の低下などがあり，その代替・補完機能としての介護サービス，訪問医療，訪問看護の対応の不十分さにより施設での最後を余儀なくされるという医療，看護，介護の課題を残しているためである。それによって，自宅で死ぬことができにくいという生活環境の変化が施設死に拍車をかけているということができよう。

このような現実を直視し，1980年代後半に原義雄らによる医師，看護婦，一般人，宗教家を対象にした調査[4]によると，希望する死亡場所は6～7割が自宅である。全年齢であるために高齢者のみの考え方は不明であるが，高齢者であれば住み慣れた場で一生を終えたいとする比率がさらに高いのではないかと推測される。調査の結果からも死亡の場が，本人の希望とは異なり自宅ではなく，病院などにおける施設死が現実となって現れてきている。身近なところを離れた死の場は死を見えにくくし，死があたかも忘れ去られたように，「死の軽視」化ともいえる現象も起きてきている。誰もが迎える死を重視しなければ，生の重みも失われるという考え方はまだ希薄なようである。

死の過程と死そのものが日常からは見えなくなっていくかわりに，その死を悼むための葬儀だけが目に付くところで，形式どおりに，葬儀社主導で行われるようになってしまった。しかもその葬儀は遺族の社会的，経済的地位を反映するかのようにして行われることが多い。また希望の場所で死ぬことができなくなり，死は日常から分断されたところにおかれてしまい，従来からの習慣である葬送も合理的に行われることも珍しくはなくなり，葬送の形式にも変化がみられるようになってきた。

死は遺族をはじめとする残された人に大なり小なり悲嘆と葛藤を起こさせる。人の死をめぐる葛藤は身近であればあるほど大きく，①生から死への移行をどのように受け止め，受け入れるかという精神的，心理的葛藤，②死後の葬送儀礼に関する不安，③死後における遺族の生活・関係などへの心配，として常にのしかかる。だからこそそれらを乗り越え，死に対する態度を強化し，死に対する準備も積極的に行うことが葛藤状態が起こりやすい残された人をケアすることに機能すると考えられるため，必要となるのである。

年齢によって，死のとらえ方，死期のとらえ方は異なり，若いうちの死は殆どの人が望まず，多くは寿命にしたがって死にたいと思っており，死の遅き訪れを願うものが殆どであるという調

査の報告がシュナイドマンによって公表されている[5]。

　若者は，自分の死は静かで威厳のある死か，突然でも衝撃的でもない穏やかな死を望むようである。どのように死に向かうかという死への態度が死に対する葛藤を和らげたりも強めたりもする要因になる。死は観念的にのみとらえるのではなく，実際の死を見聞したり死の場に立ち会ったりすることによって死を受け止める態度を強化し，死への態度を開かれたものにしていく。寿命が伸長すればするほど身近な人の死との関わりが多くなる。しかし見えない死は長い生涯になればなるほど死への関わりが阻まれるために，死の葛藤状態を経験することが多くなっていくかもしれない。高齢化すればするほど確実に周囲の高齢者の死を身近に感じるようになり次第に，死は他者の死ではなく，自分の身の上にも降りかかることであり，避けられないことであると自覚を持つようになるのであろう。人の死そして自分の死の知覚により徐々に死への準備ができるようになって，死への態度が段階的に発達していく。それが高齢期は死を受け入れやすいという結果を導き出しているのではないだろうか。

引用・参考文献

1）新村拓『死と病と看護の社会史』法政大学出版局，1995年．
2）前掲書，『死と病と看護の社会史』．
3）前掲書，『死と病と看護の社会史』．
4）原義雄『死　新たなる生へ』日本基督教団出版局，1988年，p.117．
5）E.S.シュナイドマン著，白井特満・白井幸子・本間修訳『死にゆく時』誠信書房，1991年．

第2節　葬儀への意識とその負担

1．葬儀調査からみた葬儀意識

　火葬後遺骨が墓に埋蔵される前に，殆どの死亡者に執り行われている葬儀については，そのあり方，形式，費用などについてタブーの長かった時期を経て，一転最近急速に関心が高まりつつある。

　埋葬方法や場の多様化とともに，葬儀の多様化が徐々に進み始めた。それには，まず葬儀のあり方や費用などに消費者が疑問を持ち始めたからであるといえよう。

　まず葬儀内容に対する費用の高騰化が問題化した。1990年の首都圏を対象とした「現代葬式実態アンケート調査」によると費用は，平均葬儀費用は354.4万円，会葬者は，平均235人である。葬儀が華美になり費用もそれにつれて高額化していることにその意味が問われ出してきた。納得のいく葬儀であれば，体裁にはあまりこだわらないという考えから，葬儀の簡素化が指摘されるようになってきているが，現実の葬儀は依然として大規模なものが目立っている[1]。

　このような葬儀に関する調査が実施されただけでも画期的なことであった。この結果によっていかに死後に高額の費用が必要となるかが具体的な数字として報告され，墓とともに葬儀にいか

に高額の費用を要するものであるかということに対し関心が高まってきた。高額化する一方の葬儀に対して，自治体や消費者団体などのなかに，消費者のニーズと消費者保護のために，個々の予算や都合に応じた葬儀を斡旋するところが出てきた。たとえば，「神戸市生協　コープこうべ」は地元の葬儀社と提携し，28万円～100万円までの6タイプの葬儀サービスを企画しているし，「市民葬」，「区民葬」などの規格葬もあり，また大阪市では9万円～24万円までで3タイプの葬儀を提供するといった低価格かつ消費者の要望に添ったものとして提供されている。

葬儀の形式や規模それに伴う費用は最も心配なことであり，死に関する意識の高まりと諸外国で古くからある葬儀と墓の購入・埋葬への生前の備えの紹介によって，死までまだ余裕があると思われる時期から準備をして，自己の生の完結の図をデザインしておこうとすることへの関心が高まってきた。

アメリカにおける葬送，特に葬儀の生前契約がわが国に紹介された1989年には，わが国ではただ1社だけが共済形式による葬儀の生前契約を提供しているだけであった。

その頃からわが国でも高齢期の自立を考えるようになり，その到達点である死の問題と墓の問題が少しずつでてきていた時期であり，早晩自分の葬儀に関しても考えておく時代が来るであろうと考えられる時期であった。まだ自分の葬儀に関する意識もまた表現する用語すらも考えられていなかった「葬儀の生前契約」についてわが国に導入されるようになるかどうかの意識を捉えるために，1991年に「葬儀の実態調査」を実施した。調査の対象は，調査時期の1年以内に葬儀を経験した遺族とした。それは，1年以内であれば，葬儀に対する記憶も鮮明であろうし，執り行った葬儀に対する具体的な意見も持っているであろうと考えられたからである。葬儀は，現代においては日常的なものではなくなってしまっているので，経験してみなければ分からないことが多い。これまで，葬儀に関する調査は行われているものの，本調査のように葬儀経験の期間を限定して葬儀に関する意識調査を行ったものはなかった。本調査では葬儀に対する経験を通した遺族の様々な意見や思いが浮かび上がった。

本調査は，1992年8月から11月にかけて大分市，別府市，および東京都14区（練馬区，板橋区，北区，足立区，大田区，品川区，目黒区，渋谷区，世田谷区，新宿区，中野区，杉並区，文京区，豊島区）において実施した。その後2年経過した1994年7月に同一調査票によって松山市生活情報センターが松山市の一般居住者を対象にして調査を実施した。調査方法としては，郵送法とした。その2回の調査結果を併せて分析し，葬儀に対する意識と葬儀への備えへの具体的な意見をとらえることにした。

(1) 調査対象者

1992年8月から11月調査分の回収率は以下のとおりである。

　　大分市　　　140票／　375票……37.3％
　　別府市　　　 90票／　339票……26.55％
　　東京都　　　231票／1,000票……23.1％

1994年8月において実施された調査の回収率は以下のとおりである。

表4-1　地域別調査対象者

性別	別府		大分		東京		松山		合計	
男性	32(人)	35.6(%)	74(人)	52.9(%)	127(人)	55.0(%)	46(人)	53.5(%)	279(人)	51.0(%)
女性	33	36.7	58	41.1	90	39.0	39	45.3	220	40.2
不明	25	27.8	8	5.7	14	6.1	1	1.2	48	8.8
合計	90	100.0	140	100.0	231	100.0	86	100.0	547	100.0

表4-2　場所別死亡者数

場所	別府		大分		東京		松山		合計	
病院	68(人)	75.6(%)	105(人)	75.0(%)	187(人)	81.0(%)	64(人)	76.2(%)	424(人)	77.8(%)
自宅	13	14.4	23	16.4	31	13.4	20	23.8	87	16.0
老人福祉施設	3	3.3	3	2.1	0	0.0	0	0.0	6	1.1
その他	4	4.4	2	1.4	5	2.2	0	0.0	11	2.0
無回答	2	2.2	7	5.0	8	3.5	0	0.0	17	3.1
合計	90	100.0	140	100.0	231	100.0	84	100.0	545	100.0

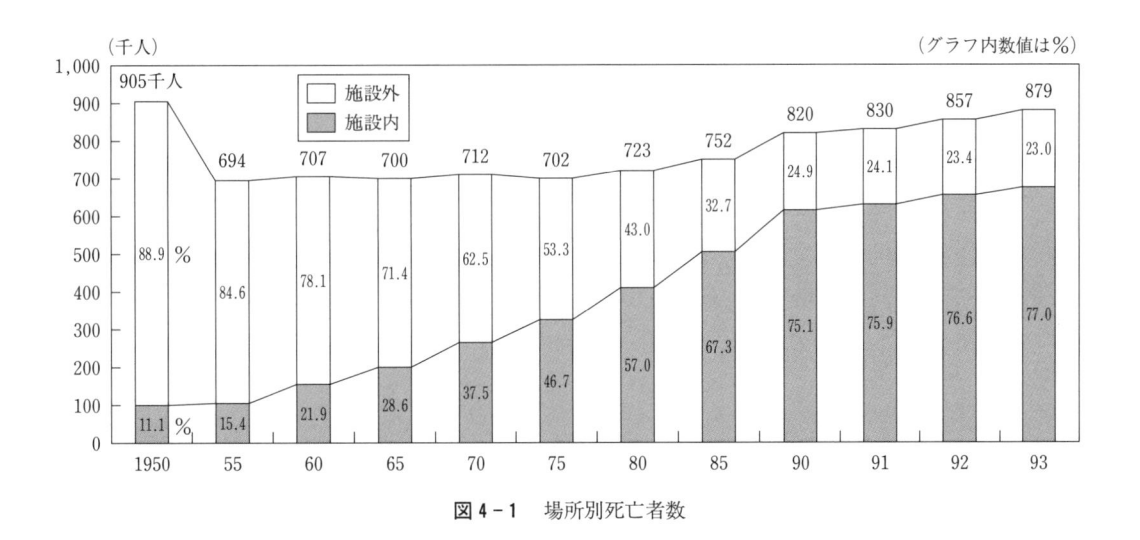

図4-1　場所別死亡者数

　　松山市　　　86票／　375票……23.7％

　表4-1のように別府では回答者が90名であり男女ほぼ同数であった。大分市は140名であり，男性が若干多かった。また東京および松山市は大分市同様男性が多い。

(2) 死亡の場所

　表4-1は施主（喪主）または親族として葬儀を経験した回答者であり，故人がどこで死亡したかは表4-2の通りである。わが国においては前述したようにかつて自宅での死亡が多かった。第二次大戦後の施設内および施設外死亡者の動向を示した図4-1と比較してみると，本調査は，わが国の統計と同様の傾向を示し，約8割が施設内すなわち自宅外での死亡である。

表4-3　葬儀の場所

葬儀の場	別府		大分		東京		松山	
自　　宅	7(人)	7.8(%)	35(人)	25.0(%)	78(人)	33.8(%)	27(人)	31.4(%)
寺社・教会	2	2.2	8	5.8	55	23.8	6	7.0
斎　　場	79	87.8	90	64.5	77	33.3	50	58.1
公 民 館	0	0	6	4.5	18	7.8	1	1.2
そ の 他	0	0	1	0.2	0	0	2	2.3
無 回 答	2	2.2	0	0	3	1.3	0	0

χ^2値　　　116.8046　有意差あり
棄却値　　$\chi^2 (\phi, \alpha)$　24.9985　$\phi=15$　$\alpha=0.05$

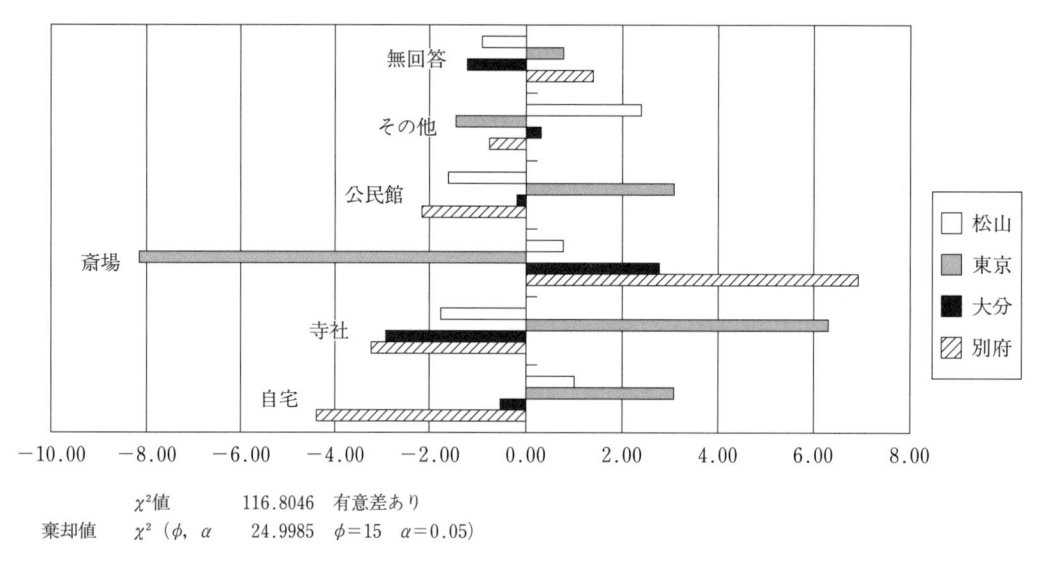

図4-2　葬儀の場所

わが国において，年間死亡者数が70万人程度で安定し始めた1955年頃から病院など施設内死亡者数が増加し始めた。1947年には施設内死亡者が9.2％に過ぎず9割は自宅での死亡であった。1955年においても年間死亡者69.4万人のうち，15.4％が施設内死亡者で，残る84.6％は自宅での死亡であった。しかしこの頃を境に，施設での死亡者が増加し，わが国が高齢社会化に入ってまもなくの1975年以降からは，施設内死亡者数と施設外（自宅）死亡者数が逆転した。1980年には，57.0％が施設内死亡者で，調査を実施した前後の1993年には，77.0％に達した。そして年々その比率は増加している。自宅での死亡は，1970年の3分の1に減少してきている。

1992年の大分県・東京都の調査においても2年後の松山市における調査にしても，調査地域は変わるものの，死亡の場所は，「施設内死亡」が最も多く，地域による変化はほとんどない。別府市では，75.6％，大分市では，75.0％，東京都では，81.0％であって，松山市は，76.2％であった。東京都における施設内死亡がどの地域よりも高率を示している。これには，直接的な要因として，高度の医療技術の発展や医療機関，なかでも一般病院に加え，老人病院数の増加や病床数の増加，老人福祉施設の増加などがあげられよう。遠因としては，核家族化・高齢者世帯の増加

表4-4　葬儀社への不満

葬儀の場所	別府		大分		東京		松山	
あった	24(人)	26.7(%)	33(人)	23.6(%)	63(人)	27.4(%)	12(人)	13.6(%)
なかった	54	60.0	95	67.9	152	66.1	60	68.2
どちらともいえない	3	3.3	2	1.4	1	0.4	16	18.2
無回答	9	10.0	10	7.1	14	6.1	0	0
合計	90	100.0	140	100.0	230	100.0	88	100.0

χ^2値　67.65625　有意差あり
棄却値　$\chi^2(\phi, \alpha)$　16.91896　$\phi=9$　$\alpha=0.05$）

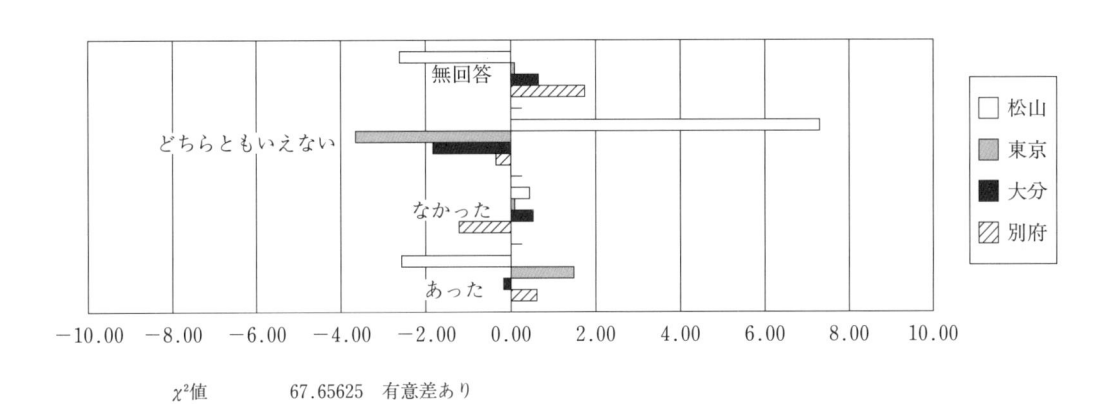

図4-3　葬儀社への不満

に伴い，介護者不足，介護者の高齢化，また就業構造の変化で従来家庭内介護を単独で担っていた女性が就業する社会になってきたにもかかわらず，男性が家庭内介護を担っていないということによる家庭内介護機能の欠如，住宅事情による介護の困難性などがあげられよう。わが国にも，「死の施設化」の時代は確実にやってきて，年々進行している。

(3) 葬儀実行の場所

死亡の場所は表4-2のとおり大半が，病院などの施設であり，自宅での死亡は2割にも満たないほどであった。そして，葬儀を行う場所としては，表4-3のように松山，東京の調査では，自宅の場合が，3割程度であり，逆に葬儀専門の斎場や寺社・教会など自宅以外で行われる場合が多く，別府，大分では7割近くを占めている。これまで，地方では自宅で葬儀を執り行うことが多いとされてきたが，自宅での葬儀を見ると，この調査では，大分市や別府市という地方都市であっても自宅での葬儀は減少している。そしてその比率は，松山・東京はほぼ同率であるものの大分・別府などは東京よりもさらに低い。特に別府市では，7.8％で東京都の33.8％の4分の1以下である。その後の調査の松山市においても自宅葬は31.4％であり，斎場，寺社・教会は65.1％である。このように，自宅外葬が圧倒的に多くなり，冠婚葬祭施設の増加によるといえ，葬儀の社会化（外部化）は完全に定着したようである。すなわち，「死亡の施設化」，「葬儀の社会化」と

いったように，死も葬儀も自宅を離れてしまったといえる。死が私たちの日常生活から遠ざかってしまって「死の非日常化」の時代になったといってもよいだろう。

全日本葬祭業協同組合連合会（全葬連）による1991年実施の調査[2]では，葬儀の場所には地域格差があり，全国的に見ると，まだ自宅での葬儀が過半数（52.8％）であり，自宅外での葬儀は4割弱(39.2％)である。また，東京都生活文化局の調査[3]では，自宅が42.0％で自宅以外が58.0％であるので，1996年に実施のこの調査よりも本調査の方が自宅外葬儀の比率が高い。ただ，東京が自宅内葬儀が高率というのは，東京都生活文化局の調査が最近10年間に葬儀を出した人を対象にしているということによるものと思われる。

全葬連の調査からは，葬儀を行う場所として望ましい場所は，実際に葬儀を実行した場所とは異なり，自宅は3割程度（32.6％）に減少し，寺社（23.7％）・斎場（21.2％）・公民館など（18.2％）多様な社会的な施設での葬儀が63.1％と，圧倒的多数が自宅以外を望んでいるという傾向もうかがえる。

(4) 葬儀で困ったこと

葬儀は，現在殆どが葬儀社を利用し，地域共同体として葬送のすべてを行うというような習慣はなくなってしまったようである。葬儀社に対して困ったことや不都合がなかったかどうかということについては，表4-4，図4-3に示すとおり，「なかった」という回答が6割を超え，葬儀社を利用したことで「困ったことがあった」と回答している割合は，3割にも満たない。東京都内における葬儀の場合でも，大分県内であっても葬儀社については特別に困ることはないという傾向を示している。遺族が葬儀を実行する上で，葬儀社に依頼すること自体に困ったことはなかったという回答である。同様に東京都の調査でも，葬儀社に対する不快な思いやトラブルがあったのは，僅かに8.1％であったと報告されており，葬儀社自体への不満は少ない。しかしこれが即，葬儀に問題がないということではない。

死亡者の平均年齢が80歳近くであり，葬儀を主催した子の世代は，葬儀に関する知識を必ずしも十分に持っているとは限らず，すべて葬儀社の利用による葬儀であるため，ほとんどが葬儀社主導で葬儀が行われる。そのために，不都合も困ったこともあまりないということができるかもしれないしれないからである。葬儀社に対する不満は，3割に満たないが（表4-4，図4-3），葬儀を実行して困ったことや不都合なことがあったと回答したものは多く，表4-5，図4-4に示すとおりである。その内容は，わが国の主流を占める宗教儀礼（仏式）による葬儀が多いなかで，僧侶に支払うお布施の額や戒名料に対する知識がなく，その金額の設定に困ったというものが多い。また，供養に関する寺との関わりについても困ったことが約2割あり，その困ったことの殆どが日頃関係を持っていないと思われる宗教的なことに関するものである（表4-5，図4-4）。宗教的なことが困ったことで最も多いわけであるが，それは金銭的なところでの問題であり，宗教上の問題とは異なる。実際の葬儀には，戒名料やお布施などをめぐって大なり小なり経済的な問題が起きてくることが分かる。

すなわち地域の違いにかかわらず，3割近くは戒名料に対する不満があり，さらに宗教者への

表4-5 葬儀の実行で困ったこと

困ったこと	別府		大分		東京	
戒名料	15(人)	29.4(%)	22(人)	23.6(%)	35(人)	28.0(%)
お布施料	18	35.3	28	67.9	47	37.6
僧侶の人数など	3	5.9	3	1.4	5	4.0
時間どおりにならなかった	1	2.0	1	1.6	2	1.6
供養	8	15.7	9	14.1	25	20.0
その他	6	11.8	1	1.6	11	8.8
合計	51	100.0	64	100.0	125	100.0

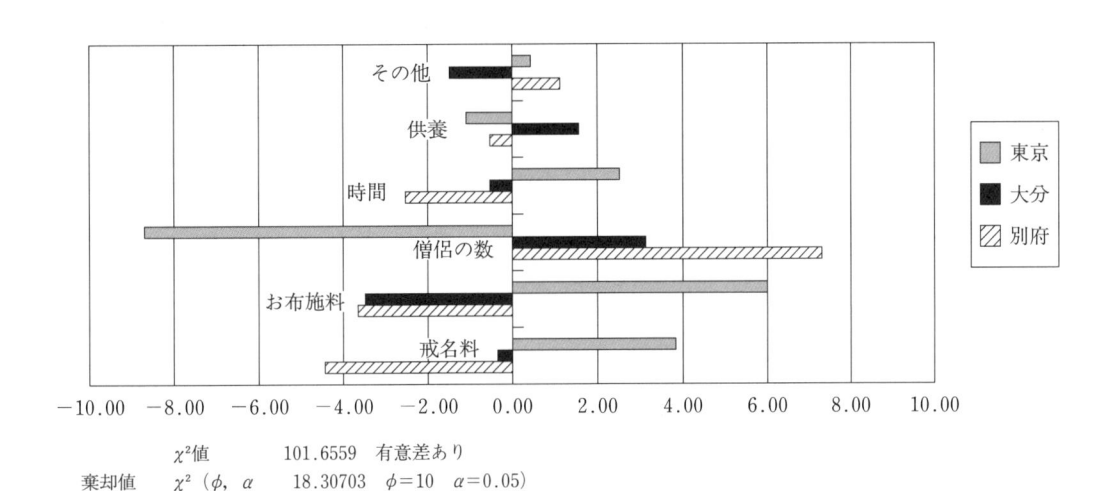

χ^2値　　　101.6559　有意差あり
棄却値　$\chi^2\,(\phi,\ \alpha$　　18.30703　$\phi=10\quad \alpha=0.05)$

図4-4 葬儀の実行で困ったこと

　お布施をどのくらいにすべきなのかその金額が分からなかったり，思ったよりも高額になったということもあって，大分市では，困ったことの7割近くをお布施料が占めている。また，松山市では，困ったことをさらに細分類したところ，「香典返しの額とその品」(29.5%)，「総葬儀費用がかかりすぎた」(20.0%)，「お布施料」(17.1%) などやはり，金銭的なことが多い。「相談相手がいなかった」(10.5%)，葬儀の手順(5.7%)，葬儀社の選定(5.7%)，通夜・告別式での接待(6.0%) という葬儀の実行そのものに対することも，地域の慣習などとの関連で，葬儀経験のない施主(遺族)は困ったことがあったと回答している。葬儀を施主としてまたは親族として，実際に自分で経験してみて，約8割が上記のような理由を中心として困ったり，また迷ったりしたと回答している。
　全葬連の調査においてもお布施に関することが最も多く45.6%と半数近くを占めている。

(5) 葬儀に関する費用

　葬儀費用は，東京都では300万円以上が最も多く，38.5%で全体の4割近くを占める（表4-6，図4-5）。第2位が200～300万円の29.9%である。第3位は，150～200万円で12.1%を

表 4-6　葬儀費用

費　　用	別　　府		大　　分		東　　京		松　　山	
～30万円	2(人)	2.2(%)	1(人)	0.7(%)	1(人)	0.4(%)	0(人)	0　(%)
30～50	3	3.3	4	2.9	5	0.2	5	5.6
50～100	10	11.1	12	8.6	12	5.2	8	10.2
100～150	21	23.3	16	11.4	15	6.5	9	21.7
150～200	21	23.3	28	20.0	28	12.1	5	17.0
200～300	19	21.1	40	28.6	69	29.9	25	28.5
300～	5	5.6	26	18.6	89	38.5	16	18.2
無　回　答	9	10.0	13	9.3	12	5.2	0	0
計	90	100.0	140	100.0	231	100.0	88	100.0

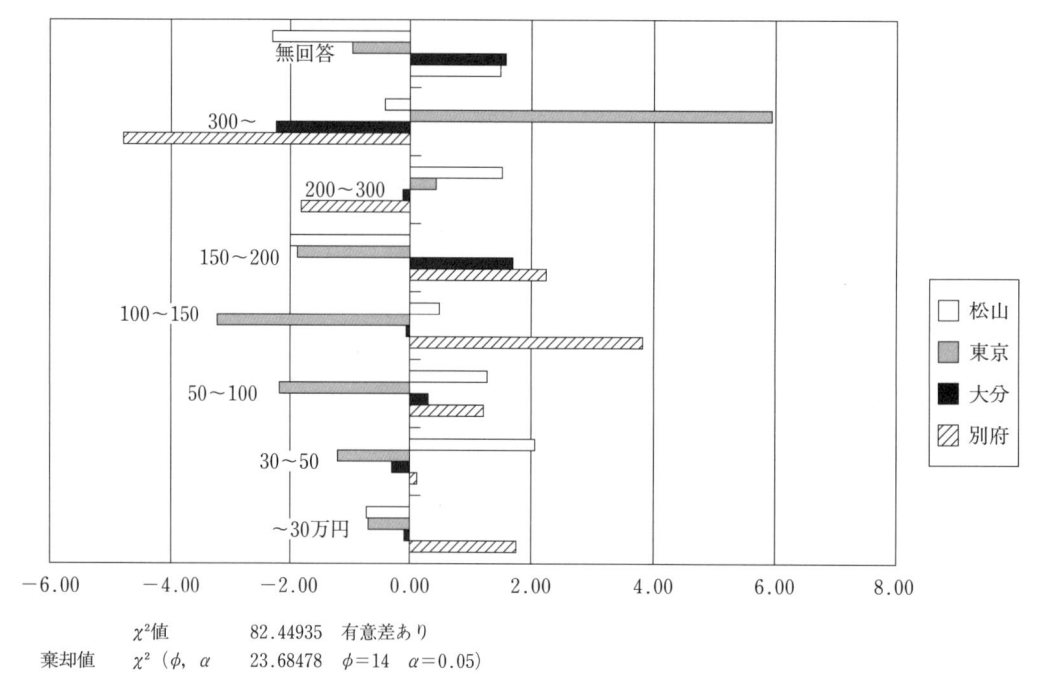

χ^2値　　　82.44935　有意差あり
棄却値　　$\chi^2(\phi, \alpha)$　23.68478　$\phi=14$　$\alpha=0.05$

図 4-5　葬儀費用

占めている。第1位と第2位を合わせると約7割になり，200万円以上が必要であったことをうかがわせる。また，大分市では，地方という要素を反映しているのか，第1位が200～300万円の28.6％であった。第2位は150～200万円で20.0％，第3位は100～150万円の11.4％であった。東京都と大分市を比較すると，東京都は200万円以上が約7割であるのに対して，大分市は3割にも満たない。都市部と地方の葬儀費用の格差が見て取れる。しかし大分市でも1990年前後から葬儀の華美・高額化傾向が見られるようになり，300万円以上が1割を超えている。さらに2年遅れて調査が行われた松山市でも，同様の傾向が見られる。松山市では，第1位は，200～300万円が28.5％，第2位は，100～150万円で21.7％，第3位が300万円以上で18.2％であり，200

万円以上が 46.7％と約 5 割を占めている。300 万円以上は約 2 割で，高額化がうかがえる。1988 年の国民生活センターの調査[4]や1990年のくらしの友による調査結果も殆ど本調査と同様の傾向を示している。

　葬儀が徐々に大規模・華美となるにつれて葬儀費用の高額化が進行してきたが，東京都の調査では，「人並みのことはしたい」という回答は 5 割で，「こじんまりとしたい」が 4 割を占め，お金をかけてでも立派な葬儀をしたいとする回答は， 2 ％であったと報告されている。これからは大規模・華美の葬儀は少しずつ減少していくものと推測される。

2．葬儀に関する調査からみた葬儀への準備意識

(1) 葬儀費用準備への意識

　多くの高齢者は，自己の葬儀費用だけは，家族に迷惑をかけないようにとの配慮から葬儀や埋葬に備える葬送費用を蓄えておくようである。表 4 - 7 からうかがえるように， 1 年以内に葬儀を経験した人たちを対象にした調査であるので，葬儀の大変さと費用の準備の必要性が感じられたのであろうか， 8 割以上の人たちが自分の葬儀には費用を用意していると回答している。費用の準備では松山市が最も高率で，別府市や大分市，東京都よりもさらに高率の 88.5 ％を占め，殆どの人たちが用意していると回答している。

　葬儀は規模も大きくなるとともに，多様な形式も取り入れ，葬儀社が競って様々な趣向を凝らした葬儀を提供するなどという傾向が注目されるなかで，一部では，葬儀の意味の再考と家族（遺族）への負担を考慮して質素に自分らしくしようという動きもある。

　規模の大小を問わず，形式を問わず，人の死とそれに伴う葬送には心理的・精神的負担とともに，経済的負担が伴う。葬儀費用は終了後通常現金での支払いであるため，費用は予め用意しておかなければならない。亡くなった人を惜しむまもなく，悲しむまもなく，葬儀の段取りとそれにかかわる様々な人との対応や決断を迫られる。まず死亡届や火葬許可などの事務手続き，葬儀の形式・宗教の別，葬儀内容と規模・価格，葬儀の場所，死亡の通知などなどを行わなければならない。それは殆どの場合，故人が何をどのように希望していたかはあまり残されていないために，遺族の意向により行われることになる。葬儀自体は依頼した葬儀社主導で行われることになるが，その時々の判断があわただしく行われるために，遺族の意思が真に実現されるかどうかは疑問である。葬儀を行って現れた不満や困ったことである。葬儀を出してみなければその大変さはわからないというが，それを反映してか，準備の必要性を感じている人が多い。どうやら葬儀を行ってまだ日が浅い回答者たちは費用は自分の時には必ず用意しておこうと考えているようである。

　4 ヵ所のいずれの回答者も準備の必要性を感じているが，「必要ない」という回答も一部では見られる。表 4 - 7 ，図 4 - 6 のように比率は低いが，別府市 5.6 ％，大分市 8.6 ％，東京都では 4.3 ％が費用準備の必要はないと回答している。なかでも大分県という同一県でありながら差異が見られる別府市と大分市では，大分市が伝統的な考え方が強い農村地域を含む地域であることが影響しているものと思われる。大分県は，全体的に見て家族への依存度が高く，東京より高い比率を

表4-7 葬儀費用の準備

費用の準備	別府		大分		東京		松山	
用意している	78(人)	86.7(%)	117(人)	83.6(%)	194(人)	84.0(%)	77(人)	88.5(%)
用意の必要ない	5	5.6	12	8.6	10	4.3	0	0
どちらともいえない	1	1.1	4	2.9	11	4.8	10	11.5
わからない	0	0	1	0.7	6	2.6	0	0
家族が用意	0	0	0	0	3	1.3	0	0
無回答	6	6.7	6	4.3	7	3.0	0	0
合計	90	100.0	140	100.0	231	100.0	87	100.0

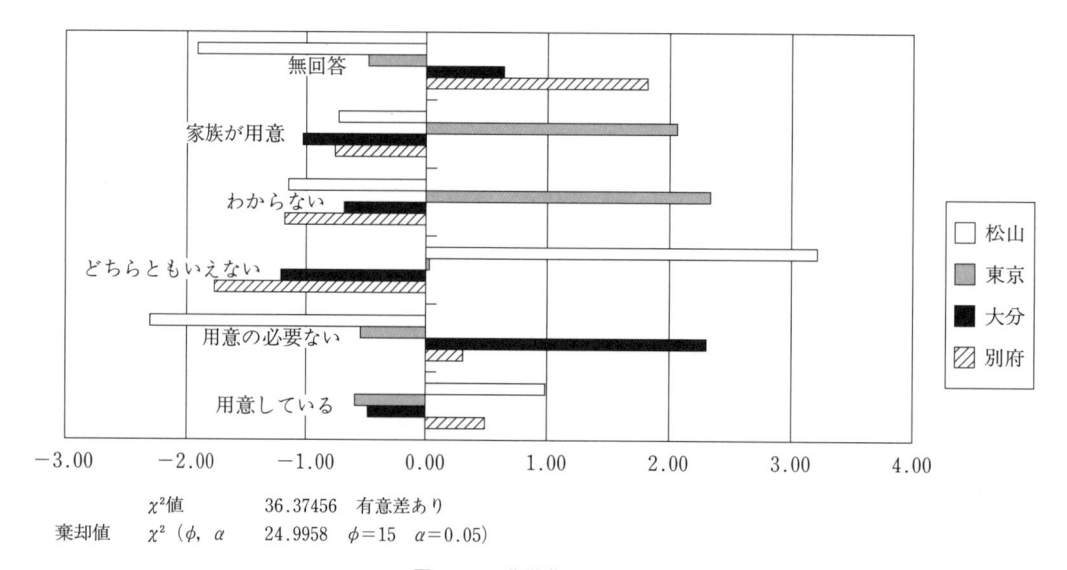

χ^2値　　　36.37456　有意差あり
棄却値　$\chi^2(\phi, \alpha)$　24.9958　$\phi=15$　$\alpha=0.05$)

図4-6　葬儀費用の準備

示している。ところが，松山市では必要ないと思っているものは全くない。松山市は準備の必要がないと回答した比率は，東京より低い。これは調査時期が2年後であるということからきているのかもしれない。それは大分市と東京都は同時期の調査であり，大都市と地方都市という差異はあっても意識に大幅な差異は見られない。費用の準備についても同様である。ところが松山市では，費用の準備もどの地域よりも高く，準備の必要はないとする回答はどの地域よりも低い。これは，社会的に死や葬送に関心がでてきた時期の調査であるからいえるかもしれない。そして，葬儀経験者の回答であるだけに備えの意識が高いのかもしれない。しかし，明確な理由を探すのは困難である。ただ年々葬儀費用の準備はしておくべきだという考えが強まってきているということはいえそうである。葬儀規模やそれに伴う価格の高騰化が費用準備の必要性を覚醒させたことも一因であろう。

　実際に準備している人たちは，全体で約9割を占める。ところが，1995年の東京都の調査では，葬儀の準備をしているものは，25.6％と4人に1人の割合にすぎない。やはり高齢者が比率

が高い (70歳以上, 56％) のは理解できるし, 40代であっても2割近くを占め, さらに若い20代でも2％程の人たちが葬儀の準備をしていると回答している。このように着実に葬儀への備えは進んできている。

(2) 葬儀費用準備の方法

葬儀費用を準備する方法としては, 第1位が, 銀行預金として準備する, および生命保険を費用に充てるという回答が圧倒的に多く, 全体を2分しているといえよう。表4-8, 図4-7で示すように現金で準備する方法と保険金を充てるという方法でもいくらか差異が現れている。どちらかというと, 就業構造や人口移動などの点では, 都市型に近い別府市は, 東京と酷似した傾向を示し, 大分市と松山市は, 同様の傾向を示している。すなわち, 別府市は貯蓄型(41.9％)より保険型(52.7％)の比率がより高く, 東京では貯蓄型が比率は若干高いもののそれほどの差異はなく, 貯蓄型 (45.2％) に保険型 (41.7％) が迫っている。大分市と松山市では, それぞれ貯蓄型が53.9％, 55.9％で, 保険型は, 39.0％, 27.5％で保険型を選択する比率は低い。特に松山市では, 貯蓄型が多く, 他を引き離している。また, 他の方法を見ると, 資産の形で残しておきたいとする回答もある。しかし, 葬儀費用は前述したように現金での支払いが一般的であり, 葬儀実行後の支払いにできるだけ, 円滑に利用できるような方法を選ぶということになるようである。死亡後は, 本人名義の預金は法的手続きを踏まなければ預金を引き出すことはできないが, 生前には可能なため, 予め祭祀継承者などに託し準備しておくことができる。また, 生命保険は手続きが完了すれば保険金の支払いがあるため, 費用として準備するには適当であろう。このようなこともあって, 資産で残したり, また, 預託しておくという方法などよりも貯蓄型, 保険型として, 葬儀費用および墓の購入にも利用できるような方法を考えているようである。なお, 東京都の調査では, 生命保険が5割, 預貯金が4割, 互助会加入が3割となっている。調査の結果から言えることは, いずれにしろ, 葬儀費用の確保は必要であり, しかもそれは誰にも確実に来る死に備えての最小限の備えと考えているということができよう。

(3) 生前契約に対する関心

葬儀費用の準備に関連して, 1992年の調査当時, わが国では, 葬儀の生前契約(生前に葬送の費用を確保しその方法などを第三者に委託しておくこと)に関する情報は殆どなく, 生前契約提供企業はわずかであり, 葬儀のための保険もない時期にあえて葬儀の生前契約に関する意識を見ることにした。アメリカでは, 高齢者が自己の葬送に備える一つの選択肢として, 葬儀の生前契約が一般化してきているが, 果たしてわが国ではどのように捉えられるかという反応を知るためである。

表4-9でみると全体の47.5％が生前契約を肯定的にとらえている。東京都(47.6％), 大分市(45.7％), 別府市(50.0％)であって, 地域差はほとんどない。生前契約はよくないとした回答者は全体で4.6％と非常に少ない。大分市 (7.1％), 別府市 (5.6％), 東京都 (2.6％) であって, 自分の葬儀に備えておく, 生前契約にはおおむね肯定的なものが殆どであるといってもよい。

表 4-8 葬儀費用の準備方法

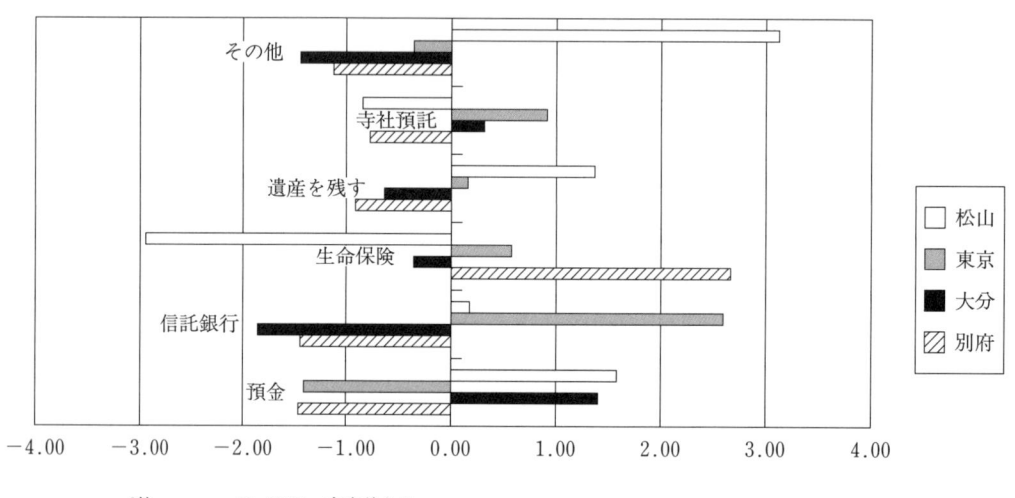

準備の方法	別府		大分		東京		松山	
預　　　金	39(人)	41.9(%)	76(人)	53.9(%)	104(人)	45.2(%)	57(人)	55.9(%)
信託銀行	0	0	0	0	8	3.5	2	2.0
生命保険	49	52.7	55	39.0	96	41.7	28	27.5
遺産を残す	5	5.4	9	6.4	18	7.8	11	10.8
寺社預託	0	0	1	0.7	2	0.9	0	0
その他	0	0	0	0	2	0.9	4	3.9
合　　　計	93	100.0	141	100.0	230	100.0	102	100.0

χ²値　　　33.48905　有意差あり
棄却値　χ²(φ, α)　24.9958　φ=15　α=0.05

図 4-7　費用の準備方法

葬儀の生前契約がよいことであるとする主たる理由は，表 4-10 のように①自己の意思と経済力で生前に決着をつけておくこと(50.5％)，②葬儀の際の短時間での決断と実行の手助けになる(24.8％)，③遺言より自己の意思が生かされ安心である(10.3％)などである。一方，僅かではあるが，生前契約に否定的であった回答のその理由は，表 4-11 に示すとおり①葬儀は身内で責任を持って行うべきこと，②従来の習慣に従うべきであるから，といういずれも伝統的な考え方による場合が多い。身内で責任を持つという考え方は，大分市に多く，東京都では，これまでの習慣に従うべきの方が多い。この中で，予めの出費は好まないという回答は全くなく自己の葬儀に関する費用の準備の面ではなく，具体的な葬儀の準備ということに抵抗を示す解答であるといえる。

(4) 葬儀の生前契約の可能性

1992 年の調査当時は，わが国には葬儀の生前契約はまだほとんど導入されてはおらず，人々の生前契約に関する情報もほとんどなかった時期といってもよいだろう。

だが，もしアメリカのような葬儀の生前契約がわが国にあれば利用するかどうかという生前契

表4-9　生前契約への関心

項　目	別　府		大　分		大分県全体		東　京		計	
よいこと	45(人)	50.0(%)	64(人)	45.7(%)	109(人)	47.4(%)	110(人)	47.6(%)	219(人)	47.5(%)
よくないこと	5	5.6	10	7.1	15	6.5	6	2.6	21	4.6
どちらともいえない	33	36.7	54	38.6	87	37.8	98	42.4	185	40.1
無回答	7	7.8	12	8.6	19	8.3	17	7.4	36	7.5
合　計	90	100.0	140	100.0	230	100.0	231	100.0	461	100.0

棄却値　χ^2値　5.233253　有意差なし
　　　　χ^2 (ϕ, α)　12.59158　$\phi=6$　$\alpha=0.05$)

表4-10　生前契約がよい理由

項　目	別　府		大　分		大分県全体		東　京		計	
意思と経済力で決着をつけること	32(人)	55.2(%)	47(人)	51.1(%)	79(人)	52.7(%)	78(人)	48.4(%)	157(人)	50.5(%)
短時間での決断と実行の手助け	13	22.4	23	25.0	36	24.0	41	25.5	77	24.8
複数の業者間の比較が可能	6	10.3	5	5.4	11	7.3	13	8.1	24	7.7
遺言より安心	4	6.9	9	9.8	13	8.7	19	11.8	32	10.3
親族との交際からの自由	0	0.0	7	7.6	7	4.7	8	5.0	15	4.8
その他	3	5.2	1	1.1	4	2.7	2	1.2	6	1.9
合　計	58	100.0	92	100.0	150	100.0	161	100.0	311	100.0

棄却値　χ^2値　10.92994　有意差なし
　　　　χ^2 (ϕ, α)　18.30703　$\phi=10$　$\alpha=0.05$)

表4-11　生前契約がよくない理由

項　目	別　府		大　分		大分県全体		東　京		計	
葬儀は身内で責任をもつもの	5(人)	50.0(%)	8(人)	57.1(%)	13(人)	54.2(%)	1(人)	16.7(%)	14(人)	46.7(%)
予めの出費は嫌	0	0.0	0	0.0	0	0.0	0	0.0	0	0.0
これまでの習慣に従うべき	3	30.0	5	35.7	8	33.3	2	33.3	10	33.3
契約履行への不安	1	10.0	1	7.1	2	8.3	1	16.7	3	10.0
その他	1	10.0	0	0.0	1	4.2	2	33.3	3	10.0
合　計	10	100.0	14	100.0	24	100.0	6	100.0	30	100.0

棄却値　χ^2値　6.614966　有意差なし
　　　　χ^2 (ϕ, α)　12.59158　$\phi=6$　$\alpha=0.05$)

約を仮定した質問をしたところ，表4-12のように33.0％（大分県31.3％，東京都34.6％）と3割が利用したいと回答した。利用しないとする回答の24.7％（大分県25.2％，東京都24.2％）を1割ほど引き離し，生前契約に関心を持ち，自分の葬儀準備に前向きの姿勢が見られる。生前契約があれば利用したいとする理由は，表4-14のように大分県と東京都では多少の差異は見られるものの第1位が「遺族に煩わしさと経済的な負担をかけなくて済む」（大分県39.7％，東京都35.9％）であり，第2位が「子どもに迷惑をかけたくない」（大分県19.8％，東京都23.7％）であり，第3位が「自己実現は葬儀の完結まで」（大分県19.8％，東京都13.0％）という結果であった。この時点では，自分の意思（遺志）の実現というより，残された者に迷惑をかけたくないと

表4-12　生前契約の利用

項目	別府		大分		大分県全体		東京		計	
利用したい	25(人)	27.8(%)	47(人)	33.6(%)	72(人)	31.3(%)	80(人)	34.6(%)	152(人)	33.0(%)
利用しない	19	21.1	39	27.9	58	25.2	56	24.2	114	24.7
どちらともいえない	34	37.8	38	27.1	72	31.3	81	35.1	153	33.2
その他	5	5.6	3	2.1	8	3.5	2	0.9	10	2.2
無回答	7	7.8	13	9.3	20	8.7	12	5.2	32	6.9
合計	90	100.0	140	100.0	230	100.0	231	100.0	461	100.0

χ^2値　13.13695　有意差なし
棄却値　$\chi^2(\phi, \alpha)$　15.50731　$\phi=8$　$\alpha=0.05$)

表4-13　性別

項目	別府		大分		大分県全体		東京		計	
男性	32(人)	35.6(%)	74(人)	52.9(%)	106(人)	46.1(%)	127(人)	55.0(%)	233(人)	50.5(%)
女性	33	36.6	58	41.4	91	39.6	90	39.0	181	39.3
不明	25	27.8	8	5.7	33	14.3	14	6.1	47	10.2
合計	90	100.0	140	100.0	230	100.0	231	100.0	461	100.0

χ^2値　39.29532　有意差あり
棄却値　$\chi^2(\phi, \alpha)$　9.487728　$\phi=4$　$\alpha=0.05$)

表4-14　利用したい理由

項目	別府		大分		大分県全体		東京		計	
子供がいないので便利	4(人)	11.1(%)	0(人)	0.0(%)	4(人)	3.4(%)	14(人)	10.7(%)	18(人)	7.3(%)
子供に迷惑をかけたくない	5	13.9	18	22.5	23	19.8	31	23.7	54	21.9
身内への遠慮がなくなる	2	5.6	1	1.3	3	2.6	4	3.1	7	2.8
煩わしさと負担をかけないですむ	13	36.1	33	41.3	46	39.7	47	35.9	93	37.7
自己の葬儀の企画好ましい	4	11.1	9	11.3	13	11.2	9	6.9	22	8.9
自己実現は葬儀の完結まで	6	16.7	17	21.3	23	19.8	17	13.0	40	16.2
その他	1	2.8	1	1.3	2	1.7	2	1.5	4	1.6
無回答	1	2.8	1	1.3	2	1.7	7	5.3	9	3.6
合計	36	100.0	80	100.0	116	100.0	131	100.0	247	100.0

χ^2値　18.11269　有意差なし
棄却値　$\chi^2(\phi, \alpha)$　23.68478　$\phi=14$　$\alpha=0.05$)

いう理由が目立つ。

　松山市における調査時には，わが国で生前契約が開始されて1年経過している。1993年に「葬儀の生前契約」という名称が使われ始めていることが何らかの影響を及ぼしているかとも思われたが，葬儀の生前契約の情報を得ている人は極めて少なく，10.2％と1割であった。殆どが「葬儀の生前契約」について知らず，したがってわが国で開始されたばかりの生前契約の影響はほとんどないということができる。

　なお松山市では利用したいという考え（10.8％）よりも利用しない（37.3％）が圧倒的に高率を

占め，過半数(51.8％)はどちらともいえないと回答している。確かに生前契約はわが国では新しい発想であり，どのように捉えるか理解が十分できていない時期でもあったからであろう。大分県・東京都との比率の開きがかなりあるが，地域差だけではなく，それぞれの生活状況・環境にもとづいた平均的な考えを表しているということができよう[5),6)]。

引用文献

1) くらしの友企画室「現代葬式実態アンケート調査報告書」，1990年．
2) 全日本葬祭業協同組合連合会「第4回葬儀についてのアンケート調査報告書」，1992年，p.5.
3) 東京都生活文化局「葬儀にかかわる費用等調査報告書」，1996年，p.38.
4) 国民生活センター「サービスに関する比較情報報告書」，1988年．
5) 北川慶子「高齢社会における終末準備としての「葬儀の生前契約」の動向Ⅰ」中京短期大学論叢第25巻第1号，1994年．
6) 北川慶子「高齢社会における終末準備としての「葬儀の生前契約」の動向Ⅱ」中京短期大学論叢第26巻第1号，1995年．

第3節　人の死をめぐる法制

1．死から葬送までの手続き

人が死亡した場合には，人の死亡を医学的，法的に証明するための死亡診断書（死体検案書）（図4-9）が医師によって作成されることをもって，死亡が確認される。医師および歯科医師に対しては，医師法にその作成交付義務が規定されている。なお，死体検案書は医師により死体検案を行ったうえで交付されるものであるが，死体検案書は①診療継続中の患者以外の者が死亡した場合，②診療継続中の患者が診療に係る疾病と関連しない原因により死亡した場合である。死亡診断書（死体検案書）をもって自治体（市町村）に死亡届（図4-8）を提出してはじめて死は社会的なこととなり遺体の処理と死後の様々な生活処理や葬送が始まる。

また医師により作成される死亡診断書（死体検案書）は，死因統計や保健，医療，福祉の重要な基礎資料ともなるものであり，死亡時の場所，所在地や死因等が詳細に記述されることになっている。遺体処理の段階は，わが国ではほとんどが火葬であるために死亡届と共に火葬許可の申請書を提出し，火葬許可証が自治体から交付されることによって，火葬場において火葬を行うことになる。火葬の後，収骨し火葬場から火葬の証印を遺族など火葬の主催者が受け取る。葬送は遺族の意向が優先されるために，その後，遺族の意思と本人の遺志などにより，墓地や納骨堂等に納骨したり，また撒骨することにより遺体を葬るなどで，葬送は終了することになる。このような平均的な遺体を葬る過程の中で，葬儀は火葬前に遺体を前にして行うか若しくは火葬後の遺骨を前にして行う形式が一般的である。しかし近年では，本人の意志により火葬して墓に遺骨を埋葬するだけで葬儀を行わないというケースも見られるようになってきている。

こうして人の死の整理は完了するが，このような手順を経るのは単に死者を葬るためのものだ

けではなく，法的社会的な死の認知により遺族などが人の死を認知し，受け容れるための過程でもあるという社会的な機能をも果しているといえる。

人の死により一人の個人の生活すべてが終了することになるが，本人は自分で死後の自分を処理することができないために，他者がそれを行うための手続きが様々に規定されている。生前の生活処理をするその中心となる者は，残された家族（遺族）や近親者，また近親者がない場合には関係者，公的機関によって行われることもある。

ここで，人の死に伴う葬送や生活処理などに関する法的規定がどのようなものであるかその主な法規の概要を見ることにする。

まず，死亡診断書については，医師法第19条に応召義務等として遺志による作成の義務が規定されている。

(1) 医師法
　第19条第2項（応召義務等）
　　診療若しくは検案をし，又は出産に立ち会った医師は，診断書若しくは検案書又は出生証明書若しくは死産証書の交付の求があった場合には，正当の事由がなければ，これを拒んではならない。

(2) 歯科医師法
　第19条第2項（応召義務等）
　　診療をなした歯科医師は，診断書の交付の求があった場合は，正当な事由がなければ，これを拒んではならない。

とあるように医師および歯科医師には死亡診断書（死体検案書）作成交付の義務が課せられている。医師法には検案時に異常がある場合やDOA (Dead on Arrival) 時等の場合の検案書の作成などについても詳細な規定がある[1]。

わが国においては，葬送にかかる単独の法は「墓地，埋葬に関する法律」を有するのみであるが，死にかかわるものとしては，まずわが国独特の戸籍からの抹消を行うために戸籍法についての規定に従わねばならない。それが，死亡届である。

(3) 戸籍法
　第86条（届出期間，届出事項，添付書類）
　　死亡の届出は，届出義務者が死亡の事実を知った日から7日以内（国外で死亡があったときは，その事実を知った日から3箇月以内）にこれをしなければならない。
　②届出書には，次の事項を記載し，診断書又は検案書を添付しなければならない。
　　一，死亡の年月日時分および場所
　　二，その他命令で定める事項

死亡届

受理 平成　年　月　日　第　　　　　号	発送 平成　年　月　日	
送付 平成　年　月　日　第　　　　　号		長印
書類調査	戸籍記載	記載調査	調査票	附票	住民票	通知

平成　年　月　日届出

　　　　　長殿

（よみかた）氏　名	氏　　　　　　　　名	□男　□女
生年月日	年　月　日（生まれてから30日以内に死亡したときは生まれた時刻も書いてください）	□午前　□午後　時　分
死亡したとき	平成　年　月　日	□午前　□午後　時　分
死亡したところ		番地　番　号
住　所（住民登録をしているところ）		番地　番　号
	（よみかた）世帯主の氏名	
本　籍（外国人のときは国籍だけを書いてください）		番地　番
	筆頭者の氏名	
死亡した人の夫または妻	□いる（満　　歳）　いない（□未婚　□死別　□離別）	
死亡したときの世帯のおもな仕事と	□1. 農業だけまたは農業とその他の仕事を持っている世帯 □2. 自由業・商工業・サービス業等を個人で経営している世帯 □3. 企業・個人商店等（官公庁は除く）の常用勤労者世帯で勤め先の従業者数が1人から99人までの世帯（日々または1年未満の契約の雇用者は5） □4. 3にあてはまらない常用勤労者世帯及び会社団体の役員の世帯（日々または1年未満の契約の雇用者は5） □5. 1から4にあてはまらないその他の仕事をしている者のいる世帯 □6. 仕事をしている者のいない世帯	
死亡した人の職業・産業	（国勢調査の年…平成　年…4月1日から翌年3月31日までに死亡したときだけ書いてください） 職業　　　　　　　　　産業	
その他		
届出人	□1. 同居の親族　□2. 同居していない親族　□3. 同居者　□4. 家主　□5. 地主 □6. 家屋管理人　□7. 土地管理人　□8. 公設所の長	
	住所　　　　　　　　　　　　　　　　　　番地　番　号	
	本籍　　　　　　　　　　番地　筆頭者 　　　　　　　　　　　　番　　の氏名	
	署名　　　　　　　　　印　　年　月　日生	
事件簿番号		連絡先　電話（　　）　　番 　　　　自宅・勤務先・呼出　　方

図4-8　死亡届

死亡診断書（死体検案書）

この死亡診断書(死体検案書)は、我が国の死因統計作成の資料としても用いられます。かい書で、できるだけ詳しく書いてください。

氏　名			1 男　2 女	生年月日	明治　昭和　大正　平成　　　　年　月　日 (生まれてから30日以内に死亡したときは生まれた時刻も書いてください。) 午前・午後　　時　　分		
死亡したとき		平成　　年　　月　　日　　午前・午後　　時　　分					
死亡したところ 及びその種別	死亡したところの種別	1 病院　2 診療所　3 老人保健施設　4 助産所　5 老人ホーム　6 自宅　7 その他					
	死亡したところ					番地 番　号	
	(死亡したところの種別1〜5) 施　設　の　名　称						
死亡の原因 ◆Ⅰ欄、Ⅱ欄ともに疾患の終末期の状態としての心不全、呼吸不全等は書かないでください ◆Ⅰ欄では、最も死亡に影響を与えた傷病名を医学的因果関係の順番で書いてください ◆Ⅰ欄の傷病名の記載は各欄一つにしてください ただし、欄が不足する場合は(エ)欄に残りを医学的因果関係の順番で書いてください	Ⅰ	(ア) 直接死因				発病（発症） 又は受傷から 死亡までの 期間 ◆年、月、日等の単位で書いてください ただし、1日未満の場合は、時、分等の単位で書いてください (例：1年3か月、5時間20分)	
		(イ) (ア)の原因					
		(ウ) (イ)の原因					
		(エ) (ウ)の原因					
	Ⅱ	直接には死因に関係しないがⅠ欄の傷病経過に影響を及ぼした傷病名等					
	手術	1 無　2 有	部位及び主要所見			手術年月日	平成 昭和　　年　月　日
	解剖	1 無　2 有	主要所見				
死因の種類	1 病死及び自然死 外因死　不慮の外因死 { 2 交通事故　3 転倒・転落　4 溺水　5 煙、火災及び火焔による傷害 　　　　　　　　　　　　　 6 窒息　7 中毒　8 その他 } 　　　　その他及び不詳の外因死 { 9 自殺　10 他殺　11 その他及び不詳の外因 } 12 不詳の死						
外因死の 追加事項 ◆伝聞又は推定情報の場合でも書いてください	傷害が発生したとき	平成・昭和　　年　月　日　午前・午後　　時　　分			傷害が発生したところ		都道府県 市　区 郡　町村
	傷害が発生したところの種別	1 住居　2 工場及び建築現場　3 道路　4 その他 (　　　)					
	手段及び状況						
生後1年未満で病死した場合の追加事項	出生時体重　　　　グラム	単胎・多胎の別　1 単胎　2 多胎 (　子中第　子)			妊娠週数　　満　　週		
	妊娠・分娩時における母体の病態又は異状 1 無　2 有 〔　　　　〕 3 不詳			母の生年月日 昭和 平成　年　月　日	前回までの妊娠の結果 出生児　　　人 死産児　　　胎 (妊娠満22週以後に限る)		
その他特に付言すべきことがら							
上記のとおり診断（検案）する (病院、診療所若しくは老人 保健施設等の名称及び所在 地又は医師の住所) (氏名)　　　　医師				診断（検案）年月日　平成　　年　月　日 本診断書（検案書）発行年月日　平成　　年　月　日 番地 番　号 印			

図4-9　死亡診断書（死体検案書）

③やむを得ない自由によって診断書又は検案書を得ることができないときは，死亡の事実を証すべき書面を以てこれに代えることができる。この場合には，届出書に診断書又は検案書を得ることができない事由を記載しなければならない。

第87条（届出の義務）
　左の者は，その順序に従って，死亡の届出をしなければならない。但し，順序にかかわらず届出をすることができる。
　　第一　同居の親族
　　第二　その他の同居者
　　第三　家主，地主又は家屋若しくは土地の管理人
②死亡の届出は，同居の親族以外の親族も，これをすることができる。

第88条（届出の場所）
　死亡の届出は，死亡地でこれをすることができる。
②死亡地が明らかでないときは，死体が最初に発見された地で，汽車その他の交通機関の中で死亡があったときは死体をその交通機関から降ろした地で，航海日誌を備えない船舶の中で死亡があったときはその船舶が最初に入港した地で，死亡の届出をすることができる[2]。

　さらに，第89条（事変による死亡の報告），第90条（刑死，獄死の報告），第92条（本籍不明者，認識不能者の死亡），第93条（航海中又は公設所における死亡）についてその届出が義務づけられている。
　このように，戸籍法により人の死亡に際して，もれなく，その死亡が確実に届けられることが規定されている。通常，死亡後7日以内に届けることが義務づけられている。また第87条にあるように死亡届は家族に限定されていないため，実際には自治体の窓口に提出するのは，家族だけでなく，葬儀を依頼する葬送業者が代行してもよく，実際そのようなケースが一般的になっている。
　生前契約を行う消費者に同居者や近親者がいなくても，生前に法的に認められた文書により，生前契約の主体者が，契約者の死亡と同時に行わなければならない事務手続きである死亡届の提出段階から生前の委託を受けて行うこともできる。

(4)　墓地および埋葬に関する法律
　第1条
　　この法律は，墓地，納骨堂又は火葬場の管理及び埋葬等が，国民の宗教的感情に適合し，かつ公衆衛生その他公共の福祉の見地から，支障なく行われることを目的とする。

第2条
　この法律で「埋葬」とは，死体（妊娠4箇月以上の胎児を含む。以下同じ）を土中に葬ることをいう。
②この法律で「火葬」とは，死体を葬るためにこれを焼くことをいう。
③この法律で「改葬」とは，埋葬した死体を他の墳墓に移し，又は，埋蔵し，若しくは収蔵した焼骨を，他の墳墓又は納骨堂に移すことをいう。
④この法律で，「墳墓」とは，死体を埋葬し，又は焼骨を埋蔵する施設をいう。
⑤この法律で，「墓地」とは，墳墓を設けるために，墓地として都道府県知事の許可を受けた区域をいう。
⑥この法律で「納骨堂」とは，他人の委託を受けて焼骨を収蔵するために，納骨堂として都道府県知事の許可を受けた施設をいう。
⑦この法律で「火葬場」とは，火葬を行うために，火葬場として都道府県知事の許可を受けた施設をいう。

第4条
　埋葬又は焼骨の埋蔵は，墓地以外の区域にこれを行ってはならない。
②火葬は，火葬場以外の施設で行ってはならない。

第5条
　埋葬，火葬又は改葬を行おうとする者は，厚生省令で定めるところにより，市町村長（特別区の区長を含む。以下同じ。）の許可を受けなければならない。
②前項の許可は，埋葬及び火葬に係るものにあっては死亡若しくは死産の届出を受理し，死亡の報告若しくは死産の通知を受け，又は船舶の船長から死亡若しくは死産に関する航海日誌の謄本の送付を受けた市町村長が，改葬に係るものにあっては死体又は焼骨の現に存する地の市町村長が行うものとする。

第9条
　死体の埋葬又は火葬を行う者がないとき又は死亡地の市町村長が，これを行わなければならない。
②前項の規定により埋葬又は火葬を行ったときはその費用に関しては，行旅死亡人取扱法の規定を準用する[3]。

　このように，墓地以外のところに葬ってはならない，とあるが，遺骨を遺族が自宅に保管することは違法とはされていない。また，この条文は，墓地への埋葬・埋蔵を定めたものであるため，散骨は，焼骨を埋蔵することには当たらず，したがってこの条文の適用外とされ，実際には散骨が行われている。さらに埋葬・火葬は，遺体を引き取る者がない場合は，市町村長が行うことが

明記されている。遺体の火葬にあたっては死亡届を提出し，火葬許可申請書を提出することによって火葬許可証が交付される。火葬の際には同許可証が必要となる。

(5) 船 員 法
船員法では，船員法施行規則により水葬を行う条件が定められている。

第15条
船長は，船舶の航行中船内にある者が死亡したときは，命令の定めるところによりこれを水葬に付すことができる[4]。

なお，水葬できる条件としては，水葬の場が公海上であること，死亡後24時間を経過していること，衛生上の理由で遺体を船内に保存できない場合などである。

(6) 刑 法
第188条
神祠，仏堂，墓所その他の礼拝所に対し，公然と不敬な行為をした者は，6月以下の懲役もしくは禁錮または10万円以下の罰金に処する。
②説教，礼拝又は葬式を妨害した者は，1年以下の懲役若しくは禁錮又は10万円以下の罰金に処する。
第189条
墳墓を発掘した者は，2年以下の懲役に処する。
第190条
死体，遺骨，遺髪又は棺に納めてある物を損壊し，遺棄し，又は領得した者は3年以下の懲役に処する。
第191条
第189条の罪を犯して，死体，遺骨，遺髪又は棺に納めてある物を損壊し，遺棄し，又は領得した者は，3月以上5年以下の懲役に処する。
第192条
検視を経ないで変死者を葬った者は，10万円以下の罰金又は科料に処する[5]。

このように，刑法においては，葬送儀礼および遺体，遺骨，遺髪や，また墓など葬送に関する事項を尊重するように定めている。近年来，散骨が遺骨の遺棄に当たるかどうかとの論議があったが，遺骨の遺棄ではなく，葬送を目的として節度をもって行われることは遺骨の遺棄には当たらないと解釈されている。またわが国においてもエンバーミングが実施されるところからこれは遺体を損傷するのではなく遺体を保護する目的で行われると解釈されている。

(7) 死体解剖保存法
第1条
　この法律は，死体（妊娠4箇月以上の死胎を含む）の解剖および保存並びに死因調査の適正を期することによって公衆衛生の向上を図るとともに，医学（歯学を含む）の教育又は研究に資することを目的とする。
第7条
　死体の解剖をしようとする者は，その遺族の承諾を受けなければならない。ただし，次の各号の一に該当する場合においては，この限りではない。
　死亡確認後30日を経過しても，なおその死体についての引取者のない場合[6]

　このように，死因が不明のまま死亡した場合に，その死因を究明するための解剖が行われることに対する要件や，医学教育，研究のためまた献体のための解剖等について定められている。なお，解剖に当たっては，遺族の承諾を得なければならないという規定がある。

(8) 角膜および腎臓の移植に関する法律
第3条
　医師は，視力障害者の視力の回復を図る目的で行われる角膜移植術に使用されるための眼球を，死体から摘出することができる。
②医師は，腎臓機能障害者に腎臓機能を付与する目的で行われる腎臓移植術に使用されるための腎臓を死体から摘出することができる。
③医師は，第1項又は前項の規定による死体からの眼球又は腎臓の摘出をしようとするときは，あらかじめ，その遺族の書面による承諾を受けなければならない。ただし，死亡した者が生存中にその眼球又は腎臓の摘出について書面による承諾をしており，かつ，医師がその旨を遺族に告知し，遺族がその摘出を拒まないとき，又は遺族がないときはこの限りでない[7]。

　死亡が確認された後に移植のためにその遺体から臓器を摘出するのであるが，その場合，本人の意思が最優先される。また遺族の書面による承諾がなければ摘出はできないと定められている。

(9) 生活保護法
第18条
　葬祭扶助は，困窮のため最低限度の生活を維持することのできない者に対して，左に掲げる事項の範囲内において行われる。
　　一　検案
　　二　死体の運搬

```
1  基 準 額
```

級　地　別	基　準　額	
	大　人	小　人
1級地及び2級地	179,000円以内	143,200円以内
3　級　地	156,600円以内	125,300円以内

2　葬祭に要する費用の額が基準額をこえる場合であって，葬祭地の市長村条例に定める火葬に要する費用の額が次に掲げる額をこえるときは，当該こえる額を基準額に加算する。

級　地　別	大　人	小　人
1級地及び2級地	600円	500円
3　級　地	480円	400円

3　葬祭に要する費用の額が基準額をこえる場合であって，自動車の料金その他死体の運搬に要する費用の額が次に掲げる額をこえるときは，19,700円から次に掲げる額を控除した額の範囲内において当該こえる額を基準額に加算する。

級　地　別	金　額
1級地及び2級地	11,470円
3　級　地	10,040円

図4-10　葬祭扶助基準（葬祭費　2000年），生活保護法による保護の規準

　三　火葬又は埋葬
　四　納骨その他葬祭のために必要なもの
②左に掲げる場合において，その葬祭を行うものがあるときは，その者に対して前項各号の葬祭扶助を行うことができる。
　一　被保護者が死亡した場合において，その者の葬祭を行う扶養義務者がないとき
　二　死者に対しその葬祭を行う扶養義務者がない場合において，その慰留した金品で，葬祭を行うに必要な費用を満たすことができないとき[8]

　日本国憲法第25条に規定する生存権・国の生存権保障の義務の理念に基づいて，国が生活に困窮するすべての国民に対してその困窮の程度に応じて必要な保護を行い，その最低限度の生活を保障し，自立を助長することを目的に定められている生活保護法には，生活，教育，住宅，医療，出産，生業等の扶助とともに，上記のように葬祭扶助が規定されている。たとえ，同居の家族がいても生活保護受給の場合，また，生活保護受給者が同様に生活保護を受給していた者が単身者であり，扶養義務者がない場合であってもさらに遺留金品で葬送儀礼ができない場合であっても葬祭扶助により上限はあるが，葬送は行うことができる。
　葬祭費には詳細な基準があり，図4-10のようにたとえば，死亡診断，死体検案に要する費用が

基準額以上であっても特別に認められたり，火葬・埋葬までの間，遺体保存のための費用も特別費用として認められることになっている。ただし，身元が判明しない自殺者に対して市町村長が葬祭を行った場合は，葬祭扶助の適用はない。また，民生委員が個人的に葬祭を行った場合には，葬祭費の適用は差し支えないが，市町村長の依頼により行ったときは，市町村長が行ったものとしての扱いになり，したがって葬祭扶助の適用は認められない。民生委員が葬祭を行う場合，民生委員の立場によって異なる。

　生活保護は，高齢者世帯，母子世帯，傷病・障害者世帯が総数の約9割を占めており，しかも近年になって，高齢者世帯が最も多くなってきている。厚生省社会・援護局「被保護者全国一斉調査」1994年によると，1994年には，生活保護世帯59万5千世帯（88万4,912人）のうち高齢者世帯は44.1％，傷病・障害者世帯40.6％と最も多く，年々その比率は高くなってきている。高齢者世帯が多くなるということによって，葬祭扶助の適用が多くなっていくことが予想される。なお，生活保護により葬祭は行われるとはいえ，葬祭費は，誰が祭祀を行うかによってその適用の可否に違いがでてくる。

(10) 民法
　　第897条（祭祀供用物の承継）
　　　系譜，祭具及び墳墓の所有権は，前条の規定にかかわらず，慣習に従って祖先の祭祀を主催すべき者がこれを継承する。但し，被相続人の指定にしたがって祖先の祭祀を主催すべき者があるときは，その者がこれを継承する。
　　②前項本文の場合において慣習が明らかでないときは，前項の権利を継承すべき者は，家庭裁判所がこれを定める[9]。

　わが国の法律においては，すべての債権債務は人の誕生から死までであり，したがって，存命中だけ効力を有することが法律上又は契約上予定されている債権および債務は，債権者又は債務者の死亡によって一切が消滅するということになる。ところが，祭祀の継承権に関しては，相続人が被相続人の財産に属した一切の権利義務を継承するということに対し，系譜，祭具および墳墓の所有権については例外が設けられている。すなわちこれらのものは，相続財産にならず，祖先の祭祀を主催するものがそれを継承するとされているのである。旧民法第987条では，「家」を中心とした法的・社会的制度を有していたことを示し，家の先祖の祭祀を絶やさないことが中核とされていたので，その祭祀を営むのに最重要な系譜・祭具・墳墓などの所有権は，「家督相続の特権に属する」と規定されていたのである。新民法では，「家」制度を解体し，したがって家督相続も廃止されて，すべての相続人による均分相続になった。しかし，「家督相続の特権に属する」系譜・祭具・墳墓といった祭祀継承の相続は，そのままの形で残り明確化されないことによって，相続機能が曖昧になってしまったことになろう。

　旧民法下の祭祀の慣行が，法の改正とともに急に失われるはずはなく，したがってそれらの所有権については，相続財産から分離されたことによって，実際に祭祀を主催すべきものがこれを

承継するということになったのである。

なお，上記の系譜とは，祖先から代々受け継がれた家系を記した家系図であり，祭具とは，位牌，仏壇などをいい，墳墓とは，墓石および墓地である。

このように，祭祀主催者は，仏教の場合は仏壇などの祭具や墓を継承するとともに，一般的にはその祭祀の主催者が葬儀の際の喪主となると考えられている。継承者を遺言によって指定しておくことができるが，その指定がない場合には慣習によって祭祀の継承者が決められることになる。旧民法下では，長男を祭祀の主催者としていたために，新民法制定から半世紀経過したとはいっても，現在にいたっても長男が継承するという慣習がまだ多く残っている。祭祀の継承者には，当然，妻そして長男のみならず男女を問わずすべての子ども，さらには内縁関係であっても祭祀継承者となることができる。

現在，家族形態が変化し，高齢者世帯が増加してきていることから，本人の指定がない場合，遺族間での協議により継承者が決定されることになるが，紛争になることも多く，しばしば家庭裁判所によって決定されることになることもある。

そこで，祭祀継承者を生前に指定することによって，予め準備しておいた自己の葬送に関する意思や葬送の方法をその継承者に実行を委任することが可能になる。これは，生前に自己の葬送（特に葬儀）の準備をしておく葬儀の生前契約によって，生前の意思と具体的に準備したプランと経済的準備で，死後にそれを実行することが可能となることを意味する。

なぜこのようなことを，民法の祭祀の継承者という項に注目するかといえば，葬儀の生前契約の実行に当たり，問題となる事項だからである。すなわち，わが国では，人としての権利は誕生から死亡までであり，生前に葬送について第三者に依頼する意思の表明とプランと経済的準備ができていても，葬送に関することについては祭祀の継承者をはじめとする家族（遺族）が中心となってその方法などを決定するため，生前の意思が十分反映されない場合があるからである。従来，いくら本人が生前に第三者に依頼していても，遺族の意向が優先されることが多く，生前の備えは，本人と遺族の十分な理解と信頼関係がなければ意思はいかされないことが大きかった。本人の生前の意思を生かした葬送を行うためには，祭祀の相続が他の相続と別途であることによって，第三者に葬送を依頼し，実行するという可能性も考えられる。そして，次の条文の解釈によっては，わが国においても，生前の意思を死後に実行される葬送に適用することもできるということである。

第653条（委任の終了原因）
委任は委任者又は受任者の死亡又は破産に因りて終了す。受任者か禁治産の宣告を受けたるとき亦同し

上記の委任終了の原因の条文の規定では，委任契約は当事者の死亡か破産を契約（委任）の終了原因とされていることによって，死後に生前の意思はいかすことはできないとされてきた。しかし，1992年9月，最高裁の判例では，死後事務の委任契約において当該契約は，委任者の死亡

によっても契約を終了させないという旨の合意を包含した判決を下している。

(11) 商法第506条（代理権の存続）
商行為の委任に因る代理権は本人の死亡に因りて消滅せず[10]

という商法上の規定があり，生前契約が商取引であれば，本人の意思は死後においてもその実行が約束されるという消費者保護という側面からも生前契約が実行を約するものとして有効性を持つことが確認された。

さらに，死に伴い相続が発生する場合への自分の意思を表明しておくための一般的かつ確実な方法として遺言がある。死後に自己の意思を反映させるためには最も確実な方法である。これまで，葬送に関する特別の意思を表明したい場合には遺言書を作成することによってそれが確実なものになってきた。それが，祭祀の継承権の表明である。一般に現在でも「家」制度の慣行にしたがっているため，特別の場合を除き祭祀の継承権の表明はされないことが多い。

しかし今後は，遺言を書いておくことが徐々に普及し，自分の意思の表明を祭祀の継承者についても明示するということが多くなってくるのではないだろうか。ただし，遺言書を作成する本人が祭祀の相続と他の相続が別個のものであるということを認知し明記しなければならないことはいうまでもない。

遺言に関しては，民法の第7章遺言960条～1027条，および第41条（贈与・遺贈の規定の準用），第42条（寄付財産の帰属期間），第839条（未成年者の指定後見人），第848条（指定後見監督人），第902条（指定相続分），第908条（遺言による分割の指定又は禁止），第1006条（遺言執行者の指定），第781条②（認知の方式），第893条（遺言による指定相続人の廃除），遺言の中でも，第976条（死亡危急者の遺言），第979条（船舶遭難者の遺言），第985条（遺言の効力発生時期），第1003条（負担付遺贈の受遺者の免責），第1004条～1021条（遺言の執行），第1022条～1027条（遺言の取り消し），第965条（受遺者の能力・欠格事項），第967条～984条（遺言の方式），さらに第891条（相続欠格事由），第914条（遺言による別段の定め）が規定されている。また戸籍法第64条（遺言による認知），さらに相続税法第1条～第72条における，死亡発生後の相続の規定など，人の死の周辺の法的規定は多い。

ただ，人の死にかかわる法律も相続する意思を残すための遺言の規定，相続規定の法律，遺体の葬送にかかわる墓地と葬送に関する法律であり，遺言にしても祭祀継承者の指定は遺言でできるものの，葬送の内容についての遺言にかかわる規定はない。従来自己の葬送に対し意思を残すということが考えられていなかったということもあろう。また，葬送は残された遺族が執り行うものであり，戸主および次期戸主が祭祀継承者として行う葬送に対しては，家制度下においてまた新民法に移行してからであっても引き続き，本人が自己の葬送に関して具体的な意思などを残すものではないという，慣習をもっていたからであるともいえよう。

わが国には，「葬儀の生前契約」を成立させるための単独かつ具体的な法的根拠や法的規制はないので，生前にいくら契約をしておいても死によって委任契約が無効となるのでは死後に意思が

生かせなくなるという考え方から脱皮していない。ようやく，上記のような解釈と，商取引としてのものであるならば，生前契約が可能であるとすることによって第三者が生前契約を確実に実行し，その前に遺族が本人の生前の意思を尊重し，その通りに実行すれば可能である。1992年の民法第653条の新たな解釈をもって，生前契約が死後にいかされることになったといえよう。

このように人の意思が死後にも生かされるというような解釈をすることができるようになったものの，人の死に関する規定は，葬送を執り行う手法と手段に対する規定であって，具体的な方法の選択性や葬送を取り扱う専業者に対する規定などは定められていないのがわが国の葬送に関する法律の現状である。

アメリカには，葬送の手法・手段に関するMortuary Lawをはじめ，死亡証明に関する規則，葬送すべてに関する葬送規則，退役軍人の葬送に関する規定を設けている退役軍人規則，社会保障を受給しているものの生前契約に関する事項を定めた社会保障規則，商取引としての生前契約に関する連邦商業規則，葬送業専門職であるフューネラル・ディレクターとエンバーマーに関するフューネラル・ディレクターとエンバーマー法というように，法や規則が整備されている。

このようにアメリカにおいて葬送に関する法や規則が整備されているのは，アメリカ社会を構成する人々の多様性がその要因としてあげられる。様々な文化と習慣を持つ人種・民族の人たちによって構成されているアメリカでは，人の死を単一の慣習だけで葬ることができないという背景があり，また人権という社会的な要請があることはいうまでもない。さらに，葬送の主催者側を守るため，葬送専業者に対する履行に関する不満などのトラブルを回避し，葬送実行に関する依頼・実行を商取引の観点から規定しているということも目を引く。さらに，専業者の質の向上と技術の向上を果たし，確実に遂行するため，また専業者を保護し，規制するための専業者法といえる法律を制定している。アメリカでは，人の死を本人および家族（遺族）そして葬送実務者である事業者に対しても保護と規制をする法規が整備されており，いかに人の死と葬送を法で規制しているかが理解できる。

2．人の死により利用できる社会保障制度

人の死は，家族（遺族）の生活にも様々な影響を及ぼす。社会保障制度は，生活全般にわたってその自立を支援し，経済的な援助を行う制度であるが，生計中心者およびその家族の誰かの死によって生じる不測のことがらに伴う様々な経済的支援が受けられる制度である。そこで，社会保障システムに組み込まれている死をめぐる受給についてみることにする。

わが国では，1961年より皆保険・皆年金といわれる社会保障システムが成立し，国民すべてが医療保険に加入しているし，また誰もが年金体系に位置づけられている。まず，医療保険については，わが国の医療保険には①健康保険＝1人以上の民間法人企業や各種法人の従業員・職員が加入する保険，②船員保険＝一定規模以上の客船，貨物船，漁船などで働く船員が加入する保険，③国家公務員等共済組合＝中央官庁や国立大学，国立病院などで働く国家公務員およびJR等の職員が加入する保険，④地方公務員等共済組合＝都道府県や市町村の職員，公立学校，警察，教育委員会などで働く地方公務員が加入する保険，⑤私立学校職員共済組合＝私立学校法に定めら

表 4-15 死後の手続き一覧

種類			届出先	提出書類等	届出期間	問い合わせ・相談窓口	交付されるもの
死亡届			死亡地, 本籍地, 住所地の区市町村窓口(24時間受付)	医者の死亡診断書(警察の死体検案書) 届け出人の印鑑(葬儀社の代行も可)	死亡を知った日から7日以内, 国外にいる場合は3ヵ月	各区市町村戸籍担当窓口	
死体火葬許可申請書			死亡届と一緒に行う	死体火葬許可証交付申請書	死亡届と同時	各区市町村戸籍担当窓口	死体火葬許可証
健康保険	国民健康保険	本人	住所地の区市町村国民健康保険課窓口	保険証の返還, 葬祭費の請求(葬儀の領収書, 印鑑, 死亡届をしていること)	2年以内	各区市町村国民健康保険課担当窓口	葬祭費 (97年4月からは6万円)
		家族		保険証の書替え, 葬祭費の請求	〃		
	社会保険共済保険	本人	勤務先又は管轄の社会保険事務所	保険証の返還, 埋葬料の請求(印鑑, 住民票などが必要な場合もある)	速やかに	勤務先又は管轄の社会保険事務所	埋葬料(最低10万円)
		家族		保険証の書替え, 埋葬料の請求	〃		家族埋葬料(10万円)
総合保険	船員保険	本人	東京都福祉局社会保険指導部船員保険課	保険証の返還, 葬祭料の請求(戸籍謄本)	2年以内	東京都福祉局社会保険指導部船員保険課 (TEL03-5320-4241)	葬祭料(等級2ヵ月分)
		家族		保険証の書替え, 葬祭料の請求	〃		葬祭料(等級1.4ヵ月分)
労働保険	労災保険		勤務先又は管轄の労働基準監督署	資格喪失届, 死亡一時金, 遺族年金の請求など(条件により手続きが異なるので事前に問い合わせを)	速やかに	勤務先又は管轄の労働基準監督署	未払い保険料
	雇用保険		受給している公共職業安定所窓口	受給資格者証, 死亡診断書, 住民票(条件により手続きが異なるので事前に問い合わせを)	死亡を知った日の翌日から1ヵ月以内	受給している公共職業安定所窓口	
年金	国民年金	加入者の場合	住所地の区市町村国民年金課窓口	年金手帳の返還, 死亡一時金などの請求(住民票, 戸籍謄本, 印鑑, 振込口座がわかる銀行預金通帳など, また条件により手続きが異なるので事前に問い合わせを)	死亡一時金は2年以内, その他は5年以内	各区市町村国民年金課担当窓口	条件により死亡一時金, 遺族年金, 寡婦年金
		受給者の場合		年金証書の返還, 未受給年金の請求 (〃)	14日以内		未受給年金
	厚生年金共済年金	加入者の場合	勤務先又は管轄の社会保険事務所	(条件により手続きが異なるので事前に問い合わせを)	5年以内	勤務先又は管轄の社会保険事務所	条件により遺族厚生年金
		受給者の場合	管轄の社会保険事務所	年金証書の返還など(条件により手続きが異なるので事前に問い合わせを)	10日以内	管轄の社会保険事務所	条件により遺族年金未受給年金
住民票の抹消・世帯主変更			住所地の区市町村住民登録担当窓口	通常は死亡届で住民票が抹消される 3人以上の世帯の世帯主の場合は世帯主変更届が必要	死亡届提出後1~2週間	各区市町村住民登録担当窓口	
印鑑登録			死亡届によって抹消される(登録カードに鋏を入れて廃棄を)				
運転免許証の返還			公安委員会	運転免許証(自然消滅するが本来は返却)			
税金	所得税		勤労者の場合は勤務先 その他は税務署	準確定申告(生命保険の領収書など, 個々の条件により異なるので, 事前に問い合わせる。扶養家族の死亡の場合は医療控除の対象となることもある)	4ヵ月以内(医療控除は5年以内)	勤務先又は管轄の税務署	医療控除の場合は還付金
	相続税		税務署	遺産分割協議書など条件によって異なるので, 事前に問い合わせを	10ヵ月以内	管轄の税務署	

※光熱水費が口座振替の場合は, 振替停止または口座変更届を取引銀行に提出する。
出典:東京都生活文化局「生活プラン・ハンドブック4 わたしたちのデザイン―葬送―」1997年より転載。

種　類			届　出　先	提出書類等		届出期間	問い合わせ・相談窓口	交付されるもの
老人医療費受給者			住所地の区市町村高齢者福祉担当窓口	医療証又は医療受給者証返還		速やかに	各区市町村高齢者福祉担当窓口	
医療費助成受給者			住所地の保健所	医療券，受給証，医療証返還		速やかに	管轄の保健所	
被爆者健康手帳保持者			住所地の保健所	被爆者健康手帳，死亡診断書の写し，住民票，手当証書（持っている人のみ），認定書（持っている人のみ）の返還		〃	管轄の保健所	葬祭料（97年4月からは171,000円）
身体障害者手帳保持者			住所地の福祉事務所	身体障害者手帳返還		〃	管轄の福祉事務所	
シルバーパス			住所地の区市町村高齢者福祉担当窓口	シルバーパスの返還		〃	各区市町村高齢者福祉担当窓口	
住宅	公団住宅	単身	管轄の営業所	退去届		〃	管轄の営業所窓口	
		同居の家族あり		名義承継の手続き 事前に問い合わせをし，必要書類を確認する		〃		
	都営住宅	単身	住宅供給公社	返還届け		〃	管轄の営業所窓口	
		同居の家族あり		世帯・名義の変更届 事前に問い合わせをし，必要書類を確認する		〃		
	都民住宅		都民住宅の管理者	管理者に問い合わせを		〃	都民住宅の管理者	
	民間住宅		家主・地主	家主・地主に問い合わせを		〃	家主・地主	
銀行預金（相続・名義変更）			取引銀行	・預金者の死亡を知った時点で口座が閉鎖される ・葬儀費用等は2名以上の法定相続人の連署と費用の見積書で口座振込により使用できる ・解約は，相続関係届出書（法定相続人の連署）により可能である		〃	取引銀行総合案内窓口	
郵便貯金				銀行預金に準ずる		〃	郵便局案内窓口	
クレジットカード			取引会社の相談窓口	残債あり	脱会届，クレジットセーバーサービスを利用する場合は死亡診断書（郵送も可）	〃	クレジット会社のお客様相談窓口	
				残債なし	脱会届（郵送も可）			
生命保険	民間会社の保険（団体の扱いは所属団体へ）		取引会社の営業窓口	保険金の請求（保険証書，死亡診断書，戸籍謄本，受取人の戸籍謄本，印鑑証明，入院給付金特約のある場合は入院証明書，印鑑など条件により手続きが異なるので事前に問い合わせを）		3年以内	取引会社の相談窓口	保険金
	郵便局		郵便局窓口	〃		5年以内	郵便局案内窓口	保険金
有価証券			取引証券会社	一般相続財産であり相続関係書類が必要		特になし	取引証券会社	
光熱水費	電気・ガス・水道		管轄の事業所・営業所	名義変更届け（電話でも可能，お客様番号を確認しておく）		速やかに	管轄の事業所・営業所またはお客様相談室	
	電話		管轄のNTT営業所	名義変更届（死亡者名義のままの使用も可能なので事前に問い合わせを）		〃	管轄のNTT営業所窓口	

れた学校法人で働く教職員が加入する保険，⑥国民健康保険＝以上の５つの職域保険に加入していない一般の人が加入する保険，のいずれかの医療保険保険に本人およびその扶養家族は必ず属しており，そして傷病の際の医療給付や一定の生活費の給付による生活保障が権利として保障されているものである。医療保険は傷病の際はもちろんのこと，出産や死亡時にも家族・遺族に対して一定の保障を行うことになっている。死亡時の保障は葬祭に対する保障であるがこれは，以下に示すとおりである。

(1) 加入者本人死亡の場合の埋葬料
① 健康保険（一般被保険者）の場合

加入者本人が死亡したとき，生計維持関係にあった遺族がある場合にはその遺族に対して，また生計維持関係があった遺族がない場合には，実際に葬送を行った人に対して，葬祭費用の一部として支給されるのが埋葬料である。死因の如何を問わず支給されるもので，したがって自殺の場合も支給される。埋葬料は，健康保険加入の場合は，健康保険法第49条により，健康保険の被保険者が死亡したときには，被保険期間に関係なく標準報酬月額（おおむね月収に相当，10万未満は10万円）が埋葬料として給付される。生計維持関係のなかったものが葬送を行った場合には，霊柩車代，霊柩運搬人夫代，死者霊前供物代，僧侶謝礼，火葬料などの実費が埋葬費の範囲内で支給される。

② 健康保険（健康保険法第69条の7の規定による被保険者）の場合

加入者本人の保険料納入状況に応じ，前2ヵ月間あるいは6ヵ月間のうちの最大の月収額に相当する額（最低10万円）が支給される。生計維持関係にあった遺族がない場合には，葬送を行ったものに対して①同様の内容につき実費が埋葬費の範囲内で支給される。

③ 船員保険

加入者本人が死亡した場合には，葬祭料が支給される。その額は，死亡者本人の標準報酬月額（おおむね月収に相当）の2ヵ月分（最低10万円）が支給される。生計維持関係のあった遺族がない場合には，葬送を行ったものに対して①および②と同様に葬祭料の実費が支給される。

④ 共済組合

加入者本人が死亡した場合には，埋葬料が支給される。その額は，死亡者本人の標準報酬月額（おおむね月収に相当）の1ヵ月分（最低10万円）が支給される。生計維持関係のあった遺族がない場合には，葬送を行ったものに対して①および②，③と同様に埋葬料の実費が支給される。

⑤ 国民健康保険

加入者本人が死亡した場合には，葬祭費または葬祭の給付として支給される。その額は，多くの場合1万円から5万円程度となっている。

(2) 被扶養者（健保家族）死亡の場合
① 健康保険（一般被保険者）

家族埋葬料として同59条の規定により家族埋葬料として10万円支給される。なお，「家族埋葬

料は，被扶養者の死亡に限るのであって死産児については支給されない」（1947年）となっている。ただし，分娩後に死亡したときには家族埋葬料の支給は受けられることになっている。埋葬料は，被保険者によって生計を維持されていたものが，埋葬を行うときに支給される。

② 健康保険（健康保険法第69条7項の規定による被保険者）

①と同様に家族埋葬料が10万円給付される。

③ 船員保険

家族葬祭料として，加入者の標準報酬月額（おおむね月収に相当）の1.4ヵ月分（最低10万円）が，支給される。

④ 共済組合

家族埋葬料として，加入者の標準報酬月額の70％相当額（最低10万円）が支給される。また本人および扶養家族として届け出されている家族が水震火災その他の非常災害などで死亡した場合には弔慰金・家族弔慰金として見舞金が支給される。加入者本人には，標準報酬月額の1ヵ月分，扶養家族に対しては，加入者本人の標準報酬月額の70％相当額が支給される。

また，家族埋葬料は，被扶養者の死亡に限られており，死産児については家族埋葬料は支給されないが，分娩後の死亡には支給が受けられ，健康保険組合の場合には，付加給付金として埋葬料付加金，家族埋葬料付加金が支給される。さらに，退職して健康保険の被保険者でなくなった後に死亡してもその死亡時期によっては，埋葬料が支給される。その死亡時期とは，①資格喪失後3ヵ月以内の場合と②資格喪失後の継続療養受給中の死亡の場合，③その継続療養を受けなくなって3ヵ月以内の場合である。ただしこれはあくまでも本人の場合であって，被扶養者の場合は，資格喪失後の被扶養者の死亡の場合には家族埋葬料は支給されない。

(3) 年金保険による遺族に対する所得保障

わが国では，国民は20歳以上はすべて国民年金に加入し，被用者はその上にいずれかの被用者年金に加入することになっている。年金保険は一定年齢に達した段階からの所得保障を主たる目的とするものであるが，併せて障害や死亡が発生した場合にも遺族に対して一定の所得保障を行うことになっている。これは直接，死亡した本人の葬送にかかる経済的保障ではないが，残される家族に対する経済的保障である。

遺族基礎年金は，次の場合のいずれかに該当する人が死亡したときその人の遺族に対して支給される年金である。すなわち，①国民年金の被保険者，②国民年金の加入前やまた後でも60歳以上65歳未満で国内在住の場合，③老齢基礎年金の受給者，④老齢基礎年金受給の資格機関を満たしている場合である。国民年金から遺族年金として一定の範囲内で遺族に支給され，被用者保険に加入している場合には，その被用者保険から遺族厚生年金・遺族共済年金が上乗せして支給される[11]。

引用文献

1）厚生省統計情報部健康制作局「死亡診断書　出生証明書・死産証明書記入マニュアル」平成7年度版，厚生

統計協会, 1995 年.
2）『模範六法　1996 年版』, 三省堂, 1996 年.
3）前掲書,『模範六法　1996 年版』.
4）同掲書.
5）同掲書.
6）同掲書.
7）同掲書.
8）同掲書.
9）同掲書.
10）同掲書.
11）健康保険組合連合会編「社会保障年鑑　1997 年版」東洋経済新報社, 1977 年.

第4節　自己の葬送への意識

1．葬送への意識化

　わが国においては，第1節で述べたように，平均寿命の伸長と出生率の低下などによって人口の高齢化率は年々上昇し続けている。出生率は，1950 年～1955 年までは 23.7（1,000 人対）から 1990 年～1995 年は，10.5 そして 2020 年～2025 年には 10.3 までに減少し，逆に死亡率は，1950 年～1955 年には 9.4（1,000 人対）であったがその後年々死亡率は減少し，平均寿命の伸長により少産少死となり 1990 年～1995 年には 8.3 まで下降する。しかし 1990 年代後半からは，徐々に死亡率が上昇し，2020 年～2025 年には 14.4 と出生率を上回るほどの死亡率の高さとなると推計されている。そのために，自然増加率は，2020 年～2025 年には，－4.2 となり，人口の減少期を迎えると推計されている。この減少率は，イタリア（－8.9），スペイン（－8.8），ドイツ（－8.0），ギリシア（－6.3）に次ぐ高さとなる見込みである[1]。

　そして，わが国の高齢化率は，2015 年までには 25.2％に達するなど人口の減少とさらなる人口の高齢化の時代を迎えつつある。こうした超高齢社会への移行期にあって，人々の高齢者福祉への関心の高まりと需要の急速な拡大化には目を見張るものがある。特に高齢期の自立と社会福祉サービス支援の重要性がますます高まることになろうが，現在の高齢期の最大の課題は自立と介護などのケアである。高齢期のケアの人的，経済的・社会的負担だけではなく，利用者の人権を尊重した自立促進のための支援でなければならず，利用する高齢者の自立生活のための意識とその環境整備が急務となる。さらに，ケアだけでなく，医療先端技術の発達とともに延命医療や臓器移植，末期医療や看護・介護などをどのように受けるかというバイオエシックスの議論も高まってきており，その後に来る死について，関心は強くなっていく傾向を示しているといえよう。

　終末期，死，死後の議論が高まってきつつあるとはいえ，まだわが国では死や葬送へのタブーが払拭されているとは言い難い。一般には，介護までは視野に入れて考えることができるが，死にはあまり触れたがらず，残された者が故人の生前の意思をおもんばかって葬送も生活の整理も行うものという暗々の合意がある。これも従来わが国では旧民法（1890 年制定）の家制度を核とす

る考え方が残存していることを示すものであるといえよう。家制度は1871年（明治4年）の戸籍法以来，戸主―家族，親―子，夫―妻の関係において，戸主および親そして夫の統制権があり，葬送もその関係において行われていたため，一連の葬送や明治期になって建造することができるようになった家の墓の管理も戸主，親，夫のいずれかが考えることであって，家族員一人一人が考えることではなかった。そのためか，最近まで，自己の死と葬送のあり方と葬られる場所などについては殆ど問題にされてこなかった。

近年の葬送の論議は墓について，まず女性の側から意識化され，具体的に問題提議されるようになったといえよう。

妻は婚姻によって夫の家に嫁すと旧民法788条に規定されているように，夫の家の嫁になるということが当たり前であった。戦後新民法として改正され，家制度が廃止されたにもかかわらず，結婚した女性（妻）の意識は夫の家の嫁のままであり，葬儀や墓など一連の葬送に関しても意識は変わらなかった。ところが，葬送の慣習の女性に対する不平等への意識化は，1970年代以降，今日の女性学が構築されてくるなかで，女性の権利が社会的には男性と同等ではなく不当に差別されており，それは死後の葬送まで続くという意識の覚醒が葬送からの自立意識を喚起し，具体的な行動として現われてきたのである。さらに現代の医学や医療の発展とバイオエシックスの考え方も生きることと死ぬことの権利を意識化させた。さらに社会的な現象として，1960年代からの高度経済成長期に都会に出た若年者がそのまま定着し，墓を持たない層が増加し，墓の需要が現実の問題として深刻になってきたということなども葬送の変化への論議をもたらした要因といえよう。

また現在でも多くの女性は家の墓として墓所さえ確保されていれば，死を迎えたらそこに葬られ，供養もされるものという安心感があるのも事実である。葬送に関する意識や行動が「女性の葬送の自立」として変化してきたとはいえ，現実に独自の墓を建造したり，自分の好みの葬送をしようとする人たちはまだ少数派である。多くは，死や葬儀，墓に関する議論にはなかなかなじめないところもある。誰もが確実に迎える死であるにもかかわらず，死後に執り行われる葬儀や葬られる墓については依然として男女共に保守的であるといえる。

このような現状ではあるが，個の尊重，自立意識，家族意識の変化によって，葬儀や墓のあり方など現実の葬送の管理などに変化が現れてきているのも事実である。一部の高齢者のなかには，墓さえあれば従来のように親族によってすべてが執り行われるという家族への期待だけでは十分とはいえないという考え方が広まってきつつある。高齢世帯の増加により，遠距離に居住する子どもの世帯への葬送依存が困難化してくることの不安や子どもの世代に迷惑をかけたくないという親心，既婚でも子どもがいない高齢者，結婚していない高齢者など多様な高齢者の生活環境がそうした葬送不安を持つようになり意識を変革させてきているといえよう。

死は高齢社会の課題である。現在の高齢者のみならず，今後急速な高齢人口の増加によって，家族墓ではなく，個人・夫婦墓などの新たな墓の需要も見込まれるし，葬儀の形式も多様化していくであろうし，その葬儀に生前の意思を生かそうという考え方は進行するものと考えられる。今後，葬送は，これまでとは異なった新たな問題として顕在化してくるであろう。そこで，わが

国における高齢者を中心として自分の終末を見つめ，葬送の準備に積極的に取り組み始めた団体の活動の実際を見ることは，葬儀や墓のあり方，自立した高齢期の生き方，自己の最後への準備のしかたなどの現代的特徴を明らかにすることになろう。

　まず葬送に対する人々の意識とそのあり方の変化を背景に，今日的な問題となってきた家族墓への埋葬の課題を取り上げることにする。

2．墓取得と祭祀継承にかかわる問題点

　前述したように，女性の意識の高まりは夫の家の家族墓への埋葬・埋蔵の拒否宣言や，家制度の名残としての離婚女性が生家の墓に埋葬されないことの不利，結婚後改姓したものは生家の墓の継承が難しいこと，墓碑には単一の家名を刻む慣習があること，結婚しないものをはじめとして祭祀継承者がいないものは墓の購入すら困難であるという偏りなどが問題となり，家族墓からの解放という意識が少しずつ女性の間に浸透し始めた。また，1960年代から大都市へ流入した人口がそのまま都市に定着した人たちが高齢期にさしかかり，墓の需要が高まったこと，平均寿命の伸びにより，葬送にかかる経費を負担する本人および配偶者が現役を引退して長期間の寿命があることが予測されるため，早めの準備をする気運の高まり等々によって墓を取り巻く問題が，1980年代後半から一気に顕在化し始めたことも墓問題の大きな側面である。

　そして近年の出生率の低下傾向は，祭祀の継承という側面からも問題を投げかけることになった。合計特殊出生率が1997年1.39となった出生状況のなかでは，生産年齢人口の減少が，高齢者などの生活を支える側に大きな負担を課すことになると同時に葬送の継承形態にも影響を及ぼし，その破綻をきたすことにもなりかねないと予想されている。それは，明治期以来これまで，墓はおおむね家単位のものであって，男性の継承者があるものという前提があったため，継承者に関する問題はあまり深刻なものではなかった。現行でも基本的にはその考え方は継承されているが，少子化により一人っ子同士の結婚の場合は，両家の祭祀を継承することになり負担が増えるという問題が起きてくる。また，子どものいない夫婦，結婚しない人の場合は祭祀継承者がいなければ墓の維持ができなくなる。現在維持できている墓であってもそれが将来的には無縁墓になる可能性も出てくるし，合祀する必要性が出てくるかもしれない。

　現在，祭祀継承者がいなければ墓の販売をしないという状況は少しは緩和されてきつつあるとはいえ，まだ公営・民営を問わず，大多数の霊園では，継承者がいる場合に限って墓地の永代使用権の購入を認めている。さらに，墓地の管理についても現行のままでは，問題が起きる可能性を内包している。それは，永代使用料，管理費を無断滞納して一定期間が過ぎれば，所定の手続きによって墓地の使用権が消滅するということになっているからである。祭祀継承者が，国内外の遠隔地へ移動したりして，墓参ができなかったり，その手続きを失念していたりすれば，墓は使用できなくなってしまうということにもなりかねない。

　さらに環境問題として墓がクローズアップされてきた。3大都市圏の65歳以上人口は，1985年には475万人で，大都市圏総人口の8.7％を占める程度であったが，2000年には，その約2倍，2020年には約3倍に達し，その数1,486万人（23.0％）に達すると推計されている。特に団

塊の世代といわれる 1947 年から 1949 年までのベビーブーム世代の 49％は，高齢期を 3 大都市圏で居住すると予測されている。これらの人たちすべてが墓を必要とすることになるわけではないであろうが，東京都では，2020 年までにさらに 1,100 ヘクタールの墓地需要が見込まれている[2]。霊園はある一定の広大な面積を有し，しかも一般住宅の建設とは異なるために，住宅地やオフィス街に建設するわけにはいかず，霊園として相応しい場所となると勢い自然環境の破壊の問題と無縁ではなくなってくる。

　このように現代には，かつては予想できなかったような個人的，社会的，経済的要因による葬送に関する多様な問題が起き始めている。大都市における墓需要に対する墓の供給不足は，墓取得人口の増加ばかりでなく，墓参などの地理的条件の制限を消費者が要求するからでもある。単なる数的不足ではなく，その利用上の理由によるところが大きい。墓参を考え，交通至便な墓の購入を消費者が望むため，1980 年代後半から 1990 年代前半にかけては，大都市周辺の墓地の絶対数の不足に加えて住宅取得価格の高騰に墓地価格も連動して住宅並の価格の高騰化を招いた。墓の取得が一般消費者に手が届かない価格にまで高騰化した前後から，環境問題の発生とともに，墓の立体化，合祀墓の建立，海洋あるいは山への撒骨などが行われるようになり，葬送の変化が現実化してきた。撒骨については，先に述べたとおり，1991 年に，法務省，厚生省による墓地および埋葬に関する法律の見直しにより，元々墓以外の場所への遺骨を納めることを規定していなかったこともあり，節度ある行動をとることで，撒骨が事実上認められることになった。1991 年に「葬送の自由をすすめる会」により初めて海洋に撒骨されたことは大きな話題となり，その後も撒骨が行われ希望者が急速に増加し，同会への入会者が増えている。

　多くは墓への遺骨の埋葬を希望しているし，撒骨はしても残る遺骨は墓への埋葬を希望する人が多く，埋葬の形式が多様化してきたとはいえ，実質的には死亡者数程度の遺骨を納めることができる場は必要であろう。

　わが国における遺骨の埋葬形態は，大別すると①墓地（墓）への埋葬と②納骨堂への埋葬になる。墓への埋葬，納骨堂への埋葬といっても時代とともに多少の変化も示している。

　墓地は寺院の所有地，個人の敷地あるいは集落の共同所有地にあったものであるが，墓の新規需要とともに，次第に大規模な共同墓地の開発が始まり，それが霊園である。霊園の開発は，明治期からといわれ，最も古いものが 1874 年（明治 7 年）に開設された，青山，谷中，雑司ヶ谷，染井，亀戸の各霊園である[3]。現在でも亀戸霊園を除く他の霊園は東京都心部の霊園として重要な存在である。元々は各霊園ともに，神葬用の霊園として開設されたのであるが，時代が進み質的に変化してきているのである。霊園の質の変化とともに，寺院の墓地の形態も変化し，屋内で立体構造になっているいわゆる「お墓のマンション」というものから，寺院がビルになり，その屋上に墓地を建設するという例も見られ，土地利用の集約化が納骨堂を急増させるようになった。納骨堂もコインロッカー様を採用したり，納骨堂に納骨された遺骨を合祀するタイプなどがある。

　墓の取得難から現在では，地域格差による過剰供給の傾向も見られるようになってきたが，自然環境破壊に繋がる霊園開発の将来的な問題があり，たとえば中国では個人墓の所有規制があり，立体的な壁面墓としているが，それはわが国の最近の納骨堂に相当するし，諸外国の撒骨・撒灰

なども今後わが国が直面する問題に何らかの示唆を与えることになろう。

3．「もやいの会」活動に見る個々人の墓への備え

(1) 「もやいの会」の活動

「もやいの会」とは，1990年6月，磯村英一元東洋大学学長を代表として，大学の研究者および識者20名が運営委員となり，この世に生を受けた人々が生前もまた死後の世界においても，有縁に「もやい」合おうという趣旨をもって設立された，個人が自分のために葬られる場所を生前に確保しておく「墓」を中心にした会員組織体である。東京都豊島区の巣鴨平和霊園内に「もやいの碑」が建立された。遺骨の埋蔵を希望するものは，宗教その他一切の制限なく，会員の登録をすれば，誰もが埋蔵できる。5万人分の埋蔵が可能であり，現存命の会員は2,000名を超え，既

表4-16　もやいの会の活動内容

イ．「福祉ボランティアを考える」会
(1) 会運営方針打ち合わせ会
(2) 老人介護の現状と問題点
(3) どんなところでボランティアを必要としているか
(4) 公的支援システムとボランティア
(5) 吉四六村山野草観察・採集
(6) 視覚障害者の日常生活を語る
(7) 老人ホーム見学・合同宿泊研修旅行
ロ．「老後の住まいを考える」会
(1) 会運営方針打ち合わせ会
(2) 「私の理想の住まい」アンケート調査の実施
(3) 老後の住まい方あれこれ
(4) 有料老人ホームについて
(5) 共に助け合いながら暮らす知恵
(6) 有料老人ホーム見学会
(7) 老人・ホーム見学・合同宿泊研修旅行
ハ．「お葬式を考える」会
(1) 会運営方針打ち合わせ会
(2) お葬式の経験を語り合う
(3) 葬儀式とは何か
(4) 現代葬儀事情
(5) 模擬葬儀実習
(6) 模擬葬儀の反省会と葬儀におけるフューネラル・ディレクターの役割
(7) 老人ホーム見学・合同宿泊研修旅行
ニ．「長寿と健康を考える」会
(1) 会運営方針打ち合わせ会
(2) 年中行事と薬草の活用について
(3) ちまたの健康法を検証する
(4) 吉四六村　山野草観察・採集
(5) 医者とのじょうずなつきあい方
(6) 老人ホーム見学・合同宿泊研修旅行

に埋葬された数は 200 を超える。この会の特徴は，亡くなった会員を生きている会員が支える運営基金システムであり，亡くなれば，墓地使用料も管理費も一切必要とせず，生前会員の会費により賄われ，そして生前会員が定期的に祭祀を行う。生前会員が死後の保障を支え合うために支払うのは，生前に入会金を 10 万円（経済状況に応じて 1 口 10 万円以上としている），年会費 2 千円を納めるだけである。なお，経済的理由で入会金，年会費および埋蔵費用，遺骨引き取り費用の負担が困難であると運営員会が認定すれば，その費用は軽減または免除される。特定の人も選ばず，宗教も選ばず，また経済状況も選ばず，ただ自分の意志さえあれば誰でもが入会でき，人の生の最終的な帰結となる遺骨をもやいの碑に納骨できるというシステムである。

「もやい」という会の趣旨から死後にもやい合うわけであるから，それなら生前にも会員間の交流を深めることも意義があるとして死や葬送のみならず多彩な学習活動が実施されている。会員の生前の交流には肯定的な意見，否定的な意見もある。肯定的な意見としては，学習活動や交流会が行われるようになったことで，生前に孤独になりがちな高齢者・単身者が死後の場を共有する人たちと安心して交流できるということである。否定的な意見は逆に，同会に入会するのは極めてプライベートなことでかつデリケートな問題もあるので，プライバシーを守るために，生前に顔を合わせることは必ずしもいいとはいえない，といった考え方に基づく。この問題を解消するために，会員すべてに情報は周知させているが，交流会・学習会への参加はあくまでも自主的なものであるということが強調されている。会員のみならず非会員の参加者も含め，定期的に活発な活動が行われている。共同墓に葬られることになる人々が生前に「もやい」活動するのは他に例がなく注目されている。その活動内容の一例（自主サークル活動 1991 年）を表 4-16 に示す。

なお，この他に月例研究会として別の日程で学習会が開催されている。1990 年 9 月から 1992 年 1 月まで開催された講座は以下の通りである。①七草がゆと長寿 ②物心一如の世界 ③イスラムの死生観 ④人の死と法律 ⑤植物観察会 ⑥お盆と先祖供養 ⑦生き甲斐とボランティア ⑧趣味はもやいのはじめなり ⑨アメリカでは弱者の権利をどのように守ろうとしているか ⑩中国の葬送改革 ⑪百人一首の今昔。すべてではないが，死や葬送に関するテーマが多く，1990 年という時期に行われる学習会のテーマとしては，目を見張るほど斬新なものであった。死や葬送をテーマとした会への出席者は非常に多く，「墓の会」ともいえる会に所属している人たちであればこそ関心が高く，積極的な参加があったということができよう。

(2) 「もやいの会」会員の属性

設立後 1 年余を過ぎて行われた，1991 年 10 月 1 日現在の会員 717 名の調査のなかからその属性を見ると以下の通りである。

高齢期は死の問題をぬきにして考えることはできない。「青春時代に空想を抑圧することが神経症的であるように，生の終点である死にねらいを定めないことも神経症的である」とユング (Jung, G.) がいうように，寿命からして死に近い高齢期に積極的に死を考えることは必要なことである[4]。

表 4-17 「もやいの会」会員の年齢別A／B会員状況

(1991. 10. 1 現在)

年齢(歳)	A 会員			B 会員			合 計		
	男性	女性	小計	男性	女性	小計	男性	女性	合計
39以下	5 5.4	3 2.1	8 3.4	1 0.6	10 3.1	11 2.3	6 2.4	13 2.8	19 2.6
40～44	4 4.3	5 3.4	9 3.8	5 3.1	6 1.9	11 2.3	9 3.6	11 2.4	20 2.8
45～49	3 3.3	8 5.5	11 4.8	3 1.9	18 5.6	21 4.3	6 2.3	26 5.6	32 4.5
50～54	9 9.8	14 9.7	23 9.7	14 8.7	39 12.1	53 11.0	23 9.1	53 11.4	76 10.6
55～59	17 18.5	33 23.0	50 21.2	21 13.1	44 13.7	65 13.5	38 15.1	77 16.5	115 16.0
60～64	18 19.6	24 16.7	42 17.8	37 23.1	59 18.4	96 20.0	55 21.8	83 17.8	138 19.2
65～69	18 19.6	25 17.4	43 18.2	32 20.0	68 21.2	100 20.8	50 19.9	93 20.0	143 20.1
70～74	10 10.8	24 16.7	34 14.4	23 14.4	36 11.2	59 12.3	33 13.1	60 13.0	93 13.0
75～79	4 4.3	6 4.1	10 4.2	14 8.8	28 8.8	42 8.7	18 7.1	34 7.3	52 7.3
80～84	2 2.2	2 1.4	4 1.7	7 4.4	8 2.5	15 3.1	9 3.6	10 2.1	19 2.6
85～89	2 2.2	0 0	2 0.8	3 1.9	4 1.2	7 1.5	5 2.0	4 0.9	9 1.2
90以上	0 0	0 0	0 0	0 0	1 0.3	1 0.2	0 0	1 0.2	1 0
計	92 12.8	144 20.1	236 32.9	160 22.3	321 44.8	481 67.1	232 35.1	465 64.9	717 100.0

(上段＝実数(人), 下段＝％)

積極的に死後の場の確保を目的に「もやいの会」入会した会員の年齢区分は，60歳代が最も多く，約4割を占め，この年代が死と死後の管理を考え始める時期であるといえそうである。ここで，65歳以上とそれ以下との会員の比率を見ると，65歳未満が若干多く，55.7％を占めている。最も若い会員は，20歳代である。さらに低年齢の会員もいるがそれは，10代の子どもで親たちとともに入会しているケースである。表4-17にあるA会員とはまだ納骨するかどうか決めかねているが，とにかく会員になっておこうという一般会員である。B会員とは，遺骨の埋蔵を希望する会員である。この段階では，A会員は236名でB会員の481名の2分の1程度で，自己の遺骨の埋蔵をするかどうか決断できないが，安心のためにという傾向が強いことがわかる。

年齢階層別でみると，表4-17に示すとおりやはり，若いうちは死を遠ざけ，現実に自分のみに

表4-18　会員の家族形態　　　　(1991. 10. 1現在)

	A 会 員	B 会 員	合　　計
単　身	132 55.9	225 46.8	357 49.8
夫　婦	104 (52組) 44.1	256 (128組) 53.2	360 (180組) 50.2
計	236 32.9	481 67.1	717 100.0

（上段＝実数(人)，下段＝％）

起こるものとはなかなか考えられないものであることが理解できる。年齢階層が低くなるほど会員数が少なくなっている。しかし比率は低いとはいえ，若いうちから備えておこうという人たちがいるということには注目したい。これらの人たちは，「死の先送り」をしがちである年代に「まず会員になっておこう」という積極的な行動を起こしている人たちである。

いずれ死には備えなければならないだろうという意識はあってもそれを具体的な行動に移すということはエネルギーを消耗することでもある。死に備えるとはいっても具体的な行動を起こすことへの抵抗感，恐怖感があるのも事実である。B会員になっても契約変更は容易に行えるので，A会員よりもB会員になっておいた方がよいとは分かっていても全体の3分の1程度が埋蔵会員になるかどうか決めかねているというところに人々の迷い，決断への思いが現れている。

もちろんB会員が会の性格上圧倒的に多いのはいうまでもない。65歳未満はAの一般会員の割合は若干多く，Bの埋蔵会員は6割程度である。年齢が高くなると埋蔵会員の割合は7～8割に増加している。

会員の構成は，65～69歳（20.1％），60～64歳（19.2％），55～59歳（16.0％）である。このように50代半ばから徐々に多くなり，60代が最も積極的に行動を起こしていることが分かる。50代後半から60代後半までの15年間が最も多く，全体の55％を占め，この年代層は「葬送への関心世代」ともいえよう。

A，B会員の別でみると，A会員は55～59歳（21.2％），60～64歳（17.8％），65～69歳（18.2％）である。B会員の場合は，55～59歳（13.5％），60～64歳（20.0％），65～69歳（20.8％）であり，A，B会員の構成に多少のばらつきが見られる。B会員の場合は，「葬送への関心世代」のなかで年齢層が高い順になっているがA会員の場合は必ずしもそうではない。50歳代後半から60歳代は老化を感じる頃であり，老後生活への準備とともに，墓地に関する様々な問題が現れてきた時期でもあり，まず最終的な場の確保を，と考えての行動であるともいえよう。

会発足後2年余経った1992年9月現在では，会員数975名となり，年代層は50～70歳代が最も多く，年齢幅が拡大化してきている。そして家族とともに入会している10歳代から90歳代までと年齢幅が非常に広く，墓への関心と具体的な行動を起こす人たちが増加してきつつあることを示している。

表4-19 地域別会員状況　　　　　　　　　　(1991.10.1現在)

	A 会員			B 会員			合　計		
	男性	女性	小計	男性	女性	小計	男性	女性	合計
東京都23区	35 38.0	69 48.0	104 44.1	73 45.6	169 52.7	242 50.3	108 42.9	238 51.2	346 48.3
東京都23区外	17 18.5	22 15.3	39 16.5	12 7.5	30 9.3	42 8.7	29 11.5	52 11.2	81 11.3
神奈川県	5 5.4	11 7.6	16 6.8	22 13.8	41 12.8	63 13.1	27 10.7	52 11.2	79 11.0
千葉県	11 12.0	13 9.0	24 10.2	13 8.1	19 5.9	32 6.7	24 9.5	32 6.9	56 7.8
埼玉県	19 20.7	21 14.6	40 16.9	34 21.2	54 16.8	88 18.3	53 21.0	75 16.1	128 17.8
その他	5 5.4	8 5.5	13 5.5	6 3.8	8 2.5	14 2.9	11 4.4	16 3.4	27 3.8
合計	92 12.8	144 20.1	236 22.9	160 22.3	321 44.8	481 67.1	252 35.1	465 64.9	717 100.0

(上段＝実数(人)，下段＝%)

(3) 会員の家族形態

　会員は表4-17のように女性の比率が男性と比べて高く，全年齢を通して女性7：男性3である。家族形態を見ると，夫婦で会員になっている場合と単独で会員になっている場合とでは大差なく相半ばしている（表4-18)。会員中180組（360名）の夫婦と357名の単独会員により構成されている。なお，1992年7月現在では，夫婦会員が234組，単独会員が463名となっており設立当初からその比率は殆ど変化しておらず，若干夫婦会員が単独会員を上回る程度で推移している。

　平均的に女性の寿命が長く，結婚をしていない単身者はもちろんのこと，子どもが独立し親元を離れ，残った両親が会員になっている場合が多い。夫に先立たれた妻が自分の死後先祖の墓の管理をする継承者がいない，あるいはいても果たして十分な管理を託すことができるかどうかわからない，無縁にしたくないという不安を抱く女性の入会者が目立つのも同会の特徴である。

　従来女性は，家族介護を一身に引き受け人の面倒を見るのはしかたがないことと諦めて行ったりあるいは，使命感をもって介護をしたり，先祖供養を行ってきたが，現代社会にあっては，自己の介護や死後の葬送，先祖供養などを自分たちが継承してきたほどのことを子どもの世代に託せないという危機感が現れてきたようである。

(4) 会員の居住地域

　もやいの碑の所在地が，染井霊園に隣接する東京都豊島区で，JRや地下鉄，バス，車でのアクセスがよい交通至便な立地条件は，東京を中心とする首都圏に居住する会員が中心となっている。表4-19のように首都圏に居住する会員が96.2％とその殆どを占めている。会員の加入率の伸び

では神奈川県，埼玉県，千葉県，そして東京都という順になっている。ただ，もやいの会がマスコミに取りあげられることが多くなり，その情報や加入会員からの個人情報としてその存在を知り，北海道，四国，東海地方など距離や地域に関係なく，共同墓地で，継承者がいなくても生前会員がいる限り無縁にならないということがあるため，加入しようとする人たちが徐々に増えてきつつある。

(5) 入会の動機と死への備えの意識

1990年6月に発足し，1ヵ月後の1990年7月に165名，1991年10月に717名と確実に会員を増やしてきている同会は，これまでにない共同墓の形式をとる生前加入の会であるという，墓コミュニティとして注目を集めた。

入会理由をみてみると，

① これまで先祖代々の墓の管理と供養，そして自己の墓の購入を漠然と考えていたが会の趣旨を知り解決手段を見いだしたという「将来の管理不安の解消」
② マスコミの報道によりいろいろな人たちが自分と同様の問題をもっていることが分かり，一種の共感・連帯意識を感じたという「問題共有意識による他者指向」
③ 墓の多様な選択肢と伝統的な墓守の考え方から自分のための墓という新たな意識が覚醒されたという「個意識の覚醒」
④ 墓の高騰からの購入不安が解消されたという「墓購入不安の解消」
⑤ 立地条件がよく，墓参に便利であるし，墓の管理の負担を子ども世代にかけなくて済むという「墓地管理不安の解消」
⑥ 地方に先祖代々の墓があり，遠隔地であるため墓参と墓の管理ができにくいため，もやいの碑に分骨しておきたいという「墓参不安の解消」
⑦ 郷里にある先祖代々の墓を整理して無縁墓にならないようまとめて埋蔵したいとする「無縁墓地化不安の解消」
⑧ 再婚者，配偶者が外国人のため，先妻や知らない夫の家族が葬られている墓への埋蔵を避けたいという「家族墓からの自立」
⑨ 外国生まれで墓がなく継承者のいないためという「祭祀継承不安の解消」

以上のような理由が最も多く，現代の世相を物語っているともいえよう。墓地の管理不安の解消，墓参不安の解消，無縁墓地化不安の解消，祭祀継承不安の解消などが中心で，墓価格の高騰による購入問題という経済的問題はもちろんのことであるが，死後の世界を現実と同等のものと考えることによって複雑な人眼関係から自己を解き放とうとする女性の自立意識，個意識への変革が見られるのも新しい動きである。しかしやはり，後継者問題，墓参問題などといった残る家族への負担を考えての決断が多く他者への配慮意識が強いといえよう。

もやいの会は会員相互が様々な活動を通して生前から交流をすることもできる会であり，ともに，自己の生き方死に方を話し合い学び合う機会も共有できる。このように，自己の最終地点を決定することによって終末までの生き方を考えることができる団体であるので，単に墓だけの問

題ではなく，高齢期の生活への積極的な準備の一つになるといえる。

社会の変化によって，人の意識，価値観，文化が変容してきたことと高齢社会の到来がこのような団体の必要性を招いたといえるかもしれない。

(6) その他の団体の動き

伝統的な葬送から解放されて，個人の意思に基づく葬送をすすめている団体や合祀墓（共同墓）がいくつかある。

先に述べた「葬送の自由をすすめる会」（東京）が1991年に設立され，同会は墓にこだわらず死後は土や海に戻るという自然な葬法を実現した。撒骨は，霊園造成による自然環境破壊の防止，旧来の家の墓に縛られている習慣からの自由を実現することにもなり，1991年から海上からの撒骨が実施されている。最近では，民間企業（葬儀社）による撒骨・自然葬を行うという新たなサービスを始めたところもある。

また，精密機器メーカー（京都）は，合祀墓でも企業単位で建立し，社員やO.B.が葬られている。このような墓に対して，一時，「終身雇用から永代雇用」と揶揄された時期もあったが，家名と家族史を示す墓の重圧から解放されたり，墓なし世代の葬られ方の一つとして評価されたりと，墓の多様性に関心が向けられてきている。

戦争による独身女性で，従来からの慣習である家族墓に葬られたくない女性たちのための合祀墓として常寂光寺（京都）に「女の碑の会」による納骨堂が建立されている。

さらに比叡山延暦寺（滋賀）に永代供養の「久遠墓」が建立されているし，角田山妙高寺（新潟）に古墳型の「安穏廟」が建立され，個人墓と合祀墓があり，個人墓を購入後後継者がいなくなるなどして管理費が納入不能になると合祀墓へ葬るという方式を採用している。

このように各地に合祀形式や撒骨による葬送といった，葬送のこれまでのあり方を問うような葬り方の動きが見られる。今後，さらに少子化による人口減と，死亡率の高くなる時代を迎えるようになり，人々の葬送に対する意識も多様化して自由な発想による個人の意思を尊重したより個を重視した葬送が行われるようになっていくのではないかと考えられる。

4．高齢期と葬送への備え

従来，わが国では，葬儀から墓への埋蔵・埋骨の一連の葬送については，残されたものがすべてを行うということが当たり前のことであった。明治期からの家制度のなかで，その習慣を家族が継承しながら推移してきたため，自己の葬送について考えることはなく，その必要性もあまりなかったことは先に述べたとおりである。考えることといえば，葬送にかかる費用が家族の負担になることへの配慮や残される家族の生活の心配をするといったことくらいで，実際に，葬送にかかる費用を家族の負担にならないようできるだけ確保して，身辺の整理をしておくことであった。しかしこれからはもやいの会の会員のように，自己の葬送について考えておく必要性がでてくるであろう。その理由は，会員があげたような，葬送に関する課題が多く現れてきたためである。

特に平均寿命の伸長で高齢期における平均余命の伸びは，長い高齢期の生活を意味し，終末を直視しそのための準備をする期間が長くしたともいえる。高齢期の生活は変化し，高齢者夫婦世帯・単身世帯など高齢世帯の増加は，高齢期の生活自立だけではなく，配偶者および自分の死にもそれぞれが対応しなければならなくなるという事態の発生を増加させることになってきている。もちろん生活形態がそうさせるばかりでなく，高齢者自身の自立意識，死に方への考え方の変化と若年層の意識の変化もそれを促進している。

　高齢者が死亡する時期は社会の第一線から引退してかなりの年月が経っているのが平均的であるので，知友人の数の減少や近隣との交流の程度によっては，死後まず行われることが一般的である葬儀の規模や方法にも影響を及ぼす。また，経済的な問題もある。高齢世帯における不意の死亡の発生は残る家族の生活を圧迫することにもなりかねないし，配偶者の死後の生活がどれだけ続くかわからず，配偶者の死後の生活の自立にも影響を与える。平均寿命からいえば，女性が残される確率が高く，その後の生活の危機も招きかねない。高齢期には，とかく介護負担と介護期待が大きな課題として議論されているが，介護にかかわる問題だけでなく，有配偶の場合は，配偶者の死後の生活の自立も重要な課題であるという視点を見逃してはならない。

　高齢期の介護，ターミナルケアについては，ようやく個々を尊重したケアが考えられ，実施されるようになってきたが，死後の備えについては，まだ十分とはいえない。またそのサービスについても同様である。高齢者世帯には葬送負担は重く，たとえば，「武蔵野福祉公社」のような葬儀執行サービスや墓地管理サービスも行うといったシステムを広く考えていくことが必要になってこよう。

　わが国では，葬儀費用が高く，高齢者にとっての負担は重い。たとえ，子どもの世代が葬送を担うとしても今日のような葬送費用の高騰化が進む時代にあっては，家族にかける負担を考える高齢者の心理的な重荷は計り知れない。葬送費用を確保しておくことで高齢期の生活が圧迫されるということになれば，生活の質が低下することになる。葬送は必要であるが，高齢者一人一人のニーズにあった規模と形式のものになっていくべきであり，生活の質を下げてでも葬送の確保をするというのでは本末転倒であるので，希望する葬送への高齢者の意思の表明とそれに対する心理的・精神的および経済的備えができるような方法が現代社会に必要となってくるだろう。

参考文献

1) 総務庁老人対策室編「数字で見る高齢社会　95」厚生省人口問題研究所『人口統計資料集　1995年版』，1995年．
2) 芙蓉情報センター総合研究所『人生80年代における葬儀システムに関する研究』総合研究開発機構，1985年．
3) 前掲書，『人生80年代における葬儀システムに関する研究』．
4) 加藤周一，ライシュ・リフトン著，矢島翠訳『日本人の死生観』岩波書店，1977年．

第5章

わが国における葬儀生前契約の動向

第1節　死亡の動向と死への準備

　わが国は，1998年に平均寿命が女性で84.01歳，男性77.16歳となり，世界一の長寿国と注目され，古来の悲願である不老長寿に一歩一歩近づきつつあるかのように寿命の伸長を更新しつづけ，その寿命の長さは常に関心の的である[1]。誰もが高齢期を迎えることが当たり前になり，65歳までの生存比率が，1950年代では男性55％，女性が63％であったが，1990年には男性が83％に，女性は91％となった[2]。長い高齢期を生きることになった現代の高齢者の生活への関心は高いが，高齢期が死と直面する時期である死に至る過程や健康寿命が80.9歳であるうちの最後の6.4年間の不健康な時期であることについては，いまだ関心が高くはない（表5-1）。

　わが国の人口動態をみると，明治期から大正期までは出産率も死亡率も高く，「多産多死」であり，死亡率は人口1,000人に対し20程度で推移していた。明治の末期には総人口が5千万人を超えるまでに増加し多産の傾向が顕著に現れるが，大正期になると慢性感染症がその一因となって[3]，死亡者が140万人を超えて死亡者数がピークになった。ただ出生率の高率は相変わらず続いたために，死亡率は20前後で推移していった。

　昭和期に入ると死亡率は20を割り，1935年には16.8，1941年には16.0と低下し，平均寿命が徐々に伸び始めてきた。戦後まもない1947年には死亡率が14.6であったが1958年までの約10年間に7.4へと驚異的に低下し，死亡率は半減した。1963年には死亡率は7.0を記録し，1987年には6.2と最低死亡率を示した。しかしその後は死亡率が上昇に転じ，1993年には7.1となって1974年のレベルまでに戻った。さらに今後は死亡率が高くなり，多死化に移行すると推測されており，2000年には8.1，2010年には10.8と1950年代のレベルまで後退し，さらに2060年頃には死亡率は16近くまで上昇すると推計されている[4]（表5-1，図5-2）。

　現在わが国の人口は，高齢化の一途をたどり，2010年頃から高齢化はいよいよ深刻になっていくと推計され，それにより社会全体としての高齢者に対する社会保障や社会福祉サービス，保健医療上の負担と高齢者の受給の上に深刻な問題が予測されている。長命化した高齢社会における高齢者への保健，医療および福祉サービスを考える上からも，高齢期の死を迎えるまでの生活の質，死を迎えるまでの医療と介護の質の確保を考慮しながら，高齢期の死亡者が多くなっていくことに目を向けなければならない。

　長命化は進行しても誰にも死は約束されている。しかし自分の死を経験することができないた

表5-1　平均寿命の推移

		男	女			男	女
大正10〜14年*	(1921〜1925)	42.06	43.20	昭和46	('71)	70.17	75.58
15〜昭和5 *	(1926〜1930)	44.82	46.54	47	('72)	70.50	75.94
昭和10・11*	(1935〜1936)	46.92	49.63	48	('73)	70.70	76.02
22*	('47)	50.06	53.96	49	('74)	71.16	76.31
23	('48)	55.6	59.4	50*	('75)	71.73	76.89
24	('49)	56.2	59.8	51	('76)	72.15	77.35
25〜27*	(1950〜1952)	59.57	62.97	52	('77)	72.69	77.95
26	('51)	60.8	64.9	53	('78)	72.97	78.33
27	('52)	61.9	65.5	54	('79)	73.46	78.89
28	('53)	61.9	65.7	55*	('80)	73.35	78.76
29	('54)	63.41	67.69	56	('81)	73.79	79.13
30*	('55)	63.60	67.75	57	('82)	74.22	79.66
31	('56)	63.59	67.54	58	('83)	74.20	79.78
32	('57)	63.24	67.60	59	('84)	74.54	80.18
33	('58)	64.98	69.61	60*	('85)	74.78	80.48
34	('59)	65.21	69.88	61	('86)	75.23	80.93
35*	('60)	65.32	70.19	62	('87)	75.61	81.39
36	('61)	66.03	70.79	63	('88)	75.54	81.30
37	('62)	66.23	71.16	平成元年	('89)	75.91	81.77
38	('63)	67.21	72.34	2 *	('90)	75.92	81.90
39	('64)	67.67	72.87	3	('91)	76.11	82.11
40*	('65)	67.74	72.92	4	('92)	76.09	82.22
41	('66)	68.35	73.61	5	('93)	76.25	82.51
42	('67)	68.91	74.15	6	('94)	76.57	82.98
43	('68)	69.05	74.30	7 *	('95)	76.38	82.85
44	('69)	69.18	74.67	8	('96)	77.01	83.59
45*	('70)	69.31	74.66	9	('97)	77.19	83.82

注：1）＊印は完全生命表
　　2）第1回〜第3回，昭和20・21年は基礎資料が不備につき，本表から除いてある。
　　3）昭和46年以前は，沖縄県を除く値である。
資料：厚生省「簡易生命表」「完全生命表」．
出典：『国民の福祉の動向』厚生統計協会，1998年．

めに他者の死だけしか知ることはない。そのためか，なかなか自分の死に備えることはできにくい。人は生物である限り死を免れ得ないし，死があるからこそ生が営まれ，その生が意義あるものとなり，死があることによって生が尊重されるといえるのである。長命化の進行，死亡率の上昇で高齢者が多くなり，高齢者になって死を迎える頻度が高くなってきた。現代の高齢者は戦後豊かな社会の実現のために貢献してきた世代であり，生存に必要な生理的・基本的欲求の平均的な充足に加え，自己実現を追求できるような余裕を身につけるようになってきた。これから高齢期を迎えようとする世代も同様に人生の早い時期から，基本的な欲求の上位の自己実現への欲求が意識化されるようになった。これからさらに長い高齢期を生きることになるであろう人たちは，高齢期の生き方だけでなく死に方，そして葬送の在り方にまで自分の意思を反映させたいとする人たちが増加し，自己実現は死後までを視野に入れたものになってくるだろう。これは，マズ

第5章　わが国における葬儀生前契約の動向

図 5-1　死亡数および死亡率の年次推移

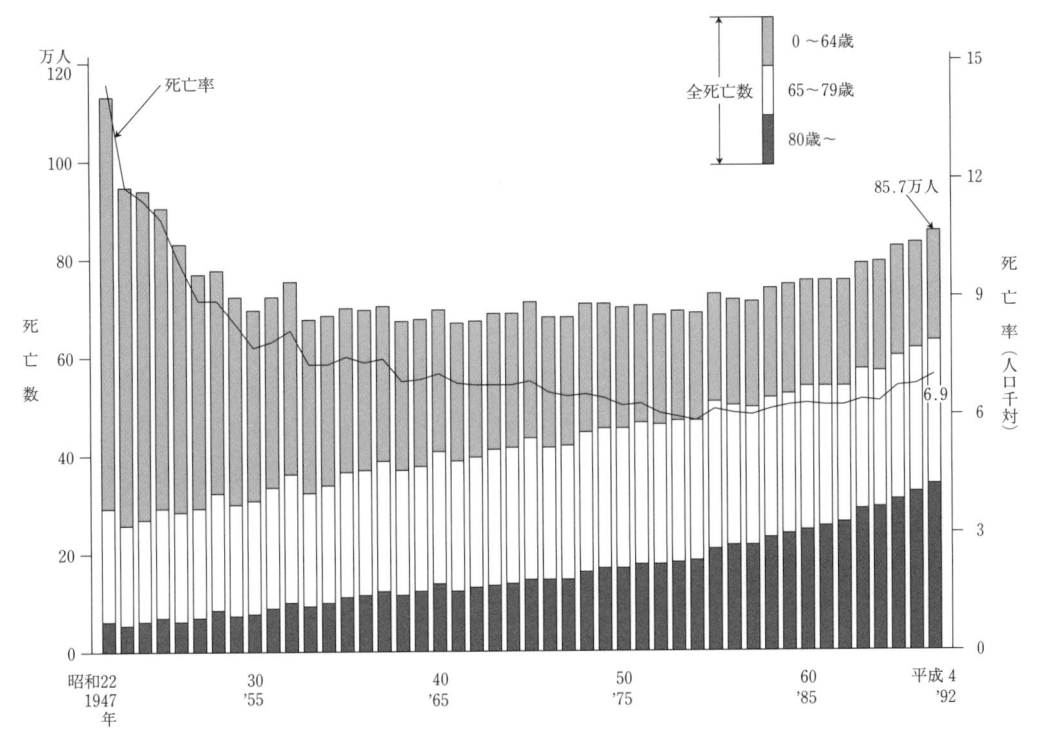

出典：『国民の福祉の動向』厚生統計協会，1999年．

ロー（Abraham Maslow, 1954）が人間の基本的な欲求を5段階（第1段階・生理的欲求，第2段階・安全欲求，第3段階・社会的所属欲求，第4段階・自尊心欲求，第5段階・自己実現欲求）に分類した上位の欲求に該当する。今日人々の死への関心は，下位の欲求が充足されたことによって上昇し，第5段階にきているといえよう。

　長命化による生の時間の延長は死の場所をも変化させた。戦前まで多くの人々は，自宅で家族に看取られながら死亡するということが一般的であった。それには病院・診療所が現在ほど整備されていなかったということやまた家制度の中にあって，死までの看護・介護は家族が受け持つというシステムがあったことなどにもよる。ところが戦後になって，医療の進展と機会と診療の場の拡充により1950年代の後半頃から病院や診療所での死亡者が増加し始めた。ちょうどわが国の死亡者数が，70万人台になり，死亡率が8台から7台へと減少傾向を見せ始めた低死亡率社会への移行期に相当する時期である。病院・診療所などのいわゆる施設死が10万人台で推移していた戦後間もない時期から1960年代になると急激に施設死が多くなり，1970年代後半になると施設死と自宅死の比率が逆転して，施設死がさらに進行しその傾向は現在に至っている。1993年は施設での死亡が約68万人であったのに対して自宅死は20万人程度でありその数は3分の1以下になってきている。

表5-2 粗死亡率・年齢調整死亡率（訂正死亡率）・乳児死亡率の国際比較
(1996)

	粗死亡率[1] (人口千対)		年齢調整死亡率[2] (人口千対)		乳児死亡率 (出生千対)
	男	女	男	女	
日　　　　本	8.0	6.4	7.4	4.0	3.8
カ　ナ　ダ[3]	7.6	6.6	8.4	5.2	6.1
アメリカ合衆国[4]	9.2	8.4	9.9	6.1	8.0
フ　ラ　ン　ス[4]	9.6	8.4	8.8	4.5	5.9
ド　イ　ツ[3]	10.3	11.3	10.1	6.0	5.3
オ　ラ　ン　ダ[3]	8.9	8.6	9.5	5.6	5.5
スウェーデン[3]	10.9	10.3	8.3	5.1	4.0
イ　ギ　リ　ス[3]	10.8	11.2	9.7	6.2	6.2
オーストラリア[4]	7.6	6.6	8.7	5.3	5.9
ニュージーランド[5]	8.3	7.4	9.7	6.3	7.2

注：1）粗死亡率は，年齢調整死亡率と併記したので粗死亡率と表したが，単に死亡率といっているものである。
　　2）年齢調整死亡率の基準人口は新ヨーロッパ人口による。
　　3）1995年　4）1994年　5）1993年
資料：厚生省「人口動態統計」．
　　　WHO「World Health Statistics Annual 1996」．
出典：『国民の福祉の動向』厚生統計協会，1998年．

　この背景には，病院・診療所などの数および病床数の増加により，医療機関の受け入れ体制が整備されたこと，戦後の家制度の崩壊で核家族化が進行することによって高齢者世帯の増加に伴う配偶者の看護・介護の過重負担になってきたことや単身高齢者の看護・介護者不在の増加，また，長命化が招く虚弱要介護高齢者増による特別養護老人ホームなど老人介護施設への入所の増加という要因がある。このように病院や介護施設などにおける死が多くなったことを「死の施設化」というようになった。

　施設死が多くなった現在，誰もが施設死を望んでいるかというと必ずしもそうではなく，1990年に実施された保健福祉動向調査（厚生省）を見ると「がん」などで，末期状態になったとき，最後の場をどこで過ごしたいか（過ごさせたいか）ということについては，自分の「家庭」という回答が最も多く53.3％であった。癌患者の家族の回答を見ても52.1％とどちらも過半数に達し，「病院」28.1％（自分），32.3％（家庭），そして「末期患者専門の病院」は自分が11.1％，家庭が10.1％となっている。

　現実には圧倒的に施設死が多いものの「家庭（自分の家）で死にたい」という考えが多いということをうかがい知ることができる。しかし家庭で死を迎えることは難しくなってきている現状から見ると，自分の意思通りのところで死ぬことはできないことが多いといえ，希望する死亡の場所に関する意識と実態の差がうかがえる。高齢期においては，最終的に死を迎える場のみならず，その前段階である要介護状態になって家族介護が困難な場合は施設介護を利用することになるが，その特別養護老人ホーム居住者であっても老人保健施設利用者であっても過半数は，病院

3年前から死亡前までの生活場所の移動状況

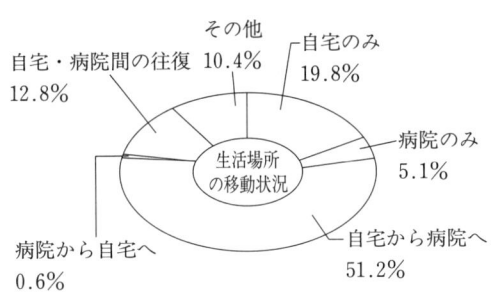

- その他 10.4%
- 自宅のみ 19.8%
- 自宅・病院間の往復 12.8%
- 病院のみ 5.1%
- 病院から自宅へ 0.6%
- 自宅から病院へ 51.2%

高齢者が死亡場所として希望していた場所		
自宅		89.1%
	うち実際に自宅で死亡した人	(33.1%)
	うち実際には病院で死亡した人	(66.1%)
	その他	(0.6%)
病院・診療所		8.2%
その他		2.6%

資料：厚生省大臣官房統計情報部「平成7年度人口動態社会経済面調査報告」．
出典：厚生省編『平成9年度　厚生白書』，1997年．

図5-2　死亡の場と死亡の場の希望

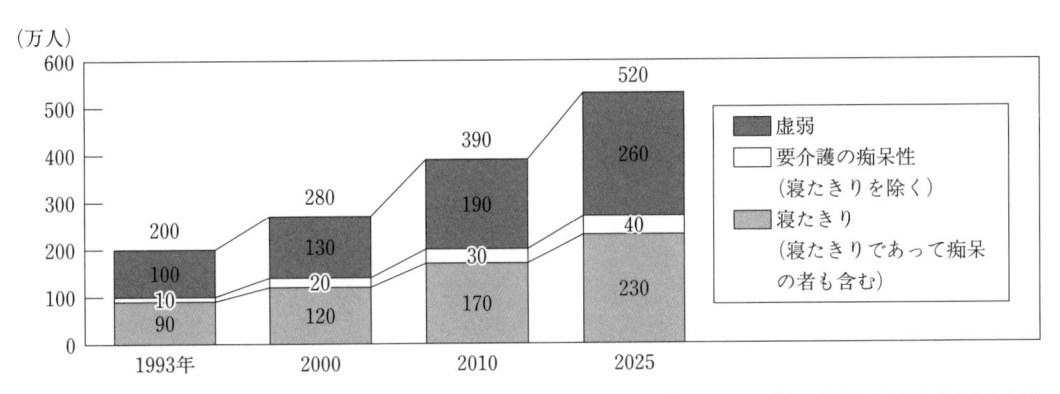

（万人）

年	寝たきり	要介護の痴呆性（寝たきりを除く）	虚弱	合計
1993年	90	10	100	200
2000	120	20	130	280
2010	170	30	190	390
2025	230	40	260	520

資料：厚生省大臣官房統計情報部「国民生活基礎調査」「社会福祉施設等調査」「患者調査」「老人保健施設実態調査」から推計．
出典：厚生省編『平成9年度　厚生白書』，1997年．

図5-3　寝たきり・痴呆症・虚弱高齢者の将来推計

で終末期の医療を受けたいという希望を持っており，多くは病院での終末を考えているようである。一方，施設入所者は自宅での終末を考えている場合はほとんどないといってもよい程で，10％にも満たず，家族への負担をかけたくないからとする理由が最も多い。しかし，この結果は，一般的な高齢者の意識とは，かなりの開きがある[5]（図5-2）。

高齢者が介護を要する状態となっても高齢者自身の希望が尊重され，その人らしい自立した生活が送られるような生活の質の維持・向上を目指す施策が求められる[6]といわれて久しいが，現実には死に至るまでの介護が高齢者の希望通りの場と希望する介護者からの介護を受けることが困難であり，病院を始めとする施設での死が圧倒的多数を占めている。

要介護状態となる高齢者は，75歳以上の後期高齢期に多くなる比率が高く，何らかの介護が必要となる高齢者は2000年には280万人，2025年には520万人に増加すると推計されている（図5-3）。しかも介護期間は長期化する方向にあり，1995年では3年以上の要介護状態が53％と過半

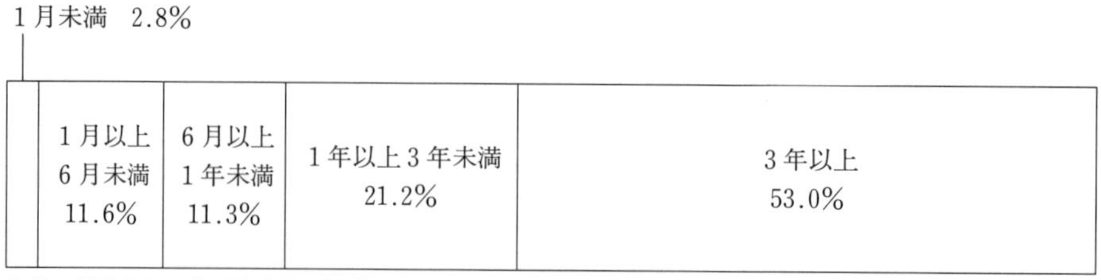

| 1月未満 2.8% | 1月以上
6月未満
11.6% | 6月以上
1年未満
11.3% | 1年以上3年未満
21.2% | 3年以上
53.0% |

資料：厚生省大臣官房統計情報部「平成7年国民生活基礎調査」．
出典：厚生省編『平成9年度　厚生白書』，1997年．

図5-4　寝たきり期間別にみた寝たきり者の割合

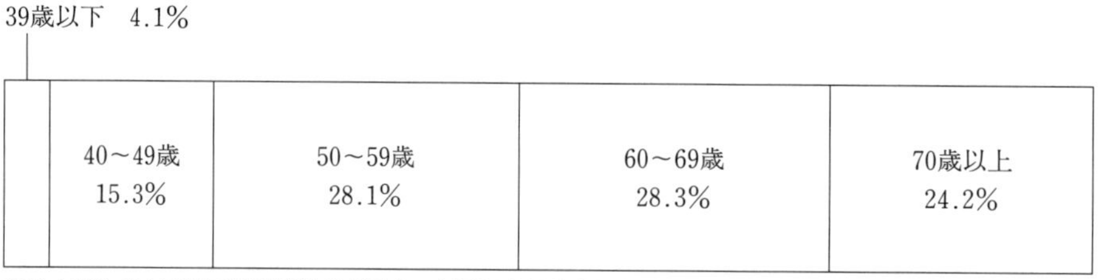

| 39歳以下 4.1% | 40～49歳
15.3% | 50～59歳
28.1% | 60～69歳
28.3% | 70歳以上
24.2% |

資料：厚生省大臣官房統計情報部「平成7年国民生活基礎調査」．
出典：厚生省編『平成9年度　厚生白書』，1997年．

図5-5　寝たきり高齢者の主な介護者（同居）年齢階級別構成割合

数を占め，1年以上だと75％と4分の3にのぼる（図5-4）。しかも家族介護者の中心は女性で85％を占め，介護者の年齢も60歳以上が53％と「老老介護」状態が多くなってきつつある（図5-5）。高齢期には死の直前の数年間は介護状況を迎えること，死を施設で迎えることが多いという死の場の現実を看過することはできない。死や介護の現実をみると，必ずしも自分の希望通りの場での介護や看護，医療を受けることができないという場合が多くなってきていることから，人生の最後の時期をいかに過ごすかということ，またどこでどのような介護を受けるかということを一人一人が考えておく必要があろう。そして，死の場と同時に死を迎える医療についても考えておかなければならなくなってきた。さらにいくら死の場や死後の準備をしていても病態が急変し，自分の意思を伝えることができなくなることも想定されるし，その様なときにどのような医療を受けるかによって自分の意思がいかせずせっかくの準備が役に立たないということも考えられる。そのような場面も考慮し，人生の終末期を包括的にとらえ死に至るまでの医療をどのような形で受けるか，急変時にどうするかを考えることから死の準備をしておく時代にさしかかってきた。

参考文献

1）厚生統計協会編『国民の福祉の動向・厚生の指標』第46巻第12号，1998年．

2）全国社会福祉協議会編『図説高齢者白書』全国社会福祉協議会，1995年．
3）前掲書『図説高齢者白書』．
4）前掲書『図説高齢者白書』．
5）北川慶子他「長期ケアを受ける高齢者の身体機能とQOL，医療に関する意識」1999年科学研究助成費基盤研究(c)調査結果報告書，1999年．
6）前掲書，『図説高齢者白書』．

第2節　わが国の生前契約の現状

　死は自分の生涯に確実に起きることでありながら，それがいつかはわからないし，死や葬送に関する様々なタブーが厳然として残っているために，考えることすら嫌われることがある。長命化したことと，家庭での看取りが減少したために家族の死に直面することが少なくなったこともあってか，死は非日常化した。死が現実味を帯びないので日常の話題から避けられる傾向がある。死が非日常化したことは将来自分の身にも起こる死について考え，備えることを先送りにし，死を直視することもなくなってきたということである。現在の高齢者は，1871年に制定された戸籍法から1896年の民法制定により家制度が成立し，1947年の民法改正が行われるまでの時代の中を生きてきた人たちである。このことを考えると，死に至るまでの介護は家族（女性）が担うという考えの中で育ち，葬送は家族（家長）が責任をもって行うという慣習の中で生活してきているので高齢者が自分の死の場を主体的に決定し，死後の葬送をどうするかといったことに関して主体的に意思を表明するということはなかなかできにくいと考えられる。

　しかし長命化時代を生きる人々はどのような高齢期を生きるかということを考えなければならなくなってきて，人生の帰結をどうするかということにようやく関心が向き始めた。1990年代に入ってから終末期の医療や介護等に社会的な関心が喚起されたこともあってか，様々な情報の入手が可能になってきた。それによって自分の高齢期や終末について考えることがタブー視されなくなってきつつある。自分の死に方や葬送を考え，具体的に準備しておこうという兆しが見え始めたのが1990年代であり，葬儀の形式や規模，葬り方（葬られ方）など一連の自分の葬送を生前に考え，その実現のために具体的なプランを立て，費用も準備しておこうという人たちも確実に増加してきている。とはいえ，自分の葬送は，自分で細々としたことを決めておくものではないという伝統的な考え方がまだ主流であり，自分の葬送を具体的に考え意思を残しておくということにはまだなじみがないものの，高齢者の自立意識は高まってきている（図5-6）。

　高齢期の将来不安としての死後の葬送を生前に考え，主体的に準備する方法がわが国にも登場し，特に葬儀に関して生前に意思を残す方法としての「葬儀の生前契約」を相次いで提供する事業者がめだつようになってきた。わが国の葬儀の生前契約が一体どのようなものとしてとらえられ，提供されているのか，わが国の生前契約の草創期といえる1990年代半ばにおいて，生前契約提供事業者に対する「シニアの葬送準備とその提供者に関する調査」を実施したので，その結果から当時の生前契約の状況と将来の在り方についての意識を見ることにする。

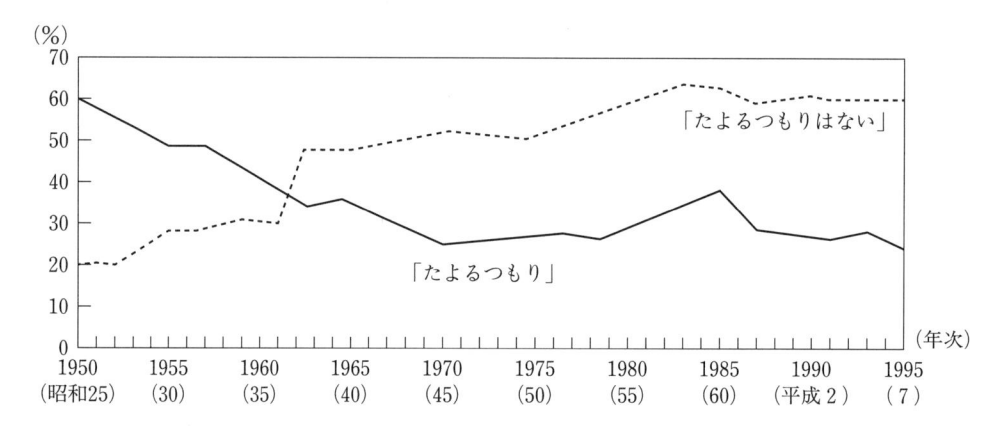

注：1．「あなたは，老後の暮らしを子供（養子・養女を含む）にたよるつもりですか」という質問に対する回答．
　　2．子供を持つ既婚女子のみについて．「その他・無回答」は図から省略した．
　　3．1950年（第1回）〜1996年（第23回）について（ただし第16回調査・1981年はこの調査項目を欠く）．
資料：毎日新聞社人口問題調査会「全国家族計画世論調査」．
出典：厚生省監修『平成10年度　厚生白書』，1998年．

図5-6　老後を子供にたよるか

1．生前契約調査結果から見たわが国の生前契約の実態（1996年）[1]

　これまで，高齢期の生活を考える上で，主体的な準備は，死までの，健康管理，疾病，介護状態への備え，終末看護までであった．しかしそこまでで終わるのではなく，死後の葬送までを考え備えておくことが，「自己の生の完結・完成」でありその葬送の一部である葬儀を生前に準備しておこうとする主体的な行動を「葬儀の生前契約」という．

　費用を何らかの方法で，死後の葬儀という目的だけのために準備し，自身の葬儀の企画を立てておき，確実に実行を約する文書を交わしておくという消費者・提供事業者双方にとって拘束力の強いこの行為は「予約」よりむしろ「契約」を用いたほうが妥当であると思われるからである．現在，「葬儀の生前契約」という呼称だけではなく，「葬儀の生前予約」，「葬儀のプリニード予約」など「生前契約」提供事業者によってさまざまに呼ばれている．

　現在用いられているこれらの呼称に一定の枠組みをし，「生前契約」に対する提供事業者と調査者との共通理解をすることがまず基本となると思われるため，対象事業者に対し，調査者の定義を提示することにした．

　そしてまた，提供事業者側の「葬儀の生前契約」，「葬儀の生前予約」，「葬儀のプレニード予約」の定義を聞くことによってその共通点と相違点を明らかにし，提供事業者側の取り組みの実態と意識を調査票に基づきながら明らかにしようとした．

　なお，実施した事業者および利用者に対するアンケート調査においては，「生前契約」で呼称を統一した．また，調査対象には企業のみならず，団体も含まれているが，「事業者」および「社」の表記を用いた．

わが国における1996年当時の生前契約提供事業者17社・団体に対するアンケート調査を行ったが，回答を得たのは11社・団体であった。この事業者調査と共に生前契約を行った利用者の調査も併せ行ったが，利用者の生前契約に関する意識は，自分の死後に行われる葬儀を自分の意思通りにしたいと考える意識の高い人たちであるために，生前契約に対する期待は非常に大きいものがあった。

生前契約はこれまでなじみがないために，提供者事業者も試行錯誤している状況がうかがわれ，生前契約の幅が埋葬（埋骨）までにわたり，それは①葬儀だけの生前契約，②葬儀を除き散骨・遺骨の埋蔵まで，③葬儀と墓の生前契約というように3種類の生前契約が見られた。当時は，葬儀（葬送）の生前契約という呼称も定着しておらず，外国語をそのまま使ったり，事業者によって様々な呼び方をしていた。アメリカにおける preneed funeral, prearrangement funeral を「葬儀の生前契約」としてわが国に紹介した1989年当時には，それを表現する「生前契約」などといった言葉すらなかった。生前契約そのものがどのようなものであり，どのような機能を持つものかということが1990年代になって海外の情報を得ながら徐々に理解されるようになって，それぞれの事業者が独自の戦略で生前契約を提供し始めるようになってきた。わが国の生前契約は，長い時間をかけて発展してきたアメリカの場合と異なり，ビジネスの分野からアメリカの生前契約を参考にしながらわが国流にアレンジして提供されている傾向が強い。

生前契約は，「将来予測される自己の葬儀について，自らの意思で葬儀内容および葬儀費用を準備し，「生前契約」として第三者に委託する。その受託者は契約締結後，契約者の死後における葬送に際して，受託者が契約事項の確実な実行を約する法的経済的行為である」と定義することができよう。

(1) 葬儀の「生前契約」の定義への同意

「生前契約」については，これまでの海外の動向や国内における葬儀の基幹的な部分に対する葬儀内容のみならず形式や方法，具体的な内容までの提供の現実をふまえた上で，「葬儀の生前契約」を「将来予測される自己の葬儀について，自らの意志で葬儀内容および葬儀費用を具体的に準備・明示し，生前の契約によって自己の葬儀を第三者に委託する。その受託主体と契約締結後，契約者の死後における葬儀に際し，受託主体による契約事項の確実な実行を約する法的・経済的行為である」と定義づけた。但し，調査においては，「葬儀の生前契約」という呼称に限定することなく，多く使用されている「葬儀の生前予約」や「葬儀のプレニード予約」なども同義語として扱うこととした。

上記の定義に，「同意する」は6社，「まあ同意できる（多少考え方が違う）」が2社，「同意できない」が3社であった。半数以上が多少考えが違うか同意できないとしているものの，明らかに定義が異なるとする場合は，3割弱の3社であった。

以下その具体的な相違点を明らかにすると，「まあ同意できる（多少考え方が違う）」と回答した3社のうち1社は，上記の定義に「家族の同意を得たうえで」という事項を加えることで，同意するとしており，他の1社「費用を確保するいずれの方法もとっていないので，費用という事

項を削除する」ということで，定義への同意をするという回答であった。残る1社は生前予約という形式をとるため，定義内容に対する明確な主張はないが「生前契約と生前予約は質的に異なるため」全面的に同意はできないという回答であった。

定義に同意できないとする残り3社は，「葬儀を葬送とすべきである」，「呼称が正鵠を得ていない。「葬儀生前委託契約」とすべきである。「生前契約」では「生前葬の契約」と混同される恐れがある」，「個人の意志を尊重するのも大切だが，遺族の立場，交友関係なども考えなくてはならず，将来の時期不確定時に発生する葬儀には不確定要素が多いため，具体的な内容は決められない」という回答があるなど，生前契約が十分理解されていない状況を示していた。

① 提供事業者の生前契約の定義

「同意できる」：6社

A社：同意見

C社：同意見

D社：「自らの葬儀が事前に家族と共にその意志が盛り込まれ，指定された内容（費用も含む）で，第三者に委託され，確実に責任をもって執行されることを約する法的・経済的行為。」

F社：「自分の意志と責任で葬儀準備をしたうえで，明るく，強く，逞しく，積極的な生を営もうとする人を快く力強く支援することを目的とする。」

G社：「死に様は生き様。何人も後顧の憂いなく，人に迷惑をかけず，死後の心配をせず，安心して生存中の今を精一杯生きて戴くための契約。」

K社：同意見「現実的に生前契約に応えるセレモニーが何なのかが最も重要でありどう定義付けるか検討中。」

「まあ同意できる」：2社

E社：同意見「但し，生前契約は『法的・経済的行為』だが，提供している生前予約は緩やかな約束であり，契約書という形はとらず『予約証』としている。」

H社：「人間しか持ち得ない最後（死後）の権利を遺志としていかす（実現する）。葬儀を盛大にするのも意志，葬儀をしないのも意志である。」

「同意できない」：3社

B社：「よりよく生き，最後をという定義を基に契約者の希望を聞き，その希望を中心に遺族の方々と話し合いの末に葬儀を執行する。」

I社：「自分の死に際して執り行われる葬儀について，自分の生前の要望を遺族と当社に実現して貰うことを目的とした自分自身がする葬儀委託契約。葬儀の対象となる人の死に際して，喪主またはそれに準ずる立場になることが予定されている者が，葬儀の対象となる人の生前の要望を斟酌して予め葬儀の方法と費用を当社との間で決めて当社

と契約しておく葬儀委託契約。」
　　J団体：「葬儀を葬送とする。」

②　「生前契約」の名称または商品名
　本調査への回答をした11社の「生前契約」の名称または商品名は以下の通りである。
　①「葬儀生前契約」／②「会員制生前契約」／③「やすらぎ共済」／④「生前予約保険システム」／⑤「本人契約」／⑥「ウィル（WILL）会員制度」／⑦「遺言ノート」／⑧「FAN倶楽部」／⑨「LISSシステム葬儀生前契約」／⑩「if共済会」／⑪「アンシア」

　上記のように，同意する事業者が約7割（72.7％）であるものの，約3割（27.3％）は同意できないとしている。同意するとしたなかでも，定義には同意するが，実際の契約に際して「家族の同意を得た上で」という事項を加えなければならないとする回答もあった。なかには，考え方は賛成できても費用を何らかの方法で確保し，契約するというものではなく，葬儀に関する意思とプランのみの預託という形式が当時の生前契約としては，受け容れられやすく，望ましい方法であるとする回答も見られた。事業者独自で定義している主な「生前契約」は以下の通りである。①自らの葬儀が事前に家族と共にその意思が盛り込まれ，指定された内容（含費用）で，第三者に委託され，確実に責任を持って執行されることを約する法的・経済的行為，②自分の意思と責任で葬儀費用を準備した上で明るく，強く，逞しく積極的な生を営もうとする人を快く力強く支援することを目的とする，③死は生き様，何人も後顧の憂いなく人に迷惑をかけず，死後の心配をせず，安心して生存中の今を精一杯生きるための契約，④人間しか持ち得ない最後（死後）の権利を意思として実現するもの，などというものであった。また同意できないとする回答としては①よりよく生き，人生の最後の葬儀について契約者の希望を聞いておき，その希望を中心に遺族との話し合いによって葬儀を執行すること，②自分の死に際して執り行われる葬儀について，自分の生前の要望を遺族と提供者とが実現することを目的とし，自分自身がする葬儀委託契約である。葬儀の対象となる人の死に際して喪主又はそれに準じる立場になることが予想されるものが葬儀の対象となる人の生前の要望を斟酌してあらかじめ葬儀の方法と費用を提供事業者との間で契約しておく葬儀の委託契約であるとしている。このように各事業者それぞれの考え方が表れているが，基本的な考え方においては大差ない。しかしいつかは確実に必要となると考えている葬儀の契約であるが，その時期がなかなか予測できないこともあって，具体的な葬儀の内容・形式や費用を決めて契約しておくことに対しては，経済変動を危惧してか慎重である。そのために，葬儀の予約の段階までが現実的と考えている事業者や，本人のみならず祭祀継承者が親の葬儀の準備をすることが出来るように契約対象を拡大するための方法を考えているといった場合もある。また葬儀だけに留まらず，散骨や葬儀と合わせ墓の契約をするといった一連の葬送全般に関する儀礼を対象に契約をする，など一律ではなかった。

(2) 葬儀の生前契約の社会的意義

　生前契約の社会的意義を事業者はそれぞれに表現しているがそのなかから，特に強調していることを分類をしてみると，「高齢者の福祉」，「情報公開」，「信頼関係」，「葬儀費用の適性化」，「契約者および遺族の安心」，「充実した生き方」，「従来の葬儀からの脱皮」，「消費者の決定権」，「個人の意思の明確化」，「法的保証」，「葬儀施行の安心」，「高齢社会の不安解消」，「経済的不安の解消」，「家族構造の変化への対応」などが目立ち，共通して高齢者を主たる対象とし，葬儀に自分の意思を残すこと，遺族の葬儀に係る経済的負担の軽減などを強調している。

　生前契約の社会的意義を，①個人の意思，②社会的側面，③葬送業界の対応の側面から具体的に見ていく。

① 個人（消費者）の意思

　「信頼関係」，「本人（消費者）の安心」，「遺族の安心」，「充実した生き方」，「消費者の決定権」，「個人の意思の明確化」，「死後の在り方の宣言」，「遺族の負担軽減」，「経済的不安の解消」といったことを実現させることに意義があるというとらえ方をしている。

② 社会的側面

　生前契約という個人的な行為を通して，「高齢者の福祉」，「情報公開」，「法的保証」，「遺言書の普及」，「遺志を実現する社会の実現」，「家族構造の変化への対応」，「人間尊重」，「従来の葬儀からの脱皮」，など社会的な生前契約の認知と死や葬送への関心への喚起を促すきっかけになるとみられている。

③ 葬送業界の対応

　「葬儀費用の適性化」，「従来の葬儀からの脱皮」，「地域密着の葬儀への回帰」，「葬儀施行の安心」，「事前事後の相談」，「葬儀の在り方の改革」など，従来葬儀は消費者にとって不鮮明であった部分が多かったことに対しても葬儀業界自らが生前契約を通して，葬儀情報が開示され，葬儀業界の信頼と刷新を図る契機になると考えているようである。

共通点：・予想される高齢社会における家族関係の変化への対応
　　　　・高齢期の経済生活と葬儀費用の高騰化への対応としての葬儀費用の事前確保
　　　　・葬儀準備による不安の解消と充実した日々の生活への寄与
　　　　・従来の定型方葬儀の打破と簡素な葬儀志向への対応
　　　　・自己の死にともなう家族（遺族）の負担軽減
　　　　・死後における意志（遺志）の表明への支援

相違点：・従来の葬儀施行の詳細の不明瞭性の反省からくる情報公開の必要性
　　　　・従来なかった顧客（消費者）側による決定権の行使
　　　　・没個性的な葬儀社主導の葬儀の打破
　　　　・遺言書の普及への寄与
　　　　・葬儀施行に関わる契約と実施の法的保証

事業者には，①社会状況への早い対応により潜在的な消費者のニーズを顕在化させ，それを消費行動に結びつけようとする試みと，②消費者あるいは組織化された消費者の要望に応えるためのものから一般への普及を目指す試みとに2区分することができる。

葬儀関連分野から，従来の葬儀への消費者の疑問や不満などを解消し，信頼関係を取り戻すための努力もうかがえる。

これまで，一般的に葬儀は葬儀社主導になりがちであったが，それは遺族が故人を前に葬送の段取りをする場合がほとんどで，事前に考え具体的な用意をしておくことなど習慣としてなかったからである。それが誰もが死を考えるような社会になりつつあり，墓への埋葬や自然葬など，埋葬方法の選択や自分の葬儀を生前に具体的に考え，地域や葬儀社の手から個人（消費者）が考え・選択し，決定する他者依存から自己決定するという人たちが少しずつ現われ始めたという視点は重要である。

このような共通点を見ることができるが，一方では提供者間に生前契約に関する温度差ともいうべき，強調点が異なる部分も多く見られた。生前契約の提供には一様に積極的であるが，現在の葬儀が消費者にとってはその詳細が不明瞭で葬儀社主導の葬儀になりがちであったものを消費者主導の葬儀に変えていく役割を果たすのではないかと事業者自身が考えているようである。

事業者の生前契約への取り組みの要因には，これまでは葬儀が非日常的な死により発生する儀式であり，葬儀業は消費者からの要請によってのみ葬儀を行う事業者であり，生前にセールスをすることがなかった業種であったものが，一転生前契約によりセールスができる業種への転換ができるという事業展開の可能性ということがあり，また消費者の不安解消として潜在的なニーズを顕在化させ，それを消費行動に結びつける可能性などがある。生前契約をきっかけに葬儀関連分野から，従来の葬儀への消費者の疑問や不満を解消することができ，一般の人々から見えにくかった葬儀業界を身近な存在として受け止められるようにする努力がうかがわれる。これまで葬儀社が地域に密着した形で存続してきたのは，死や葬儀のタブー視により，葬儀の詳細までは考えなくても地域共同体の主導による葬儀であったものが徐々に衰退してしまい，家族の死に直面した際には葬儀社主導の葬儀を行うように変わってしまったことなどがある。近年，埋葬方法の選択肢が広がり，また生前契約の台頭で自分の葬儀や埋骨を生前に考えることも珍しいことではなくなった。自分の死や葬送を自分で考え，選択するという自己決定型の葬送への道を生前契約が促進することになるのではないかと考えられ，生前契約は他者依存の葬送から自己決定の葬送へと向かう契機になろう。

また，個人の意志を死後に実現する遺言という主体的な方法は，誰もが可能でありながら，限られた一部の人たちによる遺産分配などの相続意志の表明に終わっていたきらいがある。遺言書により自己の葬儀に関する意志を表明しておくことは，確実な自己実現を図ることになり，一般的な遺言書の観念を変革することにもなる。遺言書が葬儀に関しても「誰もができる法的に保証される意志を残す手段・方法」という認識が広がれば，死後の葬儀の心配も軽減されることになる。生前契約を期に遺言書の普及を目指すということは，新たな視点であると考えられる。

このように事業者のなかには，生前契約の普及は，遺言書の普及につながるとして遺言書に注

目しているところがある。それは、生前契約の費用を事業者に支払う方法として遺言書を作成し、その中に費用支払いを明記することを考えてのようである。遺言書により自分の葬儀に関する意思を表記しておく方法は、自分の意思による葬儀プランの実行と費用の自己負担が明示されることになるため、葬儀の在り方も変わってくることを暗示している。

「葬儀の生前契約」の社会的意義について事業者が選択した項目は以下の通りである。「家族への配慮」は11社すべてが選択し、「充実した生き方」、「死後の不安解消」、「高齢世帯・単身世帯など家族構成の変化に対応」をそれぞれ9社があげ、「個人を大切にする社会の促進」を8社があげている。一方、「高齢期の経済の安定」や「契約社会の定着・促進」に対しては少数であり、「社会的経済効果」はさらに少数であって、社会的および個人の経済的要素はあまり重視されていないようである。最も重視されているのが、11社すべてが同意している「家族への配慮」である。「家族」、「生き方」、「不安解消」という個人の主体性を尊重する消費行動に着目し、社会状況の変化への対応という視点からとらえられているようである。

また、1996年には生前契約がわが国に定着していない時期でもあったためか、生前契約の社会的経済効果は薄いと考えている事業者がほとんどであった。

(3) 葬儀の位置づけ

生前契約を提供する事業者が、葬儀をどのように位置づけているかについては、大別すると3つに分けることができる。

Ⅰ．遺族中心型
① 故人の霊を慰めるもの
② 遺族の悲しみを癒すもの
③ 死亡したことの社会的告知
④ 遺族の意志の自由表現
⑤ 死者の供養

Ⅱ．本人の意志重視型
① 自分自身の終わり方を表現するもの
② 本人の人生の表現
③ 故人の自由意志の表現
④ 人生のけじめを表す方法
⑤ 消費者が要不要を判断し行うもの

Ⅲ．本質見直し型
① 社会的告知
② 物中心から心中心の儀式への転換
③ 葬法の自由化
④ 個別要望への対応
⑤ 消費者主体のサービス

⑥　葬送儀礼の一部
⑦　社会的・精神的・宗教的要素が絡む儀礼
⑧　生と死を考える機会と場

というように区分できる。こうしてみると，「遺族中心型」の葬儀から「生前契約」を提供する事業者側による葬儀見直しへの姿勢が「個人の意志重視型」となり「生前契約」の方向へとすすんできていることがうかがえる。

　一方，同意できる項目では「葬儀は個人の自由意志」を11社すべてが選択している。他は，「死者の霊を慰めるもの」6社，「遺族の意志によるもの」5社でこれらは従来の遺族による葬儀との考え方を持ちながら故人（本人）の生前の意志を現実の葬儀に生かしていくべきであるとの考え方の現れである。この5社のうち，「生前契約」をするにあたって家族（その他の関係者）への周知が必要か否かとの関連でみると，5社のうち2社のみが，家族（その他の関係者）への周知は「絶対必要」としているだけで，残る3社は「周知が望ましい」という回答で個人の意志を第一義としている。遺族中心型は葬儀は個人の霊を慰める機能，遺族の悲しみを癒す機能，死亡の社会的告知の機能，遺族の意思の表現，死者の供養を強調し，本人の意思重視型は自分自身の終焉を表現する機能，本人の自己表現の機能，消費者の主体的な選択意思を表現する機能を，そして葬儀の本質見直し型は葬儀の社会的アピールの機能，形式から人の意思中心への移行機能，葬送方法の自由化拡大への機能，消費者のニーズ中心のサービスへの転換機能，死のタブー解消，生と死を考える機能としてとらえ，葬儀のあり方，その方法を模索しているようである。

　すなわち従来からの遺族中心型の葬儀を，生前契約の提供によって，葬儀を個人の意思重視型へととらえ直し，生前契約を定着させる方向へと進展させたいという提供事業者側の戦略の現れと見ることができよう。それはすべての提供事業者が「葬儀は個人の自由意思」と回答していることからもうかがえる。しかし葬儀は個人の自由意思であるといっても最終的には葬儀を行う「遺族の意思」としている事業者も半数近くを占める。これは，葬儀は決定権のある遺族の意思によるとしながらも，死亡した本人が生前に何らかの意思を残している場合はそれを優先的に葬儀に生かして行くことが必要であるという考え方を表している。生前契約をした本人の家族などへの周知の要否を事業者ごとに見ると，周知が必要としている5社のうち2社は，家族など関係者への周知が「絶対条件」としている。残る3社は周知が望ましいという回答で，生前契約は生前の個人の意思により行うことであり，したがって，絶対必要ではないが，周知が望ましいという回答で，契約者の意思を第一義としている。本人が死亡した際に葬送を主催する遺族が生前契約の存在を知らない場合はそれが生かされないことにもなる。したがって生前契約の周知については，葬儀の主催者となる遺族がその存在を知っているか否かが，事業者にとっては大きな課題である。

　「葬儀という儀式そのものは本来必要ない」，「葬儀は社会的地位を表す」，「葬儀は基本的には遺体の処理である」という考えは，提供事業者には見られない。事業者にとっては，葬儀は人が亡くなれば必ず必要なこととというとらえ方をしているということや葬儀の実行については遺族や死亡者本人の社会的立場を参考に見積もりをする葬儀社が一般的であるという風評に対しては，生前契約を提供し始めた事業者は否定的である。葬儀の形式，規模は消費者が主体的に判断して実

行されることが生前契約によって促進されるととらえられており，生前契約がすすめば葬儀の在り方が変化するかもしれないとしている。

(4) 生前契約の基本的な考え方

生前契約に関する基本的な考え方を知ることは，消費者にとって必須のことであり，自分の生前契約への信頼性を問うことにもなり，契約事項の履行への信頼感・安心感を充足させるものか否かを確認することができる。また事業者は生前契約の理念を提示することによって，広報の好機になるということや事業の信頼度の進化と事業の拡張，顧客の安定供給，業界間における競争力などが得られ，葬儀業界全体の信用度・信頼度を向上させることになるとしている。

A社：「・利用者が選択可能な情報（料金体系，様式，用品，サービス）提示を行う
　　　　・利用者に選択・決定権がある（変更の自由）内容
　　　　・契約者は本人と家族（できれば祭祀継承者）
　　　　・対価（2年毎の見直しにより物価変動対策済）とその支払い方法を確定する
　　　　・実行の保証とその適正な実施監査（家族および金融機関）」

B社：「よく生き，よりよい最後を願い，遺族の立場になり，心からの供養の気持ちでやっています」

C社：「・死後の人権の確立
　　　　・選択の自由の保証
　　　　・悲愴感なく死をとらえる」

D社：「生命ってすばらしい／美しいものに感動し，悲しいことに涙する／当たり前のように生きている。水も空気もみんな永遠ならばいいのにな／生命は大切／一生懸命生きなきゃならない／心豊かで楽しい毎日／明るく平和な社会／忘れかけてるみたい／生命ってすばらしい」

E社：「消費者の多様なニーズに応えられる幅広い選択肢を設けることを基本的考え方としている。「生前契約」という法的拘束力をもったシステムは一方では大きなリスクをもっている。10年先，20年先の契約履行が確実に行われるかどうかは保証がなく，払い込んだ契約金が契約会社の倒産などによって全く戻らないことも考えられる。将来のトラブルをなくすために契約金の支払いは一切行わない緩やかな予約システムをとっている」

F社：「消費者の立場に立ってよく考え，よく行動し，よく計算し，施行の万全に尽くしたい」

G社：「・人と人との助け合い（共済）
　　　　・葬儀社の有機的結合によりヒト・モノ・カネのもやい
　　　　・葬儀関連のモノ・コトにおいて，まとまることによって生み出せるトータルメリットを消費者に還元する」

　　　　　・たった一人でも一生懸命生きて貰う
　　　　　・21世紀はすべてにおいてまとまる時代となる」
　H社：「・葬儀の施行を目的とせず，意志を遺志として活かす（葬儀不要も遺志）
　　　　　・葬儀をするなら周囲への迷惑を最小限にした葬儀
　　　　　・葬儀社主導を本人・家族主導に戻す」
　Ｉ社：「・世直し・国造りの役にたちたい
　　　　　・「自由意志」への提案
　　　　　・今後の超高齢社会を日々豊かに生き，一人一人にふさわしい実りある人生の全うする」
　Ｊ社：「契約した本人の気持ちが，意志を尊重することで，死後についての自己決定権を認める「葬送の自由」にある」
　Ｋ社：「顧客の立場にたって有終のセレモニーを実施し，参列者への熱いメッセージを伝えるための葬儀を見直す契約」

　基本的な考え方として事業者は，①消費者主体の契約であること，②消費者の選択の自由と決定権，③葬儀プランと費用の確保，④葬儀実行は遺族の供養意思の尊重，⑤人生を讃え死の尊厳を守る，⑥消費者のニーズ主体のメニュー，⑦共済の理念，⑧葬儀社主導の葬儀から遺族主導へ回帰，⑨高齢社会における自己実現の方法，⑩葬送方法の自由の確保などを強調している。

　事業者は，消費者が従来の一定の形式を重視した形骸化された葬儀から解放され，消費者自らの意思で自分の葬儀を企画し，安心して生涯を全うする生き方を提唱する要素を生前契約はもつと考えている。そのためには消費者の意思を主体とすることは当然のことであり，事業者に対する消費者側の批判や不満が出ている形骸化した葬儀を，自らの手で打破していこうとする試みは消費者にとっては安心材料となる。生前契約によって葬儀が開かれた市場となり消費者の不安や不満が事前に回避され，トラブル防止の機能を果たすことになれば，葬儀は変わっていくであろう。しかし，まだわが国においては，新たな方法である生前契約には契約した葬儀の履行の保証に関する課題，葬儀費用確保の方法にも課題が残されている。

　生前契約は将来必ず自分に起こる死によるその後の葬儀を生前に考え，その実行を確たるものにするためにプランとそれを実行するための一定の費用を確保する方法を明示して事業者と契約しておくことであるが，事業者は葬儀のみならず，その他の関連サービスを提供しているところもある。死後の葬儀を生前契約によって生前に確保するわけであるから死後だけでなく生前にも利用できるサービスを併せて提供しようというこれまでに考えられなかった新手の「商品」が散見される。さらに死後の生活整理のサービスも手がけようとしている事業者もある。葬儀は前述したようにかつては「at need」のサービスだけであったが生前契約をきっかけに，生前の生活に関わるサービスとして生前契約を含む「pre need」のサービス，死後にも及ぶ「after need」まで，死の前後に関わる様々なサービスを行う事業展開が現れ始めた。これはわが国独特の考え方とサービスの方法であるが，生前から死後に至るサービスの考え方が登場したことで，葬儀業界

に他の業者からの参入もしやすくなってきたようである。葬送事業者もまた，葬儀以外のサービスを行うことによってビジネスの拡大化を図ることができるとこの動きを評価している。わが国においてみられる生前から死後にわたる広範なサービスを含む葬儀関連のサービスを利用を可能とする消費者の契約は，厳密には「葬儀の生前契約」ではなく，「葬儀を中心とした生前・死後のサービスの生前契約」といった方がよい。

　選択項目では，「葬儀の企画＋葬儀費用の準備＋生前サービス＋死後の諸手続き・整理サービス」と生前サービスから死後整理のサービスまでの葬儀の前後に関するトータルサービスの提供が5社と約半数を占める。「葬儀の企画＋葬儀費用の準備＋死後の諸手続き・整理サービス」が3社，「葬儀の企画＋葬儀費用の準備＋墓の販売」3社であり，人の死の前後に他者による支援が必要とされるすべてのことを葬送に関わる一連のサービスとして提供するようになったといえよう。死の前後の介護や生活の始末は，従来家族がそのすべてを担ってきたが，次第に介護や終末看護が社会化され，葬送の儀礼も社会化され，そして，死後の生活整理までもが社会化され，社会化されないのは，それを選択するかどうかの意志と決定権および経済的な確保だけといえよう。

　生前から死後のサービスまでを包括するものとしては，①葬儀の企画＋費用の準備＋生前サービス＋葬儀の実行＋死後の諸手続き・生活整理サービスとする pre need, at need, after need までを視野に入れた事業者が5社あり，②葬儀の企画＋費用の準備＋葬儀の実行＋死後の諸手続き・生活整理サービスと pre need の部分は葬儀の生前契約だけでその他は①と同様であるという事業者が3社，③葬儀の企画＋費用の準備＋葬儀の実行＋墓の販売という事業者が3社である。1997年には高齢者世帯は515万9,000世帯と全世帯数の11.5％を占めるほどに増加してきたことなどを背景にして，死の前後にある生活の場や介護，生活の整理まで従来家族が担ってきた機能を葬儀の生前契約を中心として社会化していく時代の変化を感じさせる。

(5) 生前契約の担当者

　アメリカにおける生前契約の取扱者は，フューネラル・ディレクターであることとされているが，わが国では，生前契約そのものが提供され始めたばかりであり，現状では生前契約提供事業者の業種の制限もなければ，その内容や費用に関する明確な規定もなくましてやその担当者の資格も制限もない。

　「生前契約」は，死の次にくる葬儀について費用および内容さらには死の前後のサービスも含めた，「pre need」から「at need」，そして「after need」も包含する，消費者の人生すべてを託する契約にもなりかねないものである。決して曖昧な情報や安易な引き受け・同意はすべきではない。また個々により死生観も違い，「生前契約」は非常にデリケートな契約であり，通常の「商品」販売とは異なるものである。「生前契約」を提供するのであれば，「生前契約」の専門スタッフが消費者に応対しなければならないと考えられる。

　生前契約の担当者は，各事業者が適任であると考える人が選ばれているのが現状であるが，それでも各事業者は，死後の意思に関する契約であることを認識し慎重な人選をしているかどうかは分からない。

実際には，11社のうち7社までが生前契約の専門担当者を配属している。担当課があるのは3社だけであり1社には非常勤の担当者がいるという結果であった。事業規模により担当課，担当係かに分かれるとはいえ，いずれも担当スタッフはおかれており，生前契約には専門の担当者が必要であると10社が回答し，専門スタッフを重視している。それは，葬儀の企画に関する知識や契約に関する専門知識だけでなく，消費者への心理的なサポートの仕方やプライバシーの保護，秘密保持などによる安心感，信頼性，透明性を消費者に理解してもらわなければならないからである。事業者によって多少の相違はあるが，担当者は概ね以下の条件によって人選していると回答している。すなわち，①葬儀の専門知識を有するもの，②金融知識（保険，金銭信託など）を持つもの，③カウンセリングの教育を受けた経験があるもの，④冷静に消費者の意見を聞くことができるもの，⑤相手の要望を正確に理解できる者，⑥穏やかな性格のもの，⑦営業手腕のあるもの，⑧地域の葬儀に精通したもの，⑨現在の葬儀や宗教に疑問を持つもの，⑩葬送の意義を理解しているもの，としている。やはり，消費者への対応力とニーズの把握力に最も重点が置かれ，次に葬儀やその関連知識を持っているものが求められている。

　担当者の人選をより具体的にとらえるために選択項目を設定した。その結果，担当者は「女性（中高年）」，「葬送儀礼に精通している」，「人の話をじっくり聞く」の選択が9社と，提供者がどこに最も力を入れて人選をしているかが分かる。「男性（中高年）」，「消費者の立場にたてる」がそれぞれ7社，「プランニングの能力に優れている」が6社と続いている。

　このように「生前契約」の顧客の最大の市場になるであろう高齢者を意識し，消費者に対して信頼感がもて，安心して話すことができそうだと思われる「中高年女性もしくは男性で，葬送儀礼に詳しい人，消費者の立場にたってじっくりと話を聴くことができ，消費者の考えどおりの企画をすることができる人」がイメージとして浮き彫りにされる。しかし現実には，葬儀業界への女性の進出は他の一般企業と比べると圧倒的に少なく，どちらかといえば男性中心の業種であった。「生前契約」の開始を機に女性の進出が期待できそうである。平均的に女性が長命であり，後に残される頻度の高い女性が男性よりも積極的に死後のあり方を考えることが多くなってきた現代社会において，同性で年齢的にも近い安心感がもてる女性が「生前契約」の前線にでれば，「生前契約」も人々に身近になってくるかもしれないし，女性の積極的な参入の好機でもある。

　いずれにしても，担当者人選のポイントとしては，年齢的な要素，実務能力に力点をおくという傾向が強い。他の項目に関しては，2次的な要素ととらえているのか選択率が低い。

(6)　葬儀の生前契約開始の理由と予想される消費者の利用の理由
　事業者がそれぞれの理念のもとに生前契約の提供を開始した主たる理由は以下の通りあり，各事業者ともほぼ共通しているようである。
　個々の事業者の理由を見ると，
① 死や葬送に関する社会情勢の変化
② 顧客のニーズへの対応した葬儀のあり方を問う
③ 葬儀業経営の活路を見いだすため

④ 消費者と提供者が同じ土俵で葬儀を考えることへの取り組み
⑤ 死のタブー視がなくなり事業再開の時との判断
⑥ 他事業による顧客の葬儀顧客への取り込み
⑦ 独居高齢者を対象とした社会貢献として
⑧ 本質的セレモニーの具現化を目指す
⑨ 葬儀への金銭的な備えとして保険の導入
⑩ 会員の要望による
⑪ 子供を頼れない時代の葬儀＋保険・共済による葬儀への備え
⑫ 一元的葬儀形態に反発
⑬ 葬儀の華美・費用の高騰化に反発
⑭ 葬儀社主導・主体の葬儀に反発
⑮ 葬式仏教に反発
⑯ 真に個人が望む葬儀の実現
⑰ 葬儀ニーズに即した対応と葬儀の合理化
⑱ 葬儀料金の明瞭化
⑲ 核家族世帯，シングル世帯の葬送不安への対応
⑳ 葬儀実施にともなう不安の解消
㉑ 葬儀そのものへの不安・不満の軽減

などである。

このように，現代の家族構造の変化，生命に関するさまざまな意見と取り組み，死や葬送に関する情報の普及などによって，これまでタブーとされてきたことが明るみに出され，葬儀を自分のこととして正面から考える風潮がでてきたという社会の変化に，事業者側は即応するという意図が見える。またそれは，顧客獲得の好機となるからであろう。現代の高齢者は，死や葬送に関する考えや生前契約についての，さまざまな情報を獲得することができるようになった。ますます人口の高齢化率が上昇していき，死亡者の増加が推計されているこれからの高齢社会においては，葬送へのニーズが増大していくことになろうし，葬儀への意識化と経済的確保ができる自立した高齢者層の増大がこれからの生前契約を支えていくであろうことが予想される。

かつて葬儀業は「（葬儀依頼の電話を）待つ仕事」ともいわれ，そこにはタブーもあり，積極的に予約販売をする分野とは考えられていなかった。生前契約は，生前に準備を必要とする，すべての人に対して提供できる商品である。しかもこれまでセールスをせずに顧客を「待つこと」だけの受け身な事業を「生前契約」によって一気に積極的な販売に変えた。また従来，葬儀費用が明朗とはいえず，葬儀の大規模化，物価の高騰によって葬儀社への支払い費用の高額化と相俟って，消費者の葬儀社に対する会計の不明瞭性への不満の声があった。「生前契約」は葬儀の形式や内容および費用がすべて消費者に明らかにされるため，会計の不明瞭性からの解放を促進する。そして会計の明朗化は，ひいては葬儀業界全体の信頼性の向上につながることになる。

さらに葬儀社にとっては，経営戦略として「死後の顧客」を生前に確保する「顧客の囲い込み」

として経営の活路にもなろう。

　「生前契約」提供開始の理由としては，このように消費者の家族観，死生観，経済状況などによる，「葬送（特に葬儀）に関する不安の解消」という消費者のおかれている①「消費者の意識重視型」と葬儀社そのものの将来的な経営基盤造りとしての②「経営戦略型」とに区分できる。

　このことをより鮮明に見ることができるのは，「葬送の形骸化の打破」8社，「価値観の多様化に応じた葬送の必要性」8社，「死・葬送への関心の高まり」7社，「社会的要請の高まり」6社などがあげられているからである。ただ多くは，高齢者を対象の中心とするにもかかわらず「シルバービジネス」というとらえ方は少なく，3社だけであった。また，同業者が「生前契約」を提供し始めたので時流に乗り遅れ顧客を逸してはならないという顧客獲得のために遅れをとらないようにするために提供し始めたという事業者は1社もない。「生前契約」ニーズをとらえる方法として，海外（特に米国）の情報を得て開始したという提供者は3社ある。地域主導型から葬儀社の参入そして葬儀社主導型の消費者の声がではじめ，そして葬儀選択の時代になり，「生前契約」の登場で，消費者が主体的に自己の葬儀の決定をすることができることになり，事業者は消極的経営から積極的に事業の展開を考えるようになってきたといえよう。

　集約すると，①死や葬送に関する社会情勢の変化への対応，②消費者のニーズにあった葬儀の提供のため，③生前契約により積極的な事業展開のため，④死のタブー視の解消による事業拡大のため，⑤他事業の顧客を葬儀に取り込み新たな事業展開のため，⑥葬儀社主導の葬儀から葬儀の本質を見直すため，⑦保健導入により葬儀業界の事業安定化のため，⑧形骸化し華美・高騰化した葬儀に対する反省，⑨葬送不安や葬送への不満の解消のため，⑩葬送価格の明瞭化による業界の信頼の確保のため，が開始理由である。この結果から消費者の意識をとらえながら，経営戦略として生前契約をとらえて開始したということがいえよう。それをより明確に表している結果として葬送の形骸化の打破が必要と考えている事業者が8社(72.7％)みられ，消費者の価値観の多様化に応じた葬儀の提供を考えている事業者も同様であり，死に対する社会的な関心の高まりにより生前契約に踏み切ったという事業者も7社あった。高齢者を生前契約の対象の中心にしているにもかかわらず，シルバービジネスというとらえ方はほとんどない。生前契約を開始するに当たって，消費者のニーズや市場調査，生前契約に関する情報をどのようにしたかということについては，生前契約先進国ともいえるアメリカに情報源を求めている場合が多かった。このようにして生前契約を開始しているが，それでは事業者はどのような理由で消費者は生前契約を選ぶかということについては以下のように回答している。①家族に葬送の迷惑をかけたくない，②自分のことは自分で計画しておきたい人，③自分の意思を死後に生かしたい人，④生前契約時に費用を準備するので経済的であるから，⑤老後の不安を解消することができるから，⑥家族がいない人にとっての葬送不安が解消される，⑦家族に頼りたくない人，⑧高齢期の自立生活・自己実現を図りたい人，⑨現在の葬儀の在り方に満足できない人，⑩消費者に分かりやすい葬儀内容だから，⑪費用が低廉で葬儀ができるから，⑫宗教的な葬儀をしたくない人といったことをあげている。このように生前契約利用者は，自己実現と安心感を求める場合，家族などに頼りたくない場合，葬儀社の選択や葬儀の内容など実務と費用軽減を望む場合，葬儀の現状への不満，不信感

をもつ場合ということに集約される。「消費者の安心」ということはすべての事業者があげ「家族の負担軽減」は9社（81.8％），「消費者の自己実現」は7社（63.6％）であった。事業者が考える生前契約の利用者は本人の不安解消をあげながらも一様に家族の負担軽減を利用とするだろうと考えている回答が多い。事業者は消費者の選択と自己決定を重視する姿勢が強く，他者からの薦めや社会の風潮に左右された他者追随型の考え方は敬遠されている。

(7) 生前契約の対象

「生前契約」の提供は，どのような人々を主な対象としているかを見ると，以下のような回答であり，「生前契約」に関心のある人から高齢者を中心とする事業者，また会員と限定する事業者から全く特定しない事業者まである。

A社：① 墓石購入者の世帯で60歳以上の人
　　　② 「生前契約」に関心がある人
B社：① 身寄りのない人（消費者を選ぶことはない）
C社：① 「生前契約」説明会で趣旨を理解した人
D社：① 特定しない
E社：① 一般生活者
　　　② 高齢者
　　　③ 独居高齢者
F社：① 65歳以上の独身者
　　　② 夫婦世帯（子どもなし）
　　　③ 夫婦世帯（子どもは遠隔地にいる）
G社：① すべての人類
H社：① 現状の葬儀に疑問を有する人
　　　② 葬儀に意志を実現したい人
　　　③ 周囲への迷惑を最小限にしたい人
　　　④ 葬儀をしたくない人
I社：① 一般生活者
　　　② 既存の各種保険加入者
　　　③ 葬儀で苦労した経験をもつ人
　　　④ 問い合わせのあった人
　　　⑤ 各特約店の地縁・人縁
J社：① 会員
K社：① 従来の葬儀に疑問をもつ人

確かに，「生前契約」は誰にでも利用できるものでなければならないし，事実そのように提供さ

れている。この回答からすると，特定はしないが①高齢者層と②葬儀に対する考えや意見をもつ人，を「生前契約」の対象の中心ととらえているようであるが，しかし明確にはわからない。

　生前契約のプランを提供する各事業者が考えている主たる対象は，性別を問わず全年齢としているもののその中心となるのは，概ね60歳以上であり，自分の葬送と生前契約に関心・不安を持つ人であることとしている。生前契約は誰もが利用できるものであることが前提であろうが，多くは高齢者を想定しているようである。すべての事業者が対象の中心とするのは高齢者世帯（高齢者夫婦世帯および単身高齢者世帯）である。また要介護状態にある高齢者世帯へ目を向けている事業者が7社(63.6％)ほど見られる。健康な高齢者世帯であっても，要介護高齢者のいる世帯であっても将来の深刻な不安材料である葬送について生前契約を行うことは，その不安をできるだけ少なくする方法として有用であるといえ，生前契約は高齢者にとっては利用価値が高いだろう。

　年齢については，20歳以上であればよいとする事業者が5社（45.5％），65歳以上が3社（27.2％），年齢制限は特に設けないが3社(27.2％)であった。生前契約にあたっては，死後に行われる自分の葬送の契約であるものの，その葬儀の費用をあらかじめ確保しておくということがあるために，健康度は，複数回答で，生命保険に加入できる程度が9社(81.8％)とほとんどであり，本人の意思が確認できればよいとする事業者も8社（72.2％），生涯・疾病があっても可とする事業者は5社（45.5％）であった。対象となる人の国籍や居住地に関しては，日本人はすべての事業者が，日本在住外国人に対しては6社（54.5％）が可能だとしており，居住地は全事業者が問わないとしている。

(8)　事業者が提供しようとする葬儀の企画
「生前契約」による葬儀企画がどのような形で提供されているかを見ることにする。なお記述形式は統一されているものではない。

A社：①　仏式・神式・キリスト教式による8コース
　　　②　無宗教式コース
B社：パック（結婚式の時のような30人用，50人用など）を企画し，病院から骨になるまでをすべて賄っていく商品企画
C社：①　個人の意志をすべて網羅した企画
　　　②　基本部分（遺体→焼骨）の提示
D社：①　個人の希望により（企画に溺れず）多様な葬儀形式の提供
　　　②　基本的な葬儀＋オプションの企画
E社：個人の自由選択によるため提供する企画はない
F社：施行・諸手続きの完了までの企画をもつ
G社：①　全国114社独自の企画を提供
　　　②　時代の変化，ライフスタイルの変化，インフレ対応などの要因があるため現時点で

　　　　　は企画できるはずがない
　H社：①　自筆の遺言書作成
　　　　②　遺影の用意
　　　　③　自筆の会葬礼状・死亡通知
　I社：①　パックプラン（地域の慣習にあった標準葬儀を予算別にパッケージ）
　　　　②　セレクトプラン（コース選択による葬儀のセミパッケージ）
　　　　③　チョイスプラン（項目選択・組み合わせによる自由形プラン）
　　　　④　フリープラン（オーダーメイドのプラン）
　　　　⑤　葬儀費用準備プラン（費用の準備に重点をおく）
　J社：すべて本人契約のプラン

　生前契約による葬儀の形式は，消費者の多様化したニーズを考えて事業者により考案されているが，すべて消費者の要望にそったものとする事業者から，基本的なパッケージにオプションとして別の企画を付加する，あるいは，多様なパッケージのなかからの選択というものまでの幅があった。①宗教別による形式の選択，②パッケージプランの選択，③消費者の意思をすべて網羅した企画，④基本的なパッケージプランと消費者の希望による企画，⑤葬儀実行から諸手続き完了までの段階別プランの選択，⑥遺言書に記載する個人企画，⑦地域の習慣に合わせたパッケージプランの選択，⑧費用の準備状況に合わせたパッケージプランの選択と分類することができる。ではその葬儀の企画は誰が行うのかということについては，消費者と事業者が相談をしてという回答が10社中7社（70.0％）であり，消費者が企画するものとするのは3社（30.0％）であった。また事業者側がメニューを提示する事業者主導の考えが2社（20.0％）ほど見られた。消費者が葬儀の企画をするといっても，死から葬送に至る手続きを始めとしてほとんどの葬送は葬儀社が代行したり，葬儀社主導で葬儀を行うことが増加してきたために死後の手続きや葬送の手順の詳細を知らない消費者が多く，そのため葬儀の企画も葬儀社の介入なしには企画は難しいようである。どの事業者も自分にあった個性的な葬儀や簡素化した葬儀も希望に応じて可能ではあるが，自分で葬儀を企画することにまだ不慣れな消費者で，特別な希望はあまりなく，残る家族に迷惑をかけたくないという理由を第一義とする場合は，事業者の提示するメニューのなかから選択することで企画は終了する。葬儀に必要な要素をすべて取り入れたパッケージプランの選択は簡便ではあるが，平均的な葬儀になってしまうことになるが，迷惑をかけたくないということが最大の理由である人々にとってパッケージプランは選択しやすい。ただ，事業者の提供するパッケージプランはあくまでも平均的なものであるために，必ずしも消費者の希望することだけがセットされているわけではなく，メニュー選択には自分には何が必要であり不要かという目をもっていなければならない。

　K社は「生前契約」の企画に対して「最低のメニューをもっている必要性はあるが，顧客のニーズをどこまでプロデュースしうるか」と課題を投げかけている。

　ただ，メニュー提示にはマイナス面もある。特に高齢者や形式・規模などへの明確な要望をも

たず，家族への配慮だけで「生前契約」を使用とする場合は，自己の希望よりも提供されるメニューのなかから選択することだけになってしまいがちになる。例えば，提供者メニューのなかにある，人にとっては必ずしも必要ではない項目もあるかもしれない。それを要不要の判別ができない消費者であれば提示メニューどおりのものを選定してしまうことになりかねない。

消費者サイドにたった「生前契約」となるためには，死から火葬，埋葬・自然葬にいたるまでの，人の死に際して基本的に必要とされる部分と葬儀に関し個人で自由に考え，選択できる部分とを詳細に区分して消費者に提供することが必要である。例えば，米国のＦＴＣ規則にあるように，すべての葬具や方法と価格を詳細に提示するようにならなければ，真に消費者サイドで提供するとはいえないだろう。

「生前契約」に託す具体的な葬儀企画の作成にあたっての最も必要とされる要件を聞いた。7社が「消費者（本人）の意志」であると回答している。3社は「家族の同意」をあげ，1社は「費用の裏付け」と回答している。「生前契約」は利用者本人がそれぞれ自己の意志で行うものであり，本人が葬儀内容（葬儀を施行するかしないかを問わず）主体的に判断・決定し併せて費用も準備しておくものである。もちろん，費用だけを準備し，葬儀の内容は具体的に設定しておかないプランもある。いずれにしろ消費者の主体的な意志決定と行為による。利用者の意志を最も重要であるとするのは当然のことである。

将来いつ発生するか分からない葬儀が，そのときの情勢により費用の不足（あるいは過多）や予期せぬ要因により，提供事業者のプランによっては企画どおりの葬儀が完全実施できなくなることがあるかもしれない。そしてまた「生前契約」をめぐり遺族とのトラブルが発生することがあるかもしれない。「家族の同意」や「費用の裏付け」を必要条件とする提供事業者がみられるが，それは未然にトラブルを防止することを考えてのことであると思われる。

消費者主体の生前契約となるためには，死に伴い最低限必要なことと個人の意思に応じて選択できる部分とを区分して消費者に提供する事業者の姿勢が必要である。特にわが国では生前契約の内容に関する詳細な規則がないために，消費者側の意思の明確化と事業者の葬儀の明細の説明などが求められる。死は病状などによってある程度予測される状況にあっても，突然の出来事である。生前契約により葬儀を準備していたとしても葬儀を行う近親者などに知らされていないと事業者と遺族とのトラブルが発生しかねない。本人の意思による企画，本人が用意する費用であっても家族・近親者の同意が必要であると事業者が考えるのは生前契約により企画された葬儀を実行するために重要な要素であることはいうまでもない。

「生前契約」に関するトラブルの発生とその要因および予防についての回答は以下のとおりである。

生前に費用を用意し，葬儀のプランをたて，それを第三者に託し，死後実行される「生前契約」には，準備した費用と契約どおりの内容で適正に葬儀が行われるかどうかという不安が常につきまとう。提供事業者側からみて，何らかの問題・トラブルが起きることはないかどうかを聞いたところ，トラブルは発生すると「思う」が5社，トラブルの可能性はないと考える「思わない」が5社と2分された。米国の事例からみてもトラブルの発生→改善・法規制を繰り返してきてお

り，わが国では始まったばかりといってもよいこの種の「生前契約」には課題も多い。トラブルの発生は，利用者にとっては不愉快であり，提供事業者にとっても同様であり，さらに「生前契約」の信頼度の低下にもなるし，提供事業者の信用も揺らぐことになりかねない。各提供事業者は自社のプランは，現在予想されるすべてのトラブルに対応できるものである，と自信をもっている。しかし半数の5社はそれでもトラブル発生の可能性はあると回答しており，このことは重視しなければならない。

半数がトラブル発生の可能性を指摘しているなかで，特に提供事業者，消費者両者にとって深刻なものとして，

① 提供事業者と施行業者が契約どおりのサービスをしていない（契約不履行）
② 施行内容が契約書どおりかチェックする機能が不十分
③ 考えていたような施行ができなかった場合
④ 契約解除（解約）契約金の契約手数料差引による満額返金がないこと
⑤ 契約会社の倒産・計画倒産（契約金の持ち逃げ）
⑥ 申し込み地と死亡地が異なり契約実施の不可能性（地域限定事業者）
⑦ 相続上の問題
⑧ 追加金額の支払い
⑨ 支払い金の保証をめぐること
⑩ 病院などによる施行業者への連絡不備

などがあげられている。

提供事業者からみても，大きくわけると①費用の保証，②実行の確実性，③実行の確認，に分けることができる。提供事業者間による問題の生起と防止には業界全体のこととして取り組んでいかなければならない。

トラブルを回避する方法としてあげられている事項は，

① 家族の同意
② 定期的（2～10年）な契約内容・費用の見直し
③ 具体的な葬儀内容を決定しておかない
④ 双方で契約内容を十分確認し合う
⑤ 法的に効力をもたせる
⑥ 第三者機関に監視させる
⑦ 実務の質の向上
⑧ 契約者保護の法的整備
⑨ 提供事業者が倒産の危険性がない団体となる
⑩ 倒産しても消費者保護が可能なシステム
⑪ 「生前契約」募集の方法（葬儀社による募集）
⑫ 費用を預かる公的機関・財団の設置
⑬ 「生前契約」の管理・監督機関の設置

⑭ 「生前契約」の社会的認知度の向上
⑮ 優れた葬儀企画指導力

以上のように，実行の確実性という視点から，利用者の死亡地と葬儀の実施とに関わるトラブルの生起と解決策についての回答は1社のみであった。

　高齢期になっても居住地を移動したり，病院・老人福祉施設への入所などで移動し，死を迎えた場合「生前契約」のポータビリティが問題となることも起きてくる可能性がでてくる。全国型は問題ないが，特に地域限定型の場合は発生の確率が高い。提供地域についてこの問題をどのように各提供事業者が解決していくのかは今後の課題である。

　また提供事業者として，利用者に対する対応と同時に，提供事業者の母体の検討としての機構・機関の設置，監視システムや「生前契約」そのものおよび提供事業者・利用者双方を保護する法的整備などの必要性があげられている。

　また，死後実行される「生前契約」には，準備した費用と契約どおりの内容で適正に葬儀が行われるかどうかという消費者の不安に対して，

A社：契約時同意者（家族）を必ずたてる。費用は第三者の信託銀行で運用し，実行されたことを確認したうえで葬儀者に支払われるシステムをとっている
B社：身寄りのない人には信じてもらうしか方法はない
C社：第三者機構としてサービス適正化委員会がありサービス内容の実行をより厳しくチェックする
D社：会員にはセミナーやイベントを定期的に行い，また会報誌などをもってより親近感をもてるよう努力している。真摯な姿勢を理解してもらうことが不安を解消させることになる。
E社：「契約」では，契約不履行，契約会社の倒産の心配があり，中途解約がスムースに行えるかの不安もある。契約者本人が死亡しているので契約履行確認するものがいない人は大きな不安を抱えることになる。したがって契約という形をとらない緩やかな予約としている。
F社：これまで（1993年）以来一度も履行に関する問題は起きていないので分からない
G社：地元密着型の葬儀社が募集するので安心できる。最悪の場合でも掛け金は無駄にならないシステムである。
H社：特別な対策はない。当社は利用者の意志を遺志として実現させる葬儀を葬儀社に施行させる立場である。
I社：葬儀遂行上の基本は世間一般に対する信用。1件1件の実行実績を積み上げる以外に方法はない。
J社：実績を積み上げることで社会的合意を広げる
K社：葬儀実施専業者のレベルアップ

このように,「生前契約」による葬儀の履行を誰が担保するのかということについては,現在のところ明確な方法はないようである。実行葬儀社を信用するという形のない極めて伝統的な関係を強調する提供事業者の考えも一理ある。しかし,費用も準備し葬儀企画もして,契約もしくは予約をするわけであるからそれに見合う対応はすべきである。金融機関が履行まで確認して葬儀社に支払うかどうかについては疑問が残る。また自社で監視機能を有することは一歩先んじているとはいえ,はたして完全に利用者の利益を守ることができるかどうかは分からない。

　「生前契約」が法的にも規定され,監督する公的な専門機関が設置されるようになればよいが,それまでの過渡的な方法として,上記のように①実績による信用度の向上,②支払い機関が実行の確認,③独自の監視システムなどで対応している現状に鑑み,現段階では履行の監視は利用者間で組織された消費者オンブズマン方式の「監視委員会」ともいうべきチームを各々提供事業者がもち,実行の監視をするという方法を提唱したい。そのためには監視が必要か否か入会時・「生前契約」時に履行監視の要否を問うことが大切になってくる。「生前契約」の履行監視にあたっての確認と葬儀実行者の死後のプライバシーの保護と尊厳を十分守らなければならない。

(9)「生前契約」の費用の準備方法

　「生前契約」の費用の準備・確保の方法はいくつかに分かれる。まず,将来の葬儀費用を備えておく方法としては,「前払特定取引業」を行う法的に規制された,わが国最初の葬儀(冠婚葬祭)の準備で,現在も多くの加入者がある「冠婚葬祭互助会」がある。

　ここでは,1980年代以降に登場した,その他の方法によるわが国の葬儀の生前準備として本調査で回答を得た提供事業者の費用の準備方法を見ることにする。

① 現金(予納,各種預貯金)
② 共済(掛け金)
③ 生命保険
④ 損害保険

である。

A社：① 生命保険……a) 特約なし終身保険で新規分
　　　　　　　　　　b) 特約なし終身保険で既に加入済分
　　② 金銭を信託銀行の合同運用指定金銭信託に預入
B社：独自の保険プランを開発し提供するT生命保険に加入をすすめる
C社：① 生命保険……a) 一時払終身保険
　　　　　　　　　　b) 月払終身保険
　　　　　　　　　　c) 既加入分で受取人変更のもの(第3者受け取り,負担付遺贈)
　　② 銀行預金……指定銀行,本人名義の口座に預金
　　③ 不動産……公正証書遺言により売却金額の中から契約した費用を充当
D社：① 生命保険(予定)

② 共済（検討中）
E社：① 生命保険……終身保険
F社：① 保険型
　　　② 預金型
　　　③ 家族依存型（契約時に入会金 250,000 円納金）
G社：① 毎月 1,000 円で 50 万円の葬祭給付金（75 歳まで）
　　　② 毎月 2,000 円で 100 万円の葬祭給付金（75 歳まで）
　　　③ 年齢別（64 歳〜81 歳）の掛け金による 50 万円の給付金
　　　④ 希望別の会員は一括払込か分割払込
H社：① 生命保険
　　　② 預貯金
　　　③ 不動産
I社：① 現金予納方式
　　　② 生命保険加入方式
　　　③ 損害保険加入方式
　　　④ 葬儀費用信託方式

　以上のように各提供事業者は，独自の費用プログラムを用意している。どの方式も利用者が選択できるようになってはいるが，葬儀企画の内容によっては，将来費用不足が起こる場合が生じる。先に述べたように，それに備えて「生前契約」にあたって家族の同意を得ておくことを要件とし，そのような事態が生じた場合は遺族による支払いをするという「本人の準備と家族の同意」という提供事業者が多い。

　費用の準備方法として同意できる項目の中で回答があった 11 社中すべてが，「生命保険」に同意し，「各種預貯金」が 7 社，「遺産による支払い」が 4 社，「積立（割賦）」と「遺族支払い」がそれぞれ 3 社であった。これらのなかで，「生命保険」のみとする提供事業者は 3 社で，他は「企業支払い」を除く 2 〜 5 種の組み合わせによると回答している。

(10)　各提供事業者の「生前契約」の優れた点
　提供事業者が自社の「生前契約」の優れた点についての回答を見ると，

A社：① 葬儀施行のみでなく仏壇，墓所までのトータルサービス
　　　② 資金の準備の多様性（金銭，新規・既存生命保険）
　　　③ 資金の運用支払いはM信託銀行につき利用者は安心
　　　④ 葬儀・供養・墓の無料相談
　　　⑤ 自社斎場の利用に特典（特別割引）
　　　⑥ 弔慰金として基本料金の 10 ％の供養券の発行

B社：① 心のこもったサービス
　　　② 葬儀に対する融通性
C社：① 契約が公正証書であり法的効力をもつ
　　　② 2年ごとの見直しをし，社会の変化や経済の変動に対応する
　　　③ 死後のサービスとして生活の後始末，納骨，供養，墓の管理まで一切を引き受ける
　　　④ 墓の利用斡旋サービス（個人墓，家族墓，合祀墓）
　　　⑤ 「生前契約」専門スタッフによる相談
　　　⑥ 定期的な講演会，「生前契約」説明会の実施
　　　⑦ 「生前契約」の最新情報サービスとしての会報（毎月）郵送サービス
D社：① 十分時間をかけ作り上げる
　　　② 「生前契約」の見直しを2～3年ごとに1度行う（検討中）
　　　③ 会員にセミナーやイベントの提供
　　　④ 会報誌で会員との関係を密にする
E社：① 多様で幅広い消費者ニーズに応えられる選択肢の多い，自由で緩やかな予約
F社：① 地域のニーズに合わせた商品・システム
G社：① 全国114葬儀社によるネットワーク
　　　② 葬儀社の社員が生前契約の募集
H社：① 葬儀社でないため葬儀社に対する請求，批判ができる（消費者サイドに立つ）
　　　② 他の「生前契約」を利用していても入会は可能（葬儀の管理・監督をする）
I社：① パックプラン（地域の慣習にしたがった標準的葬儀を予算別にパッケージ）
　　　② セレクトプラン（基本項目のコースを選択し，葬儀全体を組み立てるセミパックプラン）
　　　③ チョイスプラン（必要な項目のすべてを自由に選び組み合わせる選択・組み合わせ自由形プラン）
　　　④ フリープラン（従来の形式にとらわれないオーダーメイドのプラン）
　　　⑤ 葬儀費用準備プラン（費用の準備に重点をおくプラン）
J社：① 市民運動としての基本理念が明確
　　　② 本人契約の意義を契約者本人が完全に把握している（契約内容の誤解によるトラブルはない）
　　　③ 会員だけをボランティアで支えるので費用が安い（自然葬）
　　　④ 葬儀は自由
K社：① 徹底的に顧客サイドに立とうとしていること

　それぞれ，具体的な内容に明示や基本的な考え方のみなど，回答にばらつきはあるが，K社の回答にあるように，利用者側にたって提供しようとする姿勢がどの「生前契約」提供事業者にも見られる。

上記のような優れた点をそれぞれもつとしている提供事業者は，他社との競争力について，「非常にある」が7社，「ある」が2社で11社中9社までが自社の「生前契約」は競争力があるとしている。ただ優れた点を多くあげながらも競争力があるかどうか「わからない」としている提供事業者が1社あり，地域密着型の1社は他社との競争力は「ない」と答えている。

　「生前契約」提供事業者のなかにはアドボカシー団体的な事業者がある。現在「生前契約」に関する消費者のためのアドボカシー団体がないので，今後「生前契約」が普及してくれば，「生前契約」利用者がそこに入会しておくことで利用者自身の自己防衛にもなり，新しい視点に立った提供といえよう。

(11) 「生前契約」の保証

　消費者にとって，最も重視されることは，自分の「生前契約」はどこまで保証されるかということである。諸外国の「生前契約」の例を見てもトラブルは保証に関わることが多い。各事業者の「生前契約」の保証内容は以下のとおりである。

A社：① 契約した葬儀内容
　　　② 契約金額
　　　③ 連絡者変更
B社：① リクエストカード（故人の意志）をもとに料金・葬儀内容を遺族と相談
C社：① 契約金額
　　　② 契約した葬儀の内容
　　　③ 葬儀以外の契約した死後のサービス
D社：① 契約した葬儀内容
　　　② 契約の見直し前の契約金額
E社：① 葬儀内容（生前予約なので葬儀発生時点での価格を基本とするため経済変動があっても影響しない）
F社：① 契約した葬儀企画
　　　② 契約した葬儀費用
G社：① 掛け金および葬祭施行費
　　　② 契約事項（葬儀施行内容）
H社：① 葬儀費用は希望によっては提示するが葬儀費用を確保するための契約はしていない
　　　　（意志を活かすために葬儀社に指示し監視する仕事であるため）
I社：① 予約明細書により引き受けた基本葬祭料
　　　② 予約明細書により引き受けた基本内容
J社：① 契約金額
　　　② 自然葬実施方法

以上のように，多少の差はあるが，基本的には葬儀費用としての契約金と葬儀内容は保証されるという回答である。これで消費者にとって一応の安心はできるが，この種の契約は，何時になるか分からない将来にわたる取り決めであるため，①経済変動（価格変動），②提供者の倒産など「生前契約」受託者の存続への危惧が残る。このために，各提供者は，「生前契約」の契約時に家族の同意を得ておくことを契約の条件にし，将来発生した葬儀の実行に際し「生前契約」どおりの内容で実行した場合，もし経済変動で契約と価格差がある場合は遺族の支払いとする方法や，契約金額で実行する場合は内容の変更など遺族との協議をする方法などを提示し，実際の契約・予約を行っている提供者もある。また，実行時の価格の変動で金額や内容が変更となれば，「生前契約」の意味は薄らぐとして2年から10年ごとの契約金や契約内容の見直しをするなどの方法をとる事業者もある。

さらには，何時になるか分からない葬儀を，準備だからといって，その実行ができるかどうか分からないのに，「金額と葬儀内容を契約しておくのは消費者を欺くことになるので，そんな無責任なことはできない」とする事業者もあった。また，不確定時に起こる葬儀であるため，将来にわたる詳細な内容と金額については契約できないので柔軟性を考えて予約という形式をとるとする事業者もあった。

「費用と内容の保証」が，「生前契約」の最も重要な部分である。上記の回答から大きく分類すると，

① 費用と内容は意志を尊重→家族の同意→実勢価格で施行→差額は遺族が清算
② 費用と内容を保証→2～10年ごとの見直し→施行
③ 予約内容の保証（費用の準備あり）→施行→差額は遺族または資（遺）産の処分による清算
④ 予約金の保証（内容の予約あり）→遺族と内容の協議施行→差額は遺族または資（遺）産の処分による清算

「(3) 葬儀の位置づけ」で見たように，「生前契約」にあたっては家族への周知は「絶対必要」が5社，「望ましい」が6社と，すべての提供者が家族への周知を必要としていることからしても，本人がいないところでの施行であるため，遺族とのトラブル防止と費用の支払いの担保を遺族にも求めようとしている。

また「生前契約」にあたって家族（その他関係者）は，「葬儀の企画内容と費用に関与している」と回答した事業者は10社で，「関与していない」は1社だけであった。

また，「生前契約」を利用する時に消費者本人と家族（その他関係者）の意見が対立した場合にどちらを優先するかについては，6社が「消費者本人」とし，1社が「家族（その他関係者）」で，残る4社は，①家族を説得，②双方納得するよう説得，③家族の同意がなければ入会拒否などの理由で，家族の同意を強く求めている。

さらに，「生前契約」による葬儀の実行に際して，家族（その他関係者）が「生前契約」どおりの施行に同意しない場合は，「遺族の意見（要望）を付加するよう調整」が7社，「「生前契約」を尊重するよう遺族を説得」が4社，「生前契約」に他社の意見は一切入れないとして「あくまで「生

前契約」どおりの実行」が1社,「遺族の主張を全面的に尊重し生前契約は破棄」が1社,残る1社は「家族の同意がなければ入会できない」という姿勢であるのでこの種のトラブルは起きる余地がないとしている。「生前契約」は将来死後の葬儀を託す「契約」であり,利用者が「契約」した葬儀の実行までに病気,事故その他により意志能力を喪失してしまう可能性もある。そのような事態になったとき,意志を明確に表明した「生前契約」はどうなるのであろうか。事業者はどのように対応するのであろうか。選択肢5項目では,「契約時に家族の同意を必要とし,その家族を契約当事者とする」を4社が選択し,「契約を尊重しそのまま継続」が3社であり,5社は,それぞれ独自の対応をすると回答している。その例を示すと,

E社:「「生前契約」予約のため家族の意向を尊重する」としており,上記4社の扱いに近い。
G社:破棄までの掛け金によりG社に葬儀を依頼すれば施行費用支払い時点で清算する。
H社:「葬儀費用は関知しないので契約ではない。意志の実現(健全な精神の時のもの)であるため意志能力の喪失は関係ない」としており,「そのまま継続」の形に近い。
I社:「「契約確認者」,「訃報連絡予定者」と相談」ということであり,「契約時指定者を契約当事者」とする形に近い。

　費用をどのような形で準備しておくか,どのような内容を設定しておくかで生前契約をする消費者の満足度は変化する。こうしてみると,従来の葬送は遺族依存という色彩を残しながら故人の遺志を活かす方法を提供する場合が多く,それは契約・予約時に家族の同意を求めたり,差額は遺族や資産の売却などにより清算という支払い方法からみても分かる。消費者もまた,完全自立・自己完結型の方法よりもどこかで家族との接点があり,葬儀費用をただあてもなく予測金額で蓄えておくより具体的な費用と葬儀内容が分かっていれば,安心して高齢期を暮らすことができると考えている者が大多数ではないかと推察される。そのような人たちにとっては,①③④の方式は適当かもしれない。しかし,家族をもたない人や家族に頼りたくない人・頼れない人にとっては十分とはいえない。
　完全自立・自己完結型の方法としてすべてを生前に備え,安心した高齢期を過ごすことを目指すならば,意志能力の喪失についても当然考えておくべきである。②の方式は用意した費用とプランですべてが完結する方法である。しかしどちらにも一長一短があり,消費者・事業者双方が充足できるような方法が望まれる。
　事業者からの回答を見た限りでは,意志能力に対する対応については,これからの課題であるように思われる。

(12)「生前契約」を利用する理由
　提供事業者から見た利用者が「生前契約」を結ぶ理由としては,

　A社:① 子供に迷惑をかけたくない

　　　　② 自分のことは自分で計画しておきたい
　　　　③ 安心できる先があれば頼んでおきたい
　B社：① 本人の安心感
　　　　② 遺された家族の安心感
　C社：① 自分の意見・意志が死後に全うできる安心感
　　　　② 契約時に原資の準備をしてあるので経済的である
　　　　③ 「迷惑」をかけなくて済む
　D社：① 老後の不安があるため
　　　　② 家族的な理由
　　　　③ 費用が把握できる
　　　　④ 安心感
　E社：① 安心感を得るため
　　　　② 家族などに負担をかけない
　F社：① 自分の生涯のけじめは自分で決める
　　　　② 遺された家族に負担をかけない
　G社：① 遺族がいない
　　　　② 家族がいても頼りたくない・頼れない
　　　　③ マスコミや各種調査の影響による「ひとり」意識の促進
　　　　④ 人間相互扶助精神の涵養
　H社：① 現状の葬儀（葬儀社・寺院）に反発
　　　　② 意志の実現（葬儀をする・しない）
　　　　③ よい葬儀の実現
　　　　④ 家族への配慮（経済的・精神的負担の軽減）
　　　　⑤ 葬儀を頼める人がいない
　　　　⑥ 第三者に管理・監督を依頼したい
　I社：① 消費者にとって明朗かつ合理的なシステムであることが理解されたから
　J社：① 本人の意志どおりに実現する
　　　　② ボランティアに支えられているので費用が安い
　K社：① 現在の葬儀に対する不満・不信・不安

　以上のように，「生前契約」を利用する理由としては，①自己の意志の実現と安心感，家族などの親族に頼りたくないという利用者本人の need の充足，②葬儀社の選択・葬儀規模・内容その他の実務と費用負担の軽減という家族への配慮，③現行の葬儀への不信感ということに集約される。

(13) 事業者が考える生前契約の利点と消費者への配慮

　事業者としては当然消費者の消費心理や消費動向，消費傾向などは十分な市場調査がなされたうえで，「生前契約」は提供されているものと思われる。事業者が考える消費者にとっての「生前契約」のメリットとはどういうものであろうか。

① 自分の意志で葬儀内容が決められ，自分の意志の表明
② 家族や身の回りの者に金銭上の負担をかけない
③ 今後，安心してよりよく生きられる
④ 提供者独自の特典が受けられる
⑤ 家族（遺族）に対する精神的・経済的配慮の表明
⑥ 自分らしい（個性的な）葬儀の実現
⑦ 法的効力による安心感
⑧ グリーフワークに有用
⑨ 宗教者との信頼関係
⑩ 費用を割安（低費用）に準備できる
⑪ 業者選択の権利を行使できる
⑫ 商品内容をじっくり確認できる
⑬ 適正価格かどうかの確認
⑭ 生前サービスを受けることができる
⑮ 死後の諸手続き・整理サービスが受けられる
⑯ 死亡地がどこであっても施行が可能
⑰ 死・葬儀に正面から取り組む
⑱ 積極的な生を歩むことができる
⑲ カウンセリングを受けられる
⑳ 葬儀の実務と死への想いを区別

提供者側からみると，消費者のメリットは，

(a) 自己の意志の実現（自己実現）と安心感
(b) 家族への負担感（精神的・経済的）からの解放
(c) 事業者の自己選択と付加サービス

ということになると回答されている。

　「生前契約」は，まだ一般化しているとはいえない。消費者にとってこのような利点があるとすれば，一般消費者にいかにして「生前契約」を認知させるかということを考えなければならないだろう。そして一般の認知度が高まり，需要が増大すれば，「生前契約」は一気に増加するかもしれない。そこで，一般への「生前契約」情報の伝達・広報のしかたを見ると，「口コミ」が8社，「ダイレクトメール」7社，「講演会」6社，その他「店頭」と「訪問勧誘」が4社などであり，「電話勧誘」，「新聞・雑誌広告」，「インターネット」などが続いている。さらに「マスコミの取材」，「市民運動として活動」などもあったが，近年高齢者の聴取が増加してきているラジオだ

が，コマーシャルには時間の制約と言葉での説明の限界性があるからであろうか，一般にはまだ馴染みのか「生前契約」の「ラジオ広告」だけは0であった。

　こうしてみると，まだ十分一般に浸透しているとはいえない「生前契約」の広報に際しては，消費者が手にし視覚的にとらえることができ，しかも反復して見ることができる手段を用いるタイプや対面し個別的に具体的な説明を聞くことができるようなタイプを中心として，広報活動が展開されているようである。

　① 視覚・反復………ダイレクトメール，新聞・雑誌広告，講演会，テレビ広告，電話帳広告，店頭，インターネット
　② 対面・双方向………電話勧誘，訪問勧誘，口コミ，店頭，講演会，マスコミ取材，市民運動

が，現在の広報活動の種類である。

　すなわち事業者は消費者にとっての生前契約の利点は①葬儀のみならず仏壇や墓地までトータルサービスを受けることができること，②資金の準備の多様性，③葬儀や供養，墓に関する相談が無料でできること，④葬儀に融通性が加わること，⑤契約が公正証書であることから法的効力を持ち本人の意思が必ずいかせること，⑥社会の変化や経済変動に対応することができること，⑦死後に生活の整理，供養，墓の管理までのサービスを受けることができること，⑨生前契約の最新情報を入手できること，⑩種々のセミナーやイベントの情報とその参加ができること，⑪消費者の多様なニーズに対応し，解約も自由であること，⑫地域の慣習に応じた商品を提供できること，⑬消費者主体のため，疑問や不満をいえること，⑭グリーフワークを受けることができること，⑮適正価格かどうかを確認できること，⑯生前サービスを受けることができること，⑰葬儀の実務と死を区別して考えることができること，などである。事業者は生前契約の利用者側に立って提供しようとしていることがうかがえる。このような利点をあげつつ各事業者は自社の生前契約の競争力を「非常にある」と7社（63.6％）が評価しているし，「ある」が2社（18.2％）と11社のうち9社（81.8％）までが自社の生前契約を競争力があると考えている。

　事業者のなかにはアドボカシー団体的な事業者が見られるが，1996年現在，生前契約を提供する事業者が少数とはいえ消費者のためのアドボカシー機能がどこにもないために，生前契約の在り方を監視するこのような団体の存在は貴重である。

　消費者への配慮としてどのようなことを心がけているかを知ることは消費者にとって大切なことである。

　　A社：① 本人の意志どおりの葬儀式の施行
　　　　　② 祭祀継承者が契約時の立ち会い人となり，本人の意志の確認および施行後の契約どおりの葬儀実行如何の確認システム
　　B社：① 流れ作業的ではなく，遺族の立場になり心からの供養の気持ちで葬儀を施行する
　　C社：① 消費者の考え（意志）が「生前契約」の企画の中に十分生かされているかの確認

②　将来の実施に備えて，経済的な変化や契約者の痴呆などによる意志の確認ができなくなったときを想定した対応

③　確実に実施した結果や清算書をチェックする機能をもっていることの消費者への伝達

④　契約解消が何時でもでき，最低の費用（価格の明示）で清算できることの消費者への周知

⑤　守秘義務の徹底

⑥　消費者の意志や契約内容について消費者が納得いくまで何回でも相談に応じる

⑦　提供者側の基本理念と提供メニューについて口頭および活字（パンフレットなど）による消費者への説明と消費者が受け容れるか否かの意志の確認

⑧　契約時一回限りの関係ではなく，フレンドリーな関係を築くために種々の企画やニュースレターの郵送

⑨　葬儀をしない「生前契約」への対応

⑩　死後の整理のためのアドバイス

D社：①　単身世帯を除き，家族と相談して事前に決定することを提案

②　「生前契約」をすることによって，逆に生きること（命）の大切さを案内する

E社：①　消費者の考え方・希望を幅広くくみ取ることを基本としている

②　消費者が求める不安を解消するシステムを提供する

③　既存の「生前契約」の選択肢の少なさからの消費者の解放と多様な選択肢の提供

F社：①　利益主義に走らず，消費者のニーズに応えられる経営姿勢

②　消費者（本人）と家族（遺族）の立場をよく理解し，双方の満足する葬儀の実行に万全を期す

G社：①　全国どこでも利用できること

②　「生前契約」の募集人と葬儀施行者が同一であること

③　地域密着型の葬儀社で構成されたグループ企業により契約・実行されている

④　全国展開であるため，どこに転居しても契約どおりの施行が保証され安心である

⑤　経費（募集，集金）を可能な限り削減している

⑥　「一人は万人のため，万人は一人のため」をモットーとして展開

⑦　アフターケア（祭壇など葬具，香典返し，墓石，霊園）まで取り扱い，トータルメリットを消費者に還元する

⑧　114社の共同仕入により，安く提供できることの消費者への周知

H社：①　消費者サイドに立つ

②　葬儀社との交渉権をもつ

③　葬儀社主導を解消する

④　本人の意志を活かす

⑤　無駄な費用を削減する

I社：① 消費者の不安の払拭とそのためのカウンセリング
　　　② 自己主張のすすめとそのためのカウンセリング
　　　③ 予約明細書の作成
　　　④ 消費者本位の営業姿勢とそのための特約店への慎重な確認
　　　⑤ 費用内訳の明確表示とそのための特約店への事前費用明細書の提出要請
　　　⑥ 葬儀に関わる諸々の煩わしさ（訃報連絡代行，予約明細書の提示）からの遺族の解放
J社：① 消費者との契約の履行による安心感
　　　② 消費者の気持ちを大切にする
K社：① 消費者サイドに立った施行の実現
　　　② 死者のメッセージを，生きている者（遺族）が，生きることの重要性を再確認できる内容
　　　③ 消費者本来のものの考え方・捉え方を事前にまとめ契約する
　　　④ 顧客自身のことをどこまで知ることができるか，知る努力ができるかにかかっている

　これに対して，消費者に対してのアピールが消費行動を左右するため，消費者のニーズの重視と契約どおりの実行を強調している。わが国では自分の葬儀を企画するという習慣はなかったために事業者は消費者の中核になると考えられる高齢者の生活行動を重視している。そして，消費者の葬儀に関する不安の解消を目的とする生前契約であり，契約実行の不安はないということを強調し，①遺族の立場も考える契約葬儀の実行，②祭祀継承者立ち会いのもとでの契約による契約葬儀の実行，③消費者の考えが葬儀企画に充分生かされているかどうかの確認，④契約者が将来意思の確認ができないような状態になった時を想定して対応，⑤契約解消の自由と解約金の明細の開示，⑥契約までにカウンセリングを受けることができる，基本理念と提供メニューに関する消費者への口頭および文書による詳細な説明，⑦秘密の厳守，⑧生前契約の多様な選択肢の設定，⑨転居しても契約が生かされること，⑩商業主義に走らず，将来にわたり安全であることなどとしている。
　「生前契約」は消費者のニーズの把握力と「生前契約」への関心を示す消費者層の把握力がなければ，事業者の意図と消費者の意志との齟齬が生じる。消費者サイドに立つということはそのための努力である。また，「生前契約」の契約どおりの完全実施についての消費者への周知は，具体的にどのような方法によってなされているのであろうか。
　消費者への心がけとしては，事業者側からの回答からみると
　① 消費者サイドにたつ……消費者の意志の尊重，消費者のニーズにあった選択肢の提供
　② 消費者への提供者の理解……提供者側の情報伝達と契約履行への消費者の信頼性
　③ 提供内容と消費者満足……消費者の満足できる要件の整備と提示による安心感
に集約される。しかし，現段階での「生前契約」の限界性は，自由に個人の意志を表明すること

ができるとはいっても，提供されているメニューの幅によっては，提供されているもののなかから自分でいくつか選びその自由な組み合わせによって葬儀を設定するという提供されている範囲のなかからである場合が多い。葬儀費用だけを確保し，葬儀社だけを決定しておくといっても提供範囲の条件に依存するという限界性は否めない。

では提供者にとって「生前契約」の利点はどのようなところにあるのだろうか。「生前契約」は，提供の方法によっては，事業者側にとって，消費者よりも多くの利点あるいは利益をもたらす可能性が高い。提供者は，消費者の基本的な購買行動のみならず，「生前契約」は消費者の生活行動，特に高齢者の将来不安という心理的な要因の解消の方法を「商品」として販売するわけであるから，通常の商品販売とは異なり，消費者の契約・予約することによって得られる「安心感と生活充実」や何時施行されるかという「時期」やどのような葬儀を企画するのかという「選択・決定」などに十分考慮しているものと思われる。

事業者にとっての利点は，以下の通りであると回答されている。

A社：① 将来の売上が確保できる
　　　② 米国流の葬儀システムに早く対応できる
　　　③ 資金準備方法が保険代理業など新規事業へ参入が図れる
C社：① 様々な形態の墓の販売，宗教的葬送儀礼，終末サービスなどによる一貫したサービスの展開
　　　② カウンセラーによる対応が普及すれば，カウンセラー（専門職）の重要度が増す
　　　③ 葬儀の自己準備が一般に認知されれば会員が増える
　　　④ 消費者の希望により多様なプログラムの開発ができる
　　　⑤ 葬送に関する考えや意見を社会的に主張できる
　　　⑥ 葬送や葬儀業界のタブーや偏見が除去される
D社：① 顧客の先取り
　　　② 自社の葬儀内容の見直しができる
　　　③ 自社の葬儀内容の幅が広くなる
　　　④ イメージアップにつながる
　　　⑤ 自社の理念を表明できる
E社：① 顧客の組織化
F社：① 葬儀の企画
　　　② 葬儀費用の準備
　　　③ 死後のサービスができる
G社：① 見込み客の系列化により将来の安定経営が見込める
H社：① 社会的貢献
　　　② 葬儀費用の高騰化を防ぐ
I社：① 謂れのない誹謗中傷からの解放

②　葬儀とその前後のことについて精神的・物理的カウンセリングが可能なこと
　③　生前からの消費者とのおつきあい
　④　タイムプレッシャーからの解放
　⑤　柔軟な発想による提案の可能性
J社：①　葬送の自由が社会的に広がる
K社：①　事前に契約することで施行の確保

　経営安定化のメリットがあることは，提供者にとっては欠かせないことであるが，その他に葬儀業界・関連業界の社会的認知の向上や葬送の意識化への貢献などが提供者としての利点としてあげられており，単なる利益追求型のものではなく，人の死にともなうサービスの提供であるだけに，社会の価値転換を図るための貢献をしていこうという新しい展開への意気込みが感じられる回答が多くみられた。特に，これまでの葬送に関する一般の知識が固定化され，「地域の慣習」によってしか理解されていなかったことからの脱皮を喚起することができれば，人生の終わり方への新たな意識化をもたらし，これがひいては「生前契約」の拡大化につながるという経営戦略もあろう。事業者側は様々なサービスを提供することによってできる消費者とのつながりで，消費者からの理解と信頼性を得ることになる。

　このように事業者にとっての生前契約の利点は，①長期的な安定した事業の計画ができる，②アメリカ流の葬儀システムに早く対応することができる，③新規事業の展開ができる，④消費者のニーズを捉え多様なプログラムの開発，⑤顧客の先取りが可能になる，⑥死や葬送，葬儀業界に対するタブー，偏見の除去，などが大きなものとしてあげられている。生前契約が経営安定化のメリットとして事業者にはとらえられており，「顧客を待つ」だけのビジネスから積極的にセールスをするビジネスへの転換を図ることもそれを促進すると考えているようである。

(14)　現在の葬儀の特徴と葬儀の今後の方向性
　「(3)　葬儀の位置づけ」においても，提供者側の意識から今後葬儀は徐々に変化していくのではないかという兆しをうかがうことができたが，今後の方向性に関して，具体的な項目の中にそのような傾向がうかがえた。すなわち，
　①　「場所」は自宅から斎場などの施設へ
　②　費用は年々高騰化してきたがこれからは低費用化へ
　③　葬儀実行には従来の遺族の意志より本人（故人）の意志（遺志）の尊重へ
　④　施行は，従来の地域主導による葬儀施行から葬儀社による施行へ
　⑤　葬儀の内容は葬儀社提示のパッケージ利用から消費者の選択・独自の企画化へ
　⑥　葬儀の宗教色は仏式一辺倒から無宗教式も含めて多様化へ
　⑦　葬儀の形式は従来型から簡素化へ
　⑧　埋葬は家族墓への埋葬一辺倒から個人墓・夫婦墓・合祀墓や自然葬へと多様な選択化
　これらがこれからすすんでいくであろうという回答であった。しかし，今後20年間くらいは，

たとえ人々の意識はかなりすすんでも現実の葬儀の実施となると現状維持となるのではないかと予測する回答もあった。

　宗教離れの葬儀が増加していくなかで，葬儀業界にも異業種からの新規参入が見られるようになった。葬儀の場に関しては自宅から公共施設・寺院・斎場での施行の増加とともに葬儀形式の多様化からホテル（ホテル業界への働きかけによる）の利用が増えるのではないかと予測する回答もみられた。このようなことが影響して通夜・葬儀・告別式が一本化されたり，葬儀そのものが減少し，従来型の葬儀から脱皮した個人を偲ぶメモリアル式がホテルなどの参入にともない増加するであろうという見方もある。現代における葬儀は商業化が加速し，葬儀社主導のさまざまな趣向を凝らした形式が提供されるようになってきたこれまでの経緯を見ると，伝統的なスタイル→華美・新趣向・大規模化→景気の動向に左右されつつ一転，「ジミ婚」化した結婚式の形式の変化への対応にブライダル産業が苦慮しているように，葬儀業界もブライダル産業界と同様の伝統的・地域主導型葬儀→葬儀社利用葬儀→大規模・新趣向葬儀→簡素化葬儀→メモリアル式葬儀という流れを辿るのではないかとの指摘もあった。葬儀の規模と方法が消費者のとらえ方や選択の変化，経済の動向，時代の流れなどに影響されながら，葬儀業界自らが見直しをしていく方向にあることを示しているといえよう。

　このようなそれぞれの事業者が独自の将来像を描いているなかで，葬儀は「簡素化されていく」との回答が10社，「宗教色が薄くなっていく」が9社，「多様化がすすむ」は8社であった。逆に「大規模化する」，「華美になっていく」，「宗教色が明確になっていく」には全く同意が得られていない。同時に「地域性が強調される」もわずか1社だけであり，これまでの大規模で，宗教色が現れている葬儀，しかも従来のような地域主導の葬儀でもなく，地域による特色ある葬儀の形式でもなく，簡素で形式・宗教にとらわれない全国どこでも平準化した葬儀が行われるような方向に向かうのではないかと考えているようである。

　1990年代は，死をめぐる論議が活発になり，生命の倫理・生命の尊厳が改めて問い直される時代になってきたが，人の死にともなう一連の葬送儀礼についても，人々の関心の高まりと価値観の多様化のなかで新たな方向に向かおうとしているといえよう。

　現代社会において，葬儀をめぐる諸々のことで注目すべきことを，「生前契約」提供事業者の目を通してみた結果を見ると，
①　葬儀費用が高いということが社会の通念となっている
②　葬儀費用は高額であるが心がこもっているとはいえない
③　葬儀には義理で参列する会葬者が多くなってきている
④　葬儀は今や無宗教時代を迎えた
⑤　自由葬の時代である
⑥　生の意義の表現をする葬儀としてとらえるようになってきた
⑦　葬儀社のプロデュース力が問われるようになってきた
⑧　個人の自由意志の明確化の方向性が現れてきた
⑨　自然環境を重視するようになってきた

⑩　葬儀は香典収入を考え赤字となるような葬儀にすべきではない
⑪　葬儀費用を問い合わせる消費者がでてきた
⑫　葬儀の形骸化をきらうようになってきた
⑬　無宗教の葬儀となってきた
⑭　周囲への迷惑や配慮をするようになってきた
⑮　家族葬・御礼会など従来型とは異なる葬儀の実施が増えた
⑯　葬儀の意義との問題意識覚醒の時期である
⑰　宗教と葬儀に関係への疑問視が増えてきた
⑱　葬儀の合理性と現実のギャップ
⑲　遺族主体の従来型葬儀の観念から脱するときの到来
⑳　通夜・葬儀・告別式の一体化の可能性の高まり
㉑　葬儀は忌み嫌うものから必ず来るものとの意識の変容

などがあげられている。

　現代の葬儀の特徴は事業者の目から見て以下のように集約することができる。①葬儀費用は高いということが社会通念となっている，②葬儀費用は高いにもかかわらず，人間味が感じられず形式的である，③葬儀の会葬者は遺族への義理で参列する傾向が強い，④無宗教の葬儀が好まれるようになってきた，⑤葬儀の要不要を自由に考えることができるようになった，⑥葬儀社の葬儀プロデュース力を消費者が選ぶようになった，⑦個人の生の意義の表現が葬儀の意義と捉えられるようになってきた，⑧葬儀に消費者の意思が反映されるようになってきた，⑩葬儀費用の収支を考えた葬儀となってきた，⑪葬儀を消費者の目から捉えるようになってきた，⑫消費者が葬儀の形骸化を嫌うようになってきた，⑬葬儀の実行に際し環境への配慮が見られるようになってきた，⑭葬儀の意義の見直しが始まった，⑮個人の意思を尊重する葬儀になってきた，⑯葬儀のタブーが少なくなり死と葬儀の受容が容易になった，など葬儀に関する価値観の多様化が進んでいるとしている。

　葬儀の生前契約を開始するためには，これからの葬儀はどのようになっていくのかという見通しがなければ事業の展開は積極的にできないだろう。葬儀は確実に変化していくのではないかという意見が圧倒的に多かった。具体的に予想している変化とは，①葬儀の場が自宅から斎場など施設へ，②葬儀の大規模化・高騰化から小規模化・低価格化へ，③遺族の意思による葬儀から本人の遺志による葬儀へ，④地域共同体による葬儀の実行から葬儀社による実行へ，⑤葬儀社提示のパッケージ葬儀から消費者のオプションによる葬儀へ，⑥宗教による葬儀から無宗教葬儀の増加，⑦埋葬方法の変化による葬儀の簡素化などである。確かに死の場所が自宅から施設へと変化してきたこと，葬儀の場も自宅における地域共同体主導の葬儀が見られなくなり，公共施設，寺院，葬儀社の斎場を利用した葬儀が葬儀社主導で行われることが多くなった。当分は葬儀はパッケージによる葬儀を中心としながらも，事業者が様々なスタイルの葬儀を提供することによって，遺族の意思を反映した個性的な葬儀や生活サイズにあわせた葬儀の規模，また埋葬を終えてからのメモリアル葬儀も少しずつ見られるようになってきて，今後は葬儀の選択肢も増加し方法も形

表5-3　先祖祭祀の意識　　　　　　　　　　　　　　　　　　　　　　　(%)

年齢	あなたは，先祖の墓を守り供養することが子孫の義務と考えますか					
	思う	どちらかといえばそう思う	どちらかといえばそう思わない	思わない	わからない	合計
20～24歳	45.0	37.5	2.5	12.5	2.5	100.0
25～29歳	54.9	28.3	4.4	8.8	3.5	100.0
30～34歳	51.3	36.1	7.6	4.2	0.8	100.0
35～39歳	47.1	39.0	7.4	5.9	0.7	100.0
40～44歳	52.8	31.5	11.0	3.1	1.6	100.0
45～49歳	60.5	23.7	8.5	5.6	1.7	100.0
50～54歳	62.7	29.4	1.3	4.6	2.0	100.0
55～59歳	68.2	25.0	0.8	3.8	2.3	100.0
60～64歳	76.5	18.1	1.3	2.7	1.3	100.0
65～69歳	73.5	20.4	3.4	2.0	0.7	100.0
70歳以上	82.2	11.5	1.6	3.1	1.6	100.0
合計	63.1	26.0	4.5	4.7	1.6	100.0

資料：1997（平成9）年度厚生科学研究「墓地に関する意識調査」．
出典：厚生省監修『平成10年度　厚生白書』，1998年．

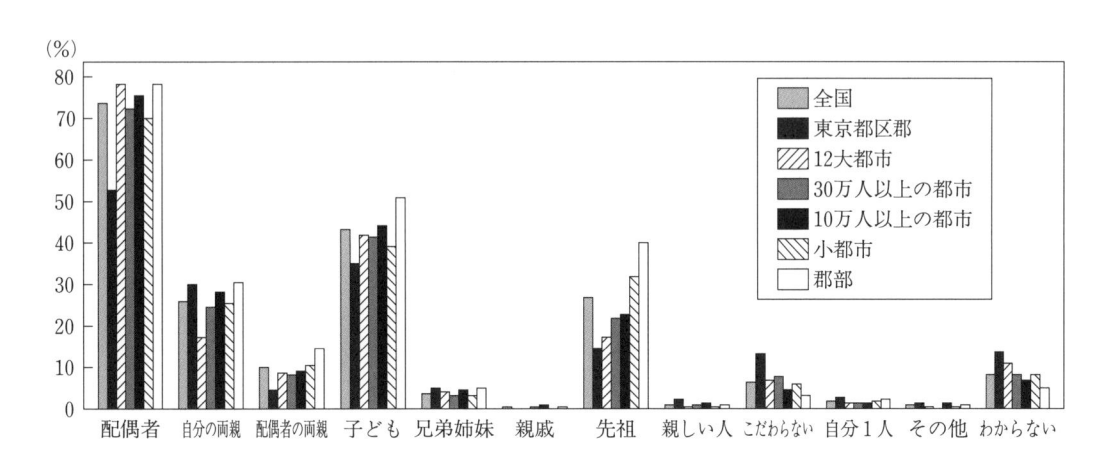

図5-7　誰と一緒にお墓に入りたいか（都市規模別）

資料：1997（平成9）年度厚生科学研究「墓地に関する意識調査」．
出典：厚生省監修『平成10年度　厚生白書』，1998年．

式も変化して行くであろうと予想している。事業者の予想のように葬儀の規模や形式が葬送を必要とする人々の意識の変化に影響されながら葬儀は変わっていくだろうが，一方では葬儀を行わないという選択肢を選ぶ人たちも出てくるのではないだろうか。わが国の葬儀は年々宗教色が薄くなっていくようであるとほとんどの事業者がとらえているし，葬儀形式の多様化の進行，簡素化・低価格化していき，逆に華美な飾り付けに見える大規模葬儀は減少していくと感じている。また，葬儀社提供のパッケージプラン利用が葬儀の主流を占めるようになり，公共施設，寺院や

表 5-4　各事業者の生前契約の予測（倍率）　　　（　）＝1996年を1とした倍率

	1996年	2000年	2005年	2010年	2015年
A	0	600	1,050(2.5)	4,000(2.7)	10,000(2.5)
B	—	—	—	—	—
C	400	800(2.0)	1,200(1.5)	1,600(1.3)	2,000(1.3)
D	2	100(50.0)	200(2.0)	400(2.0)	700(1.8)
E	2,000	100,000(50.0)	250,000(2.5)	500,000(2.0)	1,000,000(2.0)
F	150	300(2.0)	500(1.7)	—	—
G	28,000	50,000(1.8)	100,000(2.0)	—	—
H	270	600(2.2)	1,000(1.7)	2,000(2.0)	20,000(10.0)
I	15,000	100,000(6.7)	300,000(3.0)	800,000(2.7)	1,000,000(1.3)
J	350	1,000(2.9)	—	—	—

斎場など施設での葬儀が増加するにつれ，葬儀の地域性は薄れ，全国どこであっても平準化された葬儀が行われるような方向に進むのではないかと考えている（表5-3，図5-7）。

(15)　生前契約の将来予測

　生前契約の開始はほとんどが1990年代に入ってからである。1984年に1社がいち早く生前契約を始めているが，他は1991年には2社，1992年には2社，1994年には2社，1995年が1社，1996年が3社である。1980年代に開始した1社は，アメリカの大手葬儀社の方法を取り入れて，わが国に即したプログラムによって着実な実績をあげている。

　わが国では葬儀の生前契約についての規制はないために，多様な業種から参入している。葬祭業が6社で墓園業2社，団体2社，コンサルティング会社1社である。

　各事業者ともに生前契約の将来予測をそれぞれに具体的な数字をあげて今後増加し続けていくと表5-4のように回答している。

　このように生前契約を開始して年数の浅い事業者は急激な伸びを期待している。しかし生前契約開始が早く，調査時で既に10年以上のキャリアがある1社だけは長期の予測には慎重で，10年後までの短期の予測だけはしているが，その後の予測はない。新規参入ほど明るい見通しをもっている傾向がうかがわれる。

　これからのビジネスとして「生前契約」が増加するとしたら，その要因としてどのようなことがあるだろうか。各提供者は以下のように回答している。

①　米国流の葬儀予約が定着すると考えられる
②　高齢化が進み自分の最期について興味・関心などの高まり
③　葬儀形式の多様化と自由意志による葬儀方法の選択・自己決定権の確立
④　これまでの葬儀から脱皮する考え方が多くなる
⑤　死後の人権の確立への主張が多くなる

⑥　人（家族）に頼らない葬送準備が定着する
⑦　「互助会」につぐ顧客の先取り
⑧　社会的な，自分の死は自分で設計したいという風潮になる
⑨　家族へのいたわり
⑩　核家族化・少子化の進行と死亡者増の高齢社会の到来
⑪　「生前契約」により本来のセレモニーの初めての実現
⑫　喪主が若く負担増になる
⑬　葬儀知識がない人が増える
⑭　「生前契約」による安心感
⑮　マスコミ報道の助長
⑯　「生前契約」が消費者サイドのシステムであることが認知された場合
⑰　遺言の普及による
⑱　葬儀の本質と問題意識に目覚めた人が増加
⑲　古い葬送習俗への反発
⑳　環境問題への高い関心

　このように，増加要因としては，①家族構造の変化と社会変動，価値観の変化による従来の葬儀の問い直し，②家と一体化していた葬儀を個人レベルで考え，意志の表明ができるようになる，③成熟した「生前契約」の提供が一般に認知される，ということになる。あげられているような状況が進行し，人々の意識が進展すれば「生前契約」をする人は増加するであろう。

　また，増加の要因として同意できるものを選択肢のなかから選ばれた結果は以下の通りである。「葬儀意識の変化」と「費用確保による安心感」がそれぞれ10社，「高齢世帯の増加」と「単身世帯の増加」がそれぞれ9社，「自立した生活者の増加」が7社，「親族への精神的・経済的負担の軽減」と「死への準備教育（学習）の普及」がそれぞれ6社と続いている。

　これらの事業者が考えている増加の要因は，①家族構造の変化と葬送への価値観の変化，②葬送への意思の表明の一般化，③成熟した生前契約の登場に分類できた。具体的な回答から見ても葬儀意識の変化と自立意識による自分で準備，準備による将来への安心感など，個人レベルでの意識の変容に期待するものと，家族構造の変化など生活環境に目を向けたもの，死に関する学習機会の拡大など社会的なレベルでの生前契約に対する認知によってが生前契約を促進していくだろうと事業者は共通の見解をもっている。一方，もし生前契約が普及半ばにして減少していくと仮定すれば，それはどのような要因が考えられるかということについては，①現行の生前契約では長期にわたる保証ができない可能性，②契約の確実な実行への不安が払拭されない可能性，③事業者の乱立による葬儀の予約に変わってしまう可能性，④消費者トラブルの増加による信頼性への減退の可能性，⑤事業者への抵抗感，⑥消費者のニーズに適する生前契約がない，⑦葬儀不要論の増加などによるのではないかとしている。なかでも④消費者トラブルの増加による信頼性への減退の可能性という項目が現れるのは，事業者がわが国の生前契約は完成されたものではないという認識を持っているということの現れであると考えられる。トラブルの発生に関しては，

前述のように5社（45.5％）は事業者と消費者の間で何らかのトラブルは起きるのではないかと回答している。トラブルとは，事業者が契約通りのサービスの履行と契約履行の確認に関すること，解約と返金に関すること，契約事業者の廃業などに関すること，費用支払いに関することなどであり，生起すればこれらが最も深刻なものであるとしている。これら想定されるトラブルの回避には，家族の同意，第三者機関の監視の必要，事業者の質の向上，事業者独自の消費者保護対策，費用明細の開示と信頼性の強化などとしている。生前契約の進展を見込んで事業展開をしようとする事業者にとって，④⑤⑥⑦の4項目は事業者浮沈に関わる葬送業界の基本的な課題である。なお，4社（36.3％）は減少は考えられないという積極的な姿勢を示していた。

減少の背景や理由について同意できる項目は，「提供業者への抵抗感」が5社，「消費者のニーズにあった「生前契約」がない」，「葬儀不要論者の増加」が4社などであった。もし減少するとすれば，①提供者そのもののあり方と提供「商品」，②消費者のニーズと提供「商品」への不安，の頻度が高いといえる。

現在わが国においては，葬儀に関する関連法として，「墓地および埋葬に関する法律」だけであって，葬儀業開業や実務に関するものもなく，ましてや最近登場した「生前契約」に関する法や規則もない。ただ，わが国における「生前契約」の先駆的な役割を担ってきた戦後間もない1940年代末から始まった冠婚葬祭互助会だけが，1972年の改正「割賦販売法」にもとづくものである。わが国より半世紀以上前から葬送に関する法律が整備されている米国であってもまだ「生前契約」の単独法は整備されていない。しかし，急速に人口の高齢化が進行し，後発の「生前契約」が提供事業者の予測のように伸びていけば消費者・提供事業者双方にとって何らかの規制と保護は必要となってくる。

わが国に「生前契約」関連の法や規則がないことについて10社中7社は「あった方がよい」と回答している。残る3社は「必要ない」という考えである。まず「あった方がよい」とする理由としては，7社中全社が「消費者保護のため必要」と考えており，「トラブルが防げる」や「事業者の保護」という回答も多少ある。また「生前契約」取扱い者に関する今後の方向性を「生前契約」提供事業者として「取扱い者に国家資格を付与するなど条件整備が必要」という，米国の「生前契約」取扱い者に制限が加えられていることと同様の方向で考えている意見があった。

法律・規則の整備には否定的であった3社はその理由として，「独自性が出せなくなる」，「消費者は自由な契約ができない」とするもの，また「真に合理的なシステムの構築・運営の障害になる。現行法制の中でも趣旨は守られる」という主張があった。将来さらに異業種からの参入や多様な消費者が「生前契約」を利用するようになっていくかもしれない。多様化されれば必然的に守るべき・守られるべきもののルールが必要となってこよう。

消費者保護と業界の公正な競争と信用のために割賦販売法が設けられていることからこれまでの経緯を基礎にし，また現在米国でも「生前契約」単独法の制定に向けて事業者協会NFDAが積極的に活動しているように，わが国においても消費者と事業者双方の保護と利益の確保のために，事業者自身も積極的に法や規則の整備に力を注ぐ必要があろう。

2．「生前契約」利用者調査の結果

(1) 「生前契約」利用者の調査への反応

「生前契約」提供事業者（1社）の協力により，4名の利用者の協力を得た。

協力事業者の契約者291名のなかから最も多数である60歳代以上（75.6％を占める）を，さらに7割（71.1％）を占める単身者2名を，また高齢夫婦世帯を1組（夫：高齢者，妻：50代）を事業者側が選定した合計4名を対象とした。

被調査者のプライバシーの保護の立場から電話でのインタビュー方式と指定された。しかし，電話でのインタビューでは，意志が伝わりにくいところがあるという被調査者の要望により調査票を作成し郵送した。調査票は1～3週間内に返送されてきた。

以下，調査票に基づいて，「生前契約」利用者の意識および「生前契約」締結までの過程，「生前契約」内容などの概要について記述する。

(2) 利用者のプロフィール
A：女性，72歳，単身世帯，既婚，1995年2月契約
B：女性，70歳，単身世帯，既婚，1995年9月契約
C：男性，67歳，夫婦世帯，既婚，1996年9月契約
D：女性，56歳，夫婦世帯，既婚，1996年9月契約

(3) 「生前契約」の情報入手時期と方法
A：「生前契約」に関する情報を得たのは，3年位前に妹が友人から聞き，話してくれたからである。それで，はじめて合祀墓があることを知り，そしてその後「生前契約」提供事業者があることが分かった。
B：1993年8月に入会した合祀墓の会に参加して，「生前契約」の情報を得た。
C：1996年5月に，地域のカルチャーサークル（文章サークル）において，雑誌（誌名不詳）の記事で，「人生のフィナーレを自分の手で」という手記のコピーを入手してその記事から「生前契約」を知った。
D：1996年5月夫から，夫の知人の情報として「生前契約」を知った。

4名とも，「生前契約」の情報は，身近なところから得ている。提供事業者の広報の方法で「口コミ」による広報が最も多数を占めていたが，その効果をうかがい知ることができる。

(4) 「生前契約」情報の量と契約の決意
A：1種類（加入した「生前契約」に関する情報のみ）。葬儀に関し深く考えていなかったが，従来型を脱したものがあってもよいと思っていたので，すぐ信用し，契約した。
B：1種類（加入した「生前契約」に関する情報のみ）。入手当初は，「生前契約」が何を意味

するのか真には分からなかった。3回説明会に出席し，少し理解できたとき契約をしようと思った。
C：1種類（加入した「生前契約」に関する情報のみ）。直ちに自分も契約したいと思った。
D：1種類（加入した「生前契約」に関する情報のみ）。契約をしようという気を起こさせるものであった。

「生前契約」の情報入手の少なさが目につく。この事例だけで判断できないが，提供事業者もまだ少数とはいえ，身近な人からの情報で，葬送に様々な想いをもっている人であり，満足する内容ならば，情報量にはあまり関係なく，たとえ少なくても利用しようという気を起こさせるものなのかも知れない。

(5) 「生前契約」までの期間
A：情報を得て（1996．5．14）約1ヵ月後（1996．6．5）から考えていた。契約までは約半年。
B：1年くらい考えていた。契約までは1年半程度。
C：まず合祀墓の会に入会し，その後それだけでは完結しないので，「生前契約」を考えていた。契約まで3ヵ月。
D：情報を得てすぐに考えはじめた。説明会にでた後（3ヵ月）契約を決めた。

4名のなかでも「生前契約」を結ぶまでには個人差があり，情報入手後即座にその意志をもっても実際の契約までには3ヵ月から1年半と長く考えた末，結論を出しているようである。
まず埋葬・墓の段取りをして次に葬儀についても考えておくべきこととして契約の意志を固めているようである。「生前契約」は自己の葬儀に関することを具体的に設計しておこうということであるので，考える時間は長くなることが当然のことだろう。どちらかといえば，墓の方が考え易く，あまりにも具体的事項が多すぎる葬儀については抵抗があるのかも知れない。

(6) 「生前契約」利用の動機と選択基準
A：墓はあったが，親族関係が希薄になっているので，周囲の思惑に左右されず選択したいと思った。利用した「生前契約」しか知らなかったし，提供事業者内容が消費者側に立ったもので商業主義的な匂いがなく信用できると思った。
B：墓の心配がなくなってすべてが完了したと思っていたが，「生前契約」の情報によりそれだけでは十分ではないということが分かった。利用した「生前契約」のスタッフが良心的，奉仕的な印象を与え，信頼できると思った。
C：知人の葬儀に出席するたびにその形式の空々しさにうんざりしていた。ある日知り合いの画家が亡くなり葬儀をしなかった。別れ会の参列者が白い花を捧げるだけの簡素なものでとてもさわやかだった。利用した「生前契約」の事前の説明に納得した。

D：海外生活5年間に夫と諸外国を旅し，いつ，どこで，どんな事故に巻き込まれるかも知れないので，死後のことなどどのようにしておけばよいかを夫と話していた。利用した「生前契約」の諸々の条件やシステムが意に沿った内容であった。

上記の4者4様の回答に「生前契約」利用に関するほとんどの理由（動機）が凝縮されている。①親族に迷惑をかけたくない，②葬送の準備不足の知覚，③形骸化した葬儀からの解放などが「生前契約」の動機になっている。提供事業者がとらえている「生前契約」の社会的意義や「生前契約」提供の理由などとの関連で見ても利用者のニーズと提供事業者の考えが一致しているといえる。そして加入「生前契約」の選択理由は，信頼性，安全性，安心感などであり，①対応姿勢としての消費者側に立った提供，②十分な説明と消費者の理解，③消費者のニーズにあったプログラムの提供が主な選択基準になっている。

(7)「生前契約」についての相談
A：妹に相談した。
B：誰にも相談しなかった。
C：妻に相談した。
D：夫に相談した。

自分の葬儀ではあっても「生前契約」を利用するに際しては，誰かに相談することも多い。しかもそれはもっとも身近な親族のようである。Bのように誰にも相談しないで主体的に結論を出すことができる人もいるが，相談しようにも相談できると思われる人が身近にいない場合も高齢者の場合は多い。この回答から，相談して決める人が多いと考えられるので，それができ難い人たちに対しては，信頼かつ安心して相談ができるような体制を用意しておくことが提供事業者側に求められる。

(8)「生前契約」事前の説明
A：正直いってよく分からないというのが当初の印象で，全面的に理解していたとは思えなかったし，説明中に納得できない部分もあった。しかし契約したのは担当者の誠意ある対応を信頼したというのが決め手である。
B：説明はまあまあだった。
C：説明は十分であった。
D：説明は十分であった。

提供事業者からの「生前契約」についての説明がどれだけなされているかをとらえるために，事前の説明について質問したところ，上記のような回答であった。理解でき，納得できれば契約することになると考えがちであるが，Aの回答のように，「十分な理解も納得も得られなかった

が，担当者を信頼して」という，「生前契約」の内容そのものではなく，担当者を信頼して契約する行動は，契約の本質とは異なるが，得てして高齢者に起こりがちなことといえよう。提供事業者側は，消費者のこのような声に耳を傾け，本人のいないところで実行される契約であるだけに慎重かつ消費者が納得できるような説明がなされるべきである。

説明の方法としては，単一の方法でなく，口頭および説明書など文書による方法やビジュアルな具体的な説明などが考えられる。「生前契約」はまだ一般に馴染みがないものであるだけに，誰にも理解し易い内容と表現と説明の仕方を考慮しなければならないことを示している回答でもある。

(9)「生前契約」の担当者
A：担当者は契約まで同一人であった。同一担当者がよいとは思うが，他方，担当者個々人によって多少の認識やニュアンスの異なりがあると思われるのではたして，同一担当者がよいかどうかは分からない。
B：担当者は契約まで同一人であった。対応する担当者は同一者がよいと思う。それは，プライベートなことをすべて話すので，同一者であれば，プライバシーが守られるのでその方がよい。もし，途中で担当者が変わったりするとまた最初から話さなければならないし，個人的なことが漏れてしまうような気がする。
C：契約までに担当者が変わった。できれば同一担当者がよい場合もあるが，システムとしてきちんと整備されていれば，担当者が異なっても十分対応できるはずである。
D：初回は代表者。次から契約まで同一担当者であった。同一担当者の方がよい。なぜなら担当者はその事業者の顔でもある。担当者の説明が的確であり，担当者本人の人間性によりその事業者の信頼性につながると思われる。

利用者にとって，担当者の対応姿勢は極めて重要な契約の要素である。特に，「生前契約」内容ばかりでなく，担当者の態度や人柄などに影響されて契約する高齢者もあることから担当者は大きな役割を担う。担当者の役割として，消費者の声を十分に傾聴する，消費者のすべてを受容する，知り得た個人情報の守秘などの基本的な相談者としての側面と「生前契約」および関連の事項について精通する専門家としての側面を併せもつ人が望まれる。利用者のいうプライバシーの尊重に関する利用者の危惧があることから，提供事業者は消費者はまず第一にプライバシーを気にしていることを理解すべきである。また，「生前契約」を理解するためには複数の担当者から話を聞きたいという消費者の心理は理解できる。担当者が異なることに対するひとつの反応として，消費者が担当者および「生前契約」の内容，さらに事業者を信頼するに足るかどうかのチェックをするということがあることが分かった。このことは，利用者にとって，契約した「生前契約」の実行が保証されるかどうかの信頼性が最も重要なことであるため，消費者としての賢明な行動であるといえよう。

(10) 「生前契約」への信頼度
　Ａ：契約した「生前契約」は内容の変更などしようとは思わない。契約した内容はすべて実行されると全面的に信頼している。これから気持ちが変わったらそのときに考慮すればよい。契約は，説明書にある通り，内容の変更もできるし，簡単に解約もできる。
　Ｂ：契約した「生前契約」は内容の変更などしようとは思っていない。契約した内容はすべて実行されると全面的に信頼している。他に頼る人もいないので，これからも「生前契約」に対する気持ちは変わらないだろう。契約した内容を変更できることは知っているが，解約が簡単にできるかどうかは分からない。
　Ｃ：契約した「生前契約」は内容の変更は今のところ思っていない。契約した内容はすべて実行されると全面的に信頼している。これから気持ちが変わったらその時点で考える。契約内容は変更できるし，解約も簡単にできることは分かっている。
　Ｄ：契約した「生前契約」は内容の変更は今のところ思っていない。契約した内容は多分信頼できるであろう。全面的に信頼したいという願望はある。しかし，まず何年後に死ぬか分からない。その時社会情勢・環境はどのように変化しているか計り知れないからである。
　　　「生前契約」に対して気が変わると思われるようなら契約しない。契約内容は変更できるし，解約も簡単にできることは分かっている。

　以上のように，契約した自己の「生前契約」は基本的には信頼しているが将来いつ起こるか分からない葬儀の実行保証に危惧があることが理解できる。また，「生前契約」は，消費者の意志を尊重するものであり，内容変更や解約ができるかどうかの消費者への周知の徹底は最も重要なことのひとつである。契約者は内容変更と解約に関することは理解しているとうかがえるが，解約のことまでを契約時に考えることはないからかも知れないが，簡単にできるかどうかについては分からないとする利用者もある。

(11) 「生前契約」前後の気持ちの変化
　Ａ：契約前……年齢的に考えて，それなりに考慮しておきたいと思っていたが，すべてを信頼できる人間を特定できなかった。何年かのうちには決めたいとねがっていた。
　　　契約後……気持ちの上では非常に安定した。残された人生，限りある人生を有効に心豊かに過ごしたいと明るい希望が沸く気持ちである。（準備への決断→安心）
　Ｂ：契約前……合祀墓への登録だけでは不安であった。
　　　契約後……終末を迎えても安心して昇天できると思った。（不安→安心）
　Ｃ：契約前……自分の死をどのように迎えるべきかあれこれ考えていた。
　　　契約後……これでいつでも死ねるという安心感がある。（死に方の考慮→安心）
　Ｄ：契約前……心身ともに健康な時にこのようなことは決めておくほうがよい。
　　　契約後……特別な感慨はないが，何となく心が安らかになったかもしれない。病気，死に対して不安が和らいだと思う。そして家族もそうだろうと思う。（準備の時期の

考慮→心の平安・家族の安心)

「生前契約」契約前後の気持ちは，漠とした備えの意識が「生前契約」により具体的な準備へと意識を促進させたということや，気がかりなことを「生前契約」によって解消するということになっているようである。そして契約後は，安心した生活と不安の解消・心の平安および家族も安心するだろうという家族への配慮の気持ちも現れている。

(12) 「生前契約」の有用性

A：「生前契約」はよいと思う。それは，①一切のしがらみのようなものに決別できるから，②生前に決めておくことで周囲に迷惑がかからない，③葬儀の形式，体裁などに左右されず自分の意志で最後の儀式を遂行することができる，からである。
「生前契約」契約のよさは，慣習，義理に煩わされない明快なところである。
「生前契約」にあたって重視した点は，①他者に迷惑がかからないようにできるか，②金銭的に保険契約などで不安が取り除かれるか，という点である。

B：「生前契約」はよいと思う。それは，①私のように身近に頼れる人がいない，②公的に通用する書類が完備したから，③周囲に迷惑をかけないで済む，からである。
「生前契約」契約のよさは，何をするにも保証人が必要で困っていたがそれを解消できたことである。
「生前契約」にあたって重視した点は，①他者に迷惑をかけなくて済む，②葬儀の施行，③死後の身辺整理（家の明け渡しなど），④手続き完了までよいアドバイスがあることなどである。

C：「生前契約」はよいと思う。それは，①家族のあり方が昔と違って，自分の終末を家族に任せにくくなった，②契約を済ませていれば，残りの人生を精一杯憂いなく過ごせる，からである。
「生前契約」契約のよさは，自分の死を自分で始末できるという安心感をシステム化した点である。「生前契約」にあたって重視した点は，①確実に実行できるか，②特定の宗教に偏っていないか，③営利主義であるかどうかなどである。

D：「生前契約」はよいと思うが，よいともよくないとも断言できない。
よいと思えるのは，①自分のことは自分でと思っている人が生前に自分の最後を始末できる，②親族がいても最小限の迷惑で，頼ろうとしない，③無駄な格式，形式にとらわれず，自己確立ができる，④自分の死後を心身健全な状態の中でしっかり見つめられる，⑤いつでも安心して死ねるという楽な気持ちでいられる，からである。
「生前契約」契約のよさは，私自身，死後は「このようになる」と約束され，納得できた。契約を締結したことによって，周りにも迷惑をかけなくて済むという最大のやすらぎが得られる，という点である。
「生前契約」にあたって重視した点は，①契約どおり確実に実行されること，②一部の派手

ともいえる葬儀を見て,自分は静かに死ねたらと考えていたので契約内容に共感できたこと,である。

「生前契約」が果たして有用なものかどうかということをとらえるために,「生前契約」はよいか否か,「生前契約」のよさ,契約にあたっての重視する点などを聞いた。

契約者は一様に「生前契約」はよいことであり,煩わしい人間関係や親族など周囲のものに迷惑をかけないで済む,自分らしい終わり方・葬儀ができるからだと回答している。いかに身近な人たちの負担を気遣っているかがうかがえる。と同時に,自立した人生を送るための最終点を「生前契約」がカバーすることになったということが契約者の意識から浮き彫りにされた。

契約者は,提供プログラムが自己の考えと合致したら契約するということもわかったし,事業者を冷静に観察し,選択する視点をもっているということが理解できる。また,最大のポイントは完全実施の保証ということにあることもわかった。

(13) 「生前契約」の将来性
A:「生前契約」への関心の高まりは非常によい傾向だと思う。
　今後「生前契約」は増えるだろう。その理由は,①家族意識が失われている,②個人主義,無責任など家族の連帯感が薄くなってきている,③個が尊重されることがマイナスに作用し,孤立の方向に向かっている,④人情,礼節など日本古来の美風が忘れられ,合理性の名のもとに社会が変革されてきている,からである。
B:「生前契約」への関心の高まりはよい傾向だと思う。今までのようにキラキラした霊柩車はどうかと思う。死んだ人には分からないことなので,生きているうちに充実した生活をすればよいと思う。
　今後「生前契約」は増えるだろう。それは,①核家族生活者が多くなってきている,②女性の自立も関係がある,からである。
C:「生前契約」への関心の高まりは,自分を見つめるよい機会である。
　今後「生前契約」は増えるだろう。それの理由として考えられることは,核家族化が進み,「自分のことは自分で」という傾向が増えていくからである。
D:「生前契約」への関心の高まりは,それはそれで結構だと思う。反面,そのようなやり方を嫌いな人もいていいと思う。
　今後「生前契約」は増えるだろう。それは,①少子化,核家族化の増加にともない家族も余り頼りにならなくなる,②自分のことは自分での意識が高まる,③一見,見栄,世間体とも思われるような葬儀など無意味で,誰のためのものか分からない,④日頃の覚悟,死に対する姿勢ができておれば安らかに力強く生きられると思う,⑤死ぬことに対して心配がなくなる,からである。

いずれも,最後まで自立して生きざるを得ない,家族を取りまく社会の変化に起因するもので

あるという認識が強い。事業者が考える「生前契約」の社会的意義や消費者が「生前契約」を選択する理由の回答とほぼ同様の回答を契約者から得た。ただ，契約者の場合はより具体的である。また，「生前契約」は女性の自立の促進という視点があげられている。確かに，葬送においては女性が最も慣習に縛られ，シングルの人たち，夫婦別姓を主張する人たちの墓への埋骨や葬儀などに関してこの分野の対応は遅れていた。「生前契約」は高齢者のみならず，様々な生き方をする人々にとって誇りある生き方・死に方と選択の幅が広がることになるきっかけを作ることになろう。

これらの回答から，契約者は葬儀を家族（遺族）の手から完全に自分のものとしていることが理解でき，十分な備えをして安んじて，充実した生活を送るべきだという確たる考えをもった人たちであるといえよう。

(14) 「生前契約」の利用者
 A：先祖代々，社会の風習などにこだわらず，意識改革した人がこのようなシステムを選択すると思う。
 B：「生前契約」を利用する人たちは，身近に信頼できる人がいない，静かに終末を迎えたいと思っている人たちであろう。
 C：「生前契約」を利用するのは，自立した人たち，または家族と折り合いの悪い人たちであると思う。
 D：自分のこと（死後）は自分でと考えている人，自分の死をしっかりと見つめられる人，頼りたくない人，頼れない人，一人っきりの人などが「生前契約」を利用すると思う。

上記の回答を見ると，「生前契約」利用者は，自立した精神，自立した生活である人たちか，身近に葬儀を頼める人がいない場合とに大別できる。契約者からは家族がいるいないにかかわらず，精神的，生活的に自立している人たちであるという迫力が伝わってくる。

(15) 「生前契約」の契約内容および葬送全般に対する考え方
 A：「生前契約」の概要
　　①葬儀の形式および順序は自分の希望により作成してある
　　②費用は100万円（生命保険の終身保険を利用）
　　③葬送一切および死後の手続き，住宅などの整理を上記費用に含む
　　④上記全般にわたり遺言書（公正証書）を作成した。
　　　葬送に関する考えは，「「生前契約」にあたり，公正証書を作るということだけでも驚いている。だからこれで完全と言っていいのか分からないが現在は満足している。一般の葬儀が派手派手しくなっていく傾向はおかしいと思われる。心のこもるお別れ会のような葬送の形が望まれる。一家で送る場合，従来の定型にこだわらず個性的なその人の主義，生き方などを表現するような墓ができたら残る人に訴える力があり，また楽しくもあると思う。合祀墓はこれから増えるのではないかと思われる。」

B：「生前契約」の概要
　①費用は 100 万円（生命保険の終身保険を利用）
　②葬儀の時自画像を使用する心積もりである

C：「生前契約」の概要
　①告別式は一切しない
　②誰にも知らせない
　③死後火葬その他の後始末で合計費用は 50 万円

　　葬送に関する考えは，「私は死後の世界があるとは思えない。"あの世"，"天国"，"地獄" というのは生きている人の想像の産物だと思っている。しかしだからといって神仏をないがしろにする気はない。人の習慣には従うが，自分を習慣に任せることはしたくない。自分の思いどおりにいくかどうか分からないが自分の幕引きだけは誰にも遠慮しないで，しかもできる限り迷惑をかけないように迎えたいものである。その願いをシステムとして示してくれたのが「生前契約」である。「生前契約」契約を結んだ今，私は大きな安心を得ることができた。もうどんな病気になっても痛みさえ抑えることができれば恐いことはない。できれば荼毘に付した後の骨は粉々にしてどこかに撒いてほしい。今のところ合祀墓に入ることにしている。」

D：「生前契約」の概要
　①死後の諸手続き費用として 50 万円の予算
　②総費用は 100 万円（生命保険終身保険利用）

　　葬送に関する考えは，「葬儀，墓，供養などで，……ねばならぬ，の考え方が多いように思う。私自身もかつては，何の抵抗もなくそれに自然な形で従ってきた。特に都会での老いの死，それに伴う死後の諸手続きそしてお金，考えると不安できりがない。「生前契約」提供事業者がこれから多くでてくると思う。ただ本当に信頼のできる，安心して死を迎えることができる良心的な組織が発生してほしいと望んでいる。私には葬儀，供養など不要である。いつかある日仲のよかった友人が集まりちょっぴり思い出話を酒の肴に楽しんでくれればそれで嬉しい。」

　なおここで，死後の諸手続き費用としているその具体的な内容は公共料金その他の精算等である。

　葬送に対する考えで浮き彫りにされたように，現状の葬儀を冷静に見，自己の「人生の完成が死」というとらえ方をすることによって，生前の意志を予め用意しておいた自己に発生する死とそれに伴う葬送の準備を自分がいない時に実施しようとする人々の死を直視した，力強い生き方を示している。

　健康な時に積極的に死後のことを考え，葬儀をするにしてもしないにしても具体的に意志を表明し，準備しておくという意識の高い人々がいることを「生前契約」提供事業者は，十分理解しておくべきである。

3．生前契約による葬儀の実行

　葬儀の生前契約がわが国に登場して以来，この数年間で，従来の伝統を破り，自分の葬儀を人々に考えさせる機会を与え，それを実際の形にして提供する方法として，発展してきた。生前契約によって早くも葬送に変化の兆しが見え始めてもきている。生前契約は，具体的な葬儀の内容と費用が明示されるため，計画が立てやすいというわかりやすさが共感を呼んでいるようである。具体的に自己の葬儀を考える場合には，すべてを提供事業者と相談しながら決定できるので，計画は立てやすい。それにその実行が保障されれば，安心である。生前に自己の企画した葬儀がその通りに実行される事例が多ければ多いほど消費者は安心する。しかしその実行がどのようなものであるかわからなければ不安である。そこで，生前契約提供事業者S社の実行事例を通して，契約がどのようにして果たされるのかを見てみたい。なおS社は，既に，13件の生前契約による葬儀を実行（1997年7月現在）している。

(1)　夫婦で葬儀の生前契約を締結したSさんの事例

　Sさん夫妻は，夫65歳，妻63歳で，夫が癌の手術を終え，数年間，経過も良好で，安定している。しかし癌に罹患したことで，将来の葬送を考えておく必要があろうとの判断で生前契約に踏み切った。経済的にも精神的にも余裕のある時期がよいとはいっても，夫の葬儀の準備をするというのでは本人にも抵抗があろうと考え，妻もともに契約することで，抵抗感を緩和できると判断し，両者がそれぞれほぼ同様の内容で契約した。契約と実行の経過は以下の通りである。

　1995年5月に葬儀の企画を立て，両者がそれぞれ共同契約者として契約を締結した。2人とも簡素な葬儀を望み，総額92万円の葬儀とした。夫は，癌の手術を終えてまだ数年しか経っておらず，葬儀内容は妻と同様だが，費用は，生命保険加入が困難であるため，100万円の定期預金を葬儀費用に充てるよう，公正証書遺言書を作成した。一方，当時元気であった妻は，一時払いの100万円の生命保険（終身保険）に加入し，それを自己の葬儀費用に充てるよう同じく公正証書遺言書を作成した。夫は癌の手術をしているし，妻は自分が後に残ると信じており，夫を看取った後の自分の葬儀は夫よりさらに簡素にしようと，近親者への死亡連絡も一切せず，遺影も飾らず，誰からの弔辞もない，ひっそりとした葬儀にしたいという内容のものであった。

　ところが，生前契約も生命保険加入も完了して間もなく，それまで元気であった妻に進行性の癌が発見され，手術の甲斐なく数ヵ月後に妻が先に死亡した。夫にとっては，順序が予想していたことと逆になったことは青天の霹靂であり，夫の落胆は想像以上のもので何も手につかない状態であったという。しかし妻が夫だけの生前契約では，夫が動揺してもいけないという思いで夫婦揃って締結した生前契約により，夫は生前契約締結事業者に連絡するだけで，あわてずに葬儀を実行することができた。

　契約の葬儀内容は，死後に基本的に行われる遺体移送と保存そして火葬などと簡素な宗教儀礼による葬儀をするのみであった。しかし予期せぬ妻の早い死を悼み夫は，生前契約の内容に加え，契約にはなかった高額の祭壇に妻の遺影を飾った。妻が企画したとおりの葬儀にはならなかった

が，企画内容は殆ど変更することなく，祭壇と遺影を付加することで夫としての思いやりを示し，親しかった人たちの弔辞もあり通常の葬儀になった。突然妻を失った夫が，「自分が一人残ることを想定したあまりにも寂しい葬儀の内容なのでこれではかわいそう」という理由で，そのような葬儀が行われたのである。生前契約に付加されたことについては，その料金を精算しなければならない。契約額は92万円であったため，葬具は貸借料だけで済み，遺影も含め，100万円の終身保険額内で収まり，葬儀実行と費用支払いにはなんら問題はなかった。葬儀終了後しばらくして保険金の支払いがあり，その保険金で葬儀費用を精算することができた。夫は，葬儀終了後「妻の葬儀内容が決まっていたので，それにいくらか付け加えるだけのことで，後は何も考えなくてよかった」と述懐していたという。これが生前契約の良さである。通常は，本人の死後，遺族は疲労と悲しみもそこそこに，葬儀の段取りを行わなければならない。故人の思い，近親者の意見，地域の習慣，遺族の社会的地位などによる周囲の勧めなどによって本人の遺志はおろか遺族の意思も十分に検討されないまま，葬儀は終わってしまうということが多い。生前契約によってその負担が軽減されるのである。

なお，Sさん（妻）の具体的な葬儀契約の内容は，次の通りであった。基本的に人が亡くなった場合にはその遺体処理を行わなければならない。その基本部分として①諸手続き（死亡診断書，死亡届，埋火葬許可証，死亡通知・連絡など），②遺体の保存・移送（柩，遺体移送，遺体保管など），③火葬（火葬，収骨など）④遺骨移送（火葬場からの遺骨移送，遺骨安置など），⑤その他（花，線香，蠟燭など）に区分され，各項目ごとに金額が設定されていた。Sさん夫妻はともに，死に伴い必要とされるこの基本的な部分については50万円と設定していた。簡素な葬儀は会場費ともに20万円で収まるように企画した。ただし宗教儀礼（仏式）を取り入れるため，僧侶による通夜，葬儀における引導作法，交通費などを含めて22万円と算出し，92万円を葬儀にかかる費用として用意していたのである。

(2) 葬儀をしないMさんの事例

Mさんは65歳で1995年12月に生前契約をし，3ヵ月後の1996年2月に死亡した。死亡3ヵ月前の契約であったので，Sさんの場合同様に，時間の経過による物価変動や契約内容の見直しの要もなく，契約どおりに実行された。

単身のMさんは末期の癌で入院中の病院から葬儀の生前契約の資料を請求し，退院後，自宅で「何もしない葬儀」と家の片づけや諸返還手続きなど生活の整理を含めた生前契約を締結した。もちろん生前契約は生前で，本人の意思能力があれば誰でもが利用できる。Mさんのように，「何もしない葬儀」とは，葬儀という儀礼をしないということである。人が死亡したらその遺体の処理はしなければならないが，基本的な処理だけと法的な手続きを含めた生活整理を生前契約のなかに入れたのである。

病院で死亡したMさんの遺体は，病院から遺体保管所（自宅，火葬場，斎場等）への移送，遺体保存のための納棺，火葬場への移送，火葬，収骨，遺骨の移送，遺骨の安置，墓への埋骨（撒骨）という過程を経なければならない。葬儀式をしないといってもこれだけのことは行わなけれ

ばならず，単身者といえども誰かに依頼しなければならない。従来一連の葬儀のなかでこのこれらのことは組み込まれていたので，一般には遺体処理だけを取り出して考えることはあまりなかった。死を悼む儀式をしなくてもよいと判断したMさんは基本的な遺体処理と埋骨だけの契約をしていた。

　1996年2月中旬に突然，生前契約締結事業者に本人から連絡があり，緊急入院したので，諸手続きのための打ち合わせにきてほしいという依頼であった。「一人で静かに死にたい」という希望を話し，死後の段取りを細かく打ち合わせた。

　数日後，病院に連絡依頼してあった葬儀社からMさん死亡の連絡が提供事業者にあり，葬儀社は事業者側に残されていた契約書に基づき，病院で納棺し，火葬場の霊安室で遺体保管を行うよう手配をした。事業者側は，Mさんからの依頼どおり，Mさんの自宅から予め依頼されていたものを持って病院から死亡診断書を受け取り，市役所へ死亡届を提出し，火葬許可証を受け取り，葬儀社との手順の打ち合わせを行った。

　火葬場の霊安室でMさんが生前指定のドレスを死に装束として遺体にかけ，指定の花のブーケを棺の上に飾り，スタッフ2人による通夜を行い，火葬は2名のスタッフと葬儀社の職員の立ち会いのもとで行われた。そして収骨をし，遺骨が仮安置され，その後共同合祀墓に埋骨された。遺骨の仮安置までは，短期間のうちに行わなければならず，その方法も定型化しているので，比較的容易に行うことができる。しかし，まだ死後の生活整理としての公共料金の支払い完了と解約手続き，税金・年金などの支払いと住宅の返還手続きなどが残されており，その後その処理が迅速に行われ，家内の整理をもって契約事項がすべて完了した。

　このように，(2)の事例のように，葬儀の生前契約が死後における生前の生活すべての処理を行うところまで提供することは，本来の生前契約ではなく，方法には課題を残すが，単身者で，相続人も頼れる近親者のいない場合には有効である。

　ただ，このように現実には生活整理のサービスが行われ，他では介護サービスが行われるなどしてはいるが，葬儀の生前契約と分離したものとなることが望ましいことはいうまでもない。

注

1）大橋慶子「シニアの葬送準備とその提供者に関する調査研究」シニアプラン公募研究年報　財団法人シニアプラン開発機構，1997年による．

第3節　わが国における葬儀の生前契約とその課題

　葬儀の生前契約提供事業者に対する調査および葬儀の生前契約を締結した消費者に対する調査によって，事業者の「生前契約」への取り組みと消費者の「生前契約」への期待・要望が明らかになった。

　「生前契約」は，人の死が前提となる。その死の後にある葬儀への備えのファクターに「自分の

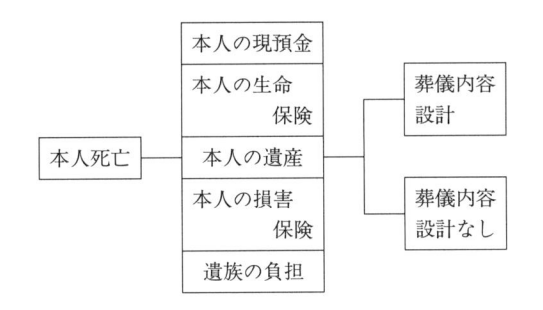

図 5-8 葬儀の生前契約の方法

死」という因子が入ってくるところに「生前契約」の特異性がある。

わが国では，かつて葬送儀礼は，貴族，僧侶など一部の特権階級だけの儀礼であり，庶民はおろか武士でさえも一般的なものではなく，記録は少ないという歴史を持つ。

誰もが葬儀を行うようになってからの歴史は浅いが，一般に，葬儀は故人を悼む儀式というだけでなく，葬儀を誰が主催者として行うかによって，祭祀継承者（後継者）の社会的認知の機会でもあり，遺族の社会的・経済的力量の表明であったり，また遺産分配がともなう社会的，生活的側面を持つ。葬儀には背後にこのような側面があるため，故人のための葬儀というよりむしろ遺族のための葬儀といわれる所以である。

「生前契約」には，従来の遺族の判断と周囲への配慮からの遺族主導の葬儀に，生前の本人の意思・意向を反映しようという従来の葬儀の概念を変える働きがある。「生前契約」によって従来の葬儀形式，規模からの解放をもたらすだけでなく，主体的に葬儀を行わないという意思（遺志）により葬儀そのものもあり方を変えることになる。「生前契約」は，葬送のあり方に大きな影響を与えるものであるといえよう。葬儀は家族（遺族）が死の発生により，遺族の考えと状況によって実行するという「遺族の意思型」から葬儀実行の有無，実行の形式・規模などについて意思を残すという極めて能動的な「本人の遺志型」の葬儀実行へと移行することを「生前契約」が促進させることになる。「生前契約」は基本的には①葬儀費用の確保と②葬儀内容の設計である。費用の多少，葬儀内容の設計は，詳細な内容の設定やラフな基本部分だけの設計，あるいは葬儀をする意思がない場合には，火葬から遺骨の埋蔵・撒骨の基本的な手続き部分だけの場合が考えられる。現在，わが国の事業者が現在提供している費用の準備と内容設計の方法は図5-8の通りである。

なおこれに加えて，費用の準備を必要としない，葬儀内容の設計だけという方法も提供されている。そこで，費用準備の側面からわが国における現行の生前契約のタイプを整理すると，「自己完結型」，「他者依存型」に大別できる。

現在では，上記のようなタイプの葬儀の生前契約となっている。わが国では，保険金の第三者受け取りの規制，また事業者側では出資法の規制などがあり，葬儀に関する意思は残すことができるし，費用の備えもできるが，本人死亡後の実行後の費用支払いの段階における問題があるため，現行ではこのような形式になっているのである。

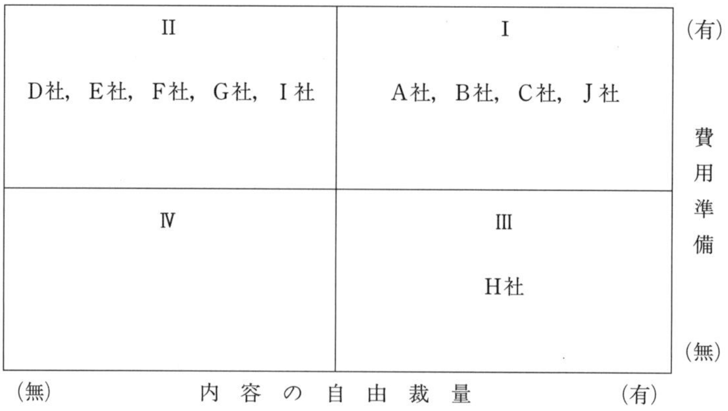

		(有)
II D社，E社，F社，G社，I社	I A社，B社，C社，J社	費用準備
IV	III H社	(無)
(無) 内　容　の　自　由　裁　量 (有)		

　I：自由企画　＋　費用準備
　II：企画選択　＋　費用準備
　III：自由企画　＋　費用の準備なし
　IV：企画選択　＋　費用の準備なし

図 5 - 9　生前契約の分類

　祭祀継承者（相続人）がなく，自己完結型①の場合は，事業者消滅の場合の保障がどうなるかという不安があるし，②の場合では，受託会社消滅の場合はどのように保障されるかという基本的な問題がある。どの事業者も，信頼関係ということを強調しているが，しかし人の一生の最後の儀礼を託するのであるから，信頼関係だけではなく，明確な保障規制が必要であるし，提供事業者側は，その方法を自ら考え，消費者が納得のいく方法を提示しなければならない。
　また，祭祀継承者（相続人）がある場合であっても，自己の葬儀資金の備えをし，葬儀社に予約しておいても，具体的な内容を決めておらず，葬儀内容は遺族任せというような場合は，他者依存型の①に該当する。この場合，受取人（相続人）が予約を解約して独自の葬儀を行うということも考えられるし，その問題をどのように解決するかという問題がある。②の型は，従来型であり，本人または家族が掛け金を掛け，葬儀発生時に費用の精算をするタイプで，最も一般的で安全かもしれないが，その清算は時価で行われるため，掛け金の払い戻し金と実行費用の差額が大きいときには，遺族に重い負担をかけることになる。また，相続人がいなくても予約できるのかという限界性もある。
　費用と内容の計画という側面からわが国の現行の生前契約がもつ課題を見ることにする。費用と内容設計から分類すると図5-9のようになる。
　葬儀の生前契約の本来の姿からすれば，I型となるべきである。個々人が自己の意思により自由な企画をし，それをどこまで実現できるか専門の相談員と話し合って，決定することが真の個人の意思を生かす生前契約となる。しかしわが国においては，人々の葬儀への関心と意識は高くなってきたとはいえ，具体的な主張があまり見られず，結果的には提供事業者の示す企画のなかから選択するということがまだ多いようである。またこれには，事業者側の提供理由もある。個々

の細かい希望を入れるとコストが高くなり，実際の葬儀実行にも手間がかかることになる。それよりも価格や規模に，いろいろな段階を設けてもパッケージ化した葬儀を消費者が選択した方が円滑に運び，かつコストも抑えることができるという理由もある。それを表すのがⅡ型であるが，半数近くの事業者はこの方法を用いている。ただし，このような方法は，消費者の意識が高まり，多様な葬儀の形式を理解し，受け入れるようになってくると，独自性が現れるようになり，事業者側は，パッケージではなく，多様なメニューを提供せざるをえなくなっていくであろう。さらに，契約する消費者は，生きている人であり，価格も明細がわかりにくいパッケージでは満足せず，明細価格への要求がでてくれば，パッケージ化されていたなかから取捨選択するようになるであろう。そうなると必然的に葬儀の内容・形式は変化していくことになる。

　外国には見られず，わが国の葬儀の生前契約に独特の特徴が見られることがある。それは，葬儀だけではなく，墓の販売もするなら，アメリカの葬送の生前契約と変わりないが，加えて，付加価値サービスともいえる死の前後にある葬送以外のサービスである。

　事業者によっては，生前からの介護サービスを提供したり，死後の生活整理などのサービスを提供しているのである。生前契約は，葬儀を中心として墓への埋骨や撒骨など葬送についての契約である。しかしわが国では，その前後のサービスを行うことによって消費者の新たなニーズの発見と顧客の獲得に迫ろうとしている。介護や生活整理は，葬儀の周辺にある見落としがちな重要なことである。顕在化していないが将来問題になる，不安になることを先取りしてサービスするという新手の手法である。

　また，生前契約の際，事業者の独自のサービスメニューを利用すれば，割引を行うといった商法も見られる。

　このような提供事業者の動きは，生前契約の本来の意味を曖昧にする危険性がないとはいえない。自己の葬儀に備えるための生前契約と介護や生活整理などは，別のことである。葬儀は実行は，葬儀社が行うことであり，介護は介護サービスという異なる分野が行うことであり，生活整理は介護サービスとも異なる性格のものである。葬儀に対する不安を持つ人は，多かれ少なかれ，その周辺の生前・死後のことにも不安を持っている人たちであろうということは考えられる。しかし本来の意味とは異なる盛りだくさんの内容を葬儀の生前契約に付加することは決して望ましいことではない。

　アメリカにおける葬送以外のサービスでは，アフターニードサービスとしての遺族の相談や遺族に対するグリーフワークなどがある。このようなサービスはわが国の事業者のサービス展開の参考になる。

　わが国では始まったばかりで，事業者もどのように提供すれば消費者のニーズに応えられ，ビジネスとして成功するか試行錯誤の段階のようである。現行では法や規則がないためにいろいろな試みもあるが，それに伴って問題も発生するかもしれない。消費者および提供者側もともに保護するための法的整備がはかられるようになれば，双方の権利も正当な利益も守られることになり，生前契約が定着することになろう。

第6章

高齢期の生活課題と葬儀の生前契約

第1節　日米の生前契約の方向性

1．高齢期における生前契約

　わが国における葬儀の生前契約は，1990年代から死への準備の一つとして，特に中高年者に関心が高まってきたことから社会の耳目を集めるようになってきた。家族の死とその後の葬儀や墓に対する極めて固定的で他者依存的な考えから脱して，死を自分の死として考え，自分の葬儀，自分の遺骨を埋葬する墓として，そのあり方を考える人々が少しずつ現れ始めてきた。現代社会においても色濃く残る死や葬送に対するタブーが，ようやく解消されつつあるということであろうか。今日，高齢期にはどこで誰から介護を受けるか，そして，どのような介護を受け，どんな医療を受けて死を迎えるかということが切実な課題として迫っており，死に方についてもある程度考えておかざるを得ない状況になってきた。それが，死の次にくる葬送への関心に拍車をかけるということになっているようである。しかし，自分の葬送のラフなスケッチはできても明確に意思を家族など近親者に話しておいたり，具体的に意思を書面にして残しておくということは容易なことではなく，意思を表明している人たちはまだ少ない。高齢者は介護にしても，葬送に対しても意思を表明することになれておらず，家族もまた高齢者に問うことはなく，ほとんど語られることなく，聞かれることなく死を迎えるということが多かった。未だに高齢者には死を話題にしないということが一般的な通念としてあり，死に対するタブー，葬送に対するタブーはまだ多い。

　1999年，「高齢者の施設における生活水準と長期ケアへの適応に関する研究」[1]によって，老人介護施設である特別養護老人ホーム（特老）および老人保健施設（老健）に入所している高齢者に対し，面接調査による終末医療や死の場についての聞き取りを行った。この調査の結果は以下のとおり，介護を受けている高齢者ほど，どのような介護・医療を受けて死を迎えるかということを考えていることがわかる。

　長期ケアを必要とする虚弱高齢者のQOL (Quality of Life) をとらえるために，特老と老健入所者に対して，身体機能の測定尺度である機能的自立度評価法（Functional Independent Measure, FIM）と健康に関するQOLの測定尺度SF-36（Short Form 36 Health Survey），FIMおよび生活満足度調査を行った結果のなかから，救急事態が起きた場合や人生の最後に向かう医療に対する

表6-1 FIM結果

得点	老健	(%)	特老	(%)
0～9	0	(0.0)	0	(0.0)
10～19	0	(0.0)	0	(0.0)
20～29	0	(0.0)	6	(15.4)
30～39	0	(0.0)	3	(7.7)
40～49	1	(2.3)	2	(5.1)
50～59	0	(0.0)	2	(5.1)
60～69	5	(11.4)	3	(7.7)
70～79	2	(4.5)	7	(17.9)
80～89	3	(6.8)	5	(12.8)
90～99	5	(11.4)	3	(7.7)
100～109	8	(18.2)	4	(10.3)
110～119	11	(25.0)	2	(5.1)
120～	9	(20.5)	2	(5.1)

	老健	特老
サンプル数	44	39
合計	4461	2755
平均	101.3864	70.64103
最小値	44	20
最大値	126	126
分散	455.6916	876.1788
標準偏差	21.34693	29.60032
変動係数	0.212985	0.424502

表6-2 年齢別FIM得点

得点	老健	(%)	特老	(%)
60～64	1	(2.3)	0	(0.0)
65～69	3	(7.0)	0	(0.0)
70～74	5	(11.6)	3	(7.7)
75～79	5	(11.6)	8	(20.5)
80～84	13	(30.2)	7	(17.9)
85～89	10	(23.3)	16	(41.0)
90～94	4	(9.3)	4	(10.3)
95～99	2	(4.7)	1	(2.6)
合計	43		39	
平均年齢	81.53488		83.64103	

意識についてみることにする。身体機能度を表わすFIMは得点が高いほど身体機能の自立度が高いことを意味する。FIMは老健が101.4点，特老が70.6点で老健が高く，一方医学的QOLは特老が老健より得点が高く，従って施設での生活満足度は高いという結果が得られた（表6-1，図6-1）。

　両施設の年齢構成は，ほぼ同様で80歳以上の高齢者が多かった。両施設に入所している高齢者のすべてに慢性疾患があり，治療を受けながら介護を受けている高齢者である。この調査は介護保険導入前であったために，特老は，老人福祉法により措置入所しており，長期生活の場としてとらえている高齢者が多い。一方老健への入所者は，急性期の医療を終了し，家庭復帰のための

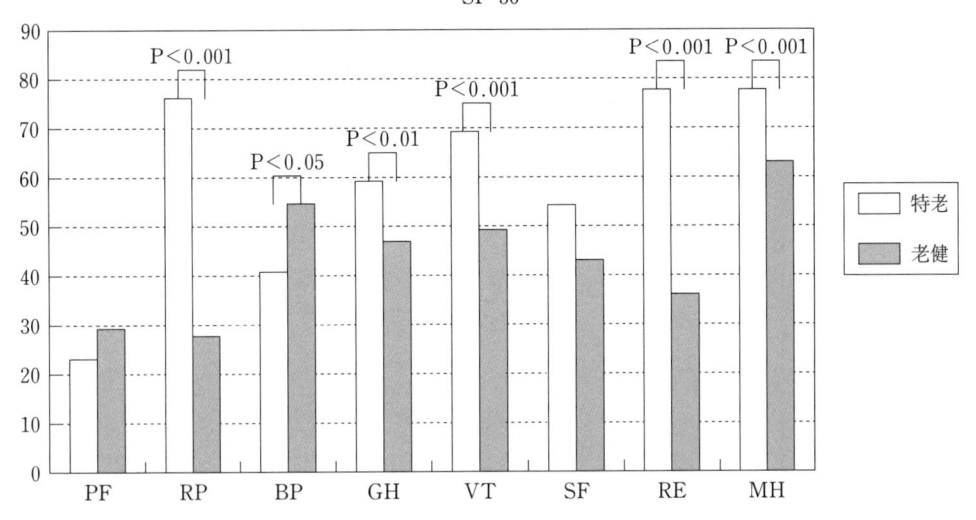

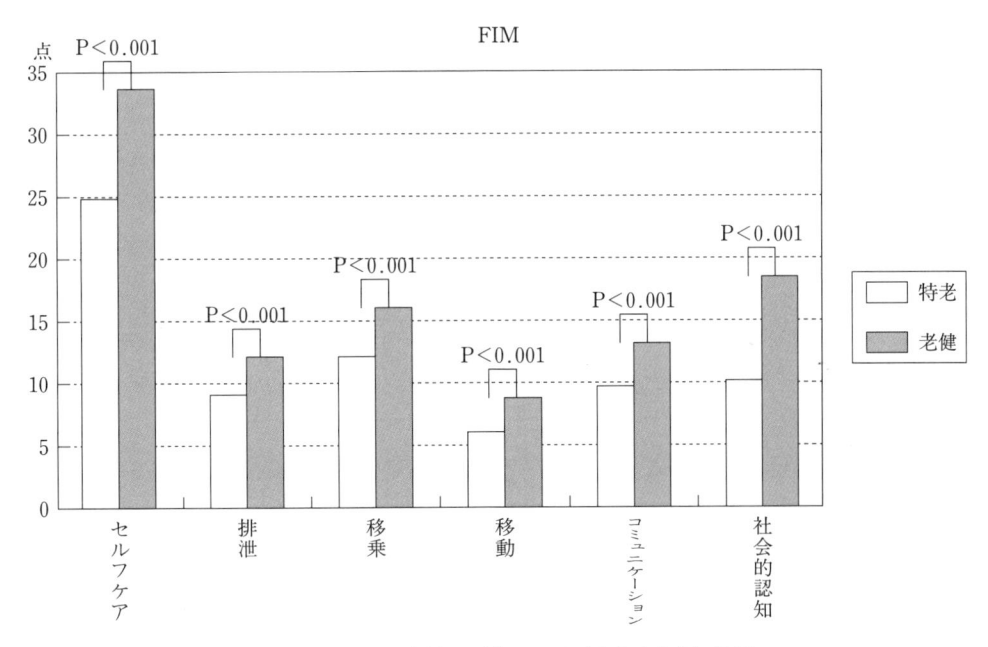

第6章　高齢期の生活課題と葬儀の生前契約

図6-1　SF-36（生活の質），FIM（身体自立度）結果

施設としてあるいは，特老への通過施設としてとらえている場合が多い（表6-2，表6-3，表6-4）。人生の終末に近い時期を施設で生活している高齢者自身が，急変事態を迎えた場合，どのようにしようと思っているかということを知るために，緊急手術に対する考え，心臓発作など急変事態が起きたときへの考え，死の場についての考えを，さらに虚弱化した場合死を迎えるまでの医療という形でとらえることにした。まず救命のための手術についての回答では，手術を受けたいと考えている者が特老で66.7％，老健では40.9％と両施設間でかなりの差異が見られるものの手術を受けたいという意思はほとんど同じで，過半数が同意し，多くが積極医療を望んでい

表 6-3 施設利用数

老健入所日数

入所日数	老健	(%)
0～49	3	(7.0)
50～99	12	(27.9)
100～149	11	(25.6)
150～199	8	(18.6)
200～249	2	(4.7)
250～299	3	(7.0)
300～349	2	(4.7)
350～399	0	(0.0)
400～449	1	(2.3)
450～499	0	(0.0)
500以上	1	(2.3)

サンプル数	43
合　　計	6,477
平　　均	150.6
最 小 値	39
最 大 値	527
分　　散	10,751
標 準 偏 差	103.7
変 動 係 数	0.697

特老入所年数

入所年数(年)	特老	(%)
0～1	7	(17.9)
1～2	4	(10.3)
2～3	4	(10.3)
3～4	2	(5.1)
4～5	1	(2.6)
5～6	2	(5.1)
6～7	6	(15.4)
7～8	3	(7.7)
8～9	3	(7.7)
9～10	1	(2.6)
10～11	2	(5.1)
11～12	1	(2.6)
12～13	0	(0.0)
13～14	1	(2.6)
14～15	1	(2.6)
15～16	0	(0.0)
16～17	0	(0.0)
17～18	1	(2.6)

サンプル数	39
合　　計	78,082
平　　均	2,002.103
最 小 値	7
最 大 値	6,218
分　　散	2,376,095
標 準 偏 差	1,541.459
変 動 係 数	0.779985

表 6-4 現在治療中の病気について

疾患名	老健	特老
脳梗塞	5	16
心臓病	9	14
高血圧	9	9
糖尿病	5	3
肝臓病	2	1
腎臓病	2	0
呼吸器疾患	2	0
循環器疾患	6	0
骨折	9	4
痴呆	1	10
治療中の病気なし	0	0
その他	17	7

ることがうかがえる。老健では手術拒否の意思を持つ高齢者が56.8％を占め，老人保健施設の高齢者は積極的な医療に否定的なとらえ方をしているという見方もできよう。ただ，手術はしないが病院もしくは老健で治療は継続して受けたいという医療への積極的な考えは多く，治療の拒否

表6-5 救命医療に対する意思（手術が必要な場合）

	老健	(%)	特老	(%)
手術を受ける	18	(40.9)	26	(66.7)
手術を受けない	25	(56.8)	13	(33.3)
無回答	1	(2.3)	0	(0.0)
サンプル数	44		39	

表6-6 手術を受けない場合

	老健	(%)	特老	(%)
病院で治療	17	(65.4)	2	(20.0)
施設で治療	6	(23.1)	8	(80.0)
何もしてほしくない	1	(3.8)	0	(0.0)
無回答	2	(7.7)	0	(0.0)
サンプル数	26		10	

表6-7 救急事態の対応（心臓の発作などの場合）

	老健	(%)	特老	(%)
病院受診	19	(43.2)	19	(48.7)
施設担当医に診察	12	(27.3)	15	(38.5)
施設看護婦・職員	12	(27.3)	5	(12.8)
特に何もしてほしくない	0	(0.0)	0	(0.0)
無回答	1	(2.3)	0	(0.0)
サンプル数	44		39	

は1名（3.8％）のみであった。特老では，33.3％が手術はしたくないという意思を示したが，それらの高齢者は老健と同様，全員（100.0％）が病院もしくは特老のいずれかで治療を受けたいと回答し，積極治療派であった。

老健は，リハビリを主体とする施設であり，リハビリの成果がなかなか上がらないとそれが諦めに変わるという傾向があるようで，それが救命時の手術の否定ということに影響しているのかもしれない。一方，介護が中心の特老では，入所期間が6～7年と長期にわたる高齢者も多いため，要介護状態であるものの日常的に心身状態や生活が安定しているためか，救命医療には積極的であるという傾向がうかがえるのではないかと考えられる。そこには介護を受けつつも終末医療に対しては，本人の積極的な意思がみえるといえよう（表6-5，表6-6）。

救急事態たとえば心臓発作などに対しては病院や施設の担当医への受診を希望する場合が特老では87.2％，老健では70.5％であり，ほとんどが積極的医療を望んでおり，救急医療への期待度が高く，治療を受けたくないとする回答は0％であった（表6-7）。こうしてみると要介護高齢者は医療に対して明確な意思を持っていることがうかがえる。高齢化に伴ってさらに虚弱化した場合の医療についても聞いた。この設問は終末までの医療をどこで受けたいかということで，

表6-8 高齢化とともにさらに虚弱になった場合の医療の場

	老健	(%)	特老	(%)
病　　　院	22	(50.0)	24	(61.5)
施　　　設	12	(27.3)	15	(38.5)
在　　　宅	4	(9.1)	0	(0.0)
そ　の　他	4	(9.1)	0	(0.0)
無　回　答	2	(4.5)	0	(0.0)
サンプル数	44		39	

すなわちどこで死にたいかということを意味するものである。本調査の結果では，病院や施設で最後まで医療を受けたいと回答したものがほとんどで，在宅死を望むものは特養では0％であり，老健でも9.1％という結果であった（表6-8）。高度医療，積極医療とともに老人介護施設入所高齢者は積極的に医療を受けたいとする傾向が強く見られる。これは介護を主とする施設に入所しており，常に慢性病を有し医療と介護の両方が不可欠なために，施設での医療や介護は日常のことであり，このまま終生施設で医療や介護を受けながら死を迎えることになるだろうという思いがあるのかもしれない。一般に，高齢者は在宅死を望むものの現実には病院や特老など施設で死を迎える場合が圧倒的に多い。老人介護施設に入所し，医療や介護に慣れてしまっている高齢者には，その施設で死を迎えるという意思が見られるということはあまり知られていない。高齢者の意思とはいっても，現実にはこのまま施設で医療も介護も受けたほうが安心であるという考えもある一方で，帰宅して在宅医療を受けることや在宅介護を受けることは，現実には家族の負担が重いため諦めざるを得ないという思いも含まれているのではないかと考えられる。

　これらの結果から，要介護状態にある高齢者の終末期の医療やどこで死を迎えるかに対する考え方をみていえることは，高齢者に問えばはっきりと自分の意思を表すことができるということである。要介護高齢者が医療や死の場に対して意思を表明することができることを私たちは理解し，その意思を確認しておくことで，本人の意思を死への医療やそして葬送に反映させることができよう。高齢期の最後の課題としての死に方や葬送への考えは，高齢期の生き方を反映することとして重視することが必要である。なかでも高齢者の意思を表す場合一様ではなく，高齢者特有のあらわし方もある。それをふまえて高齢者の意思のあらわし方をもっとも理解することが必要である。

2．日米の生前契約の方向性

　アメリカでは死への準備としての生前契約が1940年代から開始されている。アメリカでは1950年代の初頭から消費者と葬儀社間で，生前に葬儀の内容，棺などを含む葬具，葬送方法を打ち合わせし，費用を支払って契約しておくこととして本格的に実施されるようになった。アメリカにおける生前契約は，死亡時に必要となる埋葬費用の支払いをカバーし，遺族の生活を圧迫しないための経済的自衛手段として発達してきたものである。特にホワイトアメリカンの葬送は，

アメリカ経済の発展と共にその経済力を反映するものとなり，それに合わせて葬送事業者のメニューも多彩になり，葬送は，個人の富と生き方を示す社会的儀礼へと変化してきた。その過程で，経済的基盤の弱体化からの自衛手段としての生前契約から，故人が生前の意思を葬送に対して残し，それを死後に実現させる自己実現の確実な方法としての生前契約へと変化を遂げてきた。現在も，将来予想される生活問題への個人的な防衛手段としてのとらえ方が生前契約の底流に依然としてある。そこにはアメリカが農業国から工業国へと変貌しはじめ，都市への人口集中が始まる1880年頃から葬儀業者が，葬儀社として形成されていく途上で，都市部に葬儀社斎場が現れ始め，続いて，1885年のフューネラル・ディレクターの資格制度，1894年のエンバーマーの資格制度，1930年代末の葬儀保険の開発等の半世紀以上におよぶ葬送事業者・関連業種など提供者側の商業的な努力と利用者の生活防衛の方法としての利用という利害一致の歴史がある。

わが国における生前契約は，1980年代後半から提供されるようになった。その多くは生きている間に，自己の死後に行われる葬儀を具体的に計画もしくはパッケージを選択し，その費用を確実な方法で確保しておくという，「自己完結型準備」として定着してきた。「葬儀に対する生前意思の死後実現」の契約として開始され始めたのである。

アメリカにおいては，自己の葬り方を準備しておく方法を指していう用語として，preneed funeral arrangement, preneed funeral contract, prearrangement funeral, prepaid & prearrangement funeral, prefunded funeral contract, preneed trust agreement, preneed funeral plan など，その方法により表現が異なるがいずれも生前に，自己の葬送の方法や規模，費用支払いの方法などを契約しておく方法である。これと同様の意味で，わが国では「生前契約」のほかに「生前予約」，「事前葬儀プラン」などという用語が使われている。わが国の場合は，アメリカでさまざまな過程を経て形成された生前契約の現在の手法を導入し，わが国流に再構成したものであるために，当初から個人の死への準備に向かう主体性と，葬送に生前の意思を反映する個人の自己実現を表す合理的な方法として提供されている。アメリカの場合は個人の意思を「生前契約」として残しておく「契約」が強調されるが，わが国の場合は「家族に迷惑をかけないように自分の葬儀プランを生前に立てて，葬儀に備えておく」といった家族ケアの意味合いが強い。したがって遺族も故人の意思は尊重するが，都合によっては遺族の意思で契約内容を変更するといったことがある。生前契約そのものは個人の主体的な行動といえるが，本人にも生前契約を提供する側にも，また家族にも「契約」という意識が必ずしも強くはないため，現状では真の「契約」になっているとは言い難い側面をもつ。

葬送の手順は，アメリカにおいてもわが国においてもいずれも共通するところが多い。形式や内容など宗教や習慣の違いは異なるものの，葬儀の儀礼から墓への埋葬または火葬・墓への埋骨，あるいは撒骨（撒灰）までをいう。ただわが国には，仏式の葬送が大多数を占め，葬送儀礼ののち追悼儀礼が数十年にわたって行われる。本書では，アメリカの葬送を特にホワイトアメリカン，宗教的にはキリスト教（日系人の場合は仏教）を中心としてわが国と比較を試みてきたが，そのアメリカにおいて，近年，葬送の方法が変化し始めてきている。それは宗教的葬儀に対する価値観の変化や環境への配慮から火葬するケースが増加傾向を見せ始めてきていることである（図

```
            FUNERAL INSTRUCTIONS
    I, _____ , hereby direct the disposition of my
remains upon my death as follows:
    1. It is my wish to be cremated, and that the cremation
and all other arrangements be handled by _____
Mortuary, located at _____ .
    2. It is my wish that after cremation, my remains be
disposed of as follows: _____ [for example, scat-
tered in the ocean].

    The original of my last will and testament is in _____
_____ [for example, my safe-deposit box; give bank's
name and address] [the possession of my attorney, _____ ;
give attorney's name and address].
    DATED: _____ , 19__
                            _____ [signed] _____
```

出典：Belli M., *Everybody's Guide to the Law*, 1987.

図 6-2　火葬について（遺骨処理方法と費用に関する意思表明）

```
            FUNERAL INSTRUCTIONS
    I, _____ , hereby direct the disposition of my
remains upon my death as follows:
    1. It is my wish to be buried in plot #__ of Peaceful
Gardens, in the City of _____ . The deed to this
plot is with the original of these funeral directions.
    2. It is my desire that all funeral arrangements be
handled by _____ Mortuary, located at _____ .
    The original of my last will and testament is in _____
_____ [for example, my safe-deposit box; give bank's
name and address] [the possession of my attorney,
_____ ; give attorney's name and address].
    DATED: _____ , 19__
                            _____ [signed] _____
```

出典：図 6-2 に同じ。

図 6-3　埋葬について（埋葬・墓地と費用に関する意思表明）

表6-9 アメリカの50年後の人種別人口構成予測

人　　種	現在の人口	50年後の人口予想	成長率(％)	現在の多国籍人口(％)	50年後の多国籍人口(％)
ア ジ ア 系	7,000,000	35,000,000	500	67	50
ラ テ ン 系	21,000,000	64,000,000	300	41	33
ア フ リ カ 系	30,000,000	44,000,000	47	5	9
ホワイトアメリカン（非ヒスパニック）	187,000,000	211,000,000	13	3	4
ネイティブアメリカン	2,000,000	2,000,000	0	0	0
計	247,000,000	356,000,000	44	8.6	14.2

出典：J.Henslin, *A Down to Earth Approach*, 1995.

表6-10 アメリカ移住者の出生地

出 生 地	人数	出 生 地	人数
北アメリカ	1,100,000	中南アメリカ	191,000
メキシコ	946,000	エルサルバドル	47,000
ハイチ	48,000	グアテマラ	26,000
ドミニカ	41,000	コロンビア	20,000
ジャマイカ	24,000	ニカラグア	18,000
カナダ	14,000	ペルー	16,000
キューバ	10,000	ギニア	12,000
アジア	359,000	ホンジュラス	12,000
フィリピン	64,000	エクアドル	10,000
ベトナム	55,000	ヨーロッパ	135,000
インド	45,000	ソビエト連邦	57,000
中国	44,000	ポーランド	19,000
韓国	27,000	イギリス	14,000
イラン	20,000	アフリカ	36,000
バングラディッシュ	11,000		
ラオス	10,000	計	1,821,000
香港	10,000		

出典：J.Henslin, *A Down to Earth Approach*, 1995.

6-2，図6-3）。とはいえ約8割と圧倒的に多いのは埋葬である。アメリカには，墓への埋葬にわが国のような家族墓という考え方はなく，おおむね個人墓もしくは夫婦の墓である。

　アメリカの現在の人種別人口構成は，白人76％，黒人12％，ヒスパニック8％，その他4％となっている。しかし今後50年間に，白人は59％に減少していき，その後の10年で50％を割ると予測されているところからアメリカの人種別人口構成は，大幅に変化していく見込みである（表6-9，表6-10）。そうなると今後ホワイトアメリカンの葬送はアメリカを代表する葬送とはいえなくなってくるかもしれない。現状では，アメリカにおける葬送を代表する白人の様式が圧倒的多数でその他の様式に影響を及ぼしている。しかし，将来的にはキリスト教や欧州系白人による生活文化に根差した葬送と並んで，その他の宗教や民族文化に基づいた葬送も肩を並べるよう

になってくるかもしれない。但し，白人を中心とするNFDAといった葬送業専門職の全米組織やその州組織に比肩する程の組織化された専業者組織はあまり育っていないため，果たして白人系以外の葬送文化がどの程度アメリカを席巻するかは未知数である。

ところで，アメリカにおける葬送準備には，葬儀から墓の購入，墓への埋葬・埋蔵までを生前の準備に含むため，遺体を病院から搬送することに始まり，墓への埋葬・埋骨もしくは撒灰までを含む葬送の生前契約となるのが一般的である。但し，方法としては，葬儀は葬儀に必要なものすべてを含む葬儀の生前契約と遺体・遺灰埋葬のための墓の生前契約とに二分されているが，この両者を利用する人たちが多くなってきた。

一方，わが国では，現在でも墓は家族墓が主流なために，アメリカのように葬儀と墓までを含めて生前に準備をするということは，現実的にはまだ少数派である。現段階ではまだ葬儀の生前契約だけが行われているが，最近わが国の葬送形態も変わり始めてきており，家族墓への埋骨だけではなく，個人墓や夫婦の墓，撒灰も行われるようになってきたし，また葬儀を行わないという意思を持つ人たちもでてきている。また祭祀継承者がいない人たちも目立ってきているので，将来的には，アメリカのように葬儀と墓の生前契約が必要とされるようになってくるだろう。

「将来予測される自己の死後における葬儀に関して，自らの意思で生前に葬儀費用を預金や生命保険を財源として確保し，具体的に葬儀の規模や内容，葬具などについて契約執行受託企業（葬儀社など）等と契約しておく」葬儀の生前契約は，わが国では葬儀社あるいはその企画会社，葬送諸団体などが取り扱い，業種は一定していない。墓は墓園業，葬儀は葬儀社と区分されているところはアメリカの場合と変わりないが，わが国には生前契約に対する規制がないため，墓園業が墓の販売と同時に葬儀の生前契約にも参入するという最近の新しい動きがある。

高齢期は，生活の変化が大きい時期であるため，自立生活の危機に直面する生活問題の発生が予想される。加齢と共に心身の自立度の低下，経済的自立度の低下が伴うために高齢期の生活は家族・他者依存，地域依存，社会福祉サービス利用など社会的依存をしながら維持される可能性が高くなる。生前契約は，自立度の高い時期に予め将来に起こる自己の葬儀に準備しておくことであり，生活問題へ主体的に高齢期最後の生活課題を自己責任で防衛しておく方法ということができる。そして生前契約は自分の死後の葬儀や埋葬（埋骨）・撒灰など一連の葬送を直視し，自己の意思によりその方法や内容を具体的に検討したうえで，葬儀社を指定し，費用の準備方法を選択することである。葬送準備への積極的な取り組みは積極的な意思の表明，高齢期の生き方の積極性を表すことになる。

かつてアメリカでは，低所得者層にとって葬送は残された家族に重い負担を強いるものであり，遺族の生活問題を発生させることでもあった。埋葬が生計を圧迫する人々の救済方法として生前契約は発生し，現在のような主体的な自己完結の方法として発展してきた。こうしたアメリカの生前契約は，わが国に大きな影響を与え，個人の意思の尊重と契約の実現という個人が主体的に自己の葬送に備えるという積極的な死への準備の方法として，自立生活の新しい選択肢になったということができる。

3．生活課題としての生前契約から自己実現としての生前契約

　アメリカにおける生前契約は，第一次大戦後の埋葬保険をはじめとして，葬送準備の独自の方法として開発され，発達してきた。わが国には，これまでアメリカのような契約による葬儀の生前契約の考え方はなく，したがって考え方も方法もアメリカから取り入れたものであるといってよい。ただしアメリカにおいても本格的に生前契約が開始され始めたのは第二次大戦後であり，決して歴史が長いわけではない。アメリカの生前契約がもともと急な死亡により埋葬に苦慮する人々を救済するために考えられ，今日，高齢者が死に備える一つの選択肢として成長し続けているのに対し，後発のわが国では，1990年前後に殆どがスタートしたということもあって，当初からすべての人を対象にした死への備えの選択肢として提供されている。

　アメリカの個人の意見・意思の主張を尊重する文化は，契約とそれに伴う権利と責任を前提とするが，一方，わが国においては，契約に対する意識が成熟しているとは言い難い側面があり，特に高齢者が多く利用する生前契約においては，高齢者自身の契約に対する態度と消費者意識，高齢者の契約を家族がどこまで尊重するかなどが懸念されるのが現状である。生前契約をした高齢者が家族から個人として，契約者としてまた消費者として，その意思により契約したものを十分尊重されるかどうかという危惧がある。わが国において，自分の葬儀に備えるという新しい動きは，葬送に関して本人の意思の優先か家族の意向の優先かという課題がまだまだ残されているのである。

　わが国の生前契約は，高齢者を中心とする自己の葬送への主体的な備えとして，多様な形式で提供されはじめたが，十分検討された上での提供かどうか疑問が残るケースもあり，必ずしも完成されたものであるとはいえない。高齢者が締結した生前契約であっても，本人の生前の葬儀メニューに対して，実行時に遺族が変更を申し出て本人の希望した葬儀にはならないこともある。生前の本人の意思よりも遺族の意向が優先されることになり，葬儀業者は遺族の意向に従わざるを得なくなるということは珍しいことではない。わが国の生前契約実行例の中からも見て取れるように，葬儀は遺族の意思によって行われるため，決して本人の希望・要望を託した契約通りに実現されるとはいえないことがある。また故人の意思どおりの葬儀を行おうとしても，世間体や親類への配慮などが葬儀実行に優先してしまうという課題も残されている。

　わが国の場合，生前契約では，自分の葬儀を企画する場合，華美でコストが高いものより，平均の規模よりも小さく，簡素で，低額に押さえようとする傾向が強い。アメリカの場合ももちろん同様ともいえるが，規模も形式にもとらわれず自己の経済サイズや考えどおりの葬送スタイルにしようとする人たちが多い。アメリカの多様性と比べるとわが国の場合はやや異なる。もともと葬儀は他者（地域共同体）主導であったためか，生活サイズ，交友関係，家族関係によって規定され継承者の社会的認知という要因を葬儀に反映させる自分の葬儀であるから派手にすることははばかられるとか，家族の意向を気にするという他者（家族）が準備するのではなく自分で準備するために，他者を意識する要素が大きいといってもいいだろう。

　現実の生活状況や故人の葬儀から自分の葬儀のあり方を考えていけば，不要なものを排除して

いき，結果として簡素な葬儀になるということはあるだろう。しかし，簡素な葬儀というだけではなく，自己の意思の表明，自己表現の一つという観点から葬儀をとらえることがアメリカでは普通のことであり，大規模であったり，独創的で高額の葬儀になるなど多様化している。

生前契約の規模や形式は，葬儀への会葬者にも影響を与える。わが国では，一般的な遺族主導型の葬儀の場合においては，故人の経歴，社会的地位や交友関係などだけではなく，祭祀継承者をはじめとする遺族の様々な人間関係，社会的地位などにより葬儀への参列者数が増加するし，遺族の立場によっては，葬儀の規模や形式も変更されることがある。それが本来の生前契約型葬儀と遺族主導型の葬儀との大きな相違である。生前契約による葬儀は，あくまでも本人が中心であるが，遺族主導型は故人のための葬儀でありながら遺族の考えや人間関係，経済状況などに影響される。たとえ，高齢者が自分の葬送を具体的なプランとして葬儀社などと契約しておいても，遺族がそれを故人の意思として受け容れるかどうかということが危惧されることにもなる。

わが国では，現時点での生前契約による葬儀の実行がまだ多くはないが，その中でも遺族が故人の葬儀プランに変更や修正を加えたりしているケースがよく見られる。大幅な変更や解約ではないためにトラブルとして顕在化してはいないが，今後，葬儀社の故人の契約どおりの実行をめぐる遺族との対立がでてくる可能性もあり，故人の意思が契約であるということを尊重する意識を確立しなければならないだろう。現状では自己実現のための生前契約であっても，遺族の意向が強ければ生前の意思が実現されないという問題が残されているからである。

わが国の葬儀費用は，アメリカと比べ格段に高額であり，また生前契約により確保される費用と一般的な葬儀費用とでは大幅な格差がある。1992年に筆者が調査した段階では，葬儀費用は平均総額300万円以上であり，1996年の東京都生活文化局の報告書でも平均支払い総額は381万円という結果で，葬儀費用は高いという一般の通念通りであった。ただし，葬儀社への支払い額は130万円前後であり，その他の費用が総額の3分の2を占める結果となっている。1996年に筆者が行った生前契約提供企業調査（第5章第2節参照）から生前契約による葬儀費用として提示されている平均金額を見ると，数10万円から150万円までを目安に設定されており，実際に生前契約利用者の平均契約（予約）金額は140万円であった。しかしこの金額は葬儀の総費用として生前契約されたものであり，葬儀社への支払い費用だけではない。生前契約による葬儀の実行の平均葬儀費用は93万5,000円であり，生前契約による葬儀は一般の葬儀と比較すると簡素あるいは小規模であるということができる[2]。

生前契約による葬儀の設定には，一般の葬儀に儀礼習慣としてある香典返しは含まれておらず，自己の望む葬儀の内容だけに集中している。平均的な費用の数字だけで生前契約の全体をとらえることはできないが，概ね自分で準備しておく葬儀は従来通りの形式は保ちつつも低費用，簡素化の傾向があるといえる。

一方アメリカの場合は，メモリアル式の葬儀や通常の葬儀でも葬儀，火葬式，埋葬式など儀式の回数の差や形式がわが国と異なる。アメリカの場合は，わが国の葬儀費用と比べた場合，年々高騰化してきているとはいえ低額で，5,000ドルから高くても8,000ドルであり，現在の生前契約高は平均5,000ドル程度である。さらに，死亡の動向をみても違いがある。アメリカではわが国

よりもやや早い1990年頃から多死時代を迎えている。1993年から本格的な多死時代に入り，1995年の年間死亡者数は，230万人を超え，死亡率は8.8（人口1,000対）となった。一方わが国では，同様に1993年から死亡率が上昇し始めたが，死亡率は7.1（人口1,000対）であり，アメリカの死亡率を上回るのは2010年頃からと推計されている。このような死亡の動向にアメリカの葬送業界の反応は早かった。それは生前契約に具体的に現れ，死亡率の増加と葬儀産業の消長と生前契約の三者が無関係ではないことが分かる。すなわち，アメリカでは，1995年現在，AARPの報告によると6,592万人の50歳以上人口のうち約70万人は生前契約を締結している。この数字は50歳以上人口の1％に当たる。今後年間20％の伸びが期待されており，2000年には200万人以上が生前契約を締結するものと予測されている[3]。1993年現在で生前契約を行う葬儀社の増加は，葬儀社の増加による葬儀社間の競争から経営の安定を図るために，積極的な生前契約への参入によって顧客の先取りに関心が向いてきたことを示すものといえよう。

ところがわが国では，まだ生前契約提供から数年しか経過していないということもあり，提供事業者は20にも満たない。生前契約として定型化されたものではなく，単なる葬儀の予約的なものもある。調査の結果から見ると提供事業者それぞれの独自予測数を合計すると，今後5年間（2001年まで）で1.3倍から2倍の伸びを期待している。急速な関心の広がりと積極的な事業者の利用者のニーズに合わせ多様なメニューによるアメリカ型の生前契約の拡大を期待しているようである。アメリカの生前契約は，生活課題への主体的な取り組みとしての葬送への備えには半世紀のキャリアがあり，さまざまな年代層，死に直面している人たちに対する葬送への準備方法として定着してきている。それに比べるとわが国の生前契約は，提供事業者側の営業姿勢が前面に出ていることが見て取れ，このままでははたしてアメリカのように進展していくかどうかも懸念される。

アメリカにおける生前契約は，将来の生活自立を阻害する要因である生活問題に備える方法として広がり，現在では「生活危険，生活不能，生活危機」など将来に生活問題の局面が予想される人々が将来の自らの葬送の遺族負担を考慮して，判断力と経済能力があるうちにそれに応じて具体的な準備をしておく有用な選択肢であるととらえることができる。

アメリカの生前契約はまさに，生活問題に自らで備えるという形態で発展してきたものである。生活問題3類型によって見ると「生活不能」は，社会制度や文化，生活環境に影響されて，自立生活が困難な状態がつくり出されることによって生活の危機状態が発生し，それが長期化することによって最低生活を維持できない状態であることから，アメリカにおける生前契約にも生活不能に対する防衛的役割を果たす機能をもつということができる。たとえば近親者がなく，社会保障によって生活する単身生活者の場合，葬送を誰が引き受けるのかを生前に明らかにしておかなければ，葬儀は行われず火葬に付され，公的に共同墓地に合祀（カリフォルニア州の場合）されることになる。アメリカの社会保障制度上では，生前契約による葬送の準備には特別の枠が設けられ，生前契約は資産に加えられない。そのために社会保障受給者でも自分で自分の葬送に備えることができるのである。

アメリカにおける葬送は，人種や民族をベースに相容れない文化をもつため，これまで人種や

```
         高齢期の
          自立生活
        〈意思の表明〉
        自己実現, 主体性

       高齢期の生活問題
        〈費用の確保〉

   生活危険＝加齢, 健康状態
   生活不能＝生活環境, 社会制度
   生活障害＝社会構造, 社会的文化的環境
```

図6-4　葬儀の生前契約の要素

出身国の違いによる葬送業社を利用してきた。例えば，本書で取り上げているアメリカの葬送はホワイトアメリカンを中心にしたものであるが，それをになう葬送業者はホワイトアメリカンであり，葬送専業者の最大組織であるNFDAもホワイトアメリカンの組織である。そしてアメリカにおける日系人の葬送は，殆どすべてが日系葬儀社によるといってもよく，日系葬儀社のフューネラル・ディレクターは必ずしもNFDAに加入しているとは限らない。現在では，葬送は，人種も民族も超えて提供される「アメリカ人の葬送」という方向にあるとはいえ人種・民族の伝統文化と葬送習慣を克服することは難しい。

　アメリカの生前契約は生活問題に備えるということから発達してきているが，今日のように躍進してきたのは，生活問題への備えを基盤に主体性・自己意思の主張として最終的な自己実現を図ろうとする強い意思と自立の現れであるといえる。そしてそこには，個人の選択意思という重要な要素がある。

　わが国では，生前契約は緒についたばかりの段階である。高齢期における生前契約は，従来高齢者が人知れず遺族の負担軽減を思い葬儀費用を準備してきたことを，積極的な行動として顕在化させる役割を果たし，しかも単に葬儀費用だけではなく，具体的な葬儀プランを残しておくことによって，遺族主導型の葬儀が本人の意思による本人主導型の葬儀へと変革する力を示すことになる。これまで高齢者が生活自立が困難になって家族依存や社会福祉サービス依存で死亡した場合，たとえ高齢者が葬送に何らかの意思をもっていたとしてもそれを表明することには高齢者自身が躊躇し，具現化されることは困難であった。しかし，自己の能力に応じて葬儀に備えておけば，それが遺志として死後に実現することになるという方法である生前契約は，画期的な意思表示の方法であるといえる。

　葬儀を生活問題ではなく，自己実現のための生前契約として今後，わが国において進展していくためには，人々がどれだけ死後の備えの必要性を認知するかという自立意識，それを実際の行動につなぐ決断と生前契約の提供方法および利用者の保護，そして契約に対する意識の高まりが

必要である。

4．日米の生前契約の促進要因と阻害要因

　日米両国において高齢者層を中心とする具体的な死への備えとして有効であるとして今後さらに増加すると期待されている生前契約が利用者主体の安心して利用できるものとして発展していくためにはどのような要因が考えられるであろうか。日米両国の生前契約の促進要因と阻害要因を考え，生前契約の将来の方向性を探ることにする。

　生前契約は，将来における自己の死後に葬儀を実行するための契約であるため，死生観，生活信条や生活状況，心身の健康状態によって，果たして自分にとって本当に必要とするものかどうかということを検討して契約するものである。他者に勧められるままに契約したり，ブームに乗って契約するものではない。近年高齢者をめぐる詐欺まがいの商法や利殖の勧誘，高額物品の販売など高齢消費者の被害が相次いでおり，消費者としての確かな判断が要求される。

　アメリカでは，州によっては，単身者などで死後の葬送についての意思が残されていない場合には公的に葬られるということもあるので，自己の最期までの責任を持つという積極的な意思の表明と同時にそうせざると得ないという状況がある。一方，わが国では，葬儀は祭祀継承者，親族などだけとは限らず行うことが可能であるために，アメリカほど葬送の主催者に対する危機感はない。またこれまで祭祀継承者を中心とした家族が地域の習慣に則って葬儀を主催してきたため，残る家族に経済的な迷惑をかけないようにしたいという他者（家族）依存・地域依存の習慣が自分の葬送を真剣に考えることを阻んできたといえる。ところが，生前契約がわが国でも行われるようになると，高齢世帯の高齢者をはじめとして将来の葬送への事前の備えとして，また不安の解消法として，自立意識が高くなった高齢者が生前契約を選択するようになった。従来，わが国では，葬送は遺族主導で地域の習慣によるため，自己の葬送に対しての自己主張は殆どみられなかったが，生前契約は，誰もが自分の意思を自分の葬送に反映させることを可能にする全く新しい選択肢として，人々の耳目を集めるようになった。

　わが国における一般的な葬送は，地域の習慣を反映し，個人の選択ということはほとんどなかったといってもよい。ただ宗教の別や規模・価格などが数少ない選択の範囲であった。ところが生前契約によって意思を残しておくことができるようになったために，宗教や葬儀の規模，葬儀の形式や費用，葬儀の有無，埋骨方法，追悼儀礼の期日まで選択肢となった。墓も家族墓から夫婦墓・個人の墓，集合墓（合祀墓）や撒灰という選択肢ができたし，葬送を家族，親族などの祭祀継承者に頼らず第三者委任も可能になり，しかもそれを生前の自分の意思として残すことができる葬儀の生前契約登場は，葬送の意義を見直させることにもなった。

(1) 生前契約における意思の有効性

　まず生前契約が発展していくか否かの要因の一つに「意思の有効性」についての検討が必要である。契約意識が高いアメリカにおいて，生前に締結された生前契約は商取引であり，その契約は死後においても実行されるものであるという当事者間および親族の法的社会的認識がある。そ

表 6-11　アメリカにおける葬儀社555社の生前葬儀契約調査の概要（1992年）

項　　目	実　数	比　率 (%)	50人以下 (%)	200人以上 (%)
生前葬儀プランの提供：あり		97.8	95.1	100.0
：なし		2.2	4.9	0.0
費用準備の種類：信託金	476	62.7	69.1	58.1
：保険	350	31.6	22.8	39.9
：その他	61	5.7	8.1	2.0
生前の葬儀プラン契約数	70		14	187
生前準備（信託金）契約数	51		13	128
生前契約による実行数	24		6	58
市場調査の効用：あり		41.6	32.9	63.6
：なし		53.9	67.1	36.4
契約販売専門員：常雇		2.1	1.0	4.1
：パートタイム		1.9	1.2	3.1
：部外の販売		2.7	1.0	4.8
契約金以上での葬儀の実行		13.1	8.9	17.7
契約金以下での葬儀の実行		14.6	11.4	16.8
契約金と同額での葬儀の実行		72.3	79.7	65.5

注：葬儀社の規模別（NFDA調べ）。

れに比べわが国では，契約には非常に慎重である反面，その重大性を認識しないままに契約を成立させるということがあったりするし，遺族は葬儀に関する葬儀社などとの契約に商取引という認識がなく，生前契約提供事業者のなかにも生前の契約の死後の実行に関するとらえ方が曖昧なところもあり契約意識が成熟していないところがみられる（表6-11）。

　個人の生前の意思を明記しておいても死後には，民法第一条に「私権の享有は出生に始まる」と規定されており，権利能力は出生に始まり死によって終わるとされている。このために，生前に残しておいた意思が実現するかどうかは不確定であるとして，提供事業者のなかに果たして生前契約が契約として実効性のあるものかどうか曖昧なまま営業活動をしている面が見て取れる。したがって，事業者側の生前契約に対する自信のなさが，生前に葬儀にかかわるすべてのことを具体的に葬儀プランとして意思表示することについても費用の確保についても確たるシステムができ上がっていないことに表われている。費用は利用者が何らかの方法で確保し予約しておくという形式を取る場合があったり，葬儀プランを立て，会員制として会費を費用の一部に当て清算する方式を取ったり，予約金だけで，葬儀の予約を行うなどアメリカのような契約にはなり得ていない場合が多い。そこには，提供事業者の将来にわたる営業利益追求への戦略が見て取れるし，契約観念が成熟していないわが国の環境が曖昧な形式の生前契約を提供させることになっているともいえる。そこには，金銭取扱い事業者に関する法律があるために費用取り扱いについての制限があるということも理由の一つである。さらに，本人が何らかの形で意思さえ残していれば，亡くなった人の意思を尊重し，遺族はその意思をいかそうとするのではないかととらえる提供者側の消費者の意思に対する甘えがある。それは人の意思が生前にのみ有効であり，死後には認められるものではないという一般の認識がそうさせるのかもしれない。確かに，わが国においては，

法的に死後の権利能力を認めているのは民法に規定されている遺言だけである。遺言は，生前に活かされるものではなく，生前の意思を死後に活かすための唯一の意思の表明方法である。遺言は法に定められた一定の方式を備えていれば，人が死亡した後に効力を発生する。遺言には，財産や身分に関する遺言だけでなく，個人の意思を死後に実現させるための献体の遺言，角膜移植・腎臓移植もある。また脳死に関する立法化によって，生前に臓器移植の意思を残しておくこともできるようになった。だが葬儀の生前契約については，それらとは異なるので，葬儀に関する生前の意思の実行は認められるとは解釈されなかった。したがって生前契約は生前だけに有効であり，死後には活かされないことになり，生前契約の意味をもち得ないことになるので，わが国では葬儀の予約程度のことしかできないというとらえ方が多かった。ところが，民法879条の祭祀継承権の規定によると，祭祀継承者を生前に指定することができるとあり，その祭祀継承者に生前の意思の実行を委任することもできる。1992年9月22日の最高裁第3小法廷における死後事務の委任契約について，当該契約は委任者の死亡によっても契約を終了させない旨の合意を包含した判決があった。この判例によって生前契約をした第三者にその実行の委任を契約によって表明しておけば，葬儀の生前契約が法的に有効であるということができ，生前契約が法的に有効なものであるということがいえるようになったのである。葬送の生前契約に関する法規はないが，契約としての法的根拠によりわが国における生前契約は死後の葬儀など死後の処理を第三者に委任することもでき，確実な実行が確保されるよう消費者が法的に守られるということが明確になったといえよう。わが国の生前契約もアメリカの生前契約と同様に，生前に自己の葬儀についての契約したら，それは法的に有効であるという認識を持つことが必要になろう。

(2) アメリカにおける生前契約の促進要因と阻害要因

アメリカにおける生前契約が，進展してきている要因を検討すると，まずアメリカの場合は，葬送の生前契約を社会保障制度との関わり合いで考えることができる。高齢期における有病化率と医療費の支払い負担の増加は高齢期の生活を圧迫するために深刻である。医療費の本人負担が大きく，時として本人および家族の生活を圧迫し，葬送までに備える余裕を失わせることもある。そこで，葬送の自衛策として経済的に自立し健康であるうちに，将来に見込まれる医療費とは別枠で，保険加入なり，銀行預金なりで，葬送に備えておくことができることから，生前契約が増加してきているといえよう。特に近年では，ベビーブーマー世代が関心を持ったり，加入するようになってきている。

アメリカの有病率は死亡原因に明確に現れており，1989年の死亡率の約7割を占めるのが，循環系疾患である虚血性心疾患と脳血管疾患および悪性新生物によるものである。これには高額の治療費と長い療養が必要であるが，わが国のような健康保険制度と老人保健医療制度がないため，高齢期の療養は生活を圧迫することになる。高齢期の医療保障にMedicareがあるが，これは65歳以上および重度障害者，重度腎臓病患者が被保険者となる。入院保険があるとはいえ，入院時には保険給付控除額が患者負担であり，1991年から90日間の入院は認められることになった。しかしその額が最初60日間は736ドル，残る30日間については1日につき184ドルの負担

となっている。年金生活者にとっては大きな負担になることはいうまでもない。死後の葬送（埋葬・撒灰まで）の負担不安を解消し，家族への精神的負担を軽減し，本人死後の葬送負担が遺族の生活圧迫にならないようにするために生前契約は有効な方法であるといえよう。

　第2に，社会保障による公的扶助の受給者にとっても生前契約をしておくことは可能であり，具体的に自己の葬送に備えることができるからであるといえよう。

　SSI（補足的所得保障制度）は公的扶助制度にあるが，これは，生活困窮の65歳以上の高齢者，心身障害者に対する補足的生活扶助制度である。1996年における給付額は，無資産受給者で月額460ドルである。夫婦がともに受給資格要件を満たしている場合は，最高687ドル支給される。これは連邦法に定められたSSI支給額であるが，各州の平均105ドルのSSIの併給も認められている。ただし，資産が2,000ドル（夫婦で3,000ドル）ある場合はSSIは給付されない。ところが州によって異なるが，上限が1,800ドルから2,000ドル程度までで生前契約を締結した場合は，それは資産とはみなされないため，たとえSSI受給者であっても生前契約により死後の備えをしておくことができるし，SSI受給権を得るために，合法的に資産を減ずることができるということになる。公的扶助受給者であっても，価格などの制限はあるものの等しく生前契約をすることができるという公的に認められた生前契約のための優れた点がある。

　第3に，キリスト教文化の強いアメリカにおいて，死後の遺体への執着が少ないという宗教的背景をもつ人たちが多いということがあげられる。また移民および移民の子孫によって形成された文化のなかで独自のアメリカ文化を築き上げている社会であり，葬儀は「民族系」が強いといわれるように，様々な宗教や習慣によって，葬儀の形式も多様であるため，自己にあった葬儀を選択し，埋葬や撒灰も節度ある行為であれば自由にできるので，意思を残しておきやすいという理由がある。

　第4に，個人の意見が尊重され，個人の権利が重視される社会であるために，主体的な葬送のプランが自由にアレンジでき，しかも消費者意識が高いため，個人の意思が生かされる。とくに，価格に対しては，1982年から連邦取引委員会の規則（FTCルール）により，すべての葬送に関して葬儀業が持つ情報の公開と提供するすべてのサービスの明細価格を提示しなければならなくなったために，自分の考えと経済サイズに合わせてアレンジができるようになった。アメリカでは1980年代から，パッケージ葬儀中心であった葬儀社主導の生前契約にさまざまなトラブルが発生した。そのために法規の制定・改正を繰り返しながら，自己の意思を優先するアイテムの選択が可能な生前契約へと移行し，納得のいく葬儀がアレンジできるようになったことが生前契約を促進させる要因になったといえよう。

　第5に，全米50州のなかにあって，州によっても多少の違いはあるが，たとえば，カリフォルニア州の場合，親族がいない場合には意思を残しておかなければ，当局により火葬され合祀墓に埋骨されることになる。単身生活者にとって，宗教や習慣により火葬を望まず，自己の墓を購入していたり，その意思を生前契約という具体的な形で残しておけば，その生前契約によって自己の意思が確実に活かされることになるため，死後における自己の葬送を確実にする自己防衛策になる。すなわち，単身者の場合，意思を残しておかなければ，自分の思い通りの葬送ができない

という，個人の意思を重視する社会のシステムが生前契約を促進させることになるといえよう。

第6に，生前契約のキャリアが長いアメリカにおいては，生前契約提供事業者が消費者に対して納得できるものを提供し，実際の契約を締結するまでに，デリケートなことであるので専門家による相談と契約を行うという制限があるため，消費者は安心できるということがある。

生前契約を必要であると考えても，自己の死後のことを考え具体的にアレンジしておくことであるため，その過程において精神・心理的に動揺する消費者もいる。また生前契約後に病的症状を起こすこともあるといわれている。それほど生前契約はデリケートなものである。人の心理を十分考慮し，サポートしながらしかも消費者に適切な回答と説明ができなければ，真に消費者は満足しない。アメリカでは，州によってはまだ規制が緩やかなところもあるが，殆どの州では，生前契約はフューネラル・ディレクターしか扱えないことになっている。それには生命保険利用の生前契約が主流になってきたという要因もある。

第7に，生前契約に関する情報が葬儀社，保険会社のみならず，消費者保護局や消費者団体，高齢者団体などによって得ることができるし，生命保険会社はランク付け会社のレポートにより果たして，自己の加入している保険会社が十分業績をあげ，自己の契約が安全であるかどうかを知ることができる。また，生前契約提供団体が加入業者に対して生前契約に関するリポートを送付しているため，生前契約をしている消費者は，葬儀社からそのリポート内容の情報を得ることができるため安心である。たとえば，カリフォルニア州のフューネラル・ディレクターの組織であるCFDAが提供するCMT（California Master Trust）は毎月会員宛にニュースレターを送付し，トラストの月間情報を報告している。同トラストに加入している消費者は，葬儀社を介してその情報を得ることができるようになっているということがある。

第8に，高度の終末医療技術や臓器移植が進展しているため，臓器移植の意思やリビング・ウィルの必要性がでてきているが，死に方までに留まらず，その次にある葬送を考えることが容易になってきた。アメリカでは，生前契約が多くなってきたといってもまだ全体的に見れば少数派である。今後増加はすることは予測されてはいるが，大多数の人々は，生前契約までには到らない。だからといってその人たちが何も知らないというわけではなく，生前契約は情報としては一般に浸透している。また死に関する教育も徐々に普及し，死を考えるための出版物も多く，一般書のなかにさえも死に伴う意思の残し方の様式を提示して，死後に備えることをすすめている。死への関心の高まりは備えの必要性を促すことになる。死の準備教育による死への関心，そして死への準備としての生前契約として多くなってきているのではないかと考えられる。

第9に，生前契約提供事業者や団体が，積極的にホスピスボランティアや地域活動をしたり，遺族に対するグリーフワークを提供するという新しい試みが始まり，葬儀社が身近なものになりつつあるということがあげられる。葬儀社が「死者を待つビジネス」から生前の人を対象にしたサービスを行うことによって葬儀社のイメージの一新と葬送に対する暗いイメージの払拭の努力によって，生きている人たちにも自分の葬送の準備が必要であるということが一般に理解され始めている。

さらに考えられることとしては，国外死亡の場合も生前契約があれば，円滑に葬送ができると

いうことがある。外国で不慮の事故など突然の死亡の場合に，まずその遺体の移送の要否の決定を遺族がしなければならない。その際，生前契約があれば，本国移送の要否も遺族の判断ではなく，本人の意思が生かされるし時間的な無駄もない。もし現地で葬送を行う場合には，十分に生前の意思が理解されていなければ，遺族の依頼によって現地の習慣による葬儀が行われることになったり，あるいは故人の遺志はおろか遺族の意向も十分反映されない葬送になってしまうことも予想される。遺族がいない場合には，死亡した現地の法律と習慣によって葬送が行われることが多く，生前には予期しない地での，故人の宗教や文化と異なる葬送になってしまう可能性もある。生前契約はそのような予期しない時の予想しない場所での死亡にも有用である。現在アメリカでは，先進諸国を中心とした国外の葬儀社と提携している大手の葬儀社や保険会社があるために，たとえ国外で死亡しても生前契約が締結してあれば思い通りの葬送の実行が可能である。ただし遺族による契約内容外の事項の追加を行う場合は，アメリカ国内であれ国外であれ追加金を支払わなければならないことはいうまでもないが，生前契約は外国への移動や旅行をする高齢者にとっては万一の死に備えておく，極めて有用な方法である。

また最後にあげられるのが，生前契約の利用の制限が緩やかで容易であるということがあげられる。生前契約は基本的に葬儀のアレンジと費用の確保とがなければならない。たとえば，葬送費用の確保手段として葬儀のための生命保険（葬儀保険）を利用する場合，通常の生命保険は年齢制限や疾病・事故歴などによる加入制限，限度額設定などに制限があるが，もともと死亡による葬送を目的とする保険であるのでその制限がなく，高齢者といっても年齢制限はなく，健康度合いにより多少の違いが見られるものの罹病者でも加入できる。利用者にとってのメリットが考えられるため，高齢期には主体的な生活問題への対策としてまた最後の自己実現として葬送に備えることができ，今後さらに進展していくのではないかと考えられている。

確かにアメリカにおいて自己の葬送への準備方法として合理的かつ有効な手段として生前契約は高齢者を中心として利用され，2000年には200万件にもなると予測されてはいるものの，必ずしも安心材料ばかりではない。次のような事項が克服されなければ，生前契約は伸び悩むどころか信頼性の失墜，減少さえしかねない。生前契約の進展が阻害されるのではないかと考えられる要因について考えてみる。まず，生前契約は葬儀の形式も価格も自由に選ぶことができるが，その前に葬儀社の情報を収集することになる。その場合，葬儀社の店頭あるいは電話による問い合わせに提供内容を開示しなければならないことがFTCルールで規定されている。葬儀社は問い合わせに対して，葬儀の形式，価格など提供内容の明細をすべて開示しなければならないために，その段階で消費者は葬儀形式や価格など提供内容を幾社かに問い合わせ比較することができる。そのために葬儀社は適正価格とサービスの質を維持・向上させる努力が必要となってきた。また葬儀社は死亡後依頼があれば迅速に対応することが原則であるために，消費者は予め適切な葬儀社を選定していれば，簡単に依頼することができる。このようにアメリカには消費者保護のための規則そして人種や民族によって葬儀社があるために生前契約をして葬儀の準備をしておかなくてもよいのではないかといった考え方も生じ，これが生前契約の進展に影響を及ぼしかねないということが危惧される。そこには生前契約や葬送全般に関する情報は，容易に入手可能であると

表 6-12 アメリカにおける平均的葬儀費用と件数 (1958-1983)

年	価格(ドル)	取扱い件数	葬儀社数	総費用(ドル)	取扱い件数(成人)
1958	531	81,758	682	661	62,954
1959	558	81,584	702	697	62,003
1960	575	91,660	790	708	71,495
1961	598	90,055	765	738	69,342
1962	616	97,879	806	755	76,346
1963	633	101,653	818	763	80,306
1964	634	98,981	785	757	80,174
1965	663	120,203	1,024	790	97,364
1966	691	111,076	858	820	90,083
1967	719	110,753	854	850	89,710
1968	750	106,937	775	879	87,367
1969	787	100,288	779	926	81,534
1970	調査なし				
1971	858	30,646	180	983	25,650
1972	933	24,726	133	1,097	19,558
1973	967	108,169	777	1,116	86,459
1974	1,049	113,842	845	1,207	92,110
1975	1,127	151,943	1,148	1,285	123,560
1976	1,175	145,858	1,170	1,348	97,258
1977	1,223	131,480	945	1,412	104,474
1978	1,305	135,803	955	1,522	104,609
1979	1,429	138,551	1,047	1,653	107,570
1980	1,561	134,027	945	1,809	104,420
1981	1,677	127,599	887	1,949	99,208
1982	1,845	125,819	836	2,138	99,699
1983	1,939	97,040	671	2,247	76,807

注：1991年には192,000件の葬儀が実行されたがその平均的な総費用は約4,600ドルであった（NFDA調べ）。

ころから，自己の葬送のプランを立てるということは，最も重い決断になるかもしれないので死に近い高齢期にあえて葬送を直視する必要はないのではないかという考え方もある。

　第2に，アメリカでは葬儀費用が高いとはいえ，わが国程の高額ではなく，香典それに香典返しという習慣もないため，高齢者でも形式や規模を調節することによって支払い可能な価格になってくる（表6-12，表6-13）。価格調整をして平均的な葬送を行えば生前契約をしておかなくても負担できない程のものではない。近時アメリカの平均貯蓄率は徐々に高くなってきており，なかでも生活が安定している高齢者には生前契約への関心が薄いという傾向も一部見られる。ま

表6-13 アメリカにおける最近30年間の葬儀費用の動向

年	総費用(ドル)	取扱い件数(成人)
1960	708	71,495
1965	790	97,364
1970	—	—
1971	983	25,650
1975	1,285	123,560
1980	1,809	104,420
1985	2,737	—
1990	3,533	—
1991	3,742	—

注：同表には，納骨，墓地，新聞広告，弔花，埋葬用衣服などは含まれていない（NFDA調べ）。

た死は健康であっても重篤な病気であっても，どのような健康状態であれ本人にとっては突然の出来事である。突然のことである死の直視を避けるため自分の死を先送りし，したがって葬送の準備を先送りすることが考えられるために，生前契約は敬遠されるということが予想される。死と葬送への備え意識の先送りは生前契約の進展を阻害する一因となるのではないかと考えられる。

　第3に，アメリカはいろいろな宗教を信仰する人たちが多い国である。キリスト教を背景にする人たちが多い社会ではあるが，宗教によっては遺体を埋葬するための墓は必要であるが，葬儀はあまりこだわらないという考えや習慣を持つ人々もいる。埋葬の場としての墓の確保として生前契約を利用するというのは多い。また医療を受ける場合，その病名，治療方法や余命など自己の情報に対してのインフォームド・コンセントが当たり前のアメリカ社会においては，それにより重篤な病気や死期が近づいても，葬送への準備が生前契約によってなされていれば安心であるし，死の質を高めることになる。しかし生前契約の正確な情報の入手方法や生前契約に対する相談が十分受けられない場合があり，生前契約は有効な手段であるにもかかわらずその機能が十分生かされず，情報不足のため最も必要な人たちに広がらないということも考えられる。

　第4に，生前契約はFTCルールや保険法などの規制があり消費者保護局により監視されているとはいえ，生前契約提供事業者に対する信頼度が十分ではないということがある。それはかつて生前契約をめぐり契約内容の不履行や契約金の管理・運用のトラブルなどが実際にしばしば起り，その健全性の問題が表面化したことがあるという経緯をもっているからである。またポータビリティのない生前契約もあるため，州間の居住移動の場合は解約をしなければならず煩雑となる。それには解約手数料が必要であるため，移動の可能性がある人たち，移動した人たちに生前契約はメリットとはならないどころか，かえって負担となり敬遠されるということなどが考えられる。第5に，多民族の移民により形成された社会であるアメリカには，その背景となる多様な

文化や習慣があるため，一般化された形式による生前契約では意思を反映しにくいということがある。誰もが利用できるように生前契約には必要最低限の契約事項があるだけでその他は個々人の考えと経済事情によるオプションであるが，それすら枠がありすぎ，利用しづらいという考えがある。また反面あまりにも基本内容がラフすぎて信頼できないなどといった生前契約のスタイルそのものへの不満がある。第6に，生前契約は，SSIのための措置もあり経済的な理由の如何を問わず誰でもができる開かれた死後への準備の方法であるが，それがかえって一部の人には，受け容れられない要因になる。すなわち，生前契約発生当時の発想である葬送が遺族の生活を圧迫するために生前に葬送に備えておく経済的自衛方法で，生前契約は低所得層の葬送への準備という考え方から脱することができない人たちが少なくないのである。また，経済的な貧困者は情報も貧困といわれるように，生前契約の正確な情報の浸透が不足し，防貧としての要素の認知と自己実現としての認知が十分ではないということが解消されていないということもある。

　以上が生前契約の分析を通して得られた進展の促進要因と阻害要因である。こうしてみると，アメリカにおける生前契約は成熟し，拡大化していく一方であるかのように思われがちであるが，その現実をとらえてみると解決されなければならない課題も多々ある。まだまだ生前契約を敬遠する人たちが多いのも事実であるが，わが国とは比較にならないほどの契約者数・実行数であり確実に進展してはきている。次にアメリカの生前契約の経過をもとに果たしてわが国における生前契約が今後進展していくか否かの要因を検討してみたい。

(3)　わが国の生前契約の促進要因と阻害要因

　アメリカの生前契約に遅れること約半世紀で，1990年代から多くが開始されたわが国の生前契約について第5章の調査結果から進展のための促進要因と阻害要因を分析する。

　わが国では，1980年代後半から終末期医療や看護・介護，脳死と臓器移植に関するバイオエシックスの議論が多くなってきて，一般にも死への関心が徐々に高まり，葬送に対しても無関心ではいられなくなってきた社会状況が生前契約の進展の背景にあると考えられる。国内外の死やバイオエシックスに関する情報が，わが国においても近年出版物やメディアを通して入手が容易になり，死を意識化していなかった人たちまでもが徐々に関心を持つようになってきている。凶悪な犯罪や自殺の増加なども死への関心を高める要因としてあげられるが，高齢期の医療や介護の深刻さが生前契約利用の大きな要因であると考えられる。近年の末期医療への意思の表明の傾向は，自己の葬送への意思の表明を促進することにつながり，葬送の遺族依存から自己の意思による葬送への脱皮の覚醒が生前契約に向かわせるきっかけになろう。第2に，急速に進んだ高齢社会の到来は，高齢者が家族構造が変化したなかで，長い高齢期を自立して生きなければならなくなった社会状況をつくり出し，高齢者は，否が応でも自立意識があおられるようになってきた（図6-5）。高齢者への自立意識の喚起は，生き方と同時に死に方にもおよび，高齢者の目を死と死後にも向けることになり，死への関心と同時に自立した葬送を考えるようになってきたことがあげられる。葬送の自立への意識すなわち自己完結型の葬送を考えるとともに，葬送を行うであろう祭祀継承者に不安を感じる人たちが増加してきたこともある。そして特に高齢者世帯では，

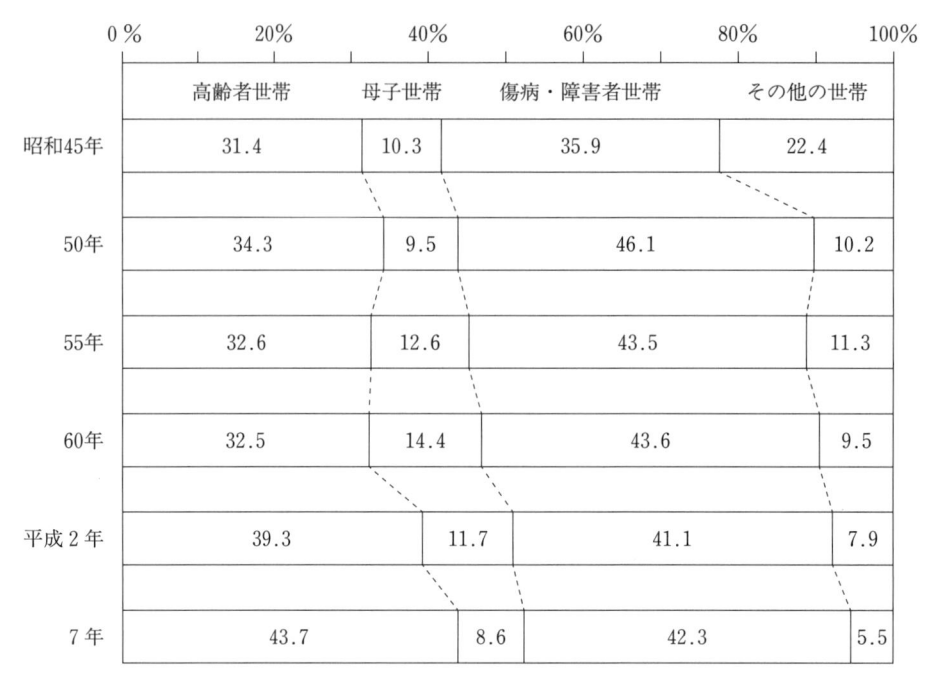

	高齢者世帯	母子世帯	傷病・障害者世帯	その他の世帯
昭和45年	31.4	10.3	35.9	22.4
50年	34.3	9.5	46.1	10.2
55年	32.6	12.6	43.5	11.3
60年	32.5	14.4	43.6	9.5
平成2年	39.3	11.7	41.1	7.9
7年	43.7	8.6	42.3	5.5

資料：厚生省社会・援護局「被保護者全国一斉調査」．
出典：厚生省編『厚生白書』1997年．

図6−5　世帯別生活保護世帯

　配偶者の死後の生活，介護，終末の看取りそして葬送を誰がどのようにするのかということを，親族がいる高齢者も単身高齢者もが切実に葬送不安を持ち出した時期にさしかかっていることがあげられる。このような不安をもつ高齢者にとっては，生前契約は葬送実行の大きな安心感を得る手段であり解決方法でもある。第3に，わが国の生前契約は，アメリカの成果に習うところが多く，利用者の基本的なニーズを満足させるようになってきたことが高齢者を生前契約に向かわせることになるといえよう。アメリカにおいては，葬儀と墓が本来の葬送の生前契約であるが，わが国においては葬送とは離れたところにある介護サービスや死後の生活整理など新手のサービスをオプションとして，生前契約提供者が実施・斡旋を行うようになっていることが死後の生活整理をどうするかという不安をもつ高齢者には有用感を抱かせる。単身者や家族との確執のある人たちは，死後のサービスまで第三者に依頼して安心した高齢期の生活を送ることができるようになったというメリットがあることが，わが国独特の生前契約を促進させる要因になると考えられる。すなわち高齢者は第三者に自分の死後のことまで依頼しておくことができれば，関係の確執があっても死の看取りや死後の葬送を家族に依存することから開放され，家族に遠慮・我慢をすることなく，自己主張ができることになる。このような死後のサービスには，顧客を引きつけるための提供事業者側の思惑もあろうが，家族構造の変化によって家族に依存できない人たちや自立を望む人たちのライフスタイルに適し，提供事業者と消費者の利害が一致し，高齢者の自立生活の促進にもつながることになる。第4に，葬儀や埋骨・撒灰など葬送形式の多様化によって，

死や葬送に対するタブーが徐々に払拭されてきつつあり，タブーに固執し自己の意思を表明しておかなければ，遺族主導となりその遺族も葬儀社のいうままの葬儀に合意してしまい，自分の希望する葬送にならないかもしれないという意識の覚醒が生前契約を進展させることになると考えられる。わが国ではもともと葬儀は地域の習慣と宗教によって戸主が祭祀の主催者として行うことが一般的であったために，自分の意思で，どのような形式にするか，規模はどうするか，価格はどの程度にするかなどを自由に前もって決定しておいたり，その意思を残しておく必要もなく，その発想もほとんどなかったといってよい。しかし生前契約は，自分の葬儀をデザインし費用も確保しておくことであるため，従来型の葬儀の枠から開放され，自分の意思で自由に設定することができるという新たな葬儀の考え方により，望む葬送を行うことへの可能性が高まったということができよう。第6に，墓の価格の高騰と墓の自然環境破壊問題の顕在化，葬儀費用の高騰化そして葬儀の是非論など最近のさまざまな論議により，高齢者が自分の最終的な処理がどのように行われるのかを知らされるようになってきたし，高齢者が葬送を自分のこととして意識し始めたことが生前契約に向かう要因として考えられる。また，葬送への関心はそれを行う事業者にも向けられ，遺族依存の葬儀は葬儀社主導の葬儀になるかもしれないという疑念が起こりそれを防ぐ確実な方法として生前契約を捉えるようになってきたことも一因としてあげられる。生前契約に関するさまざまな情報は，高齢者の目を形骸化した葬儀社主導の葬儀へと向かわせ，自分で考える葬儀への覚醒が見られるようになってきた。自分にふさわしい葬儀はどのようなものか，葬儀ははたして必要かという葬儀の是非まで問われるようにもなってきた。第7として，葬儀の生前契約を締結する場合，その費用をどのようにして確保するかが関心の的となるが，費用の確保に生命保険を利用することができるということが促進させる大きな要因であると考えられる。生命保険利用には，一括払い込みと，分割払い込みのどちらでも選択でき，通常の生命保険と何ら変わるところはない。またそれぞれの経済状況に合わせた支払いができることも受け容れやすいものとなる。また，葬儀のための保険加入であるので年齢に関係なく加入できて，葬儀に備えることができる。高齢のため，生命保険に加入できなかった高齢者や生命保険に加入していなかった高齢者でも利用できることは安心材料の一つである。わが国では，費用確保の方法がアメリカとは異なるために共済方式で生前契約の資金を確保するという方法も考えられているが，高齢者が安心して生前契約を締結することができる方法は，葬儀のプランを管理する場とそのための費用の保管の場が異なり，相互に監視できる方法をとることが望ましい。第8に，消費社会となったわが国において，消費者意識が徐々に育ってきており，自己にとって必要なものと不要なもの，確かなものとそうでないものの選別能力を身につけ，葬儀にもそれが反映されてきつつあることがあげられる。提供事業者側はそれに応えるために，葬儀社主導から消費者のニーズ優先に転換してきており，消費者主体の当たり前のサービス体制が生前契約を身近なものにし，利用者の拡大になっていくものと思われる。また提供事業者のなかには消費者のニーズに応えるために葬儀だけでなく，葬儀に付随すると思われるサービスを付加した生前契約も見られる。消費者意識の高まりは生前契約の自然淘汰を招くであろうし，それによって消費者のニーズに適した確実な生前契約が提供されることになれば，生前契約の質が高まり，生前契約は拡大化していくことにな

ろう。第9に，医療制度改革や薬価基準の見直し，介護保険の導入による介護への意思の表明が，高齢者自身の意思による終末医療や葬送の選択を促すようになり，自立意識と権利意識が向上していくことになって，生前契約は高齢期の自立生活の選択肢として広がっていくことになろう。また高齢化とともに医療費や介護費用などの負担が増えるようになると，高齢期における生活防衛のため，経済的に余裕があるうちにメリットが大きいと思われる生前契約に加入しておこうという気運が高まって，生前契約が増加するということも考えられる。

　これらのことはアメリカにおける生前契約が，高齢者の生活と医療費の負担の高額化で本人および日常生活の逼迫を想定し，早めに生前契約を行っておこうとする傾向がある現実を見ると，わが国の高齢者が，高齢期の経済生活の確保のためにも健康で生活が自立している時期に確実に来る死とその後に行う葬儀に備えようという気運が高まっていくことになるかもしれないということは予想するに難くない。以上が緒についたばかりの生前契約がわが国に定着し，進展していくための要因として考えられることといえよう。

　現在やっと生前契約が社会的に認知されて，発展していこうとしている段階で，はたしてわが国において生前契約が進展していくかどうかを検討するために，その進展を阻害する要因として考えられることを同様に，第5章の結果からみることにする。まず生前契約の発展を阻害する要因として考えられることに，生前契約利用ニーズをもつ消費者に対し，生前契約提供事業者側がそのニーズを十分とらえきれず，従来の形式や宗教色にこだわって，多様な形式や場所，価格の工夫などができず結局消費者のニーズに応えられないという葬儀プランの限界性が考えられる。わが国においては，生前契約が開始されて日が浅いということもあるが，現状では，葬儀業界の提供する葬儀メニューの大半は従来型でしかもパッケージ化されたものが多く，葬儀社主導の葬儀の経験から脱していない。従来，葬儀の形態だとして受け容れてきたパッケージ葬儀に対する消費者の不満が現れ始め，パッケージのなかにある不要なものを除こうという意識が出始めてきているにもかかわらず対応が遅れている。かつてアメリカにおいてもパッケージの葬儀が主流を占めていた。しかし意識が高くなってきた消費者がパッケージ内容とその価格明細が不明瞭であったために適正価格か否かの疑念を不満として現し，今日のようにアイテム価格の開示が義務づけられるようになったという経緯がある。生前契約開始間もないわが国にあって，早くもアメリカが辿った価格の開示への要望が現れてきている。消費者のニーズと意識の高まりを把握しなければ，単なる葬儀の予約に終わってしまい，真の生前契約とはならない。第2に，消費者のニーズと葬儀業者の思惑の違いから生前契約への取り組みに提供者側が二の足を踏むということが考えられる。これは，葬儀社が中心となって葬儀の生前契約を提供しているのであるが，提供者側の経営上必ずしも有効なものとはならないと気づき始めたことである。従来，葬儀は遺族と地域力によって行われていたが，社会の変化とともに葬儀が地域から遺族だけの手に渡り，葬儀に不慣れな遺族はその専門職である葬儀社に葬送のすべてを頼ることになって，葬儀社主導の葬儀といわれるまでになってきた。遺族は葬儀社のアドバイスを受け容れて，勧められるままの規模で葬儀を行うことも多いのが現実である。ところが自分の葬儀を考える場合は，大規模の葬儀に二の足を踏むと同時に高齢期における高額の出費は現実の生活を圧迫することにもなりかねないた

め簡素になりがちである。また生前契約では，生きている人が自分の葬儀をデザインするものであり，生前に葬儀内容が点検されることになるため，自分にとって不要と思われるものがでてくればそれを排除しようとする。そうすれば価格が低下することになり，葬儀規模は縮小していくことになる。葬儀社は葬儀を熟知しているにもかかわらず，有利な立場には立てず，利益が大きくなってはいかない。このような提供者側の経営的判断だけが働けば，生前契約に積極的にならないだろうし，したがって消費者の関心も低下し，生前契約は停滞することになろう。アメリカでも現在の生前契約に到達するまでの過程でこのような葬儀社側の採算ミスも起こっている。葬儀業者の長期的な経営見通しと質の向上への努力，価格の明瞭化と消費者の選択プランの狭小性を是正しなければ生前契約の伸び悩みは先例から見ても予想に難くない。生前契約の普及にはアメリカの提供業者のいかなる努力があったかをわが国は学ぶことも必要である。第3に，わが国における生前契約の提供が近年からのことであり，まだ生前契約による葬儀の実行例が少ないために，はたして完全に履行されるものかどうかというデータが不足しており，消費者には不安があり，生前契約が進展しないのではないかという否定的な見方があることがあげられる。まだ歴史が浅いために生前契約に対する一般の信頼性が確立していないことは否めない。しかしわが国の生前契約は後発であるので，他の国々ではどのように発展してきたか，消費者への対応はどうかなどを分析し，わが国に生前契約を根づかせる努力が必要である。まだその体制がまだ十分整っているとはいえず，消費者の履行不安に対する的確な回答や具体的な対応方法を持っていないようである。かつてアメリカでも履行不安は大きかったし現在でもまだ残っている。特に生前契約締結から葬送実行時までの期間が長い場合，契約葬儀社がその時まではたして存続しているかどうかも問題であった。アメリカにおいて葬儀社は，他との競争のない職種であったといわれ，平均事業歴50～60年と社歴は長いために信頼度をその社歴・事業歴を強調することによって信用を勝ち得てきた。アメリカにおける生前契約の履行不安として締結事業者の事業存続不安に対しては，葬儀社は各州のフューネラル・ディレクター協会に加盟することによって確実履行を確保し，履行不安を解消させることに努めている。すなわち，フューネラル・ディレクター協会に加盟していると，たとえ生前契約締結事業者が廃業しても他の加盟業者が生前契約にしたがって履行することが保障されるからである。わが国もそうであるが，アメリカでも葬儀社は小規模経営が多いため事業存続不安が消費者にあった。小規模事業者はフューネラル・ディレクター協会に加盟すると同時に大手の葬儀社チェーンに加入を図ったりして二重の努力で履行不安に応えている。わが国の場合は，葬儀業協会や独自に組織化した団体が生前契約を提供しているが，その他多くは単独事業である。消費者の納得を得られる回答がないままに提供すればトラブルは必至であり生前契約そのものの信頼度も低下する。消費者の不安を解消するための具体的な方策を提示し，実行していかなければ生前契約の進展は望めないだろう。第4に，生前契約により消費者の価格開示の要求への適切な対応が遅れることは生前契約の停滞化を招く。消費者が葬儀内容と費用に関して詳細な価格の提示を求めた場合，その提示がパッケージの価格であり，その明細が曖昧であれば価格設定に疑問を持つことになり，利用者の真に求める葬儀プランの立案が困難となる。それは利用者が自己の葬儀に必要な葬具などを，アイテムで購入するという発想から形式や内容

を考えるために価格が最も重視されるからである。葬儀の項目，葬具などが明らかにされ，価格も明示されるようになれば，利用アイテム数の減少化を招くことになり，葬儀費用は低価格化することになることが予想される。アイテムの価格の明示と選択により葬儀は低価格化し，アイテム葬儀になっていけば，葬儀は小規模化していく。消費者は，葬儀全体のデザインの必要はなく，生前にアイテムだけの決定と費用を残しておけばよいことになり，生前契約は必要ではなくなるかもしれない。第5に消費者の生前契約目的の理解如何によっては生前契約の進展に影響しかねない事態が発生する。すなわち生前契約を行うのは，単身者や祭祀継承者との人間関係など何らかの不安を持つ人たちであるという意識や高齢期の経済生活の危機への備えというとらえ方が定着することになれば，そのような課題を持つ高齢者には安心材料となるかもしれないが，そうではない人々は敬遠することになり，一般化されないということが予想される。何かの生活問題を持つかあるいは将来それが予想される人々が利用するものであるということが強調されれば，自己実現としての生前契約としての意義が二次的な要素となってしまい，家族や周囲の圧力によって生前契約は利用者が限定されてしまう危険性がある。アメリカの生前契約に対する一般的な考え方が従来そうであった。しかしわが国では，高齢期の生活自立と自己実現のために生前契約を提供するという考え方からスタートしたために，現在では人の自立は死後の葬送まで準備することだという考え方が主流である。この考え方が広がっていく限り退行の心配はないだろう。第6に考えられることは，死の論議や葬送の論議がおきてきたとはいえ，わが国における死や葬送へのタブーが一気になくなるとは考えられず，生前に自分の死や葬送を考えることを忌み嫌うことがまだしばらくは存続するだろうと思われることがあげられる。第7にわが国の生前契約そのものがまだ成熟しておらず，提供事業者の商業主義的な部面のみが目立つため，消費者が警戒するということが考えられる。従来葬儀社は，わが国でも，「電話を待つ仕事」であるといわれ，死者のためだけの葬儀サービスを行ってきた。したがって葬儀社が生きている人に関わり合いを持つことはなかったために，顧客となる消費者をどのようにとらえ，どのようなサービスをするかにまだ自信がない。アメリカでも現在生前契約が普及してきているにもかかわらず，十分にビジネスを管理できない事業者がいるのも事実である。それはわが国にも共通する。生前契約の実行に対しては円滑に行われトラブルが発生しないよう慎重に行わなければならないため，アメリカには葬儀業界や生前契約に対するコンサルティング会社が数多くある。葬儀社はそれらを利用しながら経営，生前契約の販売を行う努力を怠らない。わが国においては生前契約そのものが始まったばかりであるため，専門のコンサルティング会社はほとんどないといってもよく，コンサルティング業務を展開し始めた企業がいくつかある程度である。葬儀業者の適切な経営管理と消費者サービスの努力如何が生前契約の浮沈を左右するといえよう。第8に，わが国には葬送業への法規制がほとんどなく，費用に関する規制と葬送そのものの実行にかかわる法があるだけであり，生前契約に関する法整備は遅れている。法規制の整備は消費者を保護するというだけでなく，提供事業者も守ることになることであるがその発想が事業者にもないため法規制に事業者は消極的である。法に守られなければ事業者も消費者も不安である。実際それは生前契約提供側の対応面に現れてきている。わが国には，生前契約のための資格制度もなく，提供事業者に対する規定も

ないため，保険会社の保険販売人が葬儀費用のための生命保険に関する業務，葬儀プランに対しては葬儀社やその他の提供事業者の一般社員が対応している状況である。消費者保護や専門知識や技術を持たない非専門職が対応することが多いために，その対応に対する利用者の不満があがっている。消費者を守る法規の必要性はもちろんのこと，生前契約販売者の資格とその質の問題が解消されなければ生前契約は進展していかないだろう。第9に，消費者の費用支払いの方法への不安があげられる。わが国では，銀行預金制度や割賦販売法などの規制により，生前契約提供事業者が費用預りや運用に直接介入できない。そこで，少数ではあるが銀行の信託預金の利用や生命保険を利用している。または共済制度を導入したり葬儀の単なる予約として予約金を受け取るという方式もある。このように資金の取り扱いが不自由であることは提供事業者にとっても利用者にとっても繁雑な手続をしなければならず，利用しやすいとはいえないが，現時点ではやむを得ないだろう。ただ現行の利点は，葬儀の実行と費用の確保の場が異なることで，一つの安心感にも繋がることを見逃してはならない。アメリカでも，フューネラル・ディレクターとの共同名義になる銀行預金を利用した生前契約が下火になり，かわって生命保険やトラスト方式の生前契約になってきたことは，生前契約締結と実行者と費用を取り扱う部分が異なるため，トラブルが少ないという理由からである。また葬儀社には消費者に費用の確保に関する正確な理解ができるような適切な説明が不足していることがあげられる。費用の確実な確保は生前契約の基本である。その十分な説明がなければ利用者の不安は解消しないだろう。葬儀の実行とその費用の管理が分離されていれば，お互いに監視し合う機能を持つことになるため消費者はその安全性に納得するであろうし，安心である。わが国においては利用者の不安・心配の現実を把握することにあまり積極的ではないようである。このことを提供者側は検討し，消費者の納得する方法で安全性と有用性に対する説明が十分できなければ，生前契約に関する不安は解消されず，進展してはいかないだろう。

　以上のように，生前契約が高齢期の生活課題としてある葬送への備えに応えるためには，多くの利点がある。しかしその利点を利点として高齢者をはじめとする消費者が適切にとらえ，主体的に利用しようとする意識を促し，生活問題への事前の備えと自己実現のための積極的な方法として定着していくためには，阻害要因として指摘した事項への改善努力が必要である。そのためには，アメリカの生前契約にもまだ課題は多いが，アメリカにおける生前契約の方向性を捉えることによってアメリカの生前契約の普及への事業者側の努力と消費者としての鋭い観察姿勢，消費者意識などは参考になろう。

5．高齢期の生活課題としての葬儀の生前契約

　日米における葬儀の生前契約の特徴をふまえて，生前契約が高齢期最後の生活課題を解決し，人の最後の自己実現であるとする考え方から今後の生前契約の方向性を検討したい。

　高齢者を生前契約に向かわせる基本点は，人は他者の死をもって死をとらえるが，生前契約は自分の死を直視させる機能を持つということである。生前契約は生前に自分の葬儀を具体的にアレンジし，契約をすることによって，自分の死に主体的に備え，自己責任をもつという自発的・

積極的な行動であるといえる。そして生前契約は自己実現への期待と安心感，家族の葬送負担の軽減をもたらすものであるという機能は見逃せない。

　従来から，わが国では高齢者が葬儀費用を確保して自己の葬儀に備えるという行動は一般的であったが，費用が重視されるのは，葬送は祭祀を継承する遺族が主催者となって地域の習慣によって行う定着した形式があったためである。それに要する費用の準備だけでよかったのである。費用を用意しておくということは，残される家族が死者に対する愛と哀惜と威信を社会に示す方法が葬送であるために，費用の準備の他に自己の意思を主張することは家族への信頼感を損なうものであるとの念慮もあったからだということができよう。しかし，現代社会において高齢者を取り巻く社会環境や生活状況の変化が必ずしも従来通りの葬送を遺族が行うとは言い難い状況も現れてきたことから，家族への経済的負担軽減の葬儀費用の確保という段階から，葬送費用はもちろん葬送への意思も生前契約によって具体的に表明して，生前に自己の葬送の準備をするという積極的な備えの行動が必要になってきた。また，高齢期の生活の変化は高齢者に自立を求めるようになり，生前契約は高齢期におきやすい生活問題への備えであるとともに自己実現のための選択的方法であるという認識が進行し，遺族への配慮という消極的な理由のみならず，高齢期の積極的な生き方としてとらえるようになってきた。

　生前契約は，第三者との契約（わが国ではその多くが予約である）であるため，社会的に自己の意思を表明する行動である。現在でも死と葬送はその遺族が負担することが圧倒的に多いが，その際，常に遺族への負担軽減が課題となる。それは，遺族の負担が経済的負担のみならず現実の葬送を主催することに伴う精神的重圧・負担が伴うからである。葬送儀礼を執り行うための経済的負担と，悲嘆のなかで，情緒的に動揺する時に葬送儀礼の諸準備に関するすべての決断を行わなければならず，またその判断の妥当性が問われることにも精神的・心理的な負担がかかる。生前契約は，本来そのような重圧・負担感から遺族を解放する機能をもつ。また生前契約は，高齢期における比較的自立度の高い時期にその時の意思と経済力で準備しておくことで，死後における自己実現を果たす方法でもある。死後の始末を生前の生活実力によってすべて準備しておくことは，これまでの家族に全面的に依存する葬送という固定観念から開放され，一生の自立を獲得することにもなるといえる。

　葬送に備えることは，最終的な生活問題を解消でき，自己実現の方法として有効であるが，一方では，生前契約そのものに問題もある。生前契約に関する法や商取引，契約としての規則が整備されているアメリカにおいてもそうであったが，草創期のわが国の生前契約には，法制の整備も不十分であり高齢者が真に安心できる生前契約として機能していない部分がある。その理由は両国における葬送の歴史，文化の相違，法制の違いにもよる。アメリカでは生前契約の発展過程の中で契約履行上のトラブルが続出し，その是正努力が行われてきた。しかし利用者として高齢者が圧倒的に多いことから消費者としての被害に遭いやすく現在に至ってもトラブルは完全に解決されたとはいえない。一方わが国では，生前契約の歴史はさらに浅く法制も不十分であり，死や葬送に対する抵抗感，タブーも強くまた葬儀社に対する距離感があるという文化的，社会的背景がある。生前契約提供事業者も少数であり，そのプランと価格，費用の確保のための成熟した

生前契約となっておらず生前契約への信頼性がまだ低いということがある。さらに現段階では，わが国においては消費者意識のみならず，契約意識そのものが十分育っていないところがあるために，生前契約に対する提供事業者，利用者そしてその家族にも真の契約意識がなく，たとえ生前契約プランが整備されているとしても真の生前契約になり得ていないという状況もある。

生前契約は，アメリカでは歴史的には中世ヨーロッパの流れをくむ貧困者救済のための葬送への備えであって，生活問題をもつ人々や将来の生活問題が予測される人々が自主的に行ってきた防貧対策としてあったが，時を経て今日のような自己実現を付加した一般的な生前契約に進展してきた。それに対して，わが国では豊かな社会になってからの開始であり，アメリカの今日的な生前契約の強い影響を受けながら，主体的な死後の葬送への備え，生前の意思による死後の自己実現の方法として提供され始めたところに後発としてのわが国の生前契約の特徴が見られる。

葬送の方法に着目して生前契約を見ると，アメリカでは死後の自立のためには，個人・夫婦墓であるため墓もそして葬儀も生前に準備しておく必要があり，葬儀と墓，両者の葬送の生前契約が一般的である。しかしわが国では，明治期以降からの家族墓が現在でも主流であるため，現在ある生前契約は葬儀のみに対してである。わが国においては，1980年代後半から墓に対する意識が徐々に変化し，従来の家族墓から個人墓，合祀墓など墓への要望が多様化してきている。また墓の需要の高まりが価格を高騰化させたことも葬送の形態を多様化させた要因である。なお墓の開発は，自然環境破壊の問題も喚起させることにもなってきている。

従来，葬送は地域が担う行事であり，遺族はその地域の習慣と地域の人たちによるいわば地域力としての葬送というものであった。しかし，次第に葬送儀礼を地域が担う習慣が，地域住民の生活スタイルの変化や人間関係の希薄化などにより変化し，地域力の低下もあって，地域主体の習慣による葬送から，個人的に家族による葬送へと移行してきた。そして，生前契約の登場によって，まだ少数派ではあるものの家族主導から故人主導の葬送へと変化してきつつあるといってもよい。葬送はかつて地域総出のイベントであった。それが次第に家族のイベントへと移行し，そして個人の意思によるイベントへと向かおうとしている。今，葬送は，地域の習慣の踏襲といういわば地域の意思から家族の意思による家族主導型の葬送へと移行し，さらに故人の意思を重視する故人主導のイベントになってきつつある。地域主導型の葬儀から家族主導型そして故人主導型の葬儀が少しずつ見られるようになってきたことは，葬送の多様化が起きてきたことを示している。すなわち生前契約によって故人の意思を葬儀に反映させることができるようになり，習慣にとらわれない葬儀の実行を可能にしたのである。ただ，家族との関係，地域との関係が希薄になったことで，これまで経験してきたような葬送を行うことへの期待ができにくくなり，自由な意思が残せるようになった反面，葬送選択の幅が狭くなってきているということもいえよう。伝統的な葬送からの脱皮とばかりはいえず，従来の地域主導型の葬儀の実現が困難になっていくことで，新たな高齢期の葬送の課題が発生してきているという側面も見逃せない。

生前契約には，高齢期の最終的な生活課題である葬送不安の解消と家族負担の軽減などに有用性があることはいうまでもないが，その提供方法と提供者について検討してみる必要がある。アメリカの生前契約が信頼性が高いと評価されるには，その提供方法や種類の多様性とともに，提

供主体が州の認可を受けた有資格の専門職団体および有資格者を有する葬儀社であるということである。わが国と最も大きな相違点があるのはこの点で，アメリカでは生前契約を取り扱うのはフューネラル・ディレクターという専門職であり，その専門教育および資格制度が確立している。高齢期の大きな決断であり，多額の費用が投入される生前契約であるにも関わらず，わが国ではその取扱者に対する議論も専門教育や資格に対しても何ら考えられていない。本人のいない死後に行われる葬送についての契約であるので，信頼できる契約でなければならず，しかも死にかかわることであるため，利用者に対する高度の相談援助の体制も有していなければならない。しばらくは，現行のままで推移するかもしれないが，法制の整備や取扱者に対する専門教育が行われるようになっていかなければならないだろう。それまでの移行期における暫定的な方法として現行の葬儀士などが行い，取扱資格が考えられているべきである。

　そしてわが国で高齢者の葬儀への主体的な備えとして定着していくためには，生前契約利用者の多くが高齢者であって，人生の最終課題として葬儀の準備をするのであり，そこには高齢期の生活自立と自己実現という要素があることを認識すべきである。高齢者が自身の葬儀への備えを考えるに際して，高齢者が生前契約の意味を正確に理解し，自分の将来設計をする上での選択肢としての生前契約が果たして自分に意義あるものであるかどうかを見極める力を有していることが必要である。そして生前契約を利用する高齢者は消費者として，提供事業者や契約内容，実行の確実性など契約に関わる意識を向上させることが生前契約の質の向上と進展に資するという自覚が望まれる。また葬送への自己責任を考えると，祭祀継承者の指定も考慮し，現行では，系譜，祭具，墳墓の継承に伴う祭祀は他の財産と分離されているので，意思の表明がない場合には，その継承が日常の家族関係，介護関係などによって利害の対立からトラブルを惹起させることにもなることを承知しておかねばならない。そのトラブル回避のためにはやはり意思を明確に残すことができる生前契約が有効な手段となろう。

　高齢者が自らの葬送の準備を，自己責任として生前契約という方法によって，葬儀への要望を選択意思として，自ら表明しておくことが高齢期の生き方として定着すれば，高齢期の生き方を変えることにもなる。そしてそれは高齢期における葬送への意思の表明が葬送のあり方や方法を変化させていくことにもなるばかりでなく，高齢者が意思を表明することによって，高齢者の発言力を向上させることにもなり，高齢期の本質的な課題である生活自立による最後の生活問題を防止する機能を果たすことにもなる。生前契約による自分の葬送への準備は自分の意思を死後に表現する自己実現の一つでもあるため，自己完結の葬送の準備として主体的な生き方を表すことになるだろう。

　高齢期の自立した生き方として，死に方を問い自己完結の人生をめざすために，生前の意思を葬儀にいかすことができる生前契約は，葬送に主体的に備える方法として高齢者に対して果たす役割は大きい。

引用・参考文献

1) 北川慶子，齊場三十四「高齢者の施設における生活水準と長期ケアへの適応に関する研究」研究報告書，

1999 年.
2) 北川慶子「シニアの葬送準備とその提供者に関する調査研究」シニアプラン公募研究年報, 1996 年.
3) AARP, *Product Report* vol. 12-3, 1996.

著者紹介

北川　慶子（きたがわ・けいこ）
1979年　東洋大学大学院社会学研究科社会学専攻博士課程満期退学
　　　　社会福祉学博士
現　職　佐賀大学文化教育学部教授
専　攻　社会福祉学

主要著書
『長寿社会における老人福祉』（共著，中央法規出版，1992年）
『現代の高齢者問題と人間福祉』（共著，中央法規出版，1993年）
『人生の社会学』（共著，学文社，1993年）
『高齢期の選択と決断』（単著，宣協社，1999年）
『現代社会における社会福祉援助技術活動』（共著，高文堂，1999年）

高齢期最後の生活課題と葬送の生前契約

2001年2月28日　初版発行

著　者　北　川　慶　子
発行者　海老井　英　次
発行所　（財）九州大学出版会
　　　　〒812-0053　福岡市東区箱崎7-1-146
　　　　　　　　　　九州大学構内
　　　　電話　092-641-0515(直通)
　　　　振替　01710-6-3677
　　　　印刷／製本　九州電算㈱／篠原製本㈱

© 2001 Printed in Japan　　　　ISBN 4-87378-671-1